吉林人民出版社

明史

卷八四——卷一〇五

（三）

[清] 张廷玉等 撰

王天有等 标点

简体字本二十六史

明史卷八四
志第六〇

河渠二

黄河下

万历元年，河决房村，筑堤洼子头至秦沟口。明年，给事中郑岳言：“运道自茶城至淮安五百余里，自嘉靖四十四年河水大发，淮口出水之际，海沙渐淤，今且高与山等。自淮而上，河流不迅，泥水愈淤。于是邳州浅，房村决，吕、梁二洪平，茶城倒流，皆坐此也。今不治海口之沙，乃日筑徐、沛间堤岸，桃、宿而下，听其所之。民之为鱼，未有已时也。”因献宋李公义、王令图浚川爬法。命河臣勘奏，从其所言。而是年秋，淮、河并溢。明年八月河决砀山及邵家口、曹家庄、韩登家口而北，淮亦决高家堰而东，徐、邳、淮南北漂没千里。自此桃、清上下河道淤塞，漕艘梗阻者数年，淮、扬多水患矣。总河都御史傅希挚改筑砀山月堤，暂留三口为泄水之路。其冬，并塞之。

四年二月，督漕侍郎吴桂芳言：“淮、扬洪潦奔冲，盖缘海滨汊港久堙，入海止云梯一径，至海拥横沙，河流泛溢，而盐、安、高、宝不可收拾。国家转运，惟知急漕，而不暇急民，故朝廷设官，亦主治河，而不知治海。请设水利佥事一员，专疏海道，审度地利，如草湾及老黄河皆可趋海，何必专事云梯哉？”帝优诏报可。

桂芳复言：“黄水抵清河与淮合流，经清江浦外河，东至草湾，又折而西南，过淮安、新城外河，转入安东县前，直下云梯关入海。

近年关口多壅，河流日浅，惟草湾地低下，黄河冲决，骎骎欲夺安东入海，以县治所关，屡决屡塞。去岁，草湾迤东自决一口，宜于决口之西开挑新口，以迎埽湾之溜，而于金城至五港岸筑堤束水。语云：'救一路哭，不当复计一家哭。'今淮、扬、凤、泗、邳、徐不啻一路矣。安东自众流汇围，只文庙、县署仅存椽瓦，其势垂陷，不如委之，以拯全淮。"帝不欲弃安东，而命开草湾如所请。八月，工竣，长万一千一百余丈，塞决口二十二，役夫四万四千。帝以海口开浚，水患渐平，赉桂芳等有差。

未几，河决韦家楼，又决沛县缕水堤，丰、曹二县长堤，丰、沛、徐州、睢宁、金乡、鱼台、单、曹田庐漂溺无算，河流啮宿迁城。帝从桂芳请，迁县治、筑土城避之。于是御史陈世宝请复老黄河故道，言："河自桃源三义镇历清河县北，至大河口会淮入海。运道自淮安天妃庙乱淮而下，十里至大河口，从三义镇出口向桃源大河而去，凡七十余里，是为老黄河。至嘉靖初，三义镇口淤，而黄河改趋清河县南与淮会，自此运道不由大河口而径由清河北上矣。近者，崔镇屡决，河势渐趋故道。若仍开三义镇口引河入清河北，或令出大河口与淮流合，或从清河西别开一河，引淮出河上游，则运道无恐，而淮、泗之水不为黄流所涨。"部覆允行。

桂芳言："淮水向经清河会黄河趋海。自去秋河决崔镇，清江正河淤淀，淮口梗塞。于是淮弱河强，不能夺草湾入海之途，而全淮南徙，横灌山阳、高、宝间，向来湖水不逾五尺，堤仅七尺，今堤加丈二，而水更过之。宜急护湖堤以杀水势。"部议以为必淮有所归，而后堤可保，请令桂芳等熟计。报可。

开河、护堤二说未定，而河复决崔镇，宿、沛、清、桃两岸多坏，黄河日淤垫，淮水为河所迫，徙而南，时五年八月也。希挚议塞决口，束水归漕。桂芳欲冲刷成河，以为老黄河入海之路。帝令急塞决口，而俟水势稍定，乃从桂芳言。时给事中汤聘尹议导淮江以避黄，会桂芳言："黄水向老黄河故道而去，下奔如驶，淮遂乘虚涌入清口故道，淮、扬水势渐消。"部议行勘，以河、淮既合，乃寝其议。

管理南河工部郎中施天麟言：

淮、泗之水不下清口而下山阳，从黄浦口入海。浦口不能尽泄，浸淫高、宝邵伯诸湖，而湖堤尽没，则以淮、泗本不入湖，而今入湖故也。淮、泗之入湖者，又缘清口向未淤塞，而今淤塞故也。清口之淤塞者，又缘黄河淤塞日高，淮水不得不让河而南徙也。盖淮水并力敌黄，胜负或亦相半，自高家堰废坏，而清口内通济桥、朱家等口淮水内灌，于是淮、泗之力分，而黄河得以全力制其敝，此清口所以独淤于今岁也。下流既淤，则上流不得不决。

每岁粮艘以四五月毕运，而堤以六七月坏。水发之时不能为力，水落之后方图堵塞。甫及春初，运事又迫，仅完堤工，于河身无与。河身不挑则来年益高。上流之决，必及于徐、吕，而不止于邳、迁；下流之涸，将尽乎邳、迁，而不止于清、桃。须不惜一年粮运，不惜数万帑藏，开挑正河，宽限责成，乃为一劳永逸。

至高家堰、朱家等口，宜及时筑塞，使淮、泗并力足以敌黄，则淮水之故道可复，高、宝之大患可减。若兴、盐海口堙塞，亦宜大加疏浚。而湖堤多建减水大闸，堤下多开支河。要未有不先黄河而可以治淮，亦未有不疏通淮水而可以固堤者也。

事下河漕诸臣会议。

淮之出清口也，以黄水由老黄河奔注，而老黄河久淤，未几复塞，淮水仍涨溢。给事中刘铉请亟开通海口，而简大臣会同河漕诸臣往治。乃命桂芳为工部尚书兼理河漕，而裁总河都御史官。桂芳甫受命而卒。

六年夏，潘季驯代。时给事中李涞请多浚海口，以导众水之归。给事中王道成则请塞崔镇决口，筑桃、宿长堤，修理高家堰，开复老黄河。并下河臣议。季驯与督漕侍郎江一麟相度水势，言：

海口自云梯关四套以下，阔七八里至十余里，深三四丈。欲别议开凿，必须深阔相类，方可注放，工力甚难。且未至海口，干地犹可施工，其将入海之地，潮汐往来，与旧口等耳。旧口皆系积沙，人力虽不可浚，水力自能冲刷，海无可浚之理。惟当导河归海，则以水治水，即浚海之策也。河亦非可以人力导，惟当缮治堤防，俾无旁决，则水由地中，沙随水去，即导河之策也。

频年以来，日以缮堤为事，顾卑薄而不能支，迫近而不能容，杂以浮沙而不能久。是以河决崔镇，水多北溃，为无堤也。淮决高家堰、黄浦口，水多东溃，堤弗固也。不咎制之未备，而咎筑堤为下策，岂通论哉！上流既旁溃，又歧下流而分之，其趋云梯入海口者，譬犹强弩之末耳。水势益分则力益弱，安能导积沙以注海。

故今日浚海急务，必先塞决以导河，犹当固堤以杜决，而欲堤之不决，必真土而勿杂浮沙，高厚而勿惜巨费，让远而勿与争地，则堤乃可固也。沿河堤固，而崔镇口塞，则黄不旁决而冲漕力专。高家堰筑，朱家口塞，则淮不旁决而会黄力专。淮、黄既合，自有控海之势。又惧其分而力弱也，必暂塞清江浦河，而严司启闭以防其内奔。姑置草湾河，而专复云梯以还其故道。仍接筑淮安新城长堤，以防其末流。使黄、淮力全，涓滴悉趋于海，则力强且专，下流之积沙自去，海不浚而辟，河不挑而深，所谓固堤即以导河，导河即以浚海也。

又言：

黄水入徐，历邳、宿、桃、清，至清口会淮而东入海。淮水自洛及凤，历盱、泗，至清口会河而东入海。此两河故道也。元漕江南粟，则由扬州直北庙湾入海，未尝溯淮。陈瑄始堤管家诸湖，通淮为运道。虑淮水涨溢，则筑高家堰堤以捍之，起武家墩，经大、小涧至阜宁湖，而淮不东侵。又虑黄河涨溢，则堤新城北以捍之，起清江浦，沿钵池山、柳浦湾迤东，而黄不南侵。

其后，堤岸渐倾，水从高堰决入，淮郡遂同鱼鳖。而当事者未考其故，谓海口壅闭，宜亟穿支渠。讵知草湾一开，西桥以上正河遂至淤阻。夫新河阔二十余丈，深仅丈许，较故道仅三十之一，岂能受全河之水？下流既壅，上流自溃，此崔镇诸口所由决也。今新河复塞，故河渐已通流，虽深阔未及原河十一，而两河全下，沙随水刷，欲其全复河身不难也。河身既复，阔者七八里，狭亦不下三四百丈，滔滔东下，何水不容？匪惟不必别凿他所，即草湾亦可置勿浚矣。

故为今计，惟修复陈瑄故迹，高筑南北两堤，以断两河之内灌，则淮、扬昏垫可免。塞黄浦口，筑宝应堤，浚东关等浅，修五闸，复五坝，则淮南运道无虞。坚塞桃源以下崔镇口诸决，则全河可归故道。黄、淮既无旁决，并驱入海，则沙随水刷，海口自复，而桃、清浅阻，又不足言。此以水治水之法也。若夫爬捞之说，仅可行诸闸河，前人屡试无功，徒费工料。

于是条上六议：曰塞决口以挽正河，曰筑堤防以杜溃决，曰复闸坝以防外河，曰创滚水坝以固堤岸，曰止浚海工程以省糜费，曰寝开老黄河之议以仍利涉。帝悉从其请。

七年十月，两河工成，赉季驯、一麟银币，而遣给事中尹瑾勘实。八年春进季驯太子太保工部尚书，荫一子。一麟等迁擢有差。是役也，筑高家堰堤六十余里，归仁集堤四十余里，柳浦湾堤东西七十余里，塞崔镇等决口百三十，筑徐、睢、邳、宿、桃、清两岸遥堤五万六余丈，砀、丰、大坝各一道，徐、沛、丰砀缕堤百四十余里，建崔镇、徐升、季泰、三义减水石坝四座，迁通济闸于甘罗城南，淮、扬间堤坝无不修筑，费帑金五十六万有奇。其秋擢季驯南京兵部尚书。季驯又请复新集至小浮桥故道，给事中王道成、河南巡抚周鉴等不可而止。自桂芳、季驯时罢总河不设，其后但以督漕兼理河道。高堰初筑，清口方畅，流连数年，河道无大患。

至十五年，封丘、偃师、东明、长垣屡被冲决。大学士申时行言："河所决地在三省，守臣画地分修，易推委。河道未大坏，不必设都御史，宜遣风力老成给事中一人行河。"乃命工科都给事中常居敬往。居敬请修筑大社集东至白茅集长堤百里。从之。

初，黄河由徐州小浮桥入运，其河深且近洪，能刷洪以深河，利于运道。后渐徙沛县飞云桥及徐州大、小溜沟。至嘉靖末，决邵家口，出秦沟，由浊河口入运，河浅，迫茶城，茶城岁淤，运道数害。万历五年冬，河复南趋，出小浮桥故道，未岁复堙。潘季驯之塞崔镇也，厚筑堤岸，束水归漕。嗣后水发，河臣辄加堤，而河身日高矣。于是督漕佥都御史杨一魁欲复黄河故道，请自归德以下丁家道口至石将军庙，令河仍自小浮桥出。又言："善治水者，以疏不以障。年来堤上加堤，水高凌空，不啻过颡。滨河城郭，决水可灌。宜测河身深浅，随处挑浚，而于黄河分流故道，设减水石门以泄暴涨。"给事中王士性则请复老黄河故道。大略言：

自徐而下，河身日高，而为堤以束之，堤与徐州城等。束益急，流益迅，委全力于淮而淮不任。故昔之黄、淮合，今黄强而淮益缩，不复合矣。黄强而一启天妃、通济诸闸，则灌运河如建瓴。高、宝一梗，江南之运坐废。淮缩则退而侵泗。为祖陵计，不得不建石堤护之。堤增河益高，根本大可虞也。河至清河凡四折而后入海。淮安、高、宝、盐、兴数百万生灵之命托之一丸泥，决则尽成鱼虾矣。

纷纷之议，有欲增堤泗州者，有欲开颜家、灌口、永济三河，南甃高家堰、北筑滚水坝者。总不如复河故道，为一劳永逸之计也。河故道由三义镇达叶家冲与淮合，在清河县北别有济运河，在县南盖支河耳。河强夺支河，直趋县南，而自弃北流之道，然河形固在也。自桃源至瓦子滩凡九十里，洼下不耕，无室庐坟墓之碍，虽开河费巨，而故道一复，为利无穷。

议皆未定。居敬及御史乔璧星皆请复专设总理大臣。乃复命潘季驯为右都御史总督河道。

时帝从居敬言，罢老黄河议，而季驯抵官，言："新集故道，故老言'铜帮铁底'，当开，但岁俭费繁，未能遽行。"又言："黄水浊而强，汶、泗清且弱，交会茶城。伏秋黄水发，则倒灌入漕，沙停而淤，势所必至。然黄水一落，漕即从之，沙随水去，不浚自通，纵有浅阻，不过旬日。往时建古洪、内华二闸，黄涨则闭闸以遏浊流，黄退则启闸以纵泉水。近者居敬复增建镇口闸，去河愈近，则吐纳愈易。但当严闸禁如清江浦三闸之法，则河渠永赖矣。”帝方委季驯，即从其言，罢故道之议。未几，水患益甚。

十七年六月，黄水暴涨，决兽医口月堤，漫李景高口新堤，冲入夏镇内河，坏田庐，没人民无算。十月，决口塞。十八年，大溢，徐州水积城中者逾年。众议迁城改河。季驯浚魁山支河以通之，起苏旧湖至小河口，积水乃消。十九年九月，泗州大水，州治淹三尺，居民沉溺十九，浸及祖陵。而山阳复河决，江都、邵伯又因湖水下注，田庐浸伤。工部尚书曾同亨上其事，议者纷起。乃命工科给事中张贞观往泗州勘视水势，而从给事中杨其休言，放季驯归，用舒应龙为工部尚书总督河道。

二十年三月，季驯将去，条上辨惑者六事，力言河不两行，新河不当开，支渠不当浚。又著书曰《河防一览》，大旨在筑堤障河，束水归漕；筑堰障淮，逼淮注黄。以清刷浊，沙随水去。合则流急，急则荡涤而河深；分则流缓，缓则停滞而沙积。上流既急，则海口自辟而无待于开。其治堤之法，有缕堤以束其流，有遥堤以宽其势，有滚水坝以泄其怒。法甚详，言甚辨。然当是时，水势横溃，徐、泗、淮、扬间无岁不受患，祖陵被水。季驯谓当自消，已而不验。于是季驯言诎，而分黄导淮之议由此起矣。

贞观抵泗州言：“臣谒祖陵，见泗城如水上浮盂，盂中之水复满。祖陵自神路至三桥、丹墀，无一不被水。且高堰危如累卵，又高、宝隐祸也。今欲泄淮，当以辟海口积沙为第一义。然泄淮不若杀黄，而杀黄于淮流之既合，不若杀于未合。但杀于既合者与运无妨，杀于未合者与运稍碍。别标本，究利害，必当杀于未合之先。至于广入海之途，则自鲍家口、黄家营至鱼沟、金城左右，地势颇下，似当因而利导之。”贞观又会应龙及总漕陈于陛等言：“淮、黄同趋者惟海，而淮之由黄达海者惟清口。自海沙开浚无期，因而河身日高；自河流倒灌无已，因而清口日塞。以致淮水上浸祖陵，漫及高、宝，而兴、泰运堤亦冲决矣。今议辟清口沙，且分黄河之流于清口上流十里地，去口不远，不至为运道梗。分于上，复合于下，则冲海之力专。合必于草湾之下，恐其复冲正河，为淮城患也。塞鲍家口、黄家营二决，恐横冲新河，散溢无归。两岸俱堤，则东北清、沭、海、安洼下地不虞溃决。计费凡三十六万有奇。若海口之塞，则潮汐莫窥其涯，难施畚锸。惟淮、黄合流东下，河身涤而渐深，海口刷而渐辟，亦事理之可必者。”帝悉从其请。乃议于清口上海北岸，开腰铺支河达于草湾。

既而淮水自决张福堤。直隶巡按彭应参言：“祖陵度可无虞，且方东备倭警，宜暂停河工。”部议令河臣熟计。应龙、贞观言：“为祖陵久远计，支河实必不容已之工，请候明春倭警宁息举行。”其事遂寝。

二十一年春，贞观报命，议开归、徐达小河口，以救徐、邳之溢；导浊河入小浮桥故道，以纾镇口之患。下总河会官集议，未定。五月，大雨，河决单县黄堌口，一由徐州出小浮桥，一由旧河达镇口闸。邳城陷水中，高、宝诸湖堤决口无算。明年，湖堤尽筑塞，而黄水大涨，清口沙垫，淮水不能东下，于是挟上源阜陵诸湖与山溪之水，暴浸祖陵，泗城淹没。二十三年，又决高邮中堤及高家堰、高良涧，而水患益急矣。

先是，御史陈邦科言：“固堤束水未收刷沙之利，而反致冲决。法当用浚，其方有三。冬春水涸，令沿河浅夫乘时捞浅，则沙不停而去，一也。官民船往来，船尾悉系钯犁，乘风搜涤，则沙不宁而去，二也。仿水磨、水碓之法，置为木机，乘水滚荡，则沙不留而去，三也。至淮必不可不会黄，故高堰断不可弃。湖溢必伤堤，故周家桥溃处断不可开。已弃之道必淤满，故老黄河、草湾等处断不可复。”疏下所司议。户部郎中华存礼则请复黄河故道，并浚草湾。而是时，腰铺犹未开，工部侍郎沈节甫言：“复黄河未可轻议，至诸策皆第补偏救弊而已，宜概停罢！”乃召应龙还工部，时二十二年九月也。

既而给事中吴应明言：“先因黄河迁徙无常，设遥、缕二堤束水归漕，及水过沙停，河身日高，徐、邳以下居民尽在水底。今清口外则黄流阻遏，清口内则淤沙横截，强河横灌上流约百里许，淮水仅出沙上之浮流，而潴蓄于盱、泗者遂为祖陵患矣。张贞观所议腰铺支河归之草湾，或从清河南岸别开小河至骆家营、马厂等地，出会大河，建闸启闭，一遇运浅，即行此河，亦策之便者。至治泗水，则有议开老子山，引淮水入江者。宜置闸以时启闭，拆张福堤而堤清口，使河水无南向。”部议下河漕诸臣会勘。直隶巡按牛应元因谒祖陵，目击河患，绘图以进，因上疏言：

黄高淮壅，起于嘉靖末年河臣凿徐、吕二洪巨石，而沙日停，河身日高，溃决由此起。当事者计无复之，两岸筑长堤以束，曰缕堤。缕堤复决，更于数里外筑重堤以防，曰遥堤。虽岁决岁补，而莫可谁何矣。

黄、淮交会，本自清河北二十里骆家营，折而东至大河口会淮，所称老黄河是也。陈瑄以其迂曲，从骆家营开一支河，为见今河道，而老黄河淤矣。万历间，复开草湾支河，黄舍故道而趋，以致清口交会之地，二水相持，淮不胜黄，则窜入各闸口，淮安士民于各闸口筑一土埂以防之。嗣后黄、淮暴涨，水退沙停，清口遂淤，今称门限沙是也。当事者不思挑门限沙，乃傍土埂筑高堰，横亘六十里，置全淮正流之口不事，复将从旁入黄之张福口一并筑堤塞之，遂倒流而为泗陵患矣。前岁，科臣贞观议辟门限沙，裁张福堤，其所重又在支河腰铺之开。

总之，全口淤沙未尽挑辟，即腰铺工成，淮水未能出也。况下流鲍、王诸口已决，难以施工。岂若复黄河故道，尽辟清口淤沙之为要乎？且疏上流，不若科臣应明所议，就草湾下流浚诸决口，俾由安东归五港，或于周家桥量为疏通，而急塞黄堌口，挑萧、砀渠道，浚符离浅阻。至宿迁小河为淮水入黄正路，急宜挑辟，使有所归。

应龙言：“张福堤已决百余丈，清口方挑沙，而腰铺之开尤不可废。”工部侍郎沈思孝因言：“老黄河自三义镇至叶家冲仅八千余丈，河形尚存。请亟开浚，则河分为二，一从故道抵颜家河入海，一从清口会淮，患当自弭。请遣风力科臣一人，与河漕诸臣定画一之计。”乃命礼科给事中张企程往勘。而以水患累年，迄无成画，迁延糜费，罢应龙职为民，常居敬、张贞观、彭应参等皆谴责有差。

御史高举请“疏周家桥，裁张福堤，辟门限沙，建滚水石坝于周家桥、大小涧口、武家墩、绿杨沟上下，而坝外浚河筑岸，使行地中。改塘埂十二闸为坝，灌闸外十二河，以辟入海之路。浚芒稻河，且多建滨江水闸，以广入江之途。然海口日壅，则河沙日积，河身日高，而淮亦不能安流。有灌口者，视诸口颇大，而近日所决蒋家、鲍家、畀家三口直与相射，宜挑浚成河，俾由此入海。”工部主事樊兆程亦议辟海口，而言：“旧海口决不可浚，当自鲍家营至五港口挑浚成河，令从灌口入海。”俱下工部。请并委企程勘议。

是时，总河工部尚书杨一魁被论，乞罢，因言：“清口宜浚，黄河故道宜复，高堰不必修，石堤不必砌，减水闸坝不必用。”帝不允辞，而诏以尽心任事。御史夏之臣则言：“海口沙不可劈，草湾河不必浚，腰铺新河四十里不必开，云梯关不必辟，惟当急开高堰，以救祖陵。”且言：“历年以来，高良涧土堤每遇伏秋即冲决，大涧口石堤每遇汹涌即崩溃。是高堰在，为高、宝之利小；而高堰决，则为高、宝之害大也。孰若明议而明开之，使知趋避乎？”给事中黄运泰则又言：“黄河下流未泄，而遽开高堰、周桥以泄淮水，则淮流南下，黄必乘之，高、宝间尽为沼，而运道月河必冲决矣。不如浚五港口，达灌口门，以入于海之为得也。”诏并行勘议。

企程乃上言：“前此河不为陵患，自隆庆末年高、宝、淮、扬告急，当事狃于目前，清口既淤，又筑高堰以遏之，堤张福以束之，障全淮之水与黄角胜，不虞其势不敌也。迨后甃石加筑，壅塞愈坚，举七十二溪之水汇于泗者，仅留数丈一口出之，出者什一，停者什九。河身日高，流日壅，淮日益不得出，而潴蓄日益深，安得不倒流旁溢为泗陵患乎？今议疏淮以安陵，疏黄以导淮者，言人人殊。而谓高堰当决者，臣以为屏翰淮、扬，殆不可少。莫若于其南五十里开周家桥注草子湖，大加开浚，一由金家湾入芒稻河注之江，一由子婴沟入广洋湖达之海，则淮水上流半有宣泄矣。于其北十五里开武家墩，注永济河，由窑湾闸出口直达泾河，从射阳湖入海，则淮水下流半有归宿矣。此急救祖陵第一义也。”会是时，祖陵积水稍退，一魁以闻，帝大悦，仍谕诸臣急协议宣泄。

于是企程、一魁共议欲分杀黄流以纵淮，别疏海口以导黄。而督漕尚书褚铁则以江北岁祲，民不堪大役，欲先泄淮而徐议分黄。御史应元折衷其说，言："导淮势便而功易，分黄功大而利远。顾河臣所请亦第六十八万金，国家亦何靳于此？”御史陈烓尝令宝应，虑周家桥既开，则以高邮、邵伯为壑，运道、民产、盐场交受其害，上疏争之，语甚激，大旨，分黄为先，而淮不必深治。且欲多开入海之路，令高、宝诸湖之水皆东，而后周家桥、武家墩之水可注。而淮安知府马化龙复进分黄五难之说。颍州兵备道李弘道又谓宜开高堰。铁遂据以上闻。给事中林熙春驳之，言："淮犹昔日之淮，而河非昔日之河。先是河身未高，而淮尚安流，今则河身既高，而淮受倒灌，此导淮固以为淮，分黄亦以为淮。”工部乃覆奏云："先议开腰铺支河以分黄流，以倭儆，灾伤停寝，遂贻今日之患。今黄家坝分黄之工若复沮格，淮壅为害，谁职其咎？请令治河诸臣导淮分黄，亟行兴举。”报可。

二十四年八月，一魁兴工未竣，复条上分淮导黄事宜十事。十日，河工告成，直隶巡按御史蒋春芳以闻，复条上善后事宜十六事。乃赏赉一魁等有差。是役也，役夫二十万，开桃源黄河坝新河，起黄家嘴，至安东五港，灌口，长三百余里，分泄黄水入海，以抑黄强。辟清口沙七里，建武家墩、高良涧、周家桥石闸，泄淮水三道入海，且引其支流入江。于是泗陵水患平，而淮、扬安矣。

然是时，一魁专力桃、清、淮、泗间，而上流单县黄堌口之决，以为不必塞。铁及春芳皆请塞之。给事中李应策言："漕臣主运，河臣主工，各自为见。宜再令析议。”一魁言："黄堌口一支由虞城、夏邑接砀山、萧县、宿州至宿迁，出白洋河，一小支分萧县两河口，出徐州小浮桥，相距不满四十里。当疏浚与正河会，更通镇口闸里湖之水，与小浮桥二水会，则黄堌口不必塞，而运道无滞矣。”从之。于是议浚小浮桥、沂河口、小河口以济徐、邳运道，以泄砀、萧漫流，培归仁堤以护陵寝。

是时，徐、邳复见清、泗运道不利，铁终以为忧。二十五年正月，复极言黄堌口不塞，则全河南徙，害且立见。议者亦多恐下啮归仁，为二陵患。三月，小浮桥等口工垂竣，一魁言：

> 运道通利，河徙不相妨，已有明验。惟议者以祖陵为虑，请征往事折之。洪武二十四年，河决原武，东南至寿州入淮。永乐九年，河北入鱼台。未几，复南决，由涡河经怀远入淮。时两河合流，历凤、泗以出清口，未闻为祖陵患。正统十三年，河北冲张秋。景泰中，徐有贞塞之，复由涡河入淮。弘治二年，河又北冲，白昂、刘大夏塞之，复南流，一由中牟至颍、寿，一由亳州至涡河入淮，一由宿迁小河口会泗。全河大势纵横颍、亳、凤、泗间，下溢符离、睢、宿，未闻祖陵虑，亦不闻堤及归仁也。
>
> 正德三年后，河渐北徙，由小浮桥、飞云桥、谷亭三道入漕，尽趋徐、邳，出二洪，运道虽济，而泛溢实甚。嘉靖十一年，朱裳始有涡河一支中经凤阳祖陵未敢轻举之说。然当时，犹时浚祥符之董盆口、宁陵之五里铺、荥泽之孙家渡、兰阳之赵皮寨，又或决睢州之地丘店、界牌口、野鸡冈，宁陵之杨村铺，俱入旧河，从亳、凤入淮，南流未绝，亦何尝为祖陵患。
>
> 嘉靖二十五年后，南流故道始尽塞，或由秦沟入漕，或由浊河入漕。五十年来全河尽出徐、邳，夺泗入淮。而当事者方认客作主，日筑堤而窘之，以致河流日壅，淮不敌黄，退而内潴，遂贻盱、泗祖陵之患。此实由内水之停壅，不由外水之冲射也。万历七年，潘季驯始虑黄流倒灌小河、白洋等口，挟诸河水冲射祖陵，乃作归仁堤为保障计，复张大其说，谓祖陵命脉全赖此堤。习闻其说者，遂疑黄堌之决，下啮归仁，不知黄堌一决，下流易泄，必无上灌之虞。况今小河不日竣工，引河复归故

道，去归仁益远，奚烦过计为？

报可。

一魁既开小浮桥，筑义安山，浚小河口，引武沂泉济运。及是年四月，河复大决黄堌口，溢夏邑、永城，由宿州符离桥出宿迁新河口入大河，其半由徐州入旧河济运。上源水枯，而义安束水横坝复冲二十余丈，小浮桥水脉微细，二洪告涸，运道阻涩。一魁因议挑黄堌口迤上埽湾、淤嘴二处，且大挑其下李吉口北下浊河，救小浮桥上流数十里之涸。复上言：“黄河南旋至韩家道、盘岔河、丁家庄，俱岸阔百丈，深逾二丈，乃铜邦铁底故道也。至刘家洼，始强半南流，得山西坡、永涸湖以为壑，出溪口入符离河，亦故道也。惟徐、邳运道浅涸，所以首议开小浮桥，再加挑辟，必大为运道之利。乃欲自黄堌挽回全河，必须挑四百里淤高之河身，筑三百里南岸之长堤，不惟所费不赀，窃恐后患无已。”御史杨光训等亦议挑埽湾直渠，展济浊河，及筑山西坡归仁堤，与一魁合，独铁异议。帝命从一魁言。

一魁复言：“归仁在西北，泗州在东南，相距百九十里，中隔重冈迭嶂。且归仁之北有白洋河、朱家沟、周家沟、胡家沟、小河口泄入运河，势如建瓴，即无归仁，祖陵无足虑。浊河淤垫，高出地上，曹、单间阔一二百丈，深二三丈，尚不免横流，徐、邳间仅百丈，深止丈余，徐西有浅至二三尺者，而夏、永、韩家道口至符离，河阔深视曹、单，避高就下，水之本性，河流所弃，自古难复。且运河本藉山东诸泉，不资黄水，惟当仿正统间二洪南北口建闸之制，于镇口之下，大浮桥之上，吕梁之下洪，邳州之沙坊，各建石闸，节宣汶、泗，而以小浮桥、沂河口二水助之，更于镇口西筑坝截黄，开唐家口而注之龙沟，会小浮桥入运，以杜灌淤镇口之害，实万全计也。”报可。

二十六年春，从杨光训等议，撤铁，命一魁兼管漕运。六月，召一魁掌部事，命刘东星为工部侍郎，总理河漕。

二十七年春，东星上言：“河自商、虞而下，由丁家道口抵韩家道口、赵家圈、石将军庙、两河口，出小浮桥下二洪，乃贾鲁故道也。自元及我朝行之甚利。嘉靖三十七年，北徙浊河，而此河遂淤。潘季驯议复开之，以工费浩繁而止。今河东决黄堌，由韩家道口至赵家圈百余里，冲刷成河，即季驯议复之故道也。由赵家圈至两河口，直接三仙台新渠，长仅四十里，募夫五万浚之，逾月当竣，而大挑运河，小挑浊河，俱可节省。惟李吉口故道尝挑复淤，去冬已挑数里，前功难弃，然至镇口三百里而遥，不若赵家圈至两河口四十里而近。况大浮桥已建闸蓄汶、泗之水，则镇口济运亦无藉黄流。”报可。十月，功成，加东星工部尚书，一魁及余官赏赉有差。

初，给事中杨廷兰因黄堌之决，请开泇河，给事中杨应文亦主其说，既而直隶巡按御史佴祺复言之。东星既开赵家圈，复采众说，凿泇河，以地多沙石，工未就而东星病。河既南徙，李吉口淤淀日高，北流遂绝，而赵家圈亦日就淤塞，徐、邳间三百里，河水尺余，粮艘阻塞。

二十九年秋，工科给事中张问达疏论之。会开、归大水，河涨商丘，决萧家口，全河尽南注。河身变为平沙，商贾舟胶沙上。南岸蒙墙寺忽徙置北岸，商、虞多被淹没，河势尽趋东南，而黄堌断流。河南巡抚曾如春以闻，曰：“此河徙，非决也。”问达复言：“萧家口在黄堌上流，未有商舟不能行于萧家口而能行于黄堌以东者，运艘大可虑。”帝从其言，方命东星勘议，而东星卒矣。问达复言：“运道之坏，一因黄堌口之决，不早杜塞；更因并力泇河，以致赵家圈淤塞断流，河身日高，河水日浅，而萧家口遂决，全河奔溃入淮，势及陵寝。东星已逝，宜急补河臣，早定长策。”大学士沈一贯、给事中桂有根皆趣简河臣。

御史高举献三策。请浚黄口以下旧河，引黄水注之东，遂塞黄堌口，而遏其南，俟旧河冲刷深，则并新决之口。其二则请开泇河及胶莱河，而言河、漕不宜并于一人，当选择分任其事。江北巡按御史吴崇礼则请自蒙墙寺西北黄河湾曲之所，开竣直河，引水东流。且浚李吉口至坚城集淤道三十余里，而尽塞黄堌以南决口，使河流尽归正漕。工部尚书一魁酌举崇礼之议，以开直河、塞黄堌口、浚淤道为正策，而以泇河为旁策，胶莱为备策。帝命急挑旧河，塞决口，且兼挑泇河以备用。下山东抚按勘视胶莱河。

三十年春，一魁覆河抚如春疏言："黄河势趋邳、宿，请筑汴堤自归德至灵、虹，以障南徙。且疏小河口，使黄流尽归之，则弥漫自消，祖陵可无患。"帝嘉纳之，已而言者再疏攻一魁。帝以一魁不塞黄堌口，致冲祖陵，斥为民。复用崇礼议，分设河漕二臣，命如春为工部侍郎，总理河道。如春议开虞城王家口，挽全河东归，须费六十万。

三十一年春，山东巡抚黄克缵言："王家口为蒙墙上源，上流既达，则下流不可旁泄，宜遂塞蒙墙口。"从之。时蒙墙决口广八十余丈，如春所开新河未及其半，塞而注之，虑不任受。有献策者言："河流既回，势若雷霆，藉其势冲之，浅者可深也。"如春遂令放水，水皆泥沙，流少缓，旋淤。夏四月，水暴涨，冲鱼、单、丰、沛间，如春以忧卒。乃命李化龙为工部侍郎，代其任。

给事中宋一韩言："黄河故道已复，陵、运无虞。决口惧难塞，宜深浚坚城以上浅阻，而增筑徐、邳两岸，使下流有所容，则旧河可塞。"给事中孟成已言："塞旧河急，而浚新河尤急。"化龙甫至，河大决单县苏家庄及曹县缕堤，又决沛县四铺口太行堤，灌昭阳湖，入夏镇，横冲运道。化龙议开泇河，属之邳州直河，以避河险。给事中侯庆远因言："泇河成，则他工可徐图，第毋纵河入淮。淮利则洪泽水减，而陵自安矣。"

三十二年正月，部覆化龙疏，大略言："河自归德而下，合运入海，其路有三：由兰阳道考城，至李吉口，过坚城集，入六座楼，出茶城而向徐、邳，是名浊河，为中路；由曹、单经丰、沛，出飞云桥，泛昭阳湖，入龙塘，出秦沟而向徐、邳，是名银河，为北路；由潘家口过司家道口，至何家堤，经符离，道睢宁，入宿迁，出小河口入运，是名符离河，为南路。南路近陵，北路近运，惟中路既远于陵，且可济运，前河臣兴役未竣，而河形尚在。"因奏开泇有六善。帝从其议。

工部尚书姚继可言："黄河冲徙，河臣议于坚城集以上开渠引河，使下流疏通，复分六座楼、苑家楼二路杀其水势，既可移丰、沛之患，又不至沼砀山之城。开泇分黄，两工并举，乞速发帑以济。”允之。八月，化龙奏分水河成。事具《泇河志》中。加化龙太子少保兵部尚书。会化龙丁艰候代，命曹时聘为工部侍郎，总理河道。是秋，河决丰县，由昭阳湖穿李家港口，出镇口，上灌南阳，而单县决口复溃，鱼台、济宁间平地成湖。

三十三年春，化龙言：“丰之失，由巡守不严，单之失，由下埽不早，而皆由苏家庄之决。南直、山东相推诿，请各罚防河守臣。至年来缓堤防而急挑浚，堤坏水溢，不咎守堤之不力，惟委浚河之不深。夫河北岸自曹县以下无入张秋之路，南岸自虞城以下无入淮之路，惟由徐、邳达镇口为运道。故河北决曹、郓、丰、沛间，则由昭阳湖出李家口，而运道溢；南决虞、夏、徐、邳间，则由小河口及白洋河，而运道涸。今泇河既成，起直隶至夏镇，与黄河隔绝，山东、直隶间，河不能制运道之命。独朱旺口以上，决单则单沼，决曹则曹鱼，及丰、沛、徐、邳、鱼、砀皆命悬一线堤防，何可缓也。至中州荆隆口、铜瓦厢皆入张秋之路，孙家渡、野鸡冈、蒙墙寺皆入淮之路，一不守，则北坏运，南犯陵，其害甚大，请西自开、归，东至徐、邳，无不守之地，上自司道，下至府县，无不守之人，庶几可息河患。”乃敕时聘申饬焉。

其秋，时聘言：“自苏庄一决，全河北注者三年。初泛丰、沛，继沼单、鱼，陈灿之塞不成，南阳之堤尽坏。今且上灌全济，旁侵运道矣。臣亲诣曹、单，上视王家口新筑之坝，下视朱旺口北溃之流，知河之大可忧者三，而机之不可失者二。河决行堤，泛溢平地，昭阳日垫，下流日淤，水出李家口者日渐微缓，势不得不退而上溢。溢于南，则孙家渡、野鸡冈皆入淮故道，毋谓蒙墙已塞，而无忧于陵。溢于北，则芝麻庄、荆隆口皆入张秋故道，毋谓泇役已成，而无忧于运。且南之夏、商，北之曹、濮，其地益卑，其祸益烈，其挽回益不易，毋谓灾止鱼、济，而无忧于民。顾自王家口以达朱旺，新导之河在焉。疏其下流以出小浮桥，则三百里长河畅流，机可乘者一。自徐而下，清黄并行，沙随水刷，此数十年所未有，因而导水归徐，容受有地，机可乘者二。臣与诸臣熟计，河之中路有南北二支：北出浊河，尝再疏再壅；惟南出小浮桥，地形卑下，其势甚顺，度长三万丈有奇，估银八十万两。公储虚耗，乞多方处给。"疏上留中。时聘乃大挑朱旺口。十一月兴工，用夫五十万。三十四年四月，工成，自朱旺达小浮桥延袤百七十里，渠广堤厚，河归故道。

六月，河决萧县郭暖楼人字口，北支至茶城、镇口。三十五年，决单县。三十九年六月，决徐州狼矢沟。四十年九月，决徐州三山，冲缕堤二百八十丈，遥堤百七十余丈，梨林铺以下二十里正河悉为平陆，邳、睢河水耗竭。总河都御史刘士忠开韩家坝外小渠引水，由是坝以东始通舟楫。四十二年，决灵璧陈铺。四十四年五月，复决狼矢沟，由蛤鳗、周柳诸湖入泇河，出直口，复与黄会。六月，决开封陶家店、张家湾，由会城大堤下陈留，入亳州涡河。四十七年九月，决阳武脾沙堽，由封丘、曹、单至考城，复入旧河。时朝政日弛，河臣奏报多不省。四十二年，刘士忠卒，总河阅三年不补。

四十六年闰四月，始命工部侍郎王佐督河道。河防日以废坏，当事者不能有为。

天启元年，河决灵璧双沟、黄铺，由永姬湖出白洋、小河口，仍与黄会，故道湮涸。总河侍郎陈道亨役夫筑塞。时淮安霪雨连旬，黄、淮暴涨数尺，而山阳里外河及清河决口汇成巨浸，水灌淮城，民蚁城以居，舟行街市。久之始塞。三年，决徐州青田大龙口，徐、邳、灵、睢河并淤，吕梁城南隅陷，沙高平地丈许，双沟决口亦满，上下百五十里悉成平陆。四年六月，决徐州魁山堤，东北灌州城，城中水深一丈三尺，一自南门至云龙山西北大安桥入石狗湖，一由旧支河南流至邓二庄，历租沟东南以达小河，出白洋，仍与黄会。徐民苦淹溺，议集资迁城。给事中陆文献上徐城不可迁六议。而势不得已，遂迁州治于云龙，河事置不讲矣。六年七月，河决淮安，逆入骆马湖，灌邳、宿。

崇祯二年春，河决曹县十四铺口。四月，决睢宁，至七月中，城尽圮。总河侍郎李若星请迁城避之，而开邳州坝泄水入故道，且塞曹家口匙头湾，逼水北注，以减睢宁之患，从之。四年夏，河决原武湖村铺，又决封丘荆隆口，败曹县塔儿湾大行堤。六月黄、淮交涨，海口壅塞，河决建义诸口，下灌兴化、盐城，水深二丈，村落尽漂没。逡巡逾年，始议筑塞。兴工未几，伏秋水发，黄、淮奔注，兴、盐为壑，而海潮复逆冲，坏范公堤。军民及商灶户死者无算，少壮转徙，丐江、仪、通、泰间，盗贼千百啸聚。至六年，盐城民徐瑞等言其状。帝悯之，命议罚河曹官。而是时，总河朱光祚方议开高堰三闸。淮、扬在朝者合疏言："建义诸口未塞，民田尽沉水底。三闸一开，高、宝诸邑荡为湖海，而漕粮盐课皆害矣。高堰建闸始于万历二十三年，未几全塞。今高堰日坏，方当急议修筑，可轻言开浚乎？"帝是其言，事遂寝。又从御史吴振缨请，修宿、宁上下西北旧堤，以捍归仁。七年二月，建义决口工成，赐督漕尚书杨一鹏、总河尚书刘荣嗣银币。

八年九月，荣嗣得罪。初，荣嗣以骆马湖运道溃淤，创挽河之议，起宿迁至徐州，别凿新河，分黄水注其中，以通漕运。计工二百余里，金钱五十万。而其所凿邳州上下，悉黄河故道，浚尺许，其下皆沙，挑掘成河，经宿沙落，河坎复平，如此者数四。迨引黄水入其中，波流迅急，沙随水下，率淤浅不可以舟。及漕舟将至，而骆马湖之溃决适平，舟人皆不愿由新河。荣嗣自往督之，欲绳以军法。有入者辄苦淤浅，弁卒多怨。巡漕御史倪于义劾其欺罔误工，南京给事中曹景参复重劾之，逮问，坐赃，父子皆瘐死。郎中胡琏分工独多，亦坐死。其后骆马湖复溃，舟行新河，无不思荣嗣功者。

当是时，河患日棘，而帝又重法惩下，李若星以修浚不力罢官，朱光祚以建义苏嘴决口逮系。六年之中，河臣三易。给事中王家彦尝切言之。光祚亦竟瘐死。而继荣嗣者周鼎修泇利运颇有功，在事五年，竟坐漕舟阻浅，用故决河防例，遣戍烟瘴。给事中沈允培、刑部侍郎惠世扬、总河侍郎张国维各疏请宽之，乃获宥免云。

十五年，流贼围开封久，守臣谋引黄河灌之。贼侦知，预为备。乘水涨，令其党决河灌城，民尽溺死。总河侍郎张国维方奉诏赴京，奏其状。山东巡抚王永吉上言："黄河决汴城，直走睢阳，东南注鄢陵、鹿邑，必害亳、泗，侵祖陵，而邳、宿运河必涸。”帝令总河侍郎黄希宪急往捍御，希宪以身居济宁不能摄汴，请特设重臣督理。命工部侍郎周堪赓督修汴河。

十六年二月，堪赓上言：“河之决口有二：一为朱家寨，宽二里许，居河下流，水面宽而水势缓；一为马家口，宽一里余，居河上流，水势猛，深不可测。两口相距三十里，至汴堤之外，合为一流，决一大口，直冲汴城以去，而河之故道则涸为平地。怒涛千顷，工力难施，必广浚旧渠，远数十里，分杀水势，然后畚锸可措。顾筑浚并举，需夫三万。河北荒旱，兖西兵火，竭力以供，不满万人，河南万死一生之余，未审能应募否？是不得不借助于抚镇之兵也。”乃敕兵部速议，而令堪赓刻期兴工。至四月，塞朱家寨决口，修堤四百余丈。马家口工未就，忽冲东岸，诸埽尽漂没。堪赓请停东岸而专事西岸。帝令急竣工。

六月，堪赓言：“马家决口百二十丈，两岸皆筑四之一，中间七十余丈，水深流急，难以措手。请俟霜降后兴工。”已而言：“五月伏水大涨，故道沙滩壅，涸者刷深数丈，河之大势尽归于东，运道已通，陵园无恙。”疏甫上，决口再溃。帝趣鸠工，未奏绩而明亡。

明史卷八五
志第六一

河渠三

运河上

明成祖肇建北京，转漕东南，水陆兼挽，仍元人之旧，参用海运。逮会通河开，海陆并罢。南极江口，北尽大通桥，运道三千余里。综而计之，自昌平神山泉诸水，汇贯都城，过大通桥，东至通州入白河者，大通河也。自通州而南至直沽，会卫河入海者，白河也。自临清而北至直沽，会白河入海者，卫水也。自汶上南旺分流，北经张秋至临清，会卫河，南至济宁天井闸，会泗、沂、洸三水者，汶水也。自济宁出天井闸，与汶合流，至南阳新河，旧出茶城，会黄、沁后出夏镇，循泇河达直口，入黄济运者，泗、洸、小沂河及山东泉水也。自茶城秦沟，南历徐、吕，浮邳，会大沂河，至清河县入淮后，从直河口抵清口者，黄河水也。自清口而南，至于瓜、仪者，淮、扬诸湖水也。过此则长江矣。长江以南，则松、苏、浙江运道也。淮、扬至京口以南之河，通谓之转运河，而由瓜、仪达淮安者，又谓之南河，由黄河达丰、沛曰中河，由山东达天津曰北河，由天津达张家湾曰通济河，而总名曰漕河。其逾京师而东若蓟州，西北若昌平，皆尝有河通，转漕饷军。

漕河之别，曰白漕、卫漕、闸漕、河漕、湖漕、江漕、浙漕。因地为号，流俗所通称也。淮、扬诸水所汇，徐、兖河流所经，疏瀹决排，繋人力是系，故闸、河、湖于转漕尤急。

闸漕者，即会通河，北至临清，与卫河会，南出茶城口，与黄河会，资汶、洸、泗水及山东泉源。泉源之派有五。曰分水者，汶水派也，泉百四十有五。曰天井者，济河派也，泉九十有六。曰鲁桥者，泗河派也，泉二十有六。曰沙河者，新河派也，泉二十有八。曰邳州者，沂河派也，泉十有六。诸泉所汇为湖，其浸十五。曰南旺，东西二湖，周百五十余里，运渠贯其中。北曰马踏，南曰蜀山，曰苏鲁。又南曰马场。又南八十里曰南阳，亦曰独山，周七十余里。北曰安山，周八十三里。南曰大、小昭阳，大湖袤十八里，小湖杀三之一，周八十余里。由马家桥留城闸而南，曰武家，曰赤山，曰微山，曰吕孟，曰张王诸湖，连注八十里，引薛河由地浜沟出，会于赤龙潭，并趋茶城。自南旺分水北至临清三百里，地降九十尺，为闸二十有一；南至镇口三百九十里，地降百十有六尺，为闸二十有七。其外又有积水、进水、减水、平水之闸五十有四。又为坝二十有一，所以防运河之泄，佐闸以为用者也。其后开泇河二百六十里，为闸十一，为坝四。运舟不出镇口，与黄河会于董沟。

河漕者，即黄河，上自茶城与会通河会，下至清口与淮河会。其道有三：中路曰浊河，北路曰银河，南路曰符离河。南近陵，北近运，惟中路去陵远，于运有济。而河流迁徙不常，上流苦溃，下流苦淤。运道自南而北，出清口，经桃、宿，溯二洪，入镇口，陟险五百余里。自二洪以上，河与漕不相涉也。至泇河开而二洪避，董沟辟而直河淤，运道之资河者二百六十里而止，董沟以上，河又无病于漕也。

湖漕者，由淮安抵扬州三百七十里，地卑积水，汇为泽国。山阳则有管家、射阳，宝应则有白马、汜光，高邮则有石臼、甓社、武安、邵伯诸湖。仰受上流之水，傍接诸山之源，巨浸连亘，由五塘以达于江。虑淮东侵，筑高家堰拒其上流，筑王简、张福二堤御其分泄。虑淮侵而漕败，开淮安永济、高邮康济、宝应弘济三月河以通舟。至扬子湾东，则分二道：一由仪真通江口，以漕上江湖广、江西；一由瓜洲通西江嘴，以漕下江两浙。本非河道，专取诸湖之水，故曰湖漕。

太祖初起大军北伐，开蹋场口、耐牢坡，通漕以饷梁、晋。定都应天，运道通利：江西、湖广之粟，浮江直下；浙西、吴中之粟，由转运河；凤、泗之粟，浮淮；河南、山东之粟，下黄河。尝由开封运粟，溯河达渭，以给陕西，用海运以饷辽卒，有事于西北者甚鲜。淮、扬之间，筑高邮湖堤二十余里，开宝应倚湖直渠四十里，筑堤护之。他小修筑，无大利害也。

永乐四年，成祖命平江伯陈瑄督转运，一仍由海，而一则浮淮入河，至阳武，陆挽百七十里抵卫辉，浮于卫，所谓陆海兼运者也。海运多险，陆亦艰。九年二月乃用济宁州同知潘叔正言，命尚书宋礼、侍郎金纯、都督周长浚会通河。会通河者，元转漕故道也，元末已废不用。洪武二十四年，河决原武，漫安山湖而东，会通尽淤，至是复之。由济宁至临清三百八十五里，引汶、泗入其中。泗出泗水陪尾山，四泉并发，西流至兖州城东，合于沂。汶河有二。小汶河出新泰宫山下。大汶河出泰安仙台岭南，又出莱芜原山阴及寨子村，俱至静丰镇合流，绕徂徕山阳，而小汶河来会。经宁阳北堽城，西南流百余里，至汶上。其支流曰洸河，出堽城西南，流三十里，会宁阳诸泉，经济宁东，与泗合。元初，毕辅国始于堽城左汶水阴作斗门，导汶入洸。至元中，又分流北入济，由寿张至临清，通漳、御入海。

南旺者，南北之脊也。自左而南，距济宁九十里，合沂、泗以济；自右而北，距临清三百余里，无他水，独赖汶。礼用汶上老人白英策，筑坝东平之戴村，遏汶使无入洸，而尽出南旺，南北置闸三十八。又开新河，自汶上袁家口左徙五十里至寿张之沙湾，以接旧河。其秋，礼还，又请疏东平东境沙河淤沙三里，筑堰障之，合马常泊之流入会通济运。又于汶上、东平、济宁、沛县并湖地设水柜、陡门。在漕河西者曰水柜，东者曰陡门，柜以蓄泉，门以泄涨。纯复浚贾鲁河故道，引黄水至塌场口会汶，经徐、吕入淮。运道以定。

其后，宣宗时，尝发军民十二万，浚济宁以北自长沟至枣林闸百二十里，置闸诸浅，浚湖塘以引山泉。正统时，浚滕、沛淤河，又于济宁、滕三州县疏泉置闸，易金口堰土坝为石，蓄水以资会通。景帝时，增置济宁抵临清减水闸。天顺时，拓临清旧闸，移五十丈。宪宗时，筑汶上、济宁决堤百余里，增南旺上、下及安山三闸。命工部侍郎杜谦勘治汶、泗、洸诸泉。武宗时，增置汶上袁家口及寺前铺石闸，浚南旺淤八十里，而闸漕之治详。惟河决则挟漕而去，为大害。

陈瑄之督运也，于湖广、江西造平底浅船三千艘。二省及江、浙之米皆由江以入，至淮安新城，盘五坝过淮。仁、义二坝在东门外东北，礼、智、信三坝在西门外西北，皆自城南引水抵坝口，其外即淮河。清江浦者，直淮城西，永乐二年尝一修闸。其口淤塞，则漕船由二坝，官民商船由三坝入淮，挽输甚劳苦。瑄访之故老，言："淮城西管家湖西北，距淮河鸭陈口仅二十里，与清江口相值，宜凿为河，引湖水通漕，宋乔维岳所开沙河旧渠也。"瑄乃凿清江浦，导水由管家湖入鸭陈口达淮。十三年五月，工成。缘西湖筑堤亘十里以引舟。淮口置四闸，曰移风、清江、福兴、新庄。以时启闭，严其禁。并浚仪真、瓜洲河以通江湖，凿吕梁、百步二洪石以平水势，开泰州白塔河以达大江。筑高邮河堤，堤内凿渠四十里。久之，复置吕梁石闸，并筑宝应、汜光、白马诸湖堤，堤皆置涵洞，互相灌注。是时淮上、徐州、济宁、临清、德州皆建仓转输。滨河置舍五百六十八所，舍置浅夫。水涩舟胶，俾之导行。增置浅船三千余艘。设徐、沛、沽头、金沟、山东、谷亭、鲁桥等闸。自是漕运直达通州，而海陆运俱废。

宣德六年用御史白圭言，浚金龙口，引河水达徐州以便漕。末年至英宗初，再浚，并及凤池口水，徐、吕二洪，西小河，而会通安流，自永、宣至正统间凡数十载。至十三年，河决荥阳，东冲张秋，溃沙湾，运道始坏。命廷臣塞之。

景泰三年五月，堤工乃完。未匝月而北马头复决，掣漕流以东。清河训导唐学成言："河决沙湾，临清告涸。地卑堤薄，黄河势急，故甫完堤而复决也。临清至沙湾十二闸，有水之日，其势甚陡。请于临清以南月河通舟，直抵沙湾，不复由闸，则水势缓而漕运通矣。"帝即命学成与山东巡抚洪英相度。工部侍郎赵荣则言："沙湾抵张秋岸薄，故数决。请于决处置减水石坝，使东入盐河，则运河之水可蓄。然后厚堤岸，填决口，庶无后患。”

明年四月，决口方毕工，而减水坝及南分水墩先败，已复尽冲墩岸桥梁，决北马头，掣漕水入盐河，运舟悉阻。教谕彭埙请立闸以制水势，开河以分上流。御史练纲上其策。诏下尚书石璞。璞乃凿河三里，以避决口，上下与运河通。是岁，漕舟不前者，命漕运总兵官徐恭姑输东昌、济宁仓。及明年，运河胶浅如故。恭与都御史王竑言：“漕舟蚁聚临清上下，请亟敕都御史徐有贞筑塞沙湾决河。”有贞不可，而献上三策，请置水闸，开分水河，挑运河。

六年三月诏君臣集议方略。工部尚书江渊等请用官军五万以浚运。有贞恐役军费重，请复陈瑄旧制，置捞浅夫，用沿河州县民，免其役。五月，浚漕工竣。七月，沙湾决口工亦竣，会通复安。都御史陈泰一浚淮、扬漕河，筑口置坝。黄河尝灌新庄闸至清江浦三十余里，淤浅阻漕，稍稍浚治，即复其旧。英宗初，命官督漕，分济宁南北为二，侍郎郑辰治其南，副都御史贾谅治其北。

成化七年，又因廷议，分漕河沛县以南、德州以北及山东为三道，各委曹郎及监司专理，且请简风力大臣总理其事。始命侍郎王恕为总河。二十一年敕工部侍郎杜谦浚运道，自通州至淮、扬，会山东、河南抚按相度经理。

弘治二年，河复决张秋，冲会通河，命户部侍郎白昂相治。昂奏金龙口决口已淤，河并为一大支，由祥符合沁下徐州而去。其间河道浅隘，宜于所经七县，筑堤岸以卫张秋。下工部议，从其请。昂又以漕船经高邮甓社湖多溺，请于堤东开复河四十里以通舟。越四年，河复决数道入运河，坏张秋东堤，夺汶水入海，漕流绝。时工部侍郎陈政总理河道，集夫十五万，治未效而卒。

六年春，副都御史刘大夏奉敕往治决河。夏半，漕舟鳞集，乃先自决口西岸凿月河以通漕。经营二年，张秋决口就塞，复筑黄陵冈上流。于是河复南下，运道无阻。乃改张秋曰安平镇，建庙赐额曰显惠神祠，命大学士王鏊纪其事，勒于石，而白昂所开高邮复河亦成，赐名康济，其西岸以石甃之。又甃高邮堤，自杭家闸至张家镇凡三十里。高邮堤者，洪武时所筑也。陈宣因旧增筑，延及宝应，土人相沿谓之老堤。正统三年易土以石。成化时，遣官筑重堤于高邮、邵伯、宝应、白马四湖老堤之东。而王恕为总河，修淮安以南诸决堤，且浚淮、扬漕河。重湖墙民盗决溉田之罚，造闸硂以储湖水。及大夏塞张秋，而昂又开康济，漕河上下无大患者二十余年。

十六年，巡抚徐源言："济宁地最高，必引上源洸水以济，其口在堽城石濑之上。元时治闸作堰，使水尽入南旺，分济南北运。成化间，易土以石。夫土堰之利，水小则遏以入洸，水大则闭闸以防沙壅，听其漫堰西流。自石堰成，水遂横溢，石堰既坏，民田亦冲。洸河沙塞，虽有闸门，压不能启。乞毁石复土，疏洸口壅塞以至济宁，而筑堽城迤西春城口子决岸。"帝命侍郎李𬭼往勘，言："堽城石堰，一可遏淤沙，不为南旺湖之害，一可杀水势，不虑戴村坝之冲，不宜毁。近堰积沙，宜浚。堽城稍东有元时旧闸，引洸水入济宁，下接徐、吕漕河。东平州戴村，则汶水入海故道也。自永乐初，横筑一坝，遏汶入南旺湖，漕河始通。今自分水龙王庙至天井闸九十里，水高三丈有奇，若洸河更浚而深，则汶流尽向济宁而南，临清河道必涸。洸口不可浚。堽城口至柳泉九十里，无关运道，可弗事。柳泉至济宁，汶、泗诸水会流处，宜疏者二十余里。春城口，外障汶水，内防民田，堤卑岸薄，宜与戴村坝并修筑。"从之。正德四年十月，河决沛县飞云桥，入运。寻塞。

世宗之初，河数坏漕。嘉靖六年，光禄少卿黄绾论泉源之利，言："漕河泉源皆发山东南旺、马场、樊村、安山诸湖。泉水所钟，亟宜修浚，且引他泉并蓄，则漕不竭。南旺、马场堤外孙村地洼，若潴为湖，改作漕道，尤可免济宁高原浅涩之苦。"帝命总河侍郎章拯议。而拯以黄水入运，运船阻沛上，方为御史吴仲所劾。拯言："河塞难遽通，惟金沟口迤北新冲一渠，可令运船由此入昭阳湖，出沙河板桥。其先阻浅者，则西历鸡冢寺，出庙道北口通行。"下部并议，未决。给事中张嵩言："昭阳湖地庳，河势高，引河灌湖，必致弥漫，使湖道复阻。请罢拯，别推大臣。"部议如嵩言。拯再疏自劾，乞罢。

不许。卒引运船道湖中。其冬，诏拯还京别叙，而命择大臣督理。

诸大臣多进治河议。詹事霍韬谓："前议役山东、河南丁夫数万，疏浚淤沙以通运。然沙随水下，旋浚旋淤。今运舟由昭阳湖入鸡鸣台至沙河，迂回不过百里。若沿湖筑堤，浚为小河，河口为闸，以待蓄泄，水溢可避风涛，水涸易为疏浚。三月而土堤成，一年而石堤成，用力少，取效速。黄河愈溢，运道愈利，较之役丁夫以浚淤土，劳逸大不侔也。"尚书李承勋谓："于昭阳湖左别开一河，引诸泉为运道，自留城沙河为尤便。"与都御史胡世宁议合。七年正月，总河都御史盛应期奏如世宁策，请于昭阳湖东凿新河，自汪家口南出留城口，长百四十里，刻期六月毕工。工未半，而应期罢去，役遂已。其后三十年，朱衡始循其遗迹，而成之。是年冬，总河侍郎潘希曾加筑济、沛间东西两堤，以拒黄河。

十九年七月，河决野鸡冈，二洪涸。督理河漕侍郎王以旂请浚山东诸泉以济运，且筑长堤聚水，如闸河制。遂清旧泉百七十八，开新泉三十一。以旂复奏四事。一请以诸泉分隶守土官兼理其事，毋使堙塞。一请于境山镇、徐、吕二洪之下，各建石闸，蓄水数尺以行舟，旁留月河以泄暴汛；筑四木闸于武家沟、小河口、石城、匙头湾，而置方船于沙坊等浅，以备捞浚。一言漕河两岸有南旺、安山、马场、昭阳四湖，名为水柜，所以汇诸泉济漕河也。豪强侵占，蓄水不多，而昭阳一湖淤成高地，大非国初设湖初意。宜委官清理，添置闸、坝、斗门，培筑堤岸，多开沟渠，浚深河底，以复四柜。一言黄河南徙，旧闸口俱塞，惟孙继一口独存。导河出徐州小浮桥，下徐、吕二洪，此济运之大者。请于孙继口多开一沟，及时疏瀹，庶二洪得济。帝可其奏，而以管泉专责之部曹。

徐、吕二洪者，河漕咽喉也。自陈瑄凿石疏渠，正统初，复浚洪西小河。漕运参将汤节又以洪迅败舟，于上流筑堰，逼水归月河，河南建闸以蓄水势。成化四年，管河主簿郭升以大石筑两堤，锢以铁锭，凿外洪败船恶石三百，而平筑里洪堤岸，又甃石岸东西四百余丈。十六年增甃吕梁洪石堤、石坝二百余丈，以资牵挽。及是建闸，行者益便之。

四十四年七月，河大决沛县，漫昭阳湖，由沙河至二洪，浩渺无际，运道淤塞百余里。督理河漕尚书朱衡循览盛应期所凿新河遗迹，请开南阳、留城上下。总河都御史潘季驯不可。衡言：“是河直秦沟，有所束隘。伏秋黄水盛，昭阳受之，不为壑也。”乃决计开浚，身自督工，重惩不用命者。给事中郑钦劾衡故兴难成之役，虐民幸功。朝廷遣官勘新旧河孰利。给事中何起鸣勘河还，言：“旧河难复有五，而新河之难成者亦有三。顾新河多旧堤高阜，黄水难侵，浚而通之，运道必利。所谓三难者，一以夏村迤北地高，恐难接水，然地势高低，大约不过二丈，一视水平加深，何患水浅。一以三河口积沙深厚，水势湍急，不无阻塞，然建坝拦截，岁一挑浚之，何患沙壅。一以马家桥筑堤，微山取土不便，又恐水口投埽，势必不坚，然使委任得人，培筑高厚，无必不可措力之理。开新河便。”下廷臣集议，言新河已有次第，不可止。况百中桥至留城白洋浅，出境山，疏浚补筑，亦不全弃旧河，君议俱合。帝意乃决。时大雨，黄水骤发，决马家桥，坏新筑东西二堤。给事中王元春、御史黄襄皆劾衡欺误，起鸣亦变其说。会衡奏新旧河百九十四里俱已流通，漕船至南阳出口无滞。诏留衡与季驯详议开上源、筑长堤之便。

隆庆元年正月，衡请罢上源议，惟开广秦沟，坚筑南长堤。五月，新河成，西去旧河三十里。旧河自留城以北，经谢沟、下沽头、中沽头、金沟四闸，过沛县，又经庙道口、湖陵城、孟阳、八里湾、谷亭五闸，而至南阳闸。新河自留城而北，经马家桥、西柳庄、满家桥、夏镇、杨庄、朱梅、利建七闸，至南阳闸合旧河，凡百四十里有奇。又引鲇鱼诸泉及薛河、沙河注其中，而设坝于三河之口，筑马家桥堤，遏黄水入秦沟，运道乃大通。未几，鲇鱼口山水暴决，没漕艘。帝从衡请，自东邵开支河三道以分泄之，又开支河于东邵之上，历东沧桥以达百中桥，凿豸里沟诸处为渠，使水入赤山湖，由之以归吕孟湖，下境山而去。

衡召入为工部尚书，都御史翁大立代，上言：“漕河资泉水，而地形东高西下，非湖潴之则涸，故漕河以东皆有柜；非湖泄之则溃，故漕河以西皆有壑。黄流逆奔，则以昭阳湖为散漫之区；山水东突，则以南阳湖为潴蓄之地。宜由回回墓开通以达鸿沟，令谷亭、湖陵之水皆入昭阳湖，即浚鸿沟废渠，引昭阳湖水沿渠东出留城。其湖地退滩者，又可得田数千顷。”大立又言：“薛河水湍悍，今尽注赤山湖，入微山湖以达吕孟湖，此尚书衡成绩也。惟居孟之南为邵家岭，黄流填淤，地形高仰，秋水时至，翕纳者小，浸淫平野，夺民田之利。微山之西为马家桥，比草创一堤以开运道，土未及坚而时为积水所撼，以寻丈之址，二流夹攻，虑有倾圮。宜凿邵家岭，令水由地浜沟出境山以入漕河，则湖地可耕，河堤不溃。更于马家桥建减水闸，视旱劳为启闭，乃通漕长策也。”并从之。

三年七月，河决沛县，茶城淤塞，粮艘二千余皆阻邳州。大立言：“臣按行徐州，循子房山，过梁山，至境山，入地浜沟，直趋马家桥，上下八十里间，可别开一河以漕。”即所谓泇河也。请集廷议，上即命行之。未几，黄落漕通，前议遂寝。时淮水涨溢，自清河至淮安城西淤三十余里，决礼、信二坝出海，宝应湖堤多坏。山东诸水从直河出邳州。大立以闻。其冬，自淮安板闸至清河西湖嘴开浚垂成，而里口复塞。督漕侍郎赵孔昭言：“清江一带黄河五十里，宜筑堰以防河溢；淮河高良涧一带七十余里，宜筑堰以防淮涨。”帝令亟浚里口，与大立商筑堰事宜，并议海口筑塞及宝应月河二事。

四年六月，淮河及鸿沟境山疏浚工竣。大立方奏闻，诸水忽骤溢，决仲家浅，与黄河合，茶城复淤。未几，自泰山庙至七里沟，淮河淤十余里，其水从朱家沟旁出，至清河县河南镇以合于黄河。大立请开新庄闸以通回船，兼浚古睢河，泄二洪水，且分河自鱼沟下草湾，保南北运道。帝命新任总河都御史潘季驯区画。顷之，河大决邳州，睢宁运道淤百余里。大立请开泇口、萧县二河。会季驯筑塞诸决，河水归正流，漕船获通。大立、孔昭皆以迟误漕粮削籍，开泇之议不果行。

五年四月，河复决邳州王家口，自双沟而下，南北决口十余，损漕船运军千计，没粮四十万余石，而匙头湾以下八十里皆淤。于是胶、莱海运之议纷起。会季驯奏邳河功成，帝以漕运迟，遣给事中雒遵往勘。总漕陈炌及季驯俱罢官。

六年，从雒遵言，修筑茶城至清河长堤五百五十里，三里一铺，铺十夫，设官画地而守。又接筑茶城至开封两岸堤。从朱衡言，缮丰、沛大黄堤。衡又言："漕河起仪真讫张家湾二千八百余里，河势凡四段，各不相同。清江浦以南，临清以北，皆远隔黄河，不烦用力。惟茶城至临清，则闸诸泉为河，与黄相近。清河至茶城，则黄河即运河也。茶城以此，当防黄河之决而入，茶城以南，当防黄河之决而出。防黄河即所以保运河，故自茶城至邳、迁，高筑两堤，宿迁至清河，尽塞缺口，盖以防黄水之出，则正河必淤，昨岁徐、邳之患是也。自茶城秦沟口至丰、沛、曹、单，创筑增筑以接缕水旧堤，盖以防黄水之入，则正河必决，往年曹、沛之患是也。二处告竣，故河深水束，无旁决中溃之虞。沛县之窑子头至秦沟口，应筑堤七十里，接古北堤。徐、邳之间，堤逼河身，宜于新堤外别筑遥堤。"诏如其议，以命总河侍郎万恭。

万历元年，恭言："祖宗时造浅船近万，非不知满载省舟之便，以闸河流浅，故不敢过四百石也。其制底平、仓浅，底平则入水不深，仓浅则负载不满。又限浅船用水不得过六拿，伸大指与食指相距为一拿，六拿不过三尺许，明受水浅也。今不务遵行，而竞雇船搭运。雇船有三害，搭运有五害，皆病河道。请悉遵旧制。"从之。

恭又请复淮南平水诸闸，上言："高、宝诸湖周遭数百里，西受天长七十余河，徒恃百里长堤，若障之使无疏泄，是溃堤也。以故祖宗之法，遍置数十小闸于长堤之间，又为令曰"但许深湖，不许高堤"，故设浅船浅夫取湖之淤以厚堤。夫闸多则水易落而堤坚，浚勤则湖愈深而堤厚，意至深远也。比年畏修闸之劳，每坏一闸即堙一闸，岁月既久，诸闸尽堙，而长堤为死障矣。畏浚浅之苦，每湖浅一尺则加堤一尺，岁月既久，湖水捧起，而高、宝为盂城矣。且湖漕勿堤与无漕同，湖堤勿闸与无堤同。陈瑄大置减水闸数十，湖水溢则泻以利堤，水落则闭以利漕，最为完计。积久而减水故迹不可复得，湖且沉堤。请复建平水闸，闸欲密，密则水疏，无涨溃患；闸欲狭，狭则势缓，无啮决虞。”尚书衡覆奏如其请。于是仪真、江都、高邮、宝应、山阳设闸二十三，浚浅凡五十一处，各设捞浅船二，浅夫十。

恭又言：“清江浦河六十里，陈瑄浚至天妃祠，东注于黄河。运艘出天妃口入黄穿清，特半饷耳。后黄涨，逆注入口，浦遂多淤。议者不制天妃口而遽塞之，令淮水勿与黄值。开新河以接淮河，曰‘接清流勿接浊流，可不淤也。’不知黄河非安流之水，伏秋盛发，则西拥淮流数十里，并灌新开河。彼天妃口，一黄水之淤耳。今淮、黄会于新开河口，是二淤也。防一淤，生二淤，又生淮、黄交会之浅。岁役丁夫千百，浚治方毕，水过复合。又使运艘迂八里浅滞而始达于清河。孰与出天妃口者之便且利？请建天妃闸，俾漕船直达清河。运尽而黄水盛发，则闭闸绝黄，水落则启天妃闸以利商船。新河口勿浚可也。”乃建天妃庙口石闸。

恭又言：“由黄河入闸河为茶城，出临清板闸七百余里，旧有七十二浅。自创开新河，汶流平衍，地势高下不甚相悬，七十浅悉为通渠。惟茶、黄交会间，运盛之时，正值黄河水落之候，高下不相接，是以有茶城黄家闸之浅，连年患之。祖宗时，尝建境山闸，自新河水平，闸没泥淖且丈余。其闸上距黄家闸二十里，下接茶城十里，因故基累石为之，可留黄家闸外二十里之上流，接茶城内十里之下流，且挟二十里水势，冲十里之狭流，蔑不胜矣。”乃复境山旧闸。

恭建三议，尚书衡覆行之，为运道永利。而是时，茶城岁淤，恭方报正河安流，回空船速出。给事中朱南雍以回空多阻，劾恭隐蔽溺职。帝切责恭，罢去。

三年二月，总河都御史傅希挚请开泇河以避黄险，不果行。希挚又请浚梁山以下，与茶城互用，淤旧则通新而挑旧，淤新则通旧而挑新，筑坝断流，常通其一以备不虞。诏从所请。工未成，而河决崔镇，淮决高家堰，高邮湖决清水潭、丁志等口，淮城几没。知府邵元哲开菊花潭，以泄淮安、高、宝三城之水，东方刍米少通。

明年春，督漕侍郎张羽中以筑清水潭堤工巨不克就，欲令粮船暂由圈子田以行。巡按御史陈功不可。河漕侍郎吴桂芳言："高邮湖老堤，陈瑄所建。后白昂开月河，距湖数里，中为土堤，东为石堤，首尾建闸，名为康济河。其中堤之西，老堤之东，民田数万亩，所谓圈子田也。河湖相去太远，老堤缺坏不修，遂至水入圈田，又成一湖。而中堤溃坏，东堤独受数百里湖涛，清水潭之决，势所必至。宜遵弘治间王恕之议，就老堤为月河，但修东西二堤，费省而工易举。"帝命如所请行之。是年，元哲修筑淮安长堤，又疏盐城石口下流入海。

五年二月，高邮石堤将成，桂芳请傍老堤十数丈开挑月河。因言："白昂康济月河去老堤太远，人心狃月河之安，忘老堤外捍之力。年复一年，不加省视，老、中二堤俱坏，而东堤不能独存。今河与老堤近，则易于管摄。"御史陈世宝论江北河道，请于宝应湖堤补右堤以固其外，而于右堤之东复筑一堤，以通月河，漕舟行其中。并议行。其冬，高邮湖土石二堤、新开漕河南北二闸及老堤加石、增护堤木城各工竣事。桂芳又与元哲增筑山阳长堤，自板闸至黄浦亘七十里，闭通济闸不用，而建兴文闸，且修新庄诸闸，筑清江浦南堤，创板闸漕堤，南北与新旧堤接。板闸即故移风闸也。堤、闸并修，淮、扬漕道渐固。

六年，总理河漕都御史潘季驯筑高家堰，及清江浦柳浦湾以东加筑礼、智二坝，修宝应、黄浦等八浅堤，高、宝减水闸四，又拆新庄闸而改建通济闸于甘罗城南。明初运粮，自瓜、仪至淮安谓之里河，自五坝转黄河谓之外河，不相通。及开清江浦，设闸天妃口，春夏之交重运毕，即闭以拒黄。岁久法弛，闸不封而黄水入。嘉靖末，塞天妃口，于浦南三里沟开新河，设通济闸以就淮水。已又从万恭言，复天妃闸。未几，又从御史刘光国言，增筑通济，自仲夏至季秋，隔日一放回空漕船。既而启闭不时，淤塞日甚，开朱家口引清水灌之，仅通舟。至是改建甘罗城南，专向淮水，使河不得直射。

十年，督漕尚书凌云翼以运船由清江浦出口多艰险，乃自浦西开永济河四十五里，起城南窑湾，历龙江闸，至杨家涧出武家墩，折而东，合通济闸出口。更置闸三，以备清江浦之险。是时漕河就治，淮、扬免水灾者十余年。初，黄河之害漕也，自金龙口而东，则会通以淤。迨塞沙湾、张秋闸，漕以安，则徐、沛间数被其害。至崔镇高堰之决，黄、淮交涨而害漕，乃在淮、扬间，湖溃则败漕。季驯以高堰障洪泽，俾堰东四湖勿受淮侵，漕始无败。而河漕诸臣惧湖害，日夜常惴惴。

十三年从总漕都御史李世达议，开宝应月河。宝应汜光湖，诸湖中最湍险者也，广百二十余里。槐角楼当其中，形曲如箕，瓦店翼其南，秤钩湾翼其北。西风鼓浪，往往覆舟。陈瑄筑堤湖东，蓄水为运道。上有所受，下无所宣，遂决为八浅，汇为六潭，兴、盐诸场皆没。而淮水又从周家桥漫入，溺人民，害漕运。武宗末年，郎中杨最请开月河，部覆不从。嘉靖中，工部郎中陈毓贤、户部员外范韶、御史闻人诠、运粮千户李显皆以为言，议行未果。至是，工部郎中许应逵建议，世达用其言以奏，乃决行之。浚河千七百余丈，置石闸三，减水闸二，筑堤九千余丈，石堤三之一，子堤五千余丈。工成，赐名弘济。寻改石闸为平水闸。应达又筑高邮护城堤。其后，弘济南北闸，夏秋淮涨，吞吐不及，舟多覆者。神宗季年，督漕侍郎陈荐于南北各开月河以杀河怒，而溜始平。

十五年，督漕侍郎杨一魁请修高家堰以保上流，砌范家口以制旁决，疏草湾以杀河势，修礼坝以保新城。诏如其议。一魁又改建古洪闸。先是，汶、泗之水由茶城会黄河。隆庆间，浊流倒灌，稽阻运船，郎中陈瑛移黄河口于茶城东八里，建古洪、内华二闸，漕河从古洪出口。后黄水发，淤益甚。一魁既改古洪，帝又从给事中常居敬言，令增筑镇口闸于古洪外，距河仅八十丈，吐纳益易，粮运利之。

工部尚书石星议季驯、居敬条上善后事宜，请分地责成：接筑塔山缕堤，清江浦草坝，创筑宝应西堤，石砌邵伯湖堤，疏浚里河淤浅，当在淮、扬兴举；察复南旺、马踏、蜀山、马场四湖，建筑坎河滚水坝，加建通济、永通二闸，察复安山湖地，当在山东兴举。帝从其议。未几，众工皆成。

十九年，季驯言："宿迁以南，地形西洼，请开缕堤放水。沙随水入，地随沙高，庶水患消而费可省。"又请易高家堰土堤为石，筑满家闸西拦河坝，使汶、泗尽归新河。设减水闸于李家口，以泄沛县积水。从之。十月，淮湖大涨，江都淳家湾石堤、邵伯南坝、高邮中堤、朱家墩、清水潭皆决。郎中黄曰谨筑塞仅竣，而山阳堤亦决。

二十一年五月，恒雨。漕河泛溢，溃济宁及淮河诸堤岸。总河尚书舒应龙议：筑堽城坝，遏汶水之南，开马踏湖月河口，导汶水之北。开通济闸，放月河土坝以杀汹涌之势。从其奏。数年之间，会通上下无阻，而黄、淮并涨，高邮堰及高堤数决害漕。应龙卒罢去。建议者纷纷，未有所定。

杨一魁代应龙为总河尚书，力主分黄导淮。洽逾年，工将竣，又请决湖水以疏漕渠，言："高、宝诸湖本沃壤也，自淮、黄逆壅，遂成昏垫。今入江入海之路既浚，宜开治泾河、子婴沟、金湾河诸闸及瓜、仪二闸，大放湖水，就湖疏渠，与高、宝月河相接。既避运道风波之险，而水涸成田，给民耕种，渐议起科，可充河费。"命如议行。时下流既疏，淮水渐帖，而河方决黄堌口。督漕都御史褚铁恐泄太多，徐、邳淤阻，力请塞之。一魁持不可，浚两河口至小浮桥故道以通漕。然河大势南徙，二洪漕屡涸，复大挑黄堌下之李吉口，挽黄以济之，非久辄淤。

一魁入掌部事。二十六年，刘东星继之，守一魁旧议，李吉口淤益高。岁冬月，即其地开一小河，春夏引水入徐州，如是者三年，大抵至秋即淤。乃复开赵家圈以接黄，开泇河以济运。赵家圈旋淤，泇河未复，而东星卒。于是凤阳巡抚都御史李三才建议自镇口闸至磨儿庄仿闸河制，三十里一闸，凡建六闸于河中，节宣汶、济之水，聊以通漕。漕舟至京，不复能如期矣。东星在事，开邵伯月河，长十八里，阔十八丈有奇，以避湖险。又开界首月河，长千八百余丈。各建金门石闸二，漕舟利焉。

三十二年，总河侍郎李化龙始大开泇河，自直河至李家港二百六十余里，尽避黄河之险。化龙忧去，总河侍郎曹时聘终其事，疏叙泇河之功，言："舒应龙创开韩家庄以泄湖水，而路始通。刘东星大开良城、侯家庄以试行运，而路渐广。李化龙上开李家港，凿都水石，下开直河口，挑田家庄，殚力经营，行运过半，而路始开，故臣得接踵告竣。"因条上善后六事，运道由此大通。其后，每年三月开泇河坝，由直河口进，九月开召公坝入黄河，粮艘及官民船悉以为准。

四十四年，巡漕御史朱阶请修复泉湖，言："宋礼筑坝戴村，夺二汶入海之路，灌以成河，复导洙、泗、洸、沂诸水以佐之。汶虽率众流出全力以奉漕，然行远而竭，已自难支。至南旺，又分其四以南迎淮，六以北赴卫，力分益薄。况此水夏秋则涨，冬春而涸，无雨即夏秋亦涸。礼逆虑其不可恃，乃于沿河昭阳、南旺、马踏、蜀山、安山诸湖设立斗门，名曰水柜。漕河水涨，则潴其溢出者于湖，水消则决而注之漕。积泄有法，盗决有罪，故旱涝恃以无恐。及岁久禁弛，湖浅可耕，多为势豪所占，昭阳一湖已作藩田。比来山东半年不雨，泉欲断流，按图而索水柜，茫无知者。乞敕河臣清核，亟筑堤坝斗门以广蓄储。"帝从其请。

方议浚泉湖，而河决徐州狼矢沟，由蛤鳗诸湖入泇河，出直口，运船迎溜艰险。督漕侍郎陈荐开武河等口，泄水平溜。后二年，决口长淤沙，河始复故道。总河侍郎王佐加筑月坝以障之。至泰昌元年冬，佐言："诸湖水柜已复，安山湖且复五十五里，诚可利漕。请以水柜之废兴为河官殿最。"从之。

天启元年，淮、黄涨溢，决里河王公祠，淮安知府宋统殷、山阳知县练国事力塞之。三年秋，外河复决数口，寻塞。是年冬，浚永济新河。自凌云翼开是河，未几而闭。总河都御史刘士忠尝开坝以济运，已复塞。而淮安正河三十年未浚。故议先挑新河，通运船回空，乃浚正河，自许家闸至惠济祠长千四百余丈，复建通济月河小闸，运船皆由正河，新河复闭。时王家集、磨儿庄湍溜日甚，漕储参政朱国盛谋改浚一河以为漕计，令同知宋士中自泇口迤东抵宿迁陈沟口，复溯骆马湖，上至马颊河，往回相度。乃议开马家洲，且疏马颊河口淤塞，上接泇流，下避刘口之险，又疏三汊河流沙十三里，开滔庄河百余丈，浚深小河二十里，开王能庄二十里，以通骆马湖口，筑塞张家等沟数十道，束水归漕。计河五十七里，名通济新河。五年四月，工成，运道从新河，无刘口、磨儿庄诸险之患。明年，总河侍郎李从心开陈沟地十里，以竟前工。

崇祯二年，淮安苏家嘴、新沟大坝并决，没山、盐、高、泰民田。五年，又决建义北坝。总河尚书朱光祚浚骆马湖，避河险十三处，名顺济河。六年，良城至徐塘淤为平陆，漕运愆期，夺光祚官，刘荣嗣继之。

八年，骆马湖淤阻，荣嗣开河徐、宿，引注黄水，被劾，得重罪。侍郎周鼎继之，乃专力于河，浚麦河支河，筑王母山前后坝、胜阳山东堤、马蹄崖十字河拦水坝，挑良城闸抵徐塘口六千余丈。九年夏，泇河复通，由宿迁陈沟口合大河。鼎又修高家堰及新沟漾田营堤，增筑天妃闸石工，去南旺湖彭口沙礓，浚刘吕庄至黄林庄百六十里。而是时，黄、淮涨溢日甚，倒灌害漕。鼎在事五年，卒以运阻削职。继之者侍郎张国维，甫莅任，即以漕涸被责。

十四年，国维言："济宁运道自枣林闸溯师家庄、仲家浅二闸，岁患淤浅，每引泗河由鲁桥入运以济之。伏秋水长，足资利涉。而挟沙注河，水退沙积，利害参半。旁自白马河汇邹县诸泉，与泗合流而出鲁桥，力弱不能敌泗，河身半淤，不为漕用。然其上源宽处正与仲家浅闸相对，导令由此入运，较鲁桥高下悬殊，且易细流为洪流，又减沙渗之患，而济仲家浅及师庄、枣林，有三便。"又言："南旺水本地脊，惟藉泰安、新泰、莱芜、宁阳、汶上、东平、平阴、肥城八州县泉源，由汶入运，故运河得通。今东平、平阴、肥城淤沙中断，请亟浚之。"复上疏运六策：一复安山湖水柜以济北闸，一改挑仓浪河从万年仓出口以利四闸，一展浚汶河、陶河上源以济邳派，一改道沂河出徐塘口以并利邳、宿，其二即开三州县淤沙及改挑白马湖也。皆命酌行。国维又浚淮、扬漕河三百余里。当是时，河臣竭力补苴，南河稍宁，北河数泄阻。而河南守臣壅黄河以灌贼。河大决开封，下流日淤，河事益坏，未几而明亡矣。

明史卷八六
志第六二

河渠四

运河下　海运

江南运河，自杭州北郭务至谢村北，为十二里洋，为塘栖，德清之水入之。北陆桥入崇德界，过松老抵高新桥，海盐支河通之。绕崇德城南，转东北，至小高阳桥东，过石门塘，折而东，为王湾。至皂林，水深者及丈。过永新，入秀水界，逾陡门镇，北为分乡铺，稍东为绣塔。北由嘉兴城西转而北，出杉青三闸，至王江泾镇，松江运艘自东来会之。北为平望驿，东通莺脰湖，湖州运艘自西出新兴桥会之。北至松陵驿，由吴江至三里桥，北有震泽，南有黄天荡，水势澎湃，夹浦桥屢建。北经苏州城东鲇鱼口，水由蠡塘入之。北至枫桥，由射渎经浒墅关，过白鹤铺，长洲、无锡两邑之界也。锡山驿水仅浮瓦砾。过黄埠，至洛社桥，江阴九里河之水通之。西北为常州，漕河旧贯城，入东水门，由西水门出。嘉靖末防倭，改从南城壕。江阴，顺塘河水由城东通丁堰，沙子湖在其西南，宜兴钟溪之水入之。又西，直渎水入之，又西为奔牛、吕城二闸，常、镇界其中，皆有月河以佐节宣，后并废。其南为金坛河，溧阳、高淳之水出焉。丹阳南二十里为陵口，北二十五里为黄泥坝，旧皆置闸。练湖水高漕河数丈，一由三思桥，一由仁智桥，皆入运。北过丹徒镇，有猪婆滩多软沙。丹徒以上运道，视江潮为盈涸。过镇江，出京口闸，闸外沙堵延袤二十丈，可藏舟避风，由此浮于江，与瓜步对。自北郭至京口首尾八百余里，皆平流。历嘉而苏，众水所聚，至常州以西，地渐高仰，水泄易浅，盈涸不恒，时浚时壅，往往兼取孟渎、德胜两河，东浮大江，以达扬、泰。

洪武二十六年尝命崇山侯李新开溧水胭脂河，以通浙漕，免丹阳输挽及大江风涛之险。而三吴之粟，必由常、镇。三十一年浚奔牛、吕城二坝河道。

永乐间，修练湖堤。即命通政张琏发民丁十万，浚常州孟渎河，又浚兰陵沟，北至孟渎河闸，六千余丈，南至奔牛镇，千二百余丈。已复浚镇江京口、新港及甘露三港，以达于江。漕舟自奔牛溯京口，水涸则改从孟渎右趋瓜洲，抵白塔，以为常。

宣德六年从武进民请，疏德胜新河四十里。八年，工竣。漕舟自德胜北入江，直泰兴之北新河。由泰州坝抵扬子湾入漕河，视白塔尤便。于是漕河及孟渎、德胜三河并通，皆可济运矣。

正统元年，廷臣上言："自新港至奔牛，漕河百五十里，旧有水车卷江潮灌注，通舟溉田。请支官钱置车。"诏可。然三河之入江口，皆自卑而高，其水亦更迭盈缩。八年，武进民请浚德胜及北新河。浙江都司萧华则请浚孟渎。巡抚周忱定议浚两河，而罢北新筑坝。白塔河之大桥闸以时启闭，而常、镇漕河亦疏浚焉。

景泰间，漕河复淤，遂引漕舟尽由孟渎。三年，御史练纲言："漕舟从夏港及孟渎出江，逆行三百里，始达瓜洲。德胜直北新，而白塔又与孟渎斜直，由此两岸横渡甚近，宜大疏淤塞。"帝命尚书石璞措置。会有请凿镇江七里港，引金山上流通丹阳，以避孟渎险者。镇江知府林鹗以为迂道多石，坏民田墓多，宜浚京口闸、甘露坝，道里近，功力省。乃从鹗议。浙江参政胡清又欲去新港、奔牛等坝，置石闸以蓄泉。亦从其请。而德胜河与凿港之议俱寝。然石闸虽建，蓄水不能多，漕舟仍入孟渎。

天顺元年，尚宝少卿凌信言，粮艘从镇江里河为便。帝以为然，命粮储河道都御史李秉通七里港口，引江水注之，且浚奔牛、新港之淤。巡抚崔恭又请增置五闸。至成化四年，闸工始成。于是漕舟尽由里河，其入二河者，回空之艘及他舟而已。定制，孟渎河口与瓜、仪诸港俱三年一浚。孟渎宽广不甚淤，里河不久辄涸，则又改从孟渎。

弘治十七年，部臣复陈夏港、孟渎远浮大江之害，请亟浚京口淤，而引练湖灌之。诏速行。正德二年复开白塔河及江口、大桥、潘家、通江四闸。十四年从督漕都御史臧凤言，浚常州上下里河，漕舟无阻者五十余载。

万历元年又渐涸，复一浚之。岁贡生许汝愚上言：“国初置四闸：曰京口，曰丹徒，防三江之涸；曰吕城，曰奔牛，防五湖之泄。自丹阳至镇江蓄为湖者三：曰练湖，曰焦子，曰杜墅。岁久，居民侵种，焦、杜二湖俱涸，仅存练湖，犹有侵者。而四闸俱空设矣。请浚三湖故址通漕。”总河傅希挚言：“练湖已浚，而焦子、杜墅源少无益。”其议遂寝。未几，练湖复淤浅。

五年，御史郭思极、陈世宝先后请复练湖，浚孟渎。而给事中汤聘尹则请于京口旁别建一闸，引江流内注，潮长则开，缩则闭。御史尹良任又言：“孟渎渡江入黄家港，水面虽阔，江流甚平，由此抵泰兴以达湾头、高邮仅二百余里，可免瓜、仪不测之患。至如京口北渡金山而下，中流遇风有漂溺患，宜挑甘露港夹岸洲田十余里，以便回泊。”御史林应训又言：“自万缘桥抵孟渎，两崖陡峻，雨潦易圮，且江潮涌沙，淤塞难免。宜于万缘桥、黄连树各建闸以资蓄。”又言：“练湖自西晋陈敏遏马林溪，引长山八十四溪之水以溉云阳，堤名练塘，又曰练河，凡四十里许。环湖立涵洞十三。宋绍兴时，中置横埂，分上下湖，立上、中、下三闸。八十四溪之水始经辰溪冲入上湖，复由三闸转入下湖。洪武间，因运道涩，依下湖东堤建三闸，借湖水以济运，后乃渐堙。今当尽革侵占，复浚为湖。上湖四际夹阜，下湖东北临河，原埂完固，惟应补中间缺口，且增筑西南，与东北相应。至三闸，惟临湖上闸如故，宜增建中、下二闸，更设减水闸二座，界中、下二闸间。共革田五千亩有奇，塞沿堤私设涵洞，止存其旧十三处，以宣泄湖水。冬春即闭塞，毋得私启。盖练湖无源，惟藉潴蓄，增堤启闸，水常有余，然后可以济运。臣亲验上湖地仰，八十四溪之水所由来，惧其易泄；下湖地平衍，仅高漕河数尺，又常惧不盈。诚使水裕堤坚，则应时注之，河有全力矣。”皆下所司酌议。

十三年，镇江知府吴㧑谦复言：“练湖中堤宜饬有司春初即修，以防冲决，且禁势豪侵占。”从之。十七年浚武进横林漕河。

崇祯元年，亦浚京口漕河。五年，太常少卿姜志礼建《漕河议》，言：“神庙初，先臣宝著《漕河议》，当事采行，不开河而济运者二十余年。后复佃湖妨运，岁累畚锸。故老有言，‘京口闸底与虎丘塔顶平’，是可知挑河无益，蓄湖为要也。今当革佃修闸，而高筑上下湖围埂，蓄水使深。且漕河闸座非仅京口、吕城、新闸、奔牛数处而已，陵口、尹公桥、黄泥坝、新丰、大犊山节节有闸，皆废去，并宜修建。而运道支流如武进洞子河、连江桥河、扁担河，丹阳简桥河、陈家桥河、七里桥河、丁议河、越渎河，滕村溪之大坝头，丹阳甘露港南之小闸口，皆应急修整。至奔牛、吕城之北，各设减水闸。岁十月实以土，商民船尽令盘坝。此皆旧章所当率由。近有欲开九曲河，使运船竟从泡港闸出江，直达扬子桥，以免瓜洲启闸稽迟者，试而后行可也。回空粮艘及官舫，宜由江行，而于河庄设闸启闭。数役并行，漕事乃大善矣。”议不果行。

江漕者，湖广漕舟由汉、沔下浔阳，江西漕舟出章江、鄱阳而会于湖口，暨南直隶宁、太、池、安、江宁、广德之舟，同浮大江，入仪真通江闸，以溯淮、扬入闸河。瓜、仪之间，运道之咽喉也。洪武中，饷辽卒者，从仪真上淮安，由盐城泛海；饷梁、晋者，亦从仪真赴淮安，盘坝入淮。江口则设坝置闸，凡十有三。浚扬子桥河至黄泥湾九千余丈。永乐间，浚仪真清江坝、下水港及夹港河，修沿江堤岸。洪熙元年浚仪真坝河，后定制仪真坝下黄泥滩、直河口二港及瓜洲二港、常州之孟渎河皆三年一浚。宣德间，从侍郎赵新、御史陈祚请，浚黄泥滩、清江闸。成化中，建闸于仪真通江河港者三，江都之留潮通江者二。已而通江港塞。弘治初，复开之，既又于总港口建闸蓄水。仪真、江都二县间，有官塘五区，筑闸蓄水，以溉民田，豪民占以为业，真、扬之间运道阻梗。嘉靖二年，御史秦钺请复五塘。从之。万历五年，御史陈世宝言："仪真江口，去闸太远，请于上下十数丈许增建二闸，随湖启闭，以截出江之船，尽令入闸，庶免迟滞。"疏上，议行。

白塔河者，在泰州。上通邵伯，下接大江，斜对常州孟渎河与泰兴北新河，皆浙漕间道也。自陈瑄始开。宣德间，从赵新、陈祚请，命宣役夫四万五千余人浚之，建新闸、潘家庄、大桥、江口四闸。正统四年，水溃闸塞，都督武兴因闭不用，仍自瓜洲盘坝。瓜洲之坝，洪武中置，凡十五，列东西二港间。永乐间，废东坝为厂，以贮材木，止存西港七坝。漕舟失泊，屡遭风险。英宗初年，乃复浚东港。既而，巡抚周忱筑坝白塔河之大桥闸，以时启闭，漕舟稍分行。自镇江里河开浚，漕舟出甘露、新港，径渡瓜洲；而白塔、北新，皆以江路险远，舍而不由矣。

卫漕者，即卫河。源出河南辉县，至临清与会通河合，北达天津。自临清以北皆称卫河。详具本《志》。

白漕者，即通济河。源出塞地，经密云县雾灵山，为潮河川。而富河、罾口河、七渡河、桑干河、三里河俱会于此，名曰白河。南流经通州，合通惠及榆、浑诸河，亦名潞河。三百六十里，至直沽会卫河入海，赖以通漕。杨村以北，势若建瓴，底多淤沙。夏秋水涨苦潦，冬春水微苦涩。冲溃徙改颇与黄河同。耎儿渡者，在武清、通州间，尤其要害处也。自永乐至成化初年，凡八决，辄发民夫筑堤。而正统元年之决，为害尤甚，特敕太监沐敬、安远侯柳溥、尚书李友直随宜区画，发五军营卒五万及民夫一万筑决堤。又命武进伯朱冕、尚书吴中役五万人，去河西务二十里凿河一道，导白水入其中。二工并竣，人甚便之，赐河名曰通济，封河神曰通济河神。先是，永乐二十一年筑通州抵直沽河岸，有冲决者，随时修筑以为常。迨通济河成，决岸修筑者亦且数四。万历三十一年从工部议，挑通州至天津白河，深四尺五寸，所挑沙土即筑堤两岸，著为令。

大通河者，元郭守敬所凿。由大通桥东下，抵通州高丽庄，与白河合，至直沽，会卫河入河，长百六十里有奇。十里一闸，蓄水济运，名曰通惠。又以白河、榆河、浑河合流，亦名潞河。洪武中渐废。

永乐四年八月，北京行部言："宛平昌平西湖、景东牛栏庄及青龙华家瓮山三闸，水冲决岸。"命发军民修治。明年复言："自西湖、景东至通流，凡七闸，河道淤塞。自昌平东南白浮村至西湖、景东流水河口一百里，宜增置十二闸。"从之。未几，闸俱堙，不复通舟。

成化中，漕运总兵官杨茂言："每岁自张家湾舍舟，车转至都下，雇值不赀。旧通惠河石闸尚存，深二尺许，修闸潴水，用小舟剥运便。"又有议于三里河从张家湾烟墩桥以西疏河泊舟者。下廷臣集议，遣尚书杨鼎、侍郎乔毅相度。上言："旧闸二十四座，通水行舟。但元时水在宫墙外，舟得入城内海子湾。今水从皇城金水河出，故道不可复行。且元引白浮泉往西逆流，今经山陵，恐妨地脉。又一亩泉过白羊口山沟，两水冲截难引。若城南三里河旧无河源，正统间修城壕，恐雨多水溢，乃穿正阳桥东南洼下地，开壕口以泄之，始有三里河名。自壕口八里，始接浑河。旧渠两岸多庐墓，水浅河窄，又须增引别流相济。如西湖草桥源出玉匠局、马跑等地，泉不深远。元人曾用金口水，汹涌没民舍，以故随废。惟玉泉、龙泉及月儿、柳沙等泉，皆出西北，循山麓而行，可导入西湖。请浚西湖之源，闭分水清龙闸，引诸泉水从高梁河，分其半由金水河出，余则从都城外壕流转，会于正阳门东。城壕且闭，令勿入三里河并流。大通桥闸河随旱涝启闭，则舟获近仓，甚便。"帝从其议。方发军夫九万修浚，会以灾异，诏罢诸役。所司以漕事大，乃命四万人浚城壕，而西山、玉泉及抵张家湾河道，则以渐及焉。越五年，乃敕平江伯陈锐，副都御史李裕，侍郎翁世资、王诏督漕卒浚通惠河，如鼎、毅前议。明年六月，工成，自大通桥至张家湾浑河口六十余里，浚泉三，增闸四，漕舟稍通。然元时所引昌平三泉俱遏不行，独引一西湖，又仅分其半，河窄易盈涸。不二载，涩滞如旧。正德二年尝一浚之，且修大通桥至通州闸十有二，坝四十有一。

嘉靖六年，御史吴仲言："通惠河屡经修复，皆为权势所挠。顾通流等八闸遗迹俱存，因而成之，为力甚易，岁可省车费赀二十余万。且历代漕运皆达京师，未有贮国储于五十里外者。"帝心以为然，命侍郎王𫐄、何诏及仲偕相度。𫐄等言："大通桥地形高白河六丈余，若浚至七丈，引白河达京城，诸闸可尽罢，然未易议也。计独浚治河闸，但通流闸在通州旧城中，经二水门，南浦、土桥、广利三闸皆阛阓衢市，不便转挽。惟白河滨旧小河废坝西，不一里至堰水小坝，宜修筑之，使通普济闸，可省四闸两关转搬力。"而尚书桂萼言不便，请改修三里河。帝下其疏于大学士杨一清、张璁。一清言："因旧闸行转搬法，省运军劳费，宜断行之。"璁亦言："此一劳永逸之计，萼所论费广功难。"帝乃却萼议。

明年六月，仲报河成，因疏五事，言："大通桥至通州石坝，地势高四丈，流沙易淤，宜时加浚治。管河主事宜专委任，毋令兼他务。官吏、闸夫以罢运裁减，宜复旧额。庆丰上闸、平津中闸今已不用，宜改建通州西水关外。剥船造费及递岁修舱，俱宜酌处。"帝以先朝屡勘行未即功，仲等四阅月工成，诏予赏，悉从其所请。仲又请留督工郎中何栋专理其事，为经久计。从之。九年擢栋右通政，仍管通惠河道。是时，仲出为处州知府，进所编《通惠河志》。帝命送史馆，采入《会典》，且颁工部刊行。自此漕艘直达京师，迄于明末。人思仲德，建祠通州祀之。

蓟州河者，运蓟州官军饷道也。明初，海运饷蓟州。天顺二年，大河卫百户闵恭言："南京并直隶各卫，岁用旗军运粮三万石至蓟州等卫仓，越大海七十余里，风涛险恶。新开沽河，北望蓟州，正与水套、沽河直，袤四十余里而径，且水深，其间阻隔者仅四之一，若穿渠以运，可无海患。"下总兵都督宋胜、巡按御史李敏行视可否。胜等言便，遂开直沽河。阔五丈，深丈五尺。成化二年一浚，二十年再浚，并浚鸦鸿桥河道，造丰润县海运粮储仓。正德十六年，运粮指挥王瓒言："直沽东北新河，转运蓟州，河流浅，潮至方可行舟。边关每匮饷，宜浚使深广。"从之。初，新河三岁一浚。嘉靖元年易二岁，以为常。十七年浚殷留庄大口至旧仓店百十六里。

丰润环香河者，浚自成化间，运粟十余万石以饷蓟州东路者也。后堙废，饷改蓟州给，大不便。嘉靖四十五年从御史鲍承允请，复之，且建三闸于北济、张官屯、鸦鸿桥以潴水。

昌平河，运诸陵官军饷道也。起巩华城外安济桥，抵通州渡口。袤百四十五里，其中淤浅三十里难行。隆庆六年大浚，运给长陵等八卫官军月粮四万石，遂成流通。万历元年复疏巩华城外旧河。

海运，始于元至元中。伯颜用朱清、张瑄运粮输京师，仅四万余石。其后日增，至三百万余石。初，海道万三千余里，最险恶，既而开生道，稍径直。后殷明略又开新道，尤便。然皆出大洋，风利，自浙西抵京不过旬日，而漂失甚多。

洪武元年，太祖命汤和造海舟，饷北征士卒。天下既定，募水工运莱州洋海仓粟以给永平。后辽左及迤北数用兵，于是靖海侯吴祯、延安侯唐胜宗、航海侯张赫、舳舻侯朱寿先后转辽饷，以为常。督江、浙边海卫军大舟百余艘，运粮数十万。赐将校以下绮帛、胡椒、苏木、钱钞有差，民夫则复其家一年，溺死者厚恤。三十年，以辽东军饷赢羡，第令辽军屯种其地，而罢海运。

永乐元年，平江伯陈瑄督海运粮四十九万余石，饷北京、辽东。二年，以海运但抵直沽，别用小船转运至京，命于天津置露囤千四百所，以广储蓄。四年定海陆兼运。瑄每岁运粮百万，建百万仓于直沽尹儿湾城。天津卫籍兵万人戍守。至是，命江南粮一由海运，一由淮、黄，陆运赴卫河，入通州，以为常。陈瑄上言："嘉定濒海，当江流之冲，地平衍，无大山高屿。海舟停泊，或值风涛，触坚胶浅辄败。宜于青浦筑土为山，立堠表识，使舟人知所避，而海险不为患。"诏从之。十年九月，工成。方百丈，高三十余丈。赐名宝山。御制碑文纪之。

十三年五月复罢海运，惟存遮洋一总，运辽、蓟粮。正统十三年减登州卫海船百艘为十八艘，以五艘运青、莱、登布花钞锭十二万余斤，岁赏辽军。

成化二十三年，侍郎丘濬进《大学衍义补》，请寻海运故道与河漕并行，大略言：“海舟一载千石，可当河舟三，用卒大减。河漕视陆运费省什三，海运视陆省什七，虽有漂溺患，然省牵卒之劳、驳浅之费、挨次之守，利害亦相当。宜访素知海道者，讲求勘视。”其说未行。弘治五年，河决金龙口，有请复海运者，朝议弗是。

嘉靖二年，遮洋总漂粮二万石，溺死官军五十余人。五年停登州造船。二十年，总河王以旗以河道梗涩，言：“海运虽难行，然中间平度州东南有南北新河一道，元时建闸直达安东，南北悉由内洋而行，路捷无险，所当讲求。”帝以海道迂远，却其议。三十八年，辽东巡抚侯汝谅言：“天津入辽之路，自海口至右屯河通堡不及二百里，其中曹泊店、月坨桑、姜女坟、桃花岛皆可湾泊。”部覆行之。四十五年，顺天巡抚耿随朝勘海道，自永平西下海，百四十五里至纪各庄，又四百二十六里至天津，皆傍岸行舟。其间开洋百二十里，有建河、粮河、小沽、大沽河可避风。初允其议，寻以御史刘翾疏沮而罢。是年，从给事中胡应嘉言，革遮洋总。

隆庆五年，徐、邳河淤，从给事中宋良佐言，复设遮洋总，存海运遗意。山东巡抚梁梦龙极论海运之利，言：“海道南自淮安至胶州，北自天津至海仓，岛人商贾所出入。臣遣卒自淮、胶各运米麦至天津，无不利者。淮安至天津三千三百里，风便，两旬可达。舟由近洋，岛屿联络，虽风可依，视殷明略故道甚安便。五月前风顺而柔，此时出海可保无虞。”命量拨近地漕粮十二万石，俾梦龙行之。

六年，王宗沐督漕，请行海运。诏令运十二万石自淮入海。其道，由云梯关东北历鹰游山、安东卫、石臼所、夏河所、齐堂岛、灵山卫、古镇、胶州、鳌山卫、大嵩卫、行村寨，皆海面。自海洋所历竹岛、宁津所、靖海卫，东北转成山卫、刘公岛、威海卫，西历宁海卫，皆海面。自福山之罘岛至登州城北新海口沙门等岛，西历桑岛、嵎屺岛，自嵎屺西历三山岛、芙蓉岛、莱州大洋、海仓口；自海仓西历淮河海口、鱼儿铺，西北历侯镇店、唐头塞；自侯镇西北大清河、小清河海口，乞沟河入直沽，抵天津卫。凡三千三百九十里。

万历元年，即墨福山岛坏粮运七艘，漂米数千石，溺军丁十五人。给事、御史交章论其失，罢不复行。二十五年，倭寇作，自登州运粮给朝鲜军。山东副使于仕廉复言："饷辽莫如海运，海运莫如登、莱。盖登、莱度金州六七百里，至旅顺口仅五百余里，顺风扬帆一二日可至。又有沙门、鼍矶、皇城等岛居其中，天设水递，止宿避风。惟皇城至旅顺二百里差远，得便风不半日可度也。若天津至辽，则大洋无泊；淮安至胶州，虽仅三百里，而由胶至登千里而遥，礁碍难行。惟登、莱济辽，势便而事易。"时颇以其议为然，而未行也。四十六年，山东巡抚李长庚奏行海运，特设户部侍郎一人督之，事具《长庚传》。

崇祯十二年，崇明人沈廷扬为内阁中书，复陈海运之便，且辑《海运书》五卷进呈。命造海舟试之。廷扬乘二舟，载米数百石，十三年六月朔，由淮安出海，望日抵天津。守风者五日，行仅一旬。帝大喜，加廷扬户部郎中，命往登州与巡抚徐人龙计度。山东副总兵黄荫恩亦上海运九议，帝即令督海运。先是，宁远军饷率用天津船赴登州，候东南风转粟至天津，又候西南风转至宁远。廷扬自登州直输宁远，省费多。寻命赴淮安经理海运，为督漕侍郎朱大典所沮，乃命易驻登州，领宁远饷务。十六年加光禄少卿。福王时，命廷扬以海舟防江，寻命兼理粮务。南都既失，廷扬崎岖唐、鲁二王间以死。

当嘉靖中，廷臣纷纷议复海运，漕运总兵官万表言："在昔海运，岁溺不止十万。载米之舟，驾船之卒，统卒之官，皆所不免。今人策海运辄主丘濬之论，非达于事者也。"

明史卷八七
志第六三

河渠五

淮河　泇河　卫河　漳河　沁河　滹沱河　桑乾河　胶莱河

淮河，出河南平氏胎簪山。经桐柏，共流始大。东至固始，入南畿颍州境，东合汝、颍诸水。经寿州北，肥水入焉。至怀远城东，涡水入焉。东经凤阳、临淮，濠水入焉。又经五河县南，而纳浍、沱、漴、潼诸水，势盛流疾。经泗州城南，稍东则汴水入焉。过龟山麓，益折而北，会洪泽、阜陵、泥墩、万家诸湖。东北至清河，南会于大河，即古泗口也，亦曰清口，是谓黄、淮交会之冲。淮之南岸，漕河流入焉，所谓清江浦口。又东经淮安北、安东南而达于海。

永乐七年，决寿州，泛中都。正统三年，溢清河。天顺四年，溢凤阳。皆随时修筑，无巨害也。正德十二年，复决漕堤，灌泗州。泗州，祖陵在焉，其地最大。初，淮自安东云梯关入海，无旁溢患。迨与黄会，黄水势盛，夺淮入海之路，淮不能与黄敌，往往避而东。陈瑄凿清江浦，因筑高家堰旧堤以障之。淮、扬恃以无恐，而凤、泗间数为害。嘉靖十四年用总河都御史刘天和言，筑堤卫陵，而高堰方固，淮畅流出清口，凤、泗之患弭。隆庆四年，总河都御史翁大立复奏浚淮工竣，淮益无事。

至万历三年三月，高家堰决，高、宝、兴、盐为巨浸。而黄水蹑淮，且渐逼凤、泗。乃命建泗陵护城石堤二百余丈，泗得石堤稍宁。于是，总漕侍郎吴桂芳言："河决崔镇，清河路淤。黄强淮弱，南徙而灌山阳、高、宝，请急护湖堤"。帝令熟计其便。给事中汤聘尹议请导淮入江。会河从老黄河奔入海，淮得乘虚出清口。桂芳以闻，议遂寝。

六年，总河都御史潘季驯言："高堰，淮、扬之门户，而黄、淮之关键也。欲导河以入海，必藉淮以刷沙。淮水南决，则浊流停滞，清口亦堙。河必决溢，上流水行平地，而邳、徐、凤、泗皆为巨浸。是淮病而黄病，黄病而漕亦病，相因之势也。"于是筑高堰堤，起武家墩，经大小涧、阜陵湖、周桥、翟坝，长八十里，使淮不得东。又以淮水北岸有王简、张福二口泄入黄河，水力分，清口易淤浅，且黄水多由此倒灌入淮，乃筑堤捍之。使淮无所出，黄无所入，全淮毕趋清口，会大河入海。然淮水虽出清口，亦西淫凤、泗。

八年，雨涝，淮薄泗城，且至祖陵墀中。御史陈用宾以闻。给事中王道成因言："黄河未涨，淮、泗间霖雨偶集，而清口已不容泄。宜令河臣疏导堵塞之。"季驯言："黄、淮合流东注，甚迅驶。泗州冈阜盘旋，雨潦不及宣泄，因此涨溢。欲疏凿，则下流已深，无可疏；欲堵塞，则上流不可逆堵。"乃令季驯相度，卒听之而已。十六年，季驯复为总河，加泗州护堤数千丈，皆用石。

十九年九月，淮水溢泗州，高于城壕，因塞水关以防内灌。于是，城中积水不泄，居民十九淹没，侵及祖陵。疏泄之议不一，季驯谓当听其自消。会呕血乞归，言者因请允其去。而帝遣给事中张贞观往勘，会总河尚书舒应龙等详议以上，计未有所定。连数岁，淮东决高良涧，西灌泗陵。帝怒，夺应龙官，遣给事中张企程往勘。议者多请拆高堰，总河尚书杨一魁与企程不从，而力请分黄导淮。乃建武家墩经河闸，泄淮水由永济河达泾河，下射阳湖入海。又建高良涧及周桥减水石闸，以泄淮水，一由岔河入泾河，一由草子湖、宝应湖下子婴沟，俱下广洋湖入海。又挑高邮茆塘港，通邵伯湖，开金家湾，下芒稻河入江，以疏淮涨，而淮水以平。其后三闸渐塞。

崇祯间，黄、淮涨溢，议者复请开高堰。淮、扬在朝者公疏力争，议遂寝。然是时，建义诸口数决，下灌兴、盐，淮患日棘矣。

泇河，二源。一出费县南山谷中，循沂州西南流，一出峄县君山，东南与费泇合，谓之东、西二泇河。南会彭河水，从马家桥东，过微山、赤山、吕孟等湖，逾葛墟岭，而南经侯家湾、良城，至泇口镇，合蛤鳗、连汪诸湖。东会沂水，从周湖、柳湖，接邳州东直河。东南达宿迁之黄墩湖、骆马湖，从董、陈二沟入黄河。引泗合沂济运道，以避黄河之险，其议始于翁大立，继之者傅希挚，而成于李化龙、曹时聘。

隆庆四年九月，河决邳州，自睢宁至宿迁淤百八十里。总河侍郎翁大立请开泇河以避黄水，未决而罢。明年四月，河复决邳州，命给事中雒遵勘验。工部尚书朱衡请以开泇口河之说下诸臣熟计。帝即命遵会勘。遵言："泇口河取道虽捷，施工实难。葛墟岭高出河底六丈余，开凿仅至二丈，硼石中水泉涌出。侯家湾、良城虽有河形，水中多伏石，难凿，纵凿之，湍激不可通漕。且蛤鳗、周柳诸湖，筑堤水中，功费无算。微山、赤山、吕孟等湖虽可筑堤，然须凿葛墟岭以泄正派，开地浜沟以散余波，乃可施工。"请罢其议。诏尚书朱衡会总河都御史万恭等覆勘。衡奏有三难，大略如遵指。且言漕河已通，徐、邳间堤高水深，不烦别建置。乃罢。

万历三年，总河都御史傅希挚言："泇河之议尝建而中止，谓有三难。而臣遣锥手、步弓、水平、画匠，于三难处核勘。起自上泉河口，开向东南，则起处低洼，下流趋高之难可避也。南经性义村东，则葛墟岭高坚之难可避也。从陡沟河经郭村西之平坦，则良城侯家湾之伏石可避也。至泇口上下，河渠深浅不一，湖塘联络相因，间有砂礓，无碍挑挖。大较上起泉河口，水所从入也，下至大河口，水所从出也。自西北至东南，长五百三十里，比之黄河近八十里，河渠、河塘十居八九，源头活水，脉络贯通，此天之所以资漕也。诚能捐十年治河之费，以成泇河，则黄河无虑壅决，茶城无虑填淤，二洪无虑艰验，运艘无虑漂损，洋山之支河可无开，境山之闸座可无建，徐、吕之洪夫可尽省，马家桥之堤工可中辍。今日不赀之费，他日所省抵有余者也。臣以为开泇河便。”乃命都给事中侯于赵往会希挚及巡漕御史刘光国，确议以闻。于赵勘上泇河事宜：“自泉河口至大河口五百三十里内，自直河至清河三百余里，无赖于泇，事在可已。惟徐、吕至直河上下二百余里，河冲萧、砀则涸二洪，冲睢宁则淤邳河，宜开以避其害，约费百五十余万金。特良城伏石长五百五十丈，开凿之力难以逆料。性义岭及南禹陵俱限隔河流，二处既开，则丰、沛河决，必至灌入。宜先凿良城石，预修丰、沛堤防，可徐议兴功也。”部覆如其言，而谓开泇非数年不成，当以治河为急。帝不悦，责于赵阻挠，然议亦遂寝。

二十年，总河尚书舒应龙开韩庄以泄湖水，泇河之路始通。至二十五年，黄河决黄堌口南徙，徐、吕而下几断流。方议开李吉口、小浮桥及镇口以下，建闸引水以通漕，而论者谓非永久之计。于是，工科给事中杨应文、吏科给事中杨廷兰皆谓当开泇河，工部覆议允行。帝命河漕官勘报，不果。二十八年，御史佴祺复请开泇河。工部覆奏云：“用黄河为漕，利与害参用；河为漕，有利无害。但泇河之外，由微山、吕孟、周柳诸湖，伏秋水发虞风波，冬春水涸虞浅阻，须上下别凿漕渠，建闸节水。”从之。总河尚书刘东星董其事，以地多沙石，工艰未就。工科给事中张问达以为言。御史张养志复陈开泇河之说有四：

一曰开黄泥湾以通入泇之径。邳州沂河口，入泇河门户也。进口六七里，有湖名连二汪，其水浅而阔，下多淤泥。欲挑浚则无岸可修，欲为埽则无基可筑。湖外有黄泥湾，离湖不远，地颇低。自浙口至湖北崖约二十余里，于此开一河以接泇口，引湖水灌之，运舟可直达泇口矣。

一曰凿万家庄以接泇口之源。万家庄，泇口迤北地也。与台家庄、侯家湾、良城诸处，皆山冈高阜，多砂礓石块，极难为工。东星力凿成河。但河身尚浅，水止二三尺，宜更凿四五尺，俾韩庄之水下接泇口，则运舟无论大小，皆沛然可达矣。

一曰浚支河以避微口之险。微山湖在韩庄西，上下三十余里，水深丈余。必探深浅，立标为向导，风正帆悬，顷刻可过，突遇狂飚，未免败没。今已傍湖开支河四十五里，上通西柳庄，下接韩庄，牵挽有路。当再疏浚，庶无漂溺之患。

其一则以万庄一带势高，北水南下，至此必速。请即其地建闸数座，以时蓄泄。

诏速勘行。而东星病卒。御史高举献河漕三策，复及泇河。工部尚书杨一魁覆言："泇河经良城、彭河、葛墟岭，石礓难凿，故口仅丈六尺，浅亦如之，当大加疏凿。其韩庄渠上接微山、吕孟，宜多方疏导，俾无淤浅。顺流入马家桥、夏镇，以为运道接济之资。"帝以泇河既有成绩，命河臣更挑浚。

三十年，工部尚书姚继可言泇河之役宜罢，乃止不治。未几，总河侍郎李化龙复议开泇河，属之直河，以避河险。工科给事中侯庆远力主其说，而以估费太少，责其太速，请专任而责成之。三十二年正月，工部复化龙疏，言："开泇有六善，其不疑有二。泇河开而运不借河，河水有无听之，善一。以二百六十里之泇河，避三百三十里之黄河，善二。运不借河，则我为政得以熟察机宜而治之，善三。估费二十万金，开河二百六十里，视朱衡新河事半功倍，善四。开河必行召募，春荒役兴，麦熟人散，富民不扰，穷民得以养，善五。粮船过洪，必约春尽，实畏河涨，运入泇河，朝暮无妨，善六。为陵捍患，为民御灾，无疑者一。徐州向苦洪水，泇河既开，则徐民之为鱼者亦少，无疑者二。"帝深善之，令速鸠工为久远之计。八月，化龙报分水河成，粮艘由泇者三之二。会化龙丁艰去，总河侍郎曹时聘代，上言颂化龙功。然是时，导河、浚泇，两工并兴，役未能竟。而黄河数溢坏漕渠。给事中宋一韩遂诋化龙开泇之误，化龙愤，上章自辨。时聘亦力言泇可赖，因画善后六事以闻。部覆皆从其议。且言："泇开于梗漕之日，固不可因泇而废黄；漕利于泇成之后，亦不可因黄而废泇。两利俱存，庶几缓急可赖。"因请筑郗山堤，削顿庄嘴，平大泛口湍溜，浚猫儿窝等处之浅，建钜梁吴冲闸，增三市徐塘坝，以终泇河未就之功。诏如议。越数年，泇工未竟，督漕者复舍泇由黄。舟有覆者，迁徙黄、泇间，运期久逾限。

三十八年，御史苏惟霖疏陈黄、泇利害，请专力于泇，略言："黄河自清河经桃源，北达直河口，长二百四十里。此在泇下流，水平身广，运舟日行仅十里。然无他道，故必用之。自直河口而上，历邳、徐达镇口，长二百八十余里，是谓黄河。又百二十里，方抵夏镇。其东自猫窝、泇沟达夏镇，止二百六十余里，是谓泇河。东西相对，舍此则彼。黄河三四月间浅与泇同。五月初，其流汹涌，自天而下，一步难行。由其水挟沙而来，河口日高。至七月初则浅涸十倍。统而计之，无一时可由者。溺人损舟，其害甚剧。泇河计日可达，终鲜风波，但得实心任事之臣，不三五年缺略悉补，数百年之利也。"工科给事中何士晋亦言："运道最险无如黄河。先年水出昭阳湖，夏镇以南运道冲阻，开泇之议始决。避浅涩急溜二洪之险，聚诸泉水，以时启闭，通行无滞者六年。乃今忽欲舍泇由黄，至仓皇损坏粮艘。或改由大浮桥，河道淤塞，复还由泇。以故运抵湾迟，汲汲有守冻之虑，由黄之害略可见矣。顾泇工未竟，阔狭深浅不齐。宜拓广浚深，与会通河相等。重运空回，往来不相碍，回旋不相避，水常充盛，舟无留行。岁捐水衡数万金，督以廉能之吏，三年可竣工。然后循骆马湖北岸，东达宿迁，大兴畚锸，尽避黄河之险，则泇河之事讫矣。或谓泉脉细微，太阔太深，水不能有。不知泇源远自蒙、沂，近挟徐塘、许池、文武诸泉河，大率视济宁泉河略相等。吕公堂口既塞，则山东诸水总合全收，加以闸坝堤防，何忧不足？或谓直抵宿迁，此功迂而难竟，是在任用得人，综理有法耳。"疏入，不报。

明年，部复总河都御史刘士忠《泇黄便宜疏》，言："泇渠春夏间，沂、武、京河山水冲发，沙淤溃决，岁终当如南旺例修治。顾别无置水之地，势不得不塞泇河坝，令水复归黄流。故每年三月初，则开泇河坝，令粮艘及官民船由直河进。至九月内，则开召公坝，入黄河，以便空回及官民船往来。至次年二月中塞之。半年由泇，半年由黄，此两利之道也。"因请增驿设官。又覆惟霖疏，言："直隶猫窝浅，为沂下流，河广沙淤，不可以闸，最为泇患。宜西开一月河，以通沂口。凡水挟沙来，沙性直走，有月河以分之，则聚于洄伏之处，捞刷较易，而泇患少减矣。"俱报可。其后，泇河遂为永利，但需补葺而已。然泇势狭窄，冬春粮艘回空仍由黄河焉。

四十八年，巡漕御史毛一鹭言："泇河属夏镇者有闸九座，属中河者止藉草坝。分司官议于直口等处建闸，请举行之。"诏从其议。

崇祯四年，总漕尚书杨一鹏浚泇河。九年，总河侍郎周鼎奏重浚泇河成。久之，鼎坐决河防远戍。给事中沈胤培讼其修泇利运之功，得减论。

卫河，源出南辉县苏门山百门泉。经新乡、汲县而东，至畿南濬县境，淇水入焉，谓之白沟，亦曰宿胥渎。宋、元时名曰御河。由内黄东出，至山东馆陶西，漳水合焉。东北至临清，与会通河合。北历德、沧诸州，至青县南，合滹沱河。北达天津，会白河入海。所谓卫漕也。其河流浊势盛，运道得之，始无浅涩虞。然自德州下渐与海近，卑窄易冲溃。

初，永乐元年，沈阳军士唐顺言："卫河抵直沽入海，南距黄河陆路才五十里。若开卫河，而距黄河百步置仓廒，受南运粮饷，至卫河交运，公私两便。"乃命廷臣议，未行。其冬，命都督佥事陈俊运淮安、仪真仓粮百五十万余石赴阳武，由卫河转输北京。五年，自临清抵渡口驿决堤七处，发卒塞之。后宋礼开会通河，卫河与之合。时方数决堤岸，遂命礼并治之。礼言："卫辉至直沽，河岸多低薄，若不究源析流，但务堤筑，恐复溃决，劳费益甚。会通河抵魏家湾，与土河连，其处可穿二小渠以泄于土河。虽遇水涨，下流卫河，自无横溢患。德州城西北亦可穿一小渠。盖自卫河岸东北至旧黄河十有二里，而中间五里故有沟渠，宜开道七里，泄水入旧黄河，至海丰大沽河入海。"诏从之。

英宗初，永平县李祐请闭漳河以防患，疏卫河以通舟。从之。正统四年筑青县卫河堤岸。十三年从御史林廷举请，引漳入卫。十四年，黄河决临清四闸，御史钱清请浚其南撞圈湾河以达卫。从之。

景泰四年，运艘阻张秋之决。河南参议丰庆请自卫辉、胙城泊于沙门，陆挽三十里入卫，舟运抵京师。命漕运都督徐恭覆报，如其策。山东佥事江良材尝言：“通河于卫有三便。古黄河自孟津至怀庆东北入海。今卫河自汲县至临清、天津入海，则犹古黄河道也，便一。三代前，黄河东北入海，宇宙全气所钟。河南徙，气遂迁转。今于河阴、原武、怀、孟间导河入卫，以达天津，不独徐、沛患息，而京师形胜百倍，便二。元漕舟至封丘，陆运抵淇门入卫。今导河注卫，冬春水平，漕舟至河阴，顺流达卫。夏秋水迅，仍从徐、沛达临清，以北抵京师。且修其沟洫，择良有司任之，可以备旱涝，捍戎马，益起直隶、河南富强之势，便三。”詹事霍韬大然其画，具奏以闻。不行。

万历十六年，总督河漕杨一魁议引沁水入卫，命给事中常居敬勘酌可否。居敬言：“卫小沁大，卫清沁浊，恐利少害多。”乃止。泰昌元年十二月，总河侍郎王佐言：“卫河流塞，惟挽漳、引沁、辟丹三策。挽漳难，而引沁多患。丹水则虽势与沁同，而丹口既辟，自修武而下皆成安流，建闸筑堰，可垂永利。”制可，亦未能行也。

崇祯十三年，总河侍郎张国维言：“卫河合漳、沁、淇、洹诸水，北流抵临清，会闸河以济运。自漳河他徙，卫流遂弱，挽漳引沁之议，建而未行。宜导辉县泉源，且酌引漳、沁，辟丹水，疏通滏、洹、淇三水之利害得失，命河南抚、按勘议以闻。”不果行。

漳河，出山西长子曰浊漳，乐平曰清漳，俱东经河南临漳县，由畿南真定、河间趋天津入海。其分流至山东馆陶西南五十里，与卫河合。洪武十七年，河决临漳，敕守臣防护。复谕工部，凡堤塘堰坝可御水患者，皆预修治。有司以黄、沁、漳、卫、沙五河所决堤岸丈尺，具图计工以闻。诏以军民兼筑之。永乐七年，决固安县贺家口。九年，决西南张固村河口，与釜阳河合流，下田不可耕。临障主簿赵永中乞令灾户于漳河旁垦高阜荒地。从之。是年筑沁州及大名等府决堤。十三年，漳、滏并溢，漂没磁州田稼。二十二年，溢广宗。洪熙元年，漳、滏并溢，决临漳三冢村等堤岸二十四处，发军民修筑。宣德八年复筑三冢村堤口。

正统元年，漳、滏并溢，坏临漳杜村西南堤。三年，漳决广平、顺德。四年，又决彰德。皆命修筑。十三年，御史林廷举言："漳河自沁州发源，七十余沟会而为一，至肥乡，堤岸逼隘，水势激湍，故为民患。元时分支流入卫河，以杀其势。永乐间堙塞，旧迹尚存，去广平大留村十八里。宜发丁夫凿通，置闸，遏水转入之，而疏广肥乡水道。则漳河水减，免居民患，而卫河水增，便漕。"从之。漳水遂通于卫。

正德元年浚滏阳河。河旧在任县亲店村东北，源出磁州。经永年、曲周、平乡，至穆家口，会百泉等河北流。永乐间，漳河决而与合，二水每并为患。至景泰间，又合漳，冲曲周诸县，沿河之地皆筑堤备之。成化间，旧河淤，冲新店西南为新河，合沙、洺等河入穆家口，亦筑堤备之。英宗时，漳已通卫。弘治初，益徙入御河，遂弃滏堤不理。其后，漳水复入新河，两岸地皆没。任县民高旸等以为言，下巡抚官勘奏，言："穆家口乃众河之委，当从此先，而并浚新旧河，令分流。漳、滏缺堤，以渐而筑。"从之。自此漳、滏汇流，而入卫之道渐堙矣。

万历二十八年，给事中王德完言："漳河决小屯，东经魏县、元城，抵馆陶入卫，为一变，其害小。决高家口，析二流于临漳之南北，俱至成安东吕彪河合流，经广平、肥乡、永年，至曲周入滏水，同流至青县口方入漕河，为再变，其害大。滏水不胜漳，而今纳漳，则狭小不能卷束巨浪，病溢而患在民。卫水昔仰漳，而今舍漳，则细缓不能沙泥，病涸而患在运。塞高家河口，导入小屯河，费少利多，为上策。仍回龙镇至小滩入卫，费巨害少，为中策。筑吕彪河口，固堤漳水，运道不资利，地方不害，为下策。"命河漕督臣集议行之。直隶巡按佴祺亦请引漳河。并下督臣，急引漳会卫，以图永济。不果行。

沁河，出山西沁源县绵山东谷。穿太行山，东南流三十里入河南境。绕河内县东北，又东南至武陟县，与黄河会而东注，达徐州以济漕。其支流自武陟红荆口，经卫辉入卫河。元郭守敬言：“沁余水引至武陟，北流合御河灌田。”此沁入卫之故迹也。

明初，黄河自荥泽趋陈、颍，径入于淮，不与沁合。乃凿渠引之，令河仍入沁。久之，沁水尽入黄河，而入卫之故道堙矣。武陟者，沁、黄交会处也。永乐间，再决再筑。宣德九年，沁水决马曲湾，经获嘉至新乡，水深成河，城北又汇为泽。筑堤以防，犹不能遏。新乡知县许宣请坚筑决口，俾由故道。遣官相度，从之。沁水稍定，而其支流复入于卫。正统三、四年间，武陟沁堤复再决再筑。十三年，黄河决荥泽，背沁而去。乃从武陟东宝家湾开渠三十里，引河入沁，以达淮。自后，沁、河益大合，而沁之入卫者渐淤。

景泰三年，佥事刘清言：“自沁决马曲湾入卫，沁、黄、卫三水相通，转输颇利。今决口已塞，卫河胶浅。运舟悉从黄河，尝遇险阻。宜遣官浚沁资卫，军民军船视远近之便而转输之。”诏下巡抚集议。明年，清复言：“东南漕舟，水浅弗能进。请自荥泽入沁河，浚冈头百二十里以通卫河。且张秋之决，由沁合黄，势遂奔急。若引沁入卫，则张秋无患。”行人王晏亦言：“开冈头置闸，分沁水，使南入黄，北达卫。遇涨则闭闸，漕可永无患。”并下督漕都御史王竑等核实以闻。

明年，给事中何升言：“沁河有漏港已成河。临清屯聚胶浅之舟，宜使从此入黄，度二旬可达淮。”诏竑及都御史徐有贞阅之。既而罢引沁河议。初，王晏请漕沁，有司多言弗利。晏固争。吏部尚书王直请遣官行河，命侍郎赵荣同晏往。荣亦言不利，议乃寝。天顺八年，都察院都事金景辉复请浚陈桥集古河，分引沁水，北通长垣、曹州、巨野，以达漕河。诏按实以闻，未能行也。

弘治二年夏，黄河决埽头五处，入沁河。其冬，又决祥符翟家口，合沁河，出丁家道口。十一年，员外郎谢缉以黄河南决，恐牵沁水南流，徐、吕二洪必涸。请遏黄河，堤沁水，使俱入徐州。方下所司勘议，明年漕运总兵官郭竑上副使张鼐《引沁河议》，请于武陟木栾店凿渠抵荆隆口，分沁水入贾鲁河，由丁家道口以下徐、淮。倘河或南徙，即引沁水入渠，以济二洪之运。帝即令鼐理之。而曹县知县邹鲁又驳鼐议，谓引沁必塞沁入河之口，沁水无归，必漫田庐。若俟下流既通而始塞之，水势捣虚，千里不折，其患更大，甚于黄陵。且起木栾店至飞云桥，地以千里计，用夫百万，积功十年，未能必其成也。兖州知府龚弘主其说，因上言："鼐见河势南行，故建此议。但今秋水逆流东北，亟宜浚筑。"乃从河臣抚臣议，修丁家口上下堤岸，而鼐议卒罢。

至万历十五年，沁水决武陟东岸莲花池、金屹垱，新乡、获嘉尽淹没。廷议筑堤障之。都御史杨一魁言："黄河从沁入卫，此故道也。自河徙，而沁与俱南，卫水每涸。宜引沁入卫，不使助河为虐。"部覆言："沁入黄，卫入漕，其来已久。顷沁水决木栾莲花口而东，一魁因建此议。而科臣常居敬往勘，言：'卫辉府治卑于河，恐有冲激。且沁水多沙，入漕反为患，不如坚筑决口，广辟河身'。"乃罢其议。

三十三年，茶陵知州范守己复言："嘉靖六年，河决丰、沛。胡世宁言：'沁水自红荆口分流入卫，近年始塞。宜择武陟、阳武地开一河，北达卫水，以备徐、沛之塞。'会盛应期主开新渠，议遂不行。近者十年前，河沙淤塞沁口，沁水不得入河，自木栾店东决岸，奔流入卫，则世宁红荆口之说信矣。彼时守土诸臣塞其决口，筑以坚堤，仍导沁水入河。而堤外河形直抵卫浒，至今存也。请建石闸于堤，分引一支，由所决河道东流入卫。漕舟自邳溯河而上，因沁入卫，东达临清，则会通河可废。"帝命总河及抚、按勘议，不行。

滹沱河，出山西繁峙泰戏山。循太行，掠晋、冀，逶迤而东，至武邑合漳。东北至青县岔河口入卫，下直沽。或云九河中所称徒骇是也。

明初，故道由藁城、晋州抵宁晋入卫，其后迁徙不一。河身不甚深，而水势洪大。左右旁近地大率平漫，夏秋雨潦，挟众流而溃，往往成巨浸。水落，则因其浅淤以为功。修堤浚流，随时补救，不能大治也。洪武间一浚。建文、永乐间，修武强、真定决岸者三。至洪熙元年夏，霪雨，河水大涨，晋、定、深三州，藁城、无极、饶阳、新乐、宁晋五县，低田尽没，而滹沱遂久淤矣。宣德六年，山水复暴泛，冲坏堤岸，发军民浚之。正统元年溢献县，决大郭鼍窝口堤。四年溢饶阳，决丑女堤及献县郭家口堤，淹深州田百余里，皆命有司修筑。十一年复疏晋州故道。

成化七年，巡抚都御史杨璿言："霸州、固安、东安、大城、香河、宝坻、新安、任丘、河间、肃宁、饶阳诸州县屡被水患，由地势平衍，水易潴积。而唐、滹沱、白沟三河上源堤岸率皆低薄，遇雨辄溃。官吏东西决放，以邻为壑。宜求故迹，随宜浚之。"帝即命璿董其事，水患稍宁。至十八年，卫、漳、滹沱并溢，溃漕河岸，自清平抵天津决口八十六。因循者久之。

弘治二年修真定县白马口及近城堤三千九百余丈。五年又筑护城堤二道。后复比年大水，真定城内外俱浸。改挑新河，水患始息。

嘉靖元年筑束鹿城西决口，修晋州紫城口堤。未几，复连岁被水。十年冬，巡按御史傅汉臣言："滹沱流经大名，故所筑二堤冲败，宜修复如旧。"乃命抚、按官会议。其明年，敕太仆卿何栋往治之，栋言："河发浑源州，会诸山之水，东趋真定，由晋州紫城口之南入宁晋泊，会卫河入海，此故道也。晋州西高南下，因冲紫城东溢，而束鹿、深州诸处遂为巨浸。今宜起藁城张村至晋州故堤，筑十八里，高三丈，广十之，植椿榆诸树。乃浚河身三十余里，导之南行，使归故道，则顺天、真、保诸郡水患俱平矣。"又用郎中徐元祉言，于真定浚滹沱河以保城池，又导束鹿、武强、河间、献县诸水，循滹沱以出。皆从之。自后数十年，水颇戢，无大害。

万历九年，给事中顾问言："臣令任丘，见滹沱水涨，漂没民田不可胜纪。请自饶阳、河间以下水占之地，悉捐为河，而募夫深浚河身，坚筑堤岸，以图永久。"命下抚、按官勘议。增筑雄县横堤八里，任丘东堤二十里。

桑乾河，卢沟上源也。发源太原之天池，伏流至朔州马邑雷山之阳，有金龙池者浑泉溢出，是为桑干。东下大同古定桥，抵宣府保安州，雁门、应州、云中诸水皆会。穿西山，入宛平界。东南至看舟口，分为二。其一东由通州高丽庄入白河。其一南流霸州，合易水，南至天津丁字沽入漕河，曰卢沟河，亦曰浑河。河初过怀来，束两山间，不得肆。至都城西四十里石景山之东，地平土疏，冲激震荡，迁徙弗常。《元史》名卢沟曰小黄河，以其流浊也。上流在西山后者，盈涸无定，不为害。

嘉靖三十三年，御史宋仪望尝请疏凿，以漕宣、大粮。三十九年，都御史李文进以大同缺边储，亦请“开桑干河以通运道。自古定桥至卢沟桥务里村水运五节，七百余里，陆运二节，八十八里。春秋二运，可得米二万五千余石。且造浅船由卢沟达天津，而建仓务里村、青白口八处，以备拨运。”皆不能行。下流在西山前者，泛溢害稼，畿封病之，堤防急焉。

洪武十六年浚桑干河，自固安至高家庄八十里，霸州西支河二十里，南支河三十五里。永乐七年，决固安贺家口。十年，坏卢沟桥及堤岸，没官田民庐，溺死人畜。洪熙元年，决东狼窝口。宣德三年，溃卢沟堤。皆发卒治之。六年，顺天府尹李庸言：“永乐中，浑河决新城，高从周口遂致淤塞。霸州桑圆里上下，每年水涨无所泄，漫涌倒流，北灌海子凹、牛栏佃，请亟修筑。”从之。七年，侍郎王佐言：“通州至河西务河道浅狭，张家湾西旧有浑河，请疏浚。”帝以役重止之。九年，决东狼窝口，命都督郑铭往筑。正统元年复命侍郎李庸修筑，并及卢沟桥小屯厂溃岸。明年，工竣。越三年，白沟、浑河二水俱溢，决保定县安州堤五十余处。复命庸治之，筑龙王庙南石堤。七年筑浑河口。八年筑固安决口。

成化七年，霸州知州蒋恺言：“城北草桥界河，上接浑河，下至小直沽注于海。永乐间浑河改流，西南经固安、新城、雄县抵州，屡决为害。近决孙家口，东流入河，又东抵三角淀。小直沽乃其故道，请因其自然之势，修筑堤岸。”诏顺天府官相度行之。十九年命侍郎杜谦督理卢沟河堤岸。弘治二年，决杨木厂堤，命新宁伯谭祐、侍郎陈政、内官李兴等督官军二万人筑之。正德元年筑狼窝决口。久之，下流支渠尽淤。

嘉靖十年从郎中陆时雍言，发卒浚导。三十四年修柳林至草桥大河。四十一年命尚书雷礼修卢沟河岸。礼言：“卢沟东南有大河，从丽庄园入直沽下海，沙淀十余里。稍东岔河，从固安抵直沽，势高。今当先浚大河，令水归故道，然后筑长堤以固之。决口地下水急，人力难骤施。西岸故堤绵亘八百丈，遗址可按，宜并筑。”诏从其请。明年讫工，东西岸石堤凡九百六十丈。

万历十五年九月，神宗幸石景山，临观浑河。召辅臣申时行至幄次，谕曰：“朕每闻黄河冲决，为患不常，欲观浑河以知水势。今见河流汹涌如此，知黄河经理倍难。宜饬所司加慎，勿以劳民伤财为故事。至选用务得人，吏、工二部宜明喻朕意。”

胶莱河，在山东平度州东南，胶州东北。源出高密县，分南北流。南流自胶州麻湾口入海，北流经平度州至掖县海仓口入海。议海运者所必讲也。元至元十七年，莱人姚演献议开新河，凿地三百余里，起胶西县东陈村海口，西北达胶河，出海仓口，谓之胶莱新河。寻以劳费难成而罢。

明正统六年，昌邑民王坦上言：“漕河水浅，军卒穷年不休。往者江南常海运，自太仓抵胶州。州有河故道接掖县，宜浚通之。由掖浮海抵直沽，可避东北海险数千里，较漕河为近。”部覆寝其议。

嘉靖十一年，御史方远宜等复议开新河。以马家墩数里皆石冈，议复寝。十七年，山东巡抚胡缵宗言：“元时新河石座旧迹犹在，惟马壕未通。已募夫凿治，请复浚淤道三十余里。”命从其议。

至十九年，副使王献言：“劳山之西有薛岛、陈岛，石研林立，横伏海中，最险。元人避之，故放洋走成山正东，逾登抵莱，然后出直沽。考胶莱地图，薛岛西有山曰小竺，两峰夹峙。中有石冈曰马壕，其麓南北皆接海崖，而北即麻湾，又稍北即新河，又西北即莱州海仓。由麻湾抵海仓才三百三十里，由淮安逾马壕抵直沽，才一千五百里，可免绕海之险。元人尝凿此道，遇石而止。今凿马壕以趋麻湾，浚新河以出海仓，诚便。”献乃于旧所凿地迤西七丈许凿之。其初土石相半，下则皆石，又下石顽如铁。焚以烈火，用水沃之，石烂化为烬。海波流汇，麻湾以通，长十有四里，广六丈有奇，深半之。由是江、淮之舟达于胶莱。逾年，复浚新河，水泉旁溢，其势深阔，设九闸，置浮梁，建官署以守。而中间分水岭难通者三十余里。时总河王以旗议复海运，请先开平度新河。帝谓妄议生扰，而献亦适迁去，于是工未就而罢。

三十一年，给事中李用敬言：“胶莱新河在海运旧道西，王献凿马家壕，导张鲁、白、现诸河水益之。今淮舟直抵麻湾，即新河南口也，从海仓直抵天津，即新河北口也。南北三百余里，潮水深入。中有九穴湖、大沽河，皆可引济。其当疏浚者百余里耳，宜急开通。”给事中贺泾、御史何廷钰亦以为请。诏廷钰会山东抚、按官行视。既而以估费浩繁，报罢。

隆庆五年，给事中李贵和复请开浚，诏遣给事中胡槚会山东抚、按官议。槚言：“献所凿渠，流沙善崩，所引白河细流不足灌注。他若现河、小胶河、张鲁河、九穴、都泊皆潢汙不深广。胶河虽有微源，地势东下，不能北引。诸水皆不足资。上源则水泉枯涸，无可仰给；下流则浮沙易溃，不能持久。扰费无益。”巡抚梁梦龙亦言：“献误执元人废渠为海运故道，不知渠身太长，春夏泉涸无所引注，秋冬暴涨无可蓄泄。南北海沙易塞，舟行滞而不通。”乃复报罢。

万历三年，南京工部尚书刘应节、侍郎徐栻复议海运，言：“难海运者以放洋之险，覆溺之患。今欲去此二患，惟自胶州以北，杨家圈以南，浚地百里，无高山长坂之隔，杨家圈北悉通海潮矣。综而计之，开创者什五，通浚者什三，量浚者什二。以锥探之，上下皆无石，可开无疑。”乃命栻任其事。应节议主通海。而栻往相度，则胶州旁地高峻，不能通潮。惟引泉源可成河，然其道二百五十余里，凿山引水，筑堤建闸，估费百万。诏切责栻，谓其以难词沮成事。会给事中光懋疏论之，且请令应节往勘。应节至，谓南北海口水俱深阔，舟可乘潮，条悉其便以闻。

山东巡抚李世达上言："南海麻湾以北，应节谓沙积难除，徙古路沟十三里以避之。又虑南接鸭绿港，东接龙家屯，沙积甚高，渠口一开，沙随潮入，故复有建闸障沙之议。臣以为闸闭则潮安从入？闸启则沙又安从障也？北海仓口以南至新河闸，大率沙淤潮浅。应节挑东岸二里，仅去沙二尺，大潮一来，沙壅如故，故复有筑堤约水障沙之议。臣以为障两岸之沙则可耳，若潮自中流冲激，安能障也？分水岭高峻，一工止二十丈，而费千五百金。下多碙砢石，掣水甚难。故复有改挑王家丘之议。臣以为吴家口至亭口高峻者共五十里，大概多碙呴石，费当若何？而舍此则又无河可行也。夫潮信有常，大潮稍远，亦止及陈村闸、杨家圈，不能更进。况日止二潮乎？此潮水之难恃也。河道纡曲二百里，张鲁、白、胶三水微细，都泊行潦，业已干涸。设遇亢旱，何泉可引？引泉亦难恃也。元人开浚此河，史臣谓其劳费不赀，终无成功，足为前鉴。"巡按御史商为正亦言："挑分水岭下，方广十丈，用夫千名。才下数尺为碙砢石，又下皆沙，又下尽黑沙，又下水泉涌出，甫挑即淤，止深丈二尺。必欲通海行舟，更须挑深一丈。虽二百余万，未足了此。"给事中王道成亦论其失。工部尚书郭朝宾覆请停罢。遂召应节、栻还京，罢其役。嗣是中书程守训，御史高举、颜思忠，尚书杨一魁相继议及之，皆不果行。

崇祯十四年，山东巡抚曾樱、户部主事邢国玺复申王献、刘应节之说。给内帑十万金，工未举，樱去官。十六年夏，尚书倪元璐请截漕粮由胶莱河转饷，自胶河口用小船抵分水岭，车盘岭脊四十里达于莱河，复用小船出海，可无岛嶕漂损之患。山东副总兵黄荫恩献议略同。皆未及行。

明史卷八八
志第六四

河渠六

直省水利

三代疆理水土之制甚详。自井田废，沟遂堙，水常不得其治，于是穿凿渠塘井陂，以资灌溉。明初，太祖诏所在有司，民以水利条上者，即陈奏。越二十七年，特谕工部，陂塘湖堰可蓄泄以备旱潦者，皆因其地势修治之。乃分遣国子生及人材，遍诣天下，督修水利。明年冬，郡邑交奏。凡开塘堰四万九百八十七处，其恤民者至矣。嗣后有所兴筑，或役本境，或资邻封，或支官料，或采山场，或农隙鸠工，或随时集事，或遣大臣董成。终明世水政屡修，可具列云。

洪武元年修和州铜城堰闸，周回二百余里。四年修兴安灵渠，为陡渠者三十六。渠水发海阳山，秦时凿，溉田万顷。马援葺之，后圮。至是始复。六年发松江、嘉兴民夫二万开上海胡家港，自海口至漕泾千二百余丈，以通海船。且浚海盐澉浦。八年开登州蓬莱阁河。命耿炳文浚泾阳洪渠堰，溉泾阳、三原、醴泉、高陵、临潼田二百余里。九年修彭州都江堰。十二年，李文忠言："陕西病咸卤，请穿渠城中，遥引龙首渠东注。"从其请，甃以石。十四年筑海盐海塘。十七年筑磁州漳河决堤。决荆州岳山坝以灌民田。十九年筑长乐海堤。二十三年修崇明、海门决堤二万三千九百余丈，役夫二十五万人。四川永宁宣慰使言："所辖水道百九十滩，江门大滩八十二，皆被石塞。”诏景川侯曹震往疏之。二十四年修临海横山岭水闸，宁海、奉化海堤四千三百余丈。筑上虞海堤四千丈，改建石闸。浚定海、鄞二县东钱湖，灌田数万顷。二十五年凿溧阳银墅东坝河道，由十字港抵沙子河胭脂坝四千三百余丈，役夫三十五万九千余人。二十七年浚山阳支家河。郁林州民言：“州南北二江相去二十余里，乞凿通，设石陡诸闸。”从之。二十九年修筑河南洛堤。复兴安灵渠。时尚书唐铎以军兴至其地，图渠状以闻。请浚深广，通官舟以饷军。命御史严震直烧凿陡涧之石，饷道果通。三十一年，洪渠堰圮，复命耿炳文修治之。且浚渠十万三千余丈。建文四年疏吴淞江。

永乐元年修安陆京山汉水塌岸，章丘漯河东堤，高密、潍决岸，安阳河堤，福山护城决堤，浙江赭山江塘，余干龙窟坝塘岸，临颍褚河决口，潍县白浪河堤，潜山、怀宁陂堰，高要青岐、罗婆圩，通州徐灶、食利等港，平遥广济渠，句容杨家港、王旱圩等堤，肇庆、凤翔遥头冈决岸，南阳高家、屯头二堰及沙、澧等河堤，夏县古河决口三十余里。修筑和州保大等圩百二十余里，蓄水陡门九。浚昌邑河渠五所，凿嘉定小横沥以通秦、赵二泾，浚昆山葫芦等河。

命夏原吉治苏、松、嘉兴水患，浚华亭、上海运盐河，金山卫闸及漕泾分水港。原吉言：“浙西诸郡，苏、松最居下流，嘉、湖、常颇高，环以太湖，绵亘五百里。纳杭、湖、宣、歙溪涧之水，散注淀山诸湖，以入三泖。顷为浦港堙塞，涨溢害稼。拯治之法，在浚吴淞诸浦。按吴淞江袤二百余里，广百五十余丈，西接太湖，东通海，前代常疏之。然当潮汐之冲，旋疏旋塞。自吴江长桥抵下界浦，百二十余里，水流虽通，实多窄浅。从浦抵上海南仓浦口，百三十余里，湖汐淤塞，已成平陆，滟沙游泥，难以施工。嘉定刘家港即古娄江，径入海，常熟白茆港径入江，皆广川急流。宜疏吴淞南北两岸、安亭等浦，引太湖诸水入刘家、白茆二港，使其势分。松江大黄浦乃通吴淞要道，今下流遏塞难浚。旁有范家浜，至南仓浦口径达海。宜浚深阔，上接大黄浦，达泖湖之水，庶几复《禹贡》‘三江入海’之旧。水道既通，乃相地势，各置石闸，以时启闭。每岁水涸时，预修圩岸，以防暴流，则水患可息。”帝命发民丁开浚。原吉昼夜徙步，以身先之，功遂成。

二年修泰州河塘万八千丈，兴化南北堤、泰兴沿江圩岸、六合瓜步等屯。浚丹徒通潮旧江，又修象山茭湖塘岸，海康、徐闻二县那隐坡、调黎等港堤岸，黄岩混水等十五闸、六陡门，孟津河堤，分宜湖塘，武陟马田堤岸，香山竹径水陂，复兴安分水塘。兴安有江，源出海阳山。江中横筑石埭，分南北渠，溉民田甚溥。埭上迭石如鳞，以防冲溢。严震直撤石增埭，水迫无所泄，冲塘岸，尽趋北渠，南渠浅涩，民失利。至是修复如旧。

海门民请发淮安、苏、常民丁协修张墩港、东明港百余里溃堤。帝曰："三郡民方苦水患，不可重劳。"遣官行视，以扬州民协筑之。当涂民言："慈湖濒江，上通宣，歙，东抵丹阳湖，西接芜湖。久雨浸淫，潮涨伤农，宜遣勘修筑。"帝从其请，且谕工部，安、徽、苏、松、浙江、江西、湖广凡湖泊卑下，圩岸倾颓，亟督有司治之。夏原吉复奉命治水苏、松，尽通旧河港。又浚苏州千墩浦、致和塘、安亭、顾浦、陆皎浦、尤泾、黄泾共二万九千余丈，松江大黄浦、赤雁浦、范家浜共万二千丈，以通太湖下流。

先是，修含山崇义堰。未几，和州民言："铜城闸上抵巢湖，下通扬子江，决圩岸七十余处，乞修治。"其吏目张良兴又言："水淹麻、澧二湖田五万余顷。宜筑圩埂，起桃花桥，讫含山界三十里。"俱从之。

三年修上虞曹娥江坝埂，温县驮坞村堤堰四千余丈，南海卫莲塘、四会县鸦鹊水等堤岸，无为州周兴等乡及鹰扬卫乌江屯江岸。筑昌黎及历城小清河决堤，应天新河口北岸，从大胜关抵江东驿三千三百丈。浚海州北旧河，上通高桥，下接临洪场及山阳运盐河十八里。

四年修筑宣城十九圩，丰城穆湖圩岸，石首临江万石堤，溧水决圩。修怀宁斗潭河、彭滩圩岸，顺天固安，保定荆岱，乐亭鲁家套、社河口，吉水刘家塘、云陂，江都刘家圩港。筑湖广广济武家穴等江岸。新建石头冈圩岸、江浦沿江堤。开泰州运盐河、普定秦潼河、西溪南仪阡三处河口,导流兴化、盐城界入海。浚常熟福山塘三十六里。

五年修长洲、吴江、昆山、华亭、钱塘、仁和、嘉兴堤岸,余姚南湖坝,筑高要银冈、金山等溃堤,溉田五百余顷。治杭州江岸之沦者。六年浚浙江平阳县河。七年修安陆州渲马滩决岸、海盐石堤,筑泰兴拦江堤三千九百余丈。且浚大港北淤河,抵县南,出大江,四千五百余丈。八年修丹阳练湖塘,汝阳汝河堤岸,南陵野塘圩、蚌荡坝,松滋张家坑、何家洲堤岸,平度州潍水、浮糠河决口百十二,堤堰八千余丈,吴江石塘官路桥梁。

九年修安福丁陂等塘堰,安仁饶家陂、寿光堤,安陆京山景陵圩岸,长乐官塘,长洲至嘉兴石土塘桥路七十余里,泄水洞百三十一处,监利车水堤四千四百余丈,高安华陂屯陂堤,仁和、海宁、海盐土石塘岸万余丈。筑沂州瀹河口决岸,并沦沭阳沭河。筑直隶新城张村等口决堤,仁和黄濠塘岸三百余丈,孙家围塘岸二十余里。浚潍县干丹河、定襄故渠六十三里,引滹沱水灌田六百余顷。疏福山官渠,浚江阴青阳河道,邹平白条沟河三十余里。

丽水民言:"县有通济渠,截松阳、遂昌诸溪水入焉。上、中、下三源,流四十八派,溉田二千余顷。上源民泄水自利,下源流绝,沙壅渠塞。请修堤堰如旧。"部议从之。齐东知县张升言:"小清河洪水冲决,淹没诸盐场及青州田。请浚上流,修长堤,使水行故道。"皇太子遣官经理之。鄜州民言:"洛水横决而西,冲塌州城东北隅。请浚故道,循州东山麓南流。"从之。

十年修浙江平阳捍潮堤岸,黄梅临江决岸百二十余里,海门捍潮堤百三十里。筑新会圩岸二千余丈,献县、饶阳恭俭等岸,安丘红河决岸,安州直亭等河决口八十九,华容、安津等堤决口四十六。浚上海蟠龙江、潍县白浪河。北京行太仆卿杨砥言:"吴桥、东光、兴济、交河及天津等卫屯田,雨水决堤伤稼。德州良店驿东南二十五里有黄河故道,与州南土河通。穿渠置闸,分杀水势,大为民便。"命侍郎蔺芳往理之。

十一年修芜湖陶辛、政和二圩，保定、文安二县河口决岸五十四，应天新河圩岸，天长福胜、戚家庄二塘，荥泽大滨河堤。浚昆山太平河。十二年修凤阳安丰塘水门十六座及牛角坝、新仓铺塌岸，武陟郭村、马曲堤岸，聊城龙湾河，濮州红船口，范县曹村河堤岸。筑三河决堤。浚海州官河二百四十里。解州民言：“临晋涑水河逆流，决姚暹渠堰，入砂地，淹民田，将及盐池。”寻又言：“硝池水溢，决豁口，入盐池。”以涑水渠、姚暹渠并流，故命官修筑如其请。

十三年修兴济决岸、南京羽林右卫刁家圩屯田堤。吴江县丞李升言：“苏、松水患，太湖为甚，急宜泄其下流。若常熟白茆诸港，昆山千墩等河，长洲十八都港汊，吴县、无锡近湖河道，皆宜循其故迹，浚而深之，仍修蔡泾等闸，候潮来往，以时启闭。则泛滥可免，而民获耕种之利。”从之。十五年修固安孙家口及临漳固冢堤岸。十六年修魏县决岸。

十七年，萧山民言：“境内河渠四十五里，溉田万顷，比年淤塞。乞疏浚，仍置闸钱清小江坝东，庶旱潦无忧。”山东新城民言：“县东郑黄沟源出淄川，下流壅沮，霖潦妨农。陈家庄南有干河，上与沟接，下通乌江，乞浚治。”并从之。十八年，海宁诸县民言：“潮没海塘二千六百余丈，延及吴家等坝。”通政岳福亦言：“仁和、海宁坏长降等坝，沦海千五百余丈。东岸赭山、岩门山、蜀山旧有海道，淤绝久，故西岸潮愈猛。乞以军民修筑。”并从之。明年修海宁等县塘岸。

二十一年修嘉定抵松江潮圮圩岸五千余丈、交址顺化卫决堤百余丈。文水民言：“文谷山常稔渠分引文谷河流，袤三十余里，灌田。今河溃泄水。”从其奏，葺治之。二十二年修临海广济河闸。

洪熙元年修黄岩滨海闸坝。视永乐初，增府判一员，专其事。修献县、饶阳恭俭堤及窑堤口。

宣德二年，浙江归安知县华嵩言：“泾阳洪渠堰溉五县田八千四百余顷。洪武时，长兴侯耿炳文前后修浚，未久堰坏。永乐间，老人徐龄言于朝，遣官修筑，会营造不果。乞专命大臣起军夫协治。”从之。三年修灌县都江等堰四十四。临海民言：“胡巉诸闸潴水灌田，近年闸坏而金鳌、大浦、湖涞、举屿等河遂皆壅阻，乞为开筑。”帝曰：“水利急务，使民自诉于朝，此守令不得人尔。”命工部即饬郡县秋收起工。仍诏天下：“凡水利当兴者，有司即举行，毋缓视。”

巡按江西御史许胜言：“南昌瑞河两岸低洼，多良田。洪武间修筑，水不为患。比年水溢，岸圮二十余处。丰城安沙绳湾圩岸三千六百余丈，永乐间水冲，改修百三十余丈。近者久雨，江涨堤坏。乞敕有司募夫修理。”中书舍人陆伯伦言：“常熟七浦塘东西百里，灌常熟、昆山田，岁租二十余万石。乞听民自浚之。”皆诏可。

四年修献县柳林口堤岸。潜江民言：“蚌湖、阳湖皆临襄河，水涨岸决，害荆州三卫、荆门、江陵诸州县官民屯田无算。乞发军民筑治。”从之。福清民言：“光贤里官民田百余顷，堤障海水。堤坏久，田尽荒。永乐中，尝命修治，迄今未举，民不得耕。”帝责有司亟治，而谕尚书吴中严饬郡邑，陂池堤堰及时修浚，慢者治以罪。

五年，巡抚侍郎成均言：“海盐去海二里，石嵌土岸二千四百余丈，水啮其石，皆已刓敝。议筑新石于岸内，而存其旧者以为外障。乞如洪武中令嘉、岩、绍三府协夫举工。”从之。

六年修浏阳、广济诸县堤堰，丰城西北临江石堤及西南七圩坝，石首临江三堤。浚余姚旧河池。巡抚侍郎周忱言：“溧水永丰圩周围八十余里，环以丹阳、石臼诸湖。旧筑埂坝，通陟门石塔，农甚利之。今颓败，请葺治。”教谕唐敏言：“常熟耿泾塘，南接梅里，通昆承湖，北达大江。洪武中，浚以溉田。今壅阻，请疏导。”并从之。

七年修眉州新津通济堰。堰水出彭山，分十六渠，溉田二万五千余亩。河东盐运使言：“盐池近地姚暹河，流入五星湖转黄流河，两岸洼下。比岁雨溢水涨，冲至解州。浪益急，遂溃南岸，没民田三十余里，盐池护堤皆坏。复因下流涑水河高，壅淤逆流，姚暹以决。乞起民夫疏瀹。”从之。

苏州知府况钟言：“苏、松、嘉、湖湖有六，曰太湖、庞山、阳城、沙湖、昆承、尚湖。永乐初，夏原吉浚导，今复淤。乞遣大臣疏浚。”乃命周忱与钟治之。是岁，汾河骤溢，败太原堤。镇守都司李谦、巡按御史徐杰以便宜修治，然后驰奏。帝嘉奖之。

八年葺湖广偏桥卫高陂石洞，完县南关旧河。复和州铜城堰闸。修安阳广惠等渠，磁州滏阳河、五爪济民渠。九年修江陵枝江沿江堤岸。筑蓟州决岸。毁苏、松民私筑堤堰。十年筑海盐潮决海塘千五百余丈。主事沈中言："山阴西小江，上通金、严，下接三江海口，引诸暨、浦江、义乌诸湖水以通舟。江口近淤，宜筑临浦戚堰障诸湖水，俾仍出小江。"诏部覆夺。

正统元年修吉安沿江堤。筑海阳、登云、都云、步村等决堤。浚陕西西安灞桥河。二年筑蠡县王家等决口。修新会鸾台山至瓦塘浦颓岸，江陵、松滋、公安、石首、潜江、监利近江决堤。又修湖广老龙堤，以为汉水所溃也。三年疏泰兴顺德乡三渠，引湖溉田；潞州永禄等沟渠二十八道，通于漳河。四年修容城杜村口堤。设正阳门外减水河，并疏城内沟渠。荆州民言："城西江水高城十余丈，霖潦坏堤，水即灌城。请先事修治。"宁夏巡抚都御史金濂言："镇有五渠，资以行溉，今明沙州七星、汉伯、石灰三渠久塞。请用夫四万疏浚，溉芜田千三百余顷。"并从之。

五年修太湖堤，海盐海岸，南京上中下新河及济川卫新江口防水堤，漷县、南宫诸堤。筑顺天、河间及容城杜村口、郎家口决堤。塞海宁蛎岩决堤口。浚盐城伍祐、新兴二场运河。初，溧水有镇曰广通，其西固城湖入大江，东则三塔堰河入太湖。中间相距十五里，洪武中凿以通舟。县地稍洼，而湖纳宁国、广德诸水，遇潦即溢，乃筑坝于镇以御之，而堰水不能至坝下。是岁，改筑坝于叶家桥。胭脂河者，溧水入秦淮道也。苏、松船皆由以达，沙石壅塞，因并浚之。山阳泾河坝，上接漕河，下达盐城，旧置绞关以通舟，岁久且敝，又恐盗泄水利，遂筑塞河口。是岁，从民请，修坝并复绞关。

六年造宣武门东城河南岸桥。修江米巷玉河桥及堤，并浚京城西南河。筑丰城沙月诸河堤、芜湖陶辛圩新埂。浚海宁官河及花塘河、硖石桥塘河，筑瓦石堰二所。疏南京江洲，杀其水势，以便修筑塌岸。高邮知州韩简言："官河上下二闸皆圮，河亦不通，且子婴沟塞，减水阴洞闭，致旱涝无所济。俱乞浚治。”诏部核实以行。

七年修江西广昌江岸、萧山长山浦海塘、彭山通济堰。筑南京浦子口、大胜关堤，九江及武昌临江场岸。浚江陵、荆门、潜江淤沙三十余里。八年修兰溪卸桥浦口堤，弋阳官陂三所。浚南京城河。

九年修德州耿家湾等堤岸、杞县离沟堤。筑容城杜村堤决口。易上虞菱湖土坝为石闸。挑无锡里谷、苏塘、华港、上村、李走马塘诸河，东南接苏州苑山湖塘，北通扬子江，西接新兴河，引水灌田。浚杞县牛墓冈旧河，武进太平、永兴二河。疏海盐永安河，茶市院新泾、陶泾塘诸河。都御史陈镒言：“朝邑多沙碱，难耕。县治洛河，与渭水通，请穿渠灌之。”新安民言：“城南长沟河，西通徐、漕二水，东运雄县直沽，沙土淤塞，请发丁夫疏浚。”海阳民萧瑶言：“县有长溪，源出山麓，流抵海口，周袤潮郡，故登隆等都俱置沟通溉。惟隆津等都陆野绝水，岁旱无所赖。乞开沟如登隆。”长乐民刘彦梁言：“严湖二十余里，南接稠奄溪，西通倒流溪，可备旱溢。又有张塘涵、塘前涵、大塘涵、陈塘港，其利如严湖。乞令有司疏浚。”广济民言：“县与邻邑黄梅，岁连粮三万石于望牛墩。小车盘剥，不堪其劳。运城湖港廖家口有沟抵墩前，淤浅不能行船。请与黄梅合力浚通，以便水运。”并从之。

十一年修洞庭湖堤。筑登州河岸。浚通州金沙场八里河，以通运渠。任丘民言：“凌城港去县二十五里，内有定安桥河，北十八里通流，东七里沙塞。宜疏通与港相接，入直沽张家湾。”巡抚周忱言：“应天、镇江、太平、宁国诸府，旧有石臼等湖。其中沟港，岁办鱼课。其外平圩浅滩，听民牧放孳畜、采掘菱藕，不许种耕。故山溪水涨，有所宣泄。近者富豪筑圩田，遏湖水，每遇泛溢，害即及民，宜悉禁革。”并从之。

十二年疏平度州大湾口河道，荆州公安门外河，以便公安、石首诸县输纳。浙江听选官王信言：“绍兴东小江，南通诸暨七十二湖，西通钱塘江。近为潮水涌塞，江与田平，舟不能行，久雨水溢，邻田辄受其害。乞发丁夫疏浚。”从之。

十三年筑宁夏汉、唐坝决口。疏山西涞水河、南海县通海泉源。凿宣府城濠，引城北山水入南城大河。湖广五开卫言："卫与苗接，山路峻险。去卫三十里有水通靖州江，乱石沙滩，请疏以便输运。"云南邓川州言："本州民田与大理卫屯田接壤湖畔，每岁雨水沙土壅淤，禾苗淹没。乞命州卫军民疏治。"并从之。

十四年浚南海潘埇堤岸，置水闸。和州民言："州有姥镇河，上通麻、澧二湖，下接牛屯大河，长七十里许，广八丈。又有张家沟，连铜城闸，通大江，长减姥镇之半，广如之，灌溉降福等七十余圩及南京诸卫屯田。近年河溃闸圮，率皆淤塞。诸兴役疏浚，仍于姥镇。丰山嘴、叶公坡各建闸以备旱涝。"从之。

景泰元年筑丹阳甘露等坝。二年修玉河东西堤。浚安定门东城河，永嘉三十六都河，常熟顾新塘，南至当湖，北至扬子江。三年修泰和信丰堤。筑延安、绥德决河，绵州西岔河通江堤岸。浚常熟七浦塘，剑州海子。疏孟渎河浜泾十一。工部言："海盐石塘十八里，潮水冲决，浮土修筑，不能久。"诏别筑石塘捍之。

四年浚江阴顺塘河十余里，东接永利仓大河，西通夏港及扬子江。云南总兵官沐璘言："城东有水南流，源发邵甸，会九十九泉为一，抵松花坝分为二支：一绕金马山麓，入滇池；一从黑窑村流至云泽桥，亦入滇池。旧于下流筑堰，溉军民田数十万顷，霖潦无所泄。请令受利之家，自造石闸，启闭以时。"报可。五年疏灵宝黎园庄渠，通鸿泸涧，溉田万顷。六年浚华容杜预渠，通运船入江，避洞庭险。修容城白沟河杜村口、固安杨家等口决堤。

七年，尚书孙原贞言："杭州西湖旧有二闸，近皆倾圮，湖遂淤塞。按宋苏轼云：'杭本江海故地，水泉咸苦。自唐李泌引湖水入城为六井，然后井邑日富，不可许人佃种。'周淙亦言：'西湖贵深阔。'因招兵二百，专一捞湖。其后，豪户复请佃，湖日益填塞，大旱水涸。诏郡守赵与𥲅开浚，茭荷葑荡悉去，杭民以利。此前代经理西湖大略也。其后，势豪侵占无已，湖小浅狭，闸石毁坏。今民田无灌溉资，官河亦涩阻。乞敕有司兴浚，禁侵占以利军民。"从之。

天顺二年修彭县万工堰，灌田千余顷。五年，佥事李观言：“泾水出泾阳仲山谷，道高陵，至栎阳入渭，袤二百里。汉开渠溉田，宋、元俱设官主之。今虽有瓠口郑、白二渠，而堤堰摧决，沟洫壅潴，民弗蒙利。”乃命有司浚之。

八年，永平民言：“漆河绕城西南流入海，城趾皆石，故水不能决。其余则沙土易溃，前人于东北筑土堤，西南甃岸。今岁久日塌，宜作堤于东流，横以激之，使合西流，庶无荡析患。”都御史项忠言：“泾阳之瓠口郑、白二渠，引泾水溉田数万顷，至元犹溉八千顷。其后，渠日浅，利因以废。宣德初，遣官修凿，亩收四三石。无何复塞，渠旁之田，遇旱为赤地。泾阳、醴泉、三原、高陵皆患苦之。昨请于泾水上源龙潭左侧疏浚，讫旧渠口，寻以诏例停止。今宜毕其役。西安城西井泉苦，饮者辄病。龙首渠引水七十里，修筑不易，且利止及城东。西南皂河去城一舍许，可凿，令引水与龙首渠会，则居民尽利。”邳州知州孟琳言：“榆行诸社俱临沂河，久雨岸崩二十八处，低田尽淹。乞兴修筑。”并从之。

成化二年修寿州安丰塘。四年疏石州城河。六年修平湖周家泾及独山海塘。七年，潮决钱塘江岸及山阴、会稽、萧山、上虞，乍浦、沥海二所，钱清诸场。命侍郎李颙修筑。八年，堤襄阳决岸。十年，廷臣会议，江浦北城圩古沟，北通滁河浦子口；城东黑水泉古沟，南入大江。二沟相望，冈垅中截。宜凿通成河，旱引涝泄。从之。

十一年浚杭州钱塘门故渠，左属涌金门，建桥闸以蓄湖水。巡抚都御史牟俸言：“山东小清河，上接济南趵突诸泉，下通乐安沿海高家港盐场。大清河，上接东平坎河诸泉，下通滨州海丰、利津，沿海富国盐场。淤塞，苦盘剥，雨水又患淹没。劝农参政唐澞浚河造闸，请令兼治水利。”诏可。

十二年，巡按御史许进言：“河西十五卫，东起庄浪，西抵肃州，绵亘几二千里，所资水利多夺于势豪。宜设官专理。”诏屯田佥事兼之。

十四年，俸言：“直隶苏、松与浙西各府，频年旱涝，缘周环太湖，乃东南最洼地，而苏、松尤最下之冲。故每逢积雨，众水奔溃，湖泖涨漫，淹没无际。按太湖即古震泽，上纳嘉、湖、宣、歙诸州之水，下通娄、东、吴淞三江之流，东江今不复见，娄、淞入海故迹具存。其地势与常熟福山、白茆二塘俱能导太湖入江海，使民无垫溺，而土可耕种，历代开浚具有成法。本朝亦常命官修治，不得其要。而滨湖豪家尽将淤滩栽莳为利。治水官不悉利害，率于泄处置石梁，壅土为道，或虑盗船往来，则钉木为栅。以致水道堙塞，公私交病。请择大臣深知水利者专理之，设提督水利分司一员随时修理，则水势疏通，东南厚利也。”帝即令俸兼领水利，听所浚筑。功成，乃专设分司。

十五年修南京内外河道。十八年浚云南东西二沟，自松华坝黑龙潭抵西南柳坝南村，灌田数万顷。修居庸关水关、城券及隘口水门四十九，楼铺、墩台百二。二十年修嘉兴等六府海田堤岸，特选京堂官往督之。二十二年浚南京中下二新河。

弘治三年，从巡抚都御史丘鼐言，设官专领灌县都江堰。六年敕抚民参政朱瑄浚河南伊、洛，彰德高平、万金，怀庆广济，南阳召公等渠，汝宁桃陂等堰。

七年浚南京天、潮二河，备军卫屯田水利。七月命侍郎徐贯与都御史何鉴经理浙西水利。明年四月告成。贯初奉命，奏以主事祝萃自随。萃乘小舟究悉源委。贯乃命苏州通判张旻疏各河港水，潴之大坝。旋开白茆港沙面，乘潮退，决大坝水冲激之，沙泥刷尽。潮水荡激，日益阔深，水达海无阻。又令浙江参政周季麟修嘉兴旧堤三十余里，易之以石，增缮湖州长兴堤岸七十余里。贯乃上言：“东南财赋所出，而水患为多。永乐初，命夏原吉疏浚。时以吴淞江滟沙浮荡，未克施工。迨今九十余年，港浦愈塞。臣督官行视，浚吴江长桥，导太湖散入淀山、阳城、昆承等湖泖。复开吴淞江并大石、赵屯等浦，泄淀山湖水，由吴淞江以达于海，开白茆港白鱼洪、鲇鱼口，泄昆承湖水，由白茆港以注于江。开斜堰、七铺、盐铁等塘，泄阳城湖水，由七丫港以达于海。下流疏通，不复壅塞。乃开湖州之溇泾，泄西湖、天目、安吉诸山之水，自西南入于太湖。开常州之百渎，泄溧阳、镇江、练湖之水，自西北入于太湖。又开诸陡门，泄漕河之水，由江阴以入于大江。上流亦通，不复堙滞。”是役也，修浚河、港、泾、渎、湖、塘、陡门、堤岸百三十五道，役夫二十余万，祝萃之功多焉。

巡抚都御史王珣言：“宁夏古渠三道，东汉、中唐并通。惟西一渠傍山，长三百余里，广二十余丈，两岸危峻，汉、唐旧迹俱堙。宜发卒浚凿，引水下流。即以土筑东岸，建营堡屯兵以遏寇冲。请帑银三万两，并灵州六年盐课，以给其费。”又请于灵州金积山河口，开渠灌田，给军民佃种。并从之。

十八年修筑常熟塘坝，自尚湖口抵江，及黄、泗等浦，新庄等沙三十余处。浚杭州西湖。

正德七年修广平滏阳河口堤岸。十四年浚南京新江口右河。十五年，御史成英言：“应天等卫屯田在江北滁、和、六合者，地势低，屡为水败。从金城港抵河达乌江三十余里，因旧迹浚之，则水势泄而屯田利。”诏可。

嘉靖元年筑浚束鹿、肥乡、献、魏堤渠。初，苏、松水道尽为势家所据。巡抚李允嗣画水为井地，示开凿法，户占一区，计工刻日。造浚川爬，用巨筏数百，曳木齿，随潮进退，击汰泥沙。置小艇百余，尾铁帚以导之。浚故道，穿新渠，巨浦支流，罔不灌注。帝嘉其劳，赉以银币。二年修德胜门东、朝阳门北城垣河道，筑仪真、江都官塘五区。

十年，工部郎中陆时雍言：“良乡卢沟河，涿州琉璃、胡良二河，新城、雄县白沟河，河间沙河，青县滹沱河，下流皆淤。宜以时浚，使达于海。”诏巡抚议之。

十一年，太仆卿何栋勘畿封河患有二。一论滹沱河。其一言“真定鸭、沙、磁三河，俱发源五台。会诸支水，抵唐河蔺家圈，合流入河间。东南经任丘、霸州、天津入海，此故道也。河间东南高，东北下，故水决蔺家口，而肃宁、新安皆罹其害。宜筑决口，浚故道。涿州胡良河，自拒马分流，至州东入浑河。良乡琉璃河，发源磁家务，潜入地中，至良乡东入浑河。比者浑河壅塞，二河不流。然下流淤沙仅四五里，请亟浚之。”部覆允行。

郎中徐元祉受命振灾，上言：“河本以泄水，今反下壅；淀本以潴水，今反上溢。故畿辅常苦水，顺天利害相半，真定利多于害，保定害多于利，河间全受其害。弘、正间，尝筑长堤，排决口，旋即溃败。今惟疏浚可施，其策凡六。一浚本河，俾河身宽邃。九河自山西来者，南合滹沱而不侵真定诸郡，北合白沟而不侵保定诸郡。此第一义也。一浚支河。令九河之流，经大清河，从紫城口入；经文都村，从涅槃口入；经白洋淀，从蔺家口入；经章哥洼，从杨村河入。直遂以纳细流，水力分矣。一浚决河。九河安流时，本支二河可受，遇涨则岸口四冲。宜每冲量存一口，复浚令合成一渠，以杀湍急，备淫溢。一浚淀河。令淀淀相通，达于本支二河，使下有所泄。一浚淤河。九河东逝，悉由故道，高者下，下者通。占据曲防者，抵罪。一浚下河。九河一出青县，一出丁字沽，二流相匝于宛家口。故施工必自苑家口始，渐有成效，然后次第举行，庶减诸郡水害。”帝嘉纳之。

明年，香河郭家庄自开新河一道，长百七十丈，阔五十丈，近旧河十里余。诏河官亟缮治。

十三年，巡抚都御史周金言：“蔺家圈决口，塞之则东溢，病河间；不塞则东流渐淤，病保定。宜存决口而浚广新河，使水东北平流，无壅涸患。”从之。

二十四年浚南京后湖。初，胡体乾按吴，以松江泛溢，进六策：曰开川，曰浚湖，曰杀上流之势，曰决下流之壑，曰排潮涨之沙，曰立治田之规。是年，吕光洵按吴，复奏苏、松水利五事：

一曰广疏浚以备潴泄。三吴泽国，西南受太湖诸泽，水势尤卑。东北际海，冈陇之地，视西南特高。高苦旱，卑苦涝。昔人于下流疏为塘浦，导诸湖水北入江，东入海，又引江潮流衍于冈陇外。潴泄有法，水旱无患。比来纵浦横塘，多堙不治，惟黄浦、刘河二江颇通。然太湖之水源多势盛，二江不足以泄之。冈陇支河又多壅绝，无以资灌溉。于是高下俱病，岁常告灾。宜先度要害，于殿山等茭芦地，导太湖水散入阳城、昆承、三泖等湖。又开吴淞江及大石、赵屯等浦，泄淀山之水以达于海。浚白茆、鲇鱼诸口，泄昆承之水以注于江。开七浦、盐铁等塘，泄阳城之水以达于江。又导田间之水，悉入小浦，以纳大浦，使流者皆有所归，潴者皆有所泄。则下流之地治，而涝无所忧矣。乃浚艾祁、通波以溉青浦，浚顾浦、吴塘以溉嘉定，浚大瓦等浦以溉昆山之东，浚许浦等塘以溉常熟之北，浚臧村等港以溉金坛，浚澡港等河以溉武进。凡陇冈支河堙塞不治者，皆浚之深广，使复其旧。则上流之地亦治，而旱无所忧矣。此三吴水利之经也。

一曰修圩岸以固横流。苏、松、常、镇东南下流，而苏、松又常、镇下流，易潴难泄。虽导河浚浦引注江海，而秋霖泛涨，风涛相薄，则河浦之水逆行田间，冲啮为患。宋转运使王纯臣尝令苏、湖作田塍御水，民甚便之。司农丞郏亶亦云："治河以治田为本。"故老皆云，前二三十年，民间足食，因余力治圩岸，田益完美。近皆空乏，无暇修缮，故田圩渐坏，岁多水灾。合敕所在官司专治圩岸，岸高则田自固，虽有霖涝不能为害。且足制诸湖之水咸归河浦中，则不待决泄，自然湍流。而冈陇之地，亦因江水稍高，又得亩引以资灌溉，不特利于低田而已。

一曰复板闸以防淤淀。河浦之水皆自平原流入江海，水慢潮急，以故沙随浪涌，其势易淤。昔人权其便宜，去江海十里许夹流为闸，随潮启闭，以御淤沙。岁旱则长闭以蓄其流，岁涝则长启以宣其溢，所谓置闸有三利，盖谓此也。近多堙塞，惟常熟福山闸尚存。故老以为河浦入海之地，诚皆置闸，自可历久不壅。

一曰量缓急以处工费。

一曰重委任以责成功。

诏悉如议。光洵因请专委巡抚欧阳必进。从之。二十六年，给事中陈斐请仿江南水田法，开江北沟洫，以祛水患，益岁收。报可。

三十八年，总督尚书杨博请开宣、大荒田水利。从之。巡抚都御史翁大立言：“东吴水利，自震泽浚源以注江，三江导流以入海，而苏州三十六浦，松江八汇，毗陵十四渎，共以节宣旱涝。近因倭寇冲突，汊港之交，率多钉栅筑堤以为捍御，因致水流停潴，淤滓日积。渠道之间，仰高成阜。且具区湖泖，并水而居者杂莳茭芦，积泥成荡，民间又多自起圩岸。上流日微，水势日杀。黄浦、娄江之水又为舟师所居，下流亦淤。海潮无力，水利难兴，民田渐硗。宜于吴淞、白茆、七浦等处造成石闸，启闭以时。挑镇江、常州漕河深广，使输挽无阻，公私之利也。”诏可。

四十二年，给事中张宪臣言：“苏、松、常、嘉、湖五郡水患叠见。请浚支河，通潮水；筑圩岸，御湍流。其白茆港、刘家河、七浦、杨林及凡河渠河荡壅淤沮洳者，悉宜疏导。”帝以江南久苦倭患，民不宜重劳，令酌浚支河而已。四十五年，参政凌云翼请专设御史督苏、松水利。诏巡盐御史兼之。

隆庆三年开湖广竹筒河以泄汉江。巡抚都御史海瑞疏吴淞江下流上海淤地万四千丈有奇。江面旧三十丈，增开十五丈，自黄渡至宋家桥长八十里。明年春，瑞言：“三吴入海之道，南止吴淞，北止白茆，中止刘河。刘河通达无滞，吴淞方在挑疏。土人请开白茆，计浚五千余丈，役夫百六十四万余。”又言：“吴淞役垂竣，惟东西二坝未开。父老皆言昆山夏驾口、吴江长桥、长洲宝带桥、吴县胥口及凡可通流下吴淞者，逐一挑毕，方可开坝。”并从之。是年筑海盐海塘。越四年，从巡抚侍郎徐栻议，复开海盐秦驻山，南至澉浦旧河。

万历二年筑荆州采穴，承天泗港、谢家湾诸决堤口。复筑荆、岳等府及松滋诸县老垸堤。

四年，巡抚都御史宋仪望言：“三吴水势，东南自嘉、秀沿海而北，皆趋松江阴，循黄浦入海；西北自常、镇沿江而东，皆趋江阴、常熟。其中太湖潴蓄，汇为巨浸，流注庞山、渎墅、淀山、三泖，阳城诸湖。乃开浦引湖，北经常熟七浦、白茆诸港入于江，东北经昆山、太仓穿刘家河，东南通吴淞江、黄浦，各入于海。诸水联络，四面环护，中如仰盂。杭、嘉、湖、常、镇势绕四隅，苏州居中，松江为诸水所受，最居下。乞专设水利佥事以裨国计。”部议遣御史董之。

六年，巡抚都御史胡执礼请先浚吴淞江长桥、黄浦。先是，巡按御史林应训言：

苏、松水利在开吴淞江中段，以通入海之势。太湖入海，其道有三：东北由刘河，即古娄江故道；东南由大黄浦，即古东江遗意；其中为吴淞江，经昆山、嘉定、青浦、上海，乃太湖正脉。今刘河、黄浦皆通，而中江独塞者，盖江流与海潮遇，海潮浑浊，赖江水迅涤之。刘河独受巴、阳诸湖，又有新洋江、夏驾浦从旁以注；大黄浦总会杭、嘉之水，又有淀山、泖荡从上而灌。是以流皆清驶，足以敌潮，不能淤也。

惟吴淞江源出长桥、石塘下，经庞山、九里二湖而入。今长桥、石塘已堙，庞山、九里复为滩涨，其来已微。又有新洋江、夏驾浦掣其水以入刘河，势乃益弱，不能胜海潮汹涌之势而涤浊浑之流，日积月累，淤塞仅留一线。水失故道，时致淫滥。支河小港，亦复壅滞。旧熟之田，半成荒亩。

前都御史海瑞力破群议，挑自上海江口宋家桥至嘉定艾祁八十里，幸尚通流。自艾祁至昆山慢水港六十余里，则俱涨滩，急宜开浚，计浅九千五百余丈，阔二十丈。此江一开，太湖直入于海，滨江诸渠得以引流灌田，青浦积荒之区俱可开垦成熟矣。

并从之。至是，工成。应训又言：

吴江县治居太湖正东，湖水由此下吴淞达海。宋时运道所经，畏风阻险，乃建长桥、石塘以通牵挽。长桥百三十丈，为洞六十有二。石塘小则有窦，大则有桥，内外浦泾纵横贯穿，皆为泄水计也。石塘泾窦半淤，长桥内外俱圮，仅一二洞门通水。若不疏浚，虽开吴淞下流，终无益也。宜开庞山湖口，由长桥抵吴家港。则湖有所泄，江有所归，源盛流长，为利大矣。

松江大黄浦西南受杭、嘉之水，西北受淀、泖诸荡之水，总会于浦，而秀州塘、山泾港诸处实黄浦来源也。淀山湖入黄浦道渐多淤浅，宜为疏沦。而自黄浦、横涝、洙泾茜，经秀州塘入南泖，至山泾港等处，万四千余丈，待浚尤急。

他如苏之茜泾、杨林、白茆、七浦诸港，松之蒲汇、官绍诸塘，常、镇之澡港、九曲诸河，并宜设法开导，次第修举。

八年又言：

苏、松诸郡干河支港凡数百，大则泄水入海，次则通湖达江，小则引流灌田。今吴淞江、白茆塘、秀州塘、蒲汇塘、孟渎河、舜河、青阳港俱已告成，支河数十，宜尽开浚。

俱从其请。

久之，用仪望议，特设苏、松水利副使，以许应逵领之。乃浚吴淞八十余里，筑塘九十余处，开新河百二十三道，浚内河百三十九道，筑上海李家洪老鸦嘴海岸十八里，发帑金二十万。应逵以其半讫工。三十七、八年间，霪雨浸溢，水患日炽。越数年，给事中归子顾言："宋时，吴淞江阔九里。元末淤塞。正统间，周忱立表江心，疏而浚之。崔恭、徐贯、李充嗣、海瑞相继浚者凡五，迄今四十余年，废而不讲。宜使江阔水驶，塘浦支河分流四达。"疏入留中。巡按御史薛贞复请行之，下部议而未行。至天启中，巡抚都御史周起元复请浚吴淞、白茆。崇祯初，员外郎蔡懋德、巡抚都御史李待问皆以为请。久之，巡抚都御史张国维请疏吴江长桥七十二谼及九里、石塘诸洞。御史李谟复请浚吴淞、白茆。俱下部议，未能行也。

十年，增筑雄县横堤八里，御滹沱暴涨。

十三年，以尚宝少卿徐贞明兼御史，领垦田使。贞明为给事中，尝请兴西北水利如南人圩田之制，引水成田。工部覆议："畿辅诸郡邑，以上流十五河之水泄于猫儿一湾，海口又极束隘，故所在横流。必多开支河，挑浚海口，而后水势可平，疏浚可施。然役大费繁，而今以民劳财匮，方务省事，请罢其议。"乃已。后贞明谪官，著《潞水客谭》一书，论水利当兴者十四条。时巡抚张国彦副使顾养谦方开水利于蓟、永有效，于是给事中王敬民荐贞明，特召还，赐敕勘水利。贞明乃先治京东州邑，如密云燕乐庄，平谷水峪寺、龙家务庄，三河塘会庄、顺庆屯地。蓟州城北黄崖营，城西白马泉、镇国庄，城东马伸桥，夹林河而下别山铺，夹阴流河而下至于阴流。遵化平安城，夹运河而下沙河铺西，城南铁厂、涌珠湖以下韭菜沟、上素河、下素河百余里。丰润之南，则大寨、刺榆坨、史家河、大王庄，东则榛子镇，西则鸦红桥，夹河五十余里。玉田青庄坞、后湖庄、三里屯及大泉、小泉，至于濒海之地，自水道沽关、黑岩子墩至开平卫南宋家营，东西百余里，南北百八十里，垦田三万九千余亩。至真定将治滹沱近堧地，御史王之栋言：“滹沱非人力可治，徒耗财扰民。”帝入其言，欲罪诸建议者。申时行言：“垦田兴利谓之害民，议甚舛。顾为此说者，其故有二。北方民游惰好闲，惮于力作，水田有耕耨之劳，胼胝之苦，不便一也。贵势有力家侵占甚多，不待耕作，坐收芦苇薪刍之利；若开垦成田，归于业户，隶于有司，则已利尽失，不便二也。然以国家大计较之，不便者小，而便者大。惟在斟酌地势，体察人情，沙碱不必尽开，黍麦无烦改作，应用夫役，必官募之，不拂民情，不失地利，乃谋国长策耳。”于是贞明得无罪，而水田事终罢。

巡抚都御史梁问孟筑横城堡边墙，虑宁夏有黄河患，请堤西岔河，障水东流。从之。十九年，尚宝丞周弘禴言：“宁夏河东有汉、秦二坝，请依河西汉、唐坝筑以石，于渠外疏大渠一道，北达鸳鸯诸湖。”诏可。

二十三年，黄、淮涨溢，淮、扬昏垫。议者多请开高家堰以分淮。宝应知县陈煃为御史，虑高堰既开，害民产盐场，请自兴、盐迤东，疏白涂河、石砝口、廖家港为数河，分门出海；然后从下而上，浚清水、子婴二沟，且多开瓜、仪闸口以泄水。给事中祝世禄亦言：“议者欲放淮从广阳、射阳二湖入海。广阳阔仅八里，射阳仅二十五丈，名为湖，实河也。且离海三百里，迂回浅窄，高、宝七州县水惟此一线宣泄之，又使淮注焉，田庐盐场，必无幸矣。广阳湖东有大湖，方广六十里，湖北口有旧官河，自官荡至盐城石础口，通海仅五十三里，此导淮入海一便也。”下部及河漕官议，俱格不行。既而总河尚书杨一魁言：“黄水倒灌，正以海口为阻。分黄工就，则石础口、廖家港、白驹场海口，金湾、芒稻诸河，急宜开刷。”乃命如议行之。

三十年，保定巡抚都御史汪应蛟言：“易水可溉金台，滹水可溉恒山，溏水可溉中山，滏水可溉襄国，漳水可溉邺下，而瀛海当众河下流，故号河中，视江南泽国不异。至于山下之泉，地中之水，所在皆有，宜各设坝建闸，通渠筑堤，高者自灌，下则车汲。用南方水田法，六郡之内，得水田数万顷，畿民从此饶，永无旱涝之患。不幸滨河有梗，亦可改折于南，取粜于北。此国家无穷利也。”报可，应蛟乃于天津葛沽、何家圈、双沟、白塘，令防海军丁屯种，人授田四亩，共种五千余亩，水稻二千亩，收多，因上言：“垦地七千顷，岁可得谷二百余万石，此行之而效者也。”

是年，真定知府郭勉浚大鸣、小鸣泉四十余穴，溉田千顷。邢台达活、野狐二泉流为牛尾河，百泉流为澧河，建二十一闸二堤，灌田五百余顷。

天启元年，御史左光斗用应蛟策，复天津屯田，令通判卢观象管理屯田水利。明年，巡按御史张慎言言：“自枝河而西，静海、兴济之间，万顷沃壤。河之东，尚有盐水沽等处为膏腴之田，惜皆芜废。今观象开寇家口以南田三千余亩，沟洫芦塘之法，种植疏浚之方，皆具而有法，人何惮而不为。大抵开种之法有五。一官种。谓牛、种、器具、耕作、雇募皆出于官，而官亦尽收其田之入也。一佃种。谓民愿垦而无力，其牛、种、器具仰给于官，待纳稼之时，官十而取其四也。一民种。佃之有力者，自认开垦若干，迨开荒既熟，较数岁之中以为常，十一而取是也。一军种。即令海防营军种葛沽之田，人耕四亩，收二石，缘有行、月粮，故收租重也。一屯种。祖宗卫军有屯田，或五十亩，或百亩。军为屯种者，岁入十七于官，即以所入为官军岁支之用。国初兵农之善制也。四法已行，惟屯种则今日兵与军分，而屯仅存其名。当选各卫之屯余，垦津门之沃土，如官种法行之。”章下所司，命太仆卿董应举管天津至山海屯田，规画数年，开田十八万亩，积谷无算。

崇祯二年，兵部侍郎申用懋言：“永平泺河诸水，逶迤宽衍，可疏渠以防旱潦。山坡隙地，便栽种。宜令有司相地察源，为民兴利。”从之。

明史卷八九
志第六五

兵一

京营 侍卫上直军 皇城守卫 京城巡捕 四卫营

明以武功定天下，革元旧制，自京师达于郡县，皆立卫所。外统之都司，内统于五军都督府，而上十二卫为天子亲军者不与焉。征伐则命将充总兵官，调卫所军领之；既旋则将上所佩印，官军各回卫所。盖得唐府兵遗意。文皇北迁，一遵太祖之制，然内臣观兵，履霜伊始。洪、宣以后，狃于治平，故未久而遂有土木之难。于谦创立团营，简精锐，一号令，兵将相习，其法颇善。宪、孝、武、世四朝，营制屡更，而威益不振。卫所之兵疲于番上，京师之旅困于占役。驯至末造，尺籍久虚，行伍衰耗，流盗蜂起，海内土崩。宦竖降于关门，禁军溃于城下，而国遂以亡矣。今取其一代规制之详，及有关于军政者，著于篇。

京军三大营，一曰五军，一曰三千，一曰神机。其制皆备于永乐时。

初，太祖建统军元帅府，统诸路武勇，寻改大都督府。以兄子文正为大都督，节制中外诸军，京城内外置大小二场，分教四十八卫卒。已，又分前、后、中、左、右五军都督府。洪武四年，士卒之数，二十万七千八百有奇。

成祖增京卫为七十二。又分步骑军为中军，左、右掖，左、右哨，亦谓之五军。岁调中都、山东、河南、大宁兵番上京师隶之。设提督内臣一，武臣二，掌号头官二；大营坐营官一，把总二；中营坐营官一，马步队把总各一。左右掖、哨官如之。又有十二营，掌随驾马队官军，设把总二。又有围子手营，掌操练上直叉刀手及京卫步队官军，设坐营官一，统四司，以一、二、三、四为号，把总各二。又有幼官舍人营，掌操练京卫幼官及应袭舍人，坐营官一，四司把总各一。此五军营之部分也。已，得边外降丁三千，立营分五司。一，掌执大驾龙旗、宝纛、勇字旗、负御宝及兵仗局什物上直官军。一，掌执左右二十队勇字旗、大驾旗纛金鼓上直官军。一，掌传令营旗牌，御用监盔甲、尚冠、尚衣、尚履什物上直官军。一，掌执大驾勇字旗、五军红盔贴直军上直官军。一，掌杀虎手、马轿及前哨马营上直明甲官军、随侍营随侍东宫官舍、辽东备御回还官军。提督内臣二，武臣二，掌号头官二，坐司官五，见操把总三十四，上直把总十六，明甲把总四。此三千营之部分也。已，征交址，得火器法，立营肄习。提督内臣、武臣，掌号头官，皆视三千营，亦分为五军。中军，坐营内臣一，武臣一。其下四司，各监枪内臣一，把司官一，把总官二。左右掖、哨皆如之。又因得都督谭广马五千匹，置营名五千下，掌操演火器及随驾护卫马队官军。坐营内臣、武臣各一，其下四司，各把司官二。此神机营之部分也。居常，五军肄营阵，三千肄巡哨，神机肄火器。大驾征行，则大营居中，五军分驻，步内骑外，骑外为神机，神机外为长围，周二十里，樵采其中。三大营之制如此。

洪熙时，始命武臣一人总理营政。宣德五年，以成国公朱勇言，选京卫卒隶五军训练。明年命科道及锦衣官核诸卫军数。帝之征高煦及破兀良哈，皆以京营取胜焉。正统二年，复因勇言，令锦衣等卫、守陵卫卒存其半，其上直旗校隶锦衣督操，余悉归三大营。土木之难，京军没几尽。

景帝用于谦为兵部尚书。谦以三大营各为教令，临期调拨，兵将不相习，乃请于诸营选胜兵十万，分十营团练。每营都督一，号头官一，都指挥二，把总十，领队一百，管队二百。于三营都督中推一人充总兵官，监以内臣，兵部尚书或都御史一人为提督。其余军归本营，曰老家。京军之制一变。英宗复辟，谦死，团营罢。

宪宗立，复之，增为十二。成化二年复罢。命分一等、次等训练。寻选得一等军十四万有奇。帝以数多，令仍分十二营团练，而区其名，有奋、耀、练、显四武营，敢、果、效、鼓四勇营，立、伸、扬、振四威营。命侯十二人掌之，各佐以都指挥，监以内臣，提督以勋臣，名其军曰选锋。不任者仍为老家以供役，而团营之法又稍变。二十年立殚忠、效义二营；练京卫舍人、余丁。二营，永乐间设，后废，至是复设。未几，以无益罢。帝在位久，京营特注意，然缺伍至七万五千有奇，大率为权贵所隐占。又用汪直总督团营，禁旅专掌于内臣，自帝始也。

孝宗即位，乃命都御史马文升为提督。是时营军久苦工役。成化末，余子俊尝言之，文升复力陈不可。又请于每营选马步锐卒二千，遇警征调。且遵洪、永故事，五日一操，以二日走阵下营，以三日演武。从之。时尚书刘大夏陈弊端十事，复奏减修乾清宫卒。内臣谓其不恤大工，大学士刘健曰："爱惜军士，司马职也。"帝纳之。会户部主事刘梦阳极论役军之害，并及内臣主兵者。以语侵寿宁侯，下诏狱，遂格不行。

武宗即位，十二营锐卒仅六万五百余人，稍弱者二万五千而已。给事中葛嵩请选五军、三千营精锐归团练，而存八万余人于营以供役。惠安伯张伟谬引旧制以争，事遂已，隐占如故。寘鐇反，太监张永将京军往讨，中官权益重。及流寇起，边将江彬等得幸，请调边军入卫。于是集九边突骑家丁数万人于京师名曰外四家。立两官厅，选团营及勇士、四卫军于西官厅操练，正德元年所选官军操于东官厅。自是两官厅军为选锋，而十二团军且为老家矣。武宗崩，大臣用遗命罢之。当是时，工作浩繁，边将用事，京营戎政益大坏。给事中王良佐奉敕选军，按籍三十八万有奇，而存者不及十四万，中选者仅二万余。

世宗立，久之，从廷臣言，设文臣知兵者一人领京营。是时额兵十万七千余人，而存者仅半。专理京营兵部尚书李承勋请足十二万之数。部议遵弘治中例，老者补以壮丁，逃、故者清军官依期解补。从之。十五年，都御史王廷相提督团营，条上三弊。一，军士多杂派，工作终岁，不得入操。虽名团营听征，实与田夫无异。二，军士替代，吏胥需索重贿。贫军不能办，老羸苟且应役，而精壮子弟不得收练。三，富军惮营操征调，率贿将弁置老家数中。贫者虽老疲，亦常操练。语颇切中。既而两郊九庙诸宫殿之工起，役军益多。兵部请分番为二，半团操，半放归，而收其月廪雇役。诏行一年。自后边警急，团营见兵少，仅选骑卒三万，仍号东西官厅。余者悉老弱，仍为营帅、中官私役。

二十九年，俺答入寇，兵部尚书丁汝夔核营伍不及五六万人。驱出城门，皆流涕不敢前，诸将领亦相顾变色。汝夔坐诛。大学士严嵩，乃请振刷以图善后。吏部侍郎王邦瑞摄兵部，因言："国初，京营劲旅不减七八十万，元戎宿将常不乏人。自三大营变为十二团营，又变为两官厅，虽浸不如初，然额军尚三十八万有奇。今武备积弛，见籍止十四万余，而操练者不过五六万。支粮则有，调遣则无。比敌骑深入，战守俱称无军。即见在兵，率老弱疲惫、市井游贩之徒，衣甲器械取给临时。此其弊不在逃亡，而在占役；不在军士，而在将领。盖提督、坐营、号头、把总诸官多世胄纨袴，平时占役营军，以空名支饷，临操则肆集市人，呼舞博笑而已。先年，尚书王琼、毛伯温、刘天和常有意振饬。然将领恶其害己，阴谋阻挠，军士又习于骄惰，竞倡流言，事复中止，酿害至今。乞大振乾纲，遣官精核。"帝是其言，命兵部议兴革。

于是悉罢团营、两官厅，复三大营旧制。更三千曰神枢。罢提督、监枪等内臣。设武臣一，曰总督京营戎政，以咸宁侯仇鸾为之；文臣一，曰协理京营戎政，即以邦瑞充之。其下设副参等官二十六员。已又从部议，以四武营归五军营中军，四勇营归左右哨，四威营归左右掖。各设坐营官一员，为正兵，备城守；参将二员，备征讨。帝以营制新定，告于太庙行之。又遣四御史募兵畿辅、山东、山西、河南，得四万人，分隶神枢、神机。各设副将一，而增能战将六员，分领操练。大将所统三营之兵，居常名曰练勇，有事更定职名。五军营大将一员，统军一万，总主三营副、参、游击、佐击及坐营等官；副将二员，各统军七千；左右前后参将四员，各六千；游击四员，各三千。外备兵六万六千六百六十人。神枢营：副将二员，各统军六千；佐击六员，各三千。外备兵四万人。神机营亦如之。已，又定三大营官数：五军营一百九十六员，神枢营二百八员，神机营一百八十二员，共五百八十六员。在京各卫军，俱分隶三营。分之为三十三营，合之为三大营。终帝世，其制屡更，最后中军哨掖之名亦罢，但称战守兵兼立车营。

故事，五军府皆开府给印，主兵籍而不与营操，营操官不给印。戎政之有府与印，自仇鸾始。鸾方贵幸，言于帝，选各边兵六万八千人，分番入卫。与京军杂练，复令京营将领分练边兵，于是边军尽隶京师。塞上有警，边将不得征集，边事益坏。鸾死，乃罢其所置戎政厅首领官之属，而入卫军则惟罢甘肃者。

隆庆四年，大学士赵贞吉请收将权，更营制。极言戎政之设府铸印，以数十万众统于一人，非太祖、成祖分府分营本意。请以官军九万分五营，营择一将，分统训练。诏下廷臣议。尚书霍冀言："营制，世宗熟虑而后定，不宜更。惟大将不当专设，戎政不宜有印，请如贞吉言。"制曰"可"。于是三大营各设总兵一，副将二。其参佐等官，互有增损，各均为十人。而五军营兵，均配二营，营十枝，属二副将分统。以侯伯充总兵，寻改曰提督。又用三文臣，亦称提督。自设六提督后，各持意见，遇事旬月不决。给事中温纯言其弊，乃罢，仍设总督、协理二臣。

万历二年从给事中欧阳柏请，复给戎政印，汰坐营官二员。五年，巡视京营科臣林景阳请广召募，立选锋。是时，张居正当国，综核名实，群臣多条上兵事，大旨在足兵、选将，营务颇饬。久之，帝厌政，廷臣渐争门户，习于偷惰，遂日废弛。三十六年，尚书李化龙理戎政，条上京营积弊。敕下部议，卒无所振作。及兵事起，总督京营赵世新请改设教场城内，便演习。太常少卿胡来朝请调京军戍边，可变弱为强。皆无济于用。

天启三年，协理侍郎朱光祚奏革老家军，补以少壮。老家怨，以瓦砾投光祚，遂不果革。是时，魏忠贤用事，立内操，又增内臣为监视及把牌诸小内监，益募健丁，诸营军多附之。

庄烈帝即位，撤内臣，已而复用。戎政侍郎李邦华愤京营弊坏，请汰老弱虚冒，而择材力者为天子亲军。营卒素骄，有疑其为变者。勋戚中官亦恶邦华害己，蜚语日闻。帝为罢邦华，代以陆完学，尽更其法。京营自监督外，总理捕务者二员，提督禁门、巡视点军者三员，帝皆以御马监、司礼、文书房内臣为之，于是营务尽领于中官矣。十年八月，车驾阅城，铠甲旌旗甚盛，群臣悉鸾带策马从。六军望见乘舆，皆呼万岁。帝大悦，召完学入御幄奖劳，酌以金卮，然徒为容观而已。

时兵事益亟。帝命京军出防剿，皆监以中官。廪给优渥，挟势而骄，多夺人俘获以为功，轻折辱诸将士，将士益解体。周延儒再入阁，劝罢内操，撤诸监军。京兵班师还。时营将率内臣私人，不知兵。兵惟注名支粮，买替纷纭，朝甲暮乙，虽有尺籍，莫得而识也。帝屡旨训练，然日不过二三百人，未昏遂散。营兵十万幸抽验不及，玩愒佚罚者无算。帝尝问戎政侍郎王家彦，家彦曰："今日惟严买替之禁，改操练之法，庶可救万一，然势已晚。"帝不怿而罢。十六年，襄城伯李国祯总戎政，内臣王承恩监督京营。明年，流贼入居庸关，至沙河。京军出御，闻炮声溃而归。贼长趋犯阙，守陴者仅内操之三千人，京师遂陷。

大率京军积弱，由于占役买闲。其弊实起于纨绔之营帅，监视之中官，竟以亡国云。

京营之在南者，永乐北迁，始命中府掌府事官守备南京，节制在南诸卫所。洪熙初，以内臣同守备。宣德末，设参赞机务官。景泰间，增协同守备官。成化末，命南京兵部尚书参赞机务，视五部特重。先是，京师立神机营，南京亦增设，与大小二教场同练。军士常操不息，风雨方免。有逃籍者，宪宗命南给事御史时至二场点阅。成国公朱仪及太监安宁不便，诡言军机密务，御史诘问名数非宜。帝为罪御史，仍令守备参赞官阅视，著为令。

嘉靖中，言者数奏南营耗亡之弊。二十四年冬诏立振武营，简诸营锐卒充之，益以淮、扬矫捷者。江北旧有池河营，专城守，护陵寝。二营兵各三千，领以勋臣，别设场训练。然振武营卒多无赖子。督储侍郎黄懋官抑削之，遂哗，殴懋官至死。诏诛首恶，以户部尚书江东为参赞。东多所宽假，众益骄，无复法纪。给事中魏元吉以为言，因举浙、直副总兵刘显往提督。未至，池河兵再变，殴千户吴钦。诏显亟往，许以川兵五百自随，事始定。隆庆改元，罢振武营，以其卒千余仍隶二场及神机营。

万历十一年，参赞尚书潘季驯言："操军原额十有二万，今仅二万余。祖军与选充参半，选充例不补，营伍由是虚。请如祖军收补。"已而王遴代季驯，言："大小二场，新旧官军二万三千有余。请如北京各边，三千一百二十人为一枝，每枝分中、左、右哨，得兵七枝。余置旗鼓下，备各营缺。"从之。巡视科臣阮子孝极论南营耗弊，言颇切中，然卒无振饬之者。已，从尚书吴文华请，增参赞旗牌，得以军法从事，兼听便宜调遣。三十一年添设南中军标营，选大教场卒千余，设中军参将统练。规制虽具，而时狃苟安，阘茸一如北京。及崇祯中，流寇陷庐、凤，踞上流，有窥留都意。南中将士日夜惴惴，以护陵寝、守京城为名，幸贼不东下而已。最后，史可法为参赞尚书，思振积弊，未久而失，盖无可言焉。

侍卫上直军之制。太祖即吴王位，其年十二月设拱卫司，领校尉，隶都督府。洪武二年改亲军都尉府，统中、左、右、前、后五卫军，而仪銮司隶焉。六年造守卫金牌，铜涂金为之。长一尺，阔三寸。以仁、义、礼、智、信为号。二面俱篆文：一曰"守卫"，一曰"随驾"。掌于尚宝司，卫士佩以上直，下直纳之。

十五年罢府及司，置锦衣卫。所属有南北镇抚司十四所，所隶有将军、力士、校尉，掌直驾侍卫、巡察缉捕。已又择公、侯、伯、都督、指挥之嫡次子，置勋卫散骑舍人，而府军前卫及旗手等十二卫，各有带刀官。锦衣所隶将军，初名天武，后改称大汉将军，凡千五百人。设千、百户，总旗七员。其众自为一军，下直操练如制，缺至五十人方补。月糈二石，积劳试补千、百户，亡者许以亲子弟魁梧材勇者代，无则选民户充之。

永乐中，置五军、三千营。增红盔、明甲二将军及叉刀围子手之属，备宿卫。校尉、力士佥民间丁壮无恶疾、过犯者。力士先隶旗手卫，后改隶锦衣及腾骧四卫，专领随驾金鼓、旗帜及守卫四门。校尉原隶仪銮司，司改锦衣卫，仍隶焉。掌擎执卤簿仪仗，曰銮舆，曰擎盖，曰扇手，曰旌节，曰幡幢，曰班剑，曰斧钺，曰戈戟，曰弓矢，曰驯马，凡十司，及驾前宣召差遣，三日一更直。设总旗、小旗，而领以勋戚官。官凡六：管大汉将军及散骑舍人、府军前卫带刀官者一，管五军营叉刀围子手者一，管神枢营红盔将军者四。圣节、正旦、冬至及大祀、誓戒、册封、遣祭、传制用全直，直三千人，余则更番，器仗衣服位列亦稍殊焉。凡郊祀、经筵、巡幸侍从各有定制，详《礼志》中。居常，当直将军朝夕分候午门外，夜则司更，共百人。而五军叉刀官军，悉于皇城直宿。掌侍卫官轮直，日一员。惟掌锦衣卫将军及叉刀手者，每日侍。尤严收捕之令，及诸脱更离直者。共计锦衣卫大汉将军一千五百七人，府军前卫带刀官四十，神枢营红盔将军二千五百，把总指挥十六，明甲将军五百二，把总指挥二，大汉将军八，五军营叉刀围子手三千，把总指挥八，勋卫散骑舍人无定员，旗手等卫带刀官一百八十，此侍卫亲军大较也。

正统后，妃、主、公、侯、中贵子弟授官者，多寄禄锦衣中。正德时，奏带传升冒衔者，又不下数百人。武宗好养勇士，尝以千、把总四十七人，注锦衣卫带俸舍、余千一百人充御马监家将勇士，食粮骑操。又令大汉将军试百户，五年实授，著为令。幸窦开而恩泽滥，宿卫稍轻矣。至万历间，卫士多占役、买闲，其弊亦与三大营等。虽定离直者夺月糈之例，然不能革。

太祖之设锦衣也，专司卤簿。是时，方用重刑，有罪者往往下锦衣卫鞫实，本卫参刑狱自此始。文皇入立，倚锦衣为心腹。所属南北两镇抚司，南理本卫刑名及军匠，而北专治诏狱。凡问刑、奏请皆自达，不关白卫帅。用法深刻，为祸甚烈，详《刑法志》。又锦衣缉民间情伪，以印官奉敕领官校。东厂太监缉事，别领官校，亦从本卫拨给，因是恒与中官相表里。皇城守卫，用二十二卫卒，不独锦衣军，而门禁亦上直中事。京城巡捕有专官，然每令锦衣官协同。地亲权要，遂终明之世云。

初，太祖取婺州，选富民子弟充宿卫，曰御中军。已，置帐前总制亲兵都指挥使。后复省，置都镇抚司，隶都督府，总牙兵巡徼。而金吾前后、羽林左右、虎贲左右、府军左右前后十卫，以时番上，号亲军。有请，得自行部，不关都督府。及定天下，改都镇抚司为留守，设左右前后中五卫，关领内府铜符，日遣二人点阅，夜亦如之，所谓皇城守卫官军也。

二十七年申定皇城门禁约。凡朝参，门始启，直日都督、将军及带刀、指挥、千百户、镇抚、舍人入后，百官始以次入。上直军三日一更番，内臣出入必合符严索，以金币出者验视勘合，以兵器杂药入门者擒治，失察者重罪之。民有事陈奏，不许固遏。帝念卫士劳苦，令家有婚丧、疾病、产子诸不得已事，得自言情；家无余丁，父母俱病者，许假侍养，愈乃复。

先是，新宫成，诏中书省曰："军士战斗伤残，难备行伍，可于宫墙外造舍以居之，昼则治生，夜则巡警。"其后，定十二卫随驾军上直者，人给钱三百。二十八年复于四门置舍，使恩军为卫士执爨。恩军者，得罪免死及诸降卒也。

永乐中，定制，诸卫各有分地。自午门达承天门左右至东安门左右，逮长安左右门，至皇城东西，属旗手、济阳、济川、府军及虎贲右、金吾前、燕山前、羽林前八卫。东华门左右至东安门左右，属金吾、羽林、府军、燕山四左卫。西华门左右至西安门左右，属四右卫。玄武门左右至北安门左右，属金吾、府军后及通州、大兴四卫。卫有铜符，颁自太祖。曰承，曰东，曰西，曰北，各以其门名也。巡者左半，守者右半。守者遇巡官至，合契而从事。各门守卫官，夜各领铜令申字牌巡警，自一至十六。内皇城卫舍四十，外皇城卫舍七十二，俱设铜铎，次第循环。内皇城左右坐更将军百，每更二十人，四门支更官八，交互往来，钤印于籍以为验。都督及带刀、千百户日各一人，领申官牌直宿，及点各门军士。后更定都督府，改命侯、伯佥书焉。

洪熙初，更造卫士悬牌。时亲军缺伍，卫士不获代。帝命选他卫军守端、直诸门，尚书李庆谓不可。帝曰："人主在布德以属人心，苟心相属，虽非亲幸，何患焉。"宣德三年命御史点阅卫卒。天顺中，复增给事中一人。成化十年，尚书马文升言："太祖置亲军指挥使司，不隶五府。文皇帝复设亲军十二卫，又增勇士数千员，属御马监，上直，而以腹心臣领之。比者日废弛，勇士与诸营无异，皇城之内，兵卫无几，诸监门卒尤疲羸，至不任受甲。宜敕御马监官，即见军选练。仍敕守卫官常严步伍，讥察出入，以防微销萌。"帝然其言，亦未能有所整饬。

正德初，严皇城红铺巡徼，日令留守卫指挥五员，督内外夜巡军。而兵部郎中、主事各一人，同御史、锦衣卫稽阅，毋摄他务。嘉靖七年增直宿官军衣粮，五年一给。万历十一年，于皇城内外设把总二员，分东西管理。时门禁益弛，卫军役于中官，每至空伍，赁市儿行丐应点阅。叉刀、红盔日出始一入直，直庐虚无人。坐更将军皆纳月镪于所辖。凡提号、巡城、印簿、走更诸事悉废。十五年再申门禁。久之，给事中吴文炜乞尽复旧制。不报。末年，有失金牌久之始觉者。梃击之事，张差一妄男子，得阑入殿廷，其积弛可知。是后中外多事，启、祯两朝虽屡申饬，竟莫能挽，侵寻以至于亡。

京城巡捕之职，洪武初，置兵马司，讥察奸伪。夜发巡牌，旗士领之，核城门扃镭及夜行者。已改命卫所镇抚官，而掌于中军都督府。永乐中，增置五城兵马司。宣德初，京师多盗，增官军百人，协五城逐捕。已，复增夜巡候卒五百。成化中，始命锦衣官同御史督之。末年，拨给团营军二百。弘治元年令三千营选指挥以下四员，领精骑巡京城外，又令锦衣官五，旗手等卫官各一，分地巡警，巡军给牌。五年设把总都指挥，专职巡捕。正德中，添设把总，分画京城外地，南抵海子，北抵居庸关，西抵卢沟桥，东抵通州。复增城内二员，而益以团营军，定官卒赏罚例。末年，逻卒增至四千人，特置参将。

嘉靖元年复增城外把总一员，并旧为五，分辖城内东西二路，城外西南、东南、东北三路，增营兵为五千。又十选一，立尖哨五百骑，厚其月糈。命参将督操，而监以兵部郎。是时，京军弊坏积久，捕营亦然。三十四年，军士仅三百余。以给事中丘岳等言，削指挥樊经职，而禁以军马私役骑乘。万历十二年从兵部议，京城内外盗发，自卯至申责兵马司，自酉至寅责巡捕官，贼众则协力捕剿。是后，军额倍增，驾出及朝审、录囚皆结队驻巷口。籍伍虽具，而士马实凋弊不足用。捕营提督一，参将二，把总十八，巡军万一千，马五千匹。盗贼纵横，至窃内中器物。获其橦索，竟不能得也。庄烈帝时，又以兵部左侍郎专督。然营军半虚廪，马多雇人骑，失盗严限止五日，玩法卒如故。

四卫营者，永乐时，以迤北逃回军卒供养马役，给粮授室，号曰勇士。后多以进马者充，而听御马监官提调。名隶羽林，身不隶也。军卒相冒，支粮不可稽。宣德六年，乃专设羽林三千户所统之，凡三千一百余人。寻改武骧、腾骧左右卫，称四卫军。选本卫官四员，为坐营指挥，督以太监，别营开操，称禁兵。器械、衣甲异他军，横于辇下，往往为中官占匿。弘治末，勇士万一千七百八十人，旗军三万一百七十人，岁支廪粟五十万。孝宗纳廷臣言，核之。又令内臣所进勇士，必由兵部验送乃给廪，五年籍其人数，著为令。省度支金钱岁数十万。武宗即位，中官宁瑾乞留所汰人数。言官及尚书刘大夏持不可，不听。后两官厅设，遂选四卫勇士隶西官厅，掌以边将江彬、太监张永等。

世宗入立，诏自弘治十八年存额外，悉裁之，替补必兵部查驳。而御马监马牛羊，令巡视科道核数。既而中旨免核，马多虑增。后数年，御马太监闵洪复矫旨选四卫官。给事中郑自璧劾其欺蔽，不报。久之，兵部尚书李承勋请以选核仍隶本部，中官谓非便。帝从承勋言。十六年又命收复登极诏书所裁者，凡四千人。后五年，内臣言，勇士仅存五千余，请令子侄充选，以备边警。部臣言："故额定五千三百三十人。八年清稽，已浮其数，且此营本非为备边设者。"帝从部议。然隐射、占役、冒粮诸弊率如故。万历二年减坐营官二员。已，复定营官缺由兵部择用。其后，复为中官所挠，仍属御马监。廷臣多以为言，不能从。四十二年，给事中姚宗文点阅本营，言："官勇三千六百四十七，仅及其半。马一千四十三，则无至者。官旗七千二百四十，止四千六百余。马亦如之。乞下法司究治。"帝不能问。天启末，巡视御史高弘图请视三大营例，分弓弩、短兵、火器，加以训练。至庄烈帝时提督内臣曹化淳奏改为勇卫营，以周遇吉、黄得功为帅，遂成劲旅，出击贼，辄有功。得功军士画虎头于皂布以衣甲。贼望见黑虎头军，多走避，其得力出京营上云。

明史卷九〇

志第六六

兵二

卫所 班军

太祖下集庆路为吴王，罢诸翼统军元帅，置武德、龙骧、豹韬、飞熊、威武、广武、兴武、英武、鹰扬、骁骑、神武、雄武、凤翔、天策、振武、宣武、羽林十七卫亲军指挥使司。革诸将袭元旧制枢密、平章、元帅、总管、万户诸官号，而核其所部兵五千人为指挥，千人为千户，百人为百户，五十人为总旗，十人为小旗。天下既定，度要害地，系一郡者设所，连郡者设卫。大率五千六百人为卫，千一百二十人为千户所，百十有二人为百户所。所设总旗二，小旗十，大小联比以成军。其取兵，有从征，有归附，有谪发。从征者，诸将所部兵，既定其地，因以留戍。归附，则胜国及僭伪诸降卒。谪发，以罪迁隶为兵者。其军皆世籍。此其大略也。

洪武三年升杭州、江西、燕山、青州四卫为都卫，复置河南、西安、太原、武昌四都卫。四年造用宝金符及调发走马符牌。用宝符为小金牌二，中书省、大都督府各藏其一。有诏发兵，省府以牌入，内府出宝用之。走马符牌，铁为之，共四十，金字、银字者各半，藏之内府。有急务调发，使者佩以行。寻改为金符。凡军机文书，自都督府、中书省长官外，不许擅奏。有诏调军，省、府同覆奏，然后纳符请宝。五年置亲王护卫指挥使司，每府三护卫，卫设左、右、中、前、后五所；所，千户二，百户十。围子手所二；所，千户一。七年申定兵卫之政，征调则统于诸将，事平则散归各卫。

八年改在京留守都卫为留守卫指挥使司，在外都卫为都指挥使司，凡十三：北平、陕西、山西、浙江、江西、山东、四川、福建、湖广、广东、广西、辽东、河南。又行都指挥使司二：甘州、大同。俱隶大都督府。九年选公、侯、都督、各卫指挥嫡长次子为散骑、参侍舍人，隶都督府，充宿卫，或署各卫所事。十三年，丞相胡惟庸谋反诛，革中书省，因改大都督府为五，分统诸军司卫所。明年复置中都留守司及贵州、云南都指挥使司。十五年三月颁军法定律。十六年诏各都司上卫所城池水陆地里图。二十年置大宁都指挥使司。是年，命兵部置军籍勘合，载从军履历、调补卫所年月、在营丁口之数，给内外卫所军士，而藏其副于内府。三十年定武官役军之制：指挥、同知、佥事四，千户三，百户、镇抚二，皆取正军，三日一番上，下直归伍操练。卫所直厅六，守门二，守监四，守库一，皆任老军，月一更。

建文帝嗣位，置河北都司、湖广行都司。文皇入立，皆罢之，而升燕山三护卫为亲军，并建文时所立孝陵卫，皆不隶五府。后诸陵设卫皆如之。移山西行都司所属诸卫军于北平，设卫屯种。永乐元年罢北平都司，设留守行后军都督府，迁大宁都司于保定。明年更定卫所屯守军士。临边险要者，守多于屯。在内平僻，或地虽险要而运输难至者，皆屯多于守。七年置调军勘合，以勇、敢、锋、锐、神、奇、精、壮、强、毅、克、胜、英、雄、威、猛十六字，编百号。制敕调军及遣将，比号同，方准行。十八年，北京建，在南诸卫多北调。宣德五年从平江伯陈瑄言，以卫官职漕运，东南之卒由是困。八年汰卫军余丁，正军外每军留一，余悉遣归。已，复以幼军备操者不足，三丁至七八丁者选一，余听治生，给军装。正军有故，即令补伍，毋再勾摄。

当是时，都指挥使与布、按并称三司，为封疆大吏。而专阃重臣，文武亦无定职，世犹以武为重，军政修饬。正德以来，军职冒滥，为世所轻。内之部科，外之监军、督抚，迭相弹压，五军府如赘疣，弁帅如走卒。总兵官领敕于兵部，皆跽，间为长揖，即谓非体。至于末季，卫所军士，虽一诸生可役使之。积轻积弱，重以隐占、虚冒诸弊，至举天下之兵，不足以任战守，而明遂亡矣。

崇祯三年，范景文以兵部侍郎守通州，上言：“祖制，边腹内外，卫所棋置，以军隶卫，以屯养军。后失其制，军外募民为兵，屯外赋民出饷，使如鳞尺籍，不能为冲锋之事，并不知带甲之人。陛下百度振刷，岂可令有定之军数付之不可问，有用之军糈投之不可知？”因条上清核数事，不果行。

初，洪武二十六年定天下都司卫所，共计都司十有七，留守司一，内外卫三百二十九，守千户所六十五。及成祖在位二十余年，多所增改。其后措置不一，今区别其名于左，以资考镜。

上十二卫。

金吾前卫　金吾后卫　羽林左卫　羽林右卫　府军卫　府军左卫　府军右卫　府军前卫　府军后卫　虎贲左卫　锦衣卫　旗手卫

五军都督府所属卫所

左军都督府

在京凡本府在京属卫，曾经永乐十八年调守北京者，各注其下曰“调北京”，其年月不重出。后四府同。

留守左卫调北京　镇南卫调北京　水军左卫　骁骑右卫调北京　龙虎卫调北京　英武卫　沈阳左卫调北京　沈阳右卫调北京

在外

浙江都司

杭州前卫　杭州右卫　台州卫　宁波卫　处州卫　绍兴卫　海宁卫　昌国卫　温州卫　临山卫　松门卫　金乡卫　定海卫　海门卫　盘石卫　观海卫　海宁千户所　衢州千户所　严州千户所　湖州千户所

辽东都司

定辽左卫　定辽右卫　定辽中卫　定辽前卫　定辽后卫　铁岭卫　东宁卫　沈阳中卫　海州卫　盖州卫　金州卫　复州卫　义州卫　辽海卫　三万卫　广宁左屯卫　广宁右屯卫　广宁前屯卫　广宁后屯卫　广宁中护卫后改为屯卫

山东都司

青州左护卫后为天津右卫　青州护卫革　兖州护卫革兖州左护卫后为临清卫　登州卫　青州左卫　莱州卫　宁海卫　济南卫　平山卫　德州卫　后改属后府　乐安千户所后改武定，属后府　胶州千户所　诸城千户所　滕县千户所

右军都督府

在京

虎贲右卫调北京　留守右卫调北京　水军右卫　武德卫调北京　广武卫

在外

云南都司

云南左卫　云南右卫　云南前卫　大理卫　楚雄卫　临安卫　景东卫　曲靖卫　金齿卫　洱海卫　蒙化卫　马隆卫改云南右护卫，革　平夷卫　越州卫　六凉卫　鹤庆千户所革

贵州都司

贵州卫　永宁卫　普定卫　平越卫　乌撒卫　普安卫　层台卫革　赤水卫　威清卫　兴隆卫　新添卫　清平卫　平坝卫　安庄卫　龙里卫　安南卫　都匀卫　毕节卫　黄平千户所

四川都司

成都左护卫　成都右护卫后为龙虎左卫，隶南京左府　成都中护卫后为豹韬左卫，隶南京前府　成都左卫革　成都右卫　成都前卫　成都后卫　成都中卫　宁川卫　茂州卫

建昌卫后属行都司　重庆卫　叙南卫　苏州卫后为宁番卫，属行都司，革　泸州卫　松潘军民指挥使司　岩州卫革　青川千户所　威州千户所　大流河千户所

陕西都司

西安左护卫后为神武右卫　西安右护卫　西安中护卫后为神武前卫　西安左卫　西安右卫改西安中护卫　西安前卫　西安后卫　华山卫改西安左护卫，又改神武右卫　泰山卫改西安右护卫　延安卫　绥德卫　平凉卫　庆阳卫　宁夏卫　临洮卫　巩昌卫　西宁卫后属行都司　汉中卫　凉州卫后属行都司　庄浪卫后属行都司　兰州卫　秦州卫　岷州军民指挥使司　洮州卫　河州军民指挥使司　甘肃卫后为甘州后卫　山丹卫后属行都司　永昌卫后属行都司　凤翔千户所　金州千户所　宁夏中护卫　西河中护卫后改云南中护卫，革

广西都司

桂林左卫后为广西护卫　桂林右卫　桂林中卫　南宁卫　柳州卫　驯象卫　梧州千户所

中军都督府

在京

留守中卫调北京　神策卫调北京　广洋卫　应天卫调北京　和阳卫调北京　牧马千户所调北京

在外

直隶

扬州卫　和州卫后改为宁夏中屯卫，革　高邮卫　淮安卫　镇海卫　滁州卫　太仓卫　泗州卫　寿州卫　邳州卫　大河卫　沂州卫　金山卫　新安卫　苏州卫　仪真卫　徐州卫　安庆卫　宿州千户所

中都留守司

凤阳右卫　凤阳中卫　皇陵卫　凤阳卫　留守左卫　留守中卫　长淮卫　怀远卫　洪塘千户所

河南都司

归德卫后属中府　陈州卫　弘农卫　汝宁卫后改千户所，属中府　潼关卫后属中府　河南卫　睢阳卫　宣武卫　信阳卫　彰德卫

武平卫后属中府　南阳卫　宁国卫后为涿鹿后卫，后属后府　怀庆卫　宁山卫后属后府　颍州卫　安吉卫后为通州卫亲军　颍上千户所　河南左护卫　河南中护卫　河南右护卫三护卫后并彭城卫

前军都督府

在京

天策卫后分为保安卫及保安右卫　龙骧卫调北京　豹韬卫调北京　龙江卫后改为龙江左卫　飞熊卫调北京

在外

直隶

九江卫

湖广都司

武昌卫　武昌左卫　黄州卫　永州卫　岳州卫　蕲州卫　施州卫　长沙护卫革　辰州卫　安陆卫后属行都司，改承天卫　襄阳卫　襄阳护卫后俱属行都司　常德卫　沅州卫　宝庆卫　沔阳卫后属兴都留守司　长沙卫　茶陵卫　衡州卫　瞿塘卫后属行都司　镇远卫、平溪卫　清浪卫　偏桥卫　五开卫　九溪卫　荆州左护卫后为荆州左卫，属行都司，改显陵卫　荆州中护卫革　靖州卫　永定卫　郴州千户所　夷陵千户所后属行都司　桂阳千户所　德安千户所后改属兴都留守司　忠州千户所后属行都司　安福千户所　道州千户所革　大庸千户所　西平千户所革　麻寮千户所　枝江千户所后属行都司　武冈千户所　崇山千户所革　长宁千户所后属行都司　武昌左、右、中三护卫左改东昌卫，右改徐州左卫，中改武昌护卫。

福建都司

福州中卫　福州左卫　福州右卫　兴化卫　泉州卫　漳州卫　福宁卫　镇东卫　平海卫　永宁卫　镇海卫

福建行都司

建宁左卫　建宁右卫　建阳卫革　延平卫　邵武卫　汀州卫　将乐千户所

江西都司

南昌左卫　南昌前卫　袁州卫　赣州卫　吉安卫后为千户所　饶州千户所　安福千户所　会昌千户所　永新千户所　南安千户所　建昌千户所　抚州千户所　铅山千户所　广信千户所

广东都司

广州前卫　广州左卫　广州右卫　南海卫　潮州卫　雷州卫　海南卫　清远卫　惠州卫　肇庆卫　广州后卫　程乡千户所　高州千户所　廉州千户所后为廉州卫　万州千户所　儋州千户所　崖州千户所　南雄千户所　韶州千户所　德庆千户所　新兴千户所　新兴千户所　阳江千户所　新会千户所　龙川千户所

后军都督府

在京

横海卫　鹰扬卫　兴武卫调北京　江阴卫　蒙古左卫革　蒙古右卫革

在外

北平都司

燕山左卫　燕山右卫　燕山前卫　大兴左卫　永清左卫　永清右卫　济州卫　济阳卫　彭城卫　通州卫已上俱改为亲军　蓟州卫　密云卫后为密云后卫，属后府　真定卫　永平卫　山海卫　遵化卫　居庸关千户所后为隆庆卫　已上俱属后府

北平行都司后为大宁都司

大宁左卫　大宁右卫　二卫后为营州左、右护卫，改延庆左、右卫　大宁中卫　大宁前卫　大宁后卫后为营州中护卫，改宽河卫　会州卫俱改调京卫　已上俱属后府　营州中护卫　兴州中护卫革

山西都司

太原左卫　太原右卫　太原前卫　振武卫　平阳卫　镇西卫　潞州卫　蒲州千户所　广昌千户所　沁州千户所　宁化千户所　雁门千户所

山西行都司

大同左卫　大同右卫　大同前卫　蔚州卫　朔州卫

北平三护卫

燕山左护卫　燕山右护卫　燕山中护卫　俱为亲军

山西三护卫

太原左护卫　太原右护卫　太原中护卫　俱革

后定天下都司卫所，共计都司二十一，留守司二，内外卫四百九十三，守御屯田群牧千户所三百五十九，仪卫司三十三，自仪卫司以下，旧无，后以次渐添设。宣慰使司二，招讨使司二，宣抚司六，安抚司十六，长官司七十，原五十九。番边都司卫所等四百七。后作四百六十三。

亲军上二十二卫，旧制止十二卫，后增设金吾左以下十卫，俱称亲军指挥使司，不属五府。又设腾骧等四卫，亦系亲军，并武功、永清、彭城及长陵等十五卫，俱不属府。

金吾前卫　金吾后卫　羽林左卫　羽林右卫　府军卫　府军左卫　府军右卫　府军前卫　府军后卫　虎贲左卫　锦衣卫　旗手卫　已上旧为上十二卫　金吾左卫　金吾右卫　羽林前卫

已上北平三护卫，洪武三十五年升　燕山左卫　燕山右卫　燕山前卫　大兴左卫　济阳卫　济州卫　通州卫旧为安吉卫

已上北平都司七卫，永乐四年升，俱为亲军　腾骧左卫　腾骧右卫旧为神武前卫　武骧左卫　武骧右卫

已上四卫，宣德八年以各卫养马军士及神武前卫官军开设　武功中卫洪武年间设　武功左卫宣德二年设　武功右卫宣德六年设　永清左卫　永清右卫　彭城卫

已上北平三卫，改常山三护卫，宣德初复为本卫，又并河南三护卫多余官军于彭城卫　长陵卫旧为南京羽林右卫，永乐二十二年改　献陵卫旧武成左卫，宣德元年改　景陵卫旧武成右卫，宣德十年改　裕陵卫旧武成前卫，天顺八年改　茂陵卫旧武成后卫，成化二十三年改　泰陵卫旧忠义左卫，弘治十八年改　康陵卫旧义勇中卫，正德十六年改　永陵卫旧义勇左

卫，嘉靖二十七年改　昭陵卫旧神武后卫，隆庆六年改　定陵卫　庆陵卫　德陵卫　奠靖千户所嘉靖二十一年设　牺牲千户所属太常寺辖

已上俱不属五府

五军都督府所属卫所

左军都督府

在京

留守左卫　镇南卫　骁骑右卫　龙虎卫　沈阳左卫　沈阳右卫俱南京旧制，永乐十八年分调

在外

浙江都司

杭州前卫　杭州后卫　台州卫　宁波卫　处州卫　绍兴卫　海宁卫　昌国卫　温州卫　临山卫　松门卫　金乡卫　海门卫　定海卫　盘石卫　观海卫　海宁千户所　衢州千户所　严州千户所　湖州千户所　金华千户所　澉浦千户所已下各所，旧无，后添设　乍浦千户所　三江千户所　定海后千户所　定海中左千户所　定海中中千户所　沥海千户所　三山千户所　大嵩千户所　沥海千户所　龙山千户所　石浦前千户所　石浦后千户所　爵溪千户所　钱仓千户所　水军千户所　新河千户所　桃渚千户所　健跳千户所　隘顽千户所　楚门千户所　平阳千户所　瑞安千户所　海安千户所　蒲门千户所　壮士千户所　沙园千户所　浦岐千户所　宁村千户所　新城千户所旧有，后革

辽东都司

定辽左卫　定辽右卫　定辽中卫　定辽前卫　珲辽后卫　铁岭卫　东宁卫　沈阳中卫　海州卫　盖州卫　金州卫　复州卫　义州卫　辽海卫　三万卫　广宁左屯卫　广宁右屯卫　广宁中屯卫　广宁前屯卫　广宁后屯卫　广宁卫已下添设　广宁左卫　广宁右卫　广宁中卫　宁远卫　抚顺千户所　蒲河千户所　宁远中左千户所　宁远中右千户所　广宁中前千户所　广宁中后千户所　广宁中左千户所　金州中左千户所　铁岭左右千户所　铁岭

中左千户所 三万前前千户所 三万后后千户所 三万中中千户所 辽海中中千户所 辽海右右千户所 辽海前前千户所 辽海后后千户所 东宁中左千户所

山东都司旧有青州左护卫,后改天津右卫。旧有贵州护卫,革。

登州卫 青州左卫 莱州卫 宁海卫 济南卫 平山卫 安东卫

已下添设 灵山卫 鳌山卫 大嵩卫 威海卫 成山卫 靖海卫 东昌卫 临清卫 旧兖州左卫,后改 任城卫 济宁卫旧武昌左护卫,后改 兖州护卫 胶州千户所 诸城千户所 滕县千户所 肥城千户所

已下添设 海阳千户所 东平千户所 宁津千户所 雄崖千户所 浮山前千户所 福山中前千户所 奇山千户所 濮州千户所 金山左千户所 寻山后千户所 百尺崖后千户所 王徐寨前千户所 夏河寨前千户所 鲁府仪卫司 德府仪卫司 泾府仪卫司 衡府仪卫司 德府群牧所 泾府群牧所 衡府群牧所

右军都督府

在京

留守右卫 虎贲右卫 武德卫 俱南京旧卫,永乐十八年分调

在外

直隶

宣州卫旧无,后设

陕西都司旧有阶州卫、沙州卫、灵山千户所,后俱革。

西安右护卫旧泰山卫改 西安左卫 西安前卫 西安后卫 延安卫 汉中卫 平凉卫 绥德卫 宁夏卫 庆阳卫 巩昌卫 临洮卫 兰州卫 秦州卫 岷州卫旧军民指挥使司,嘉靖二十四年添设岷州,四十年革,后存卫 河州卫旧军民指挥使司 洮州卫 宁夏中护卫 甘州中护卫 安东中护卫 宁夏前卫 已下各卫旧无,后设

宁夏中卫　宁夏中屯卫旧和州卫　宁夏左屯卫　宁夏右屯卫　宁羌卫　靖虏卫　固原卫　榆林卫　宁夏后卫以花马池千户所改　兴安千户所旧金州千户所，万历十年改　凤翔千户所　礼店前千户所　已下各所旧设　沔县千户所　环县千户所　文县千户所　阶州千户所旧属秦州卫，嘉靖二十二年改属都司　灵州千户所　西安千户所　西固城千户所　归德千户所　镇羌千户所　安边千户所　平虏千户所　兴武营千户所　镇戎千户所　宁夏平虏千户所　秦府仪卫司　庆府仪卫司　肃府仪卫司　韩府仪卫司　宁夏群牧所　安东群牧所　甘州群牧所

陕西行都司洪武十二年添设

甘州左卫　甘州右卫　甘州中卫　甘州前卫　甘州后卫　已上陕西甘肃卫分设　永昌卫　凉州卫　庄浪卫　西宁卫　山丹卫　已上旧属陕西都司　肃州卫　镇番卫　镇夷千户所　古浪千户所　高台千户所

四川都司旧有浦江关军民千户所，后革

成都左护卫　成都右卫　成都中卫　成都前卫　成都后卫　宁川卫　茂州卫　重庆卫　叙南卫　泸州卫　利州卫旧无，后设　松潘卫旧为军民指挥使司，后改　青川千户所　保宁千户所　威州千户所　雅州千户所　大渡河千户所　广安千户所　灌县千户所　已下各所后设　黔江千户所　叠溪千户所　建武千户所　小河千户所　蜀府仪卫司　寿府仪卫司革　寿府群牧所革

土官

天全六番招讨使司属都司　陇木头长官司　静州长官司　岳希蓬长官司

已上属茂州卫　石柱宣抚司　酉阳宣抚司

已上属重庆卫　石耶洞长官司　邑梅洞长官司

已上属酉阳宣抚司　占藏先结簇长官司　蜡匝簇长官司　白马路簇长官司　山洞簇长官司　阿昔洞簇长官司　北定簇长官司　麦匝簇长官司　者多簇长官司　牟力簇长官司　班班簇长官司

祈命簇长官司　勒都簇长官司　包藏簇长官司　阿思簇长官司　思曩儿簇长官司　阿用簇长官司　潘斡寨长官司　八郎安抚司　阿角寨安抚司　麻儿匝安抚司　芒儿者安抚司

已上俱属松潘卫　迭溪长官司　郁即长官司

已上属迭溪千户所

四川行都司旧无，后设。旧有建昌前卫，后革　建昌卫旧属四川都司

宁番卫旧为苏州卫，属四川都司

已下添设　会川卫　盐井卫　越嶲卫　礼州后千户所　礼州中中千户所　建昌打冲河中前千户所　德昌千户所　迷易千户所

盐井打冲河中左千户所　冕山桥后千户所　镇西后千户所

土官

昌州长官司　威龙长官司　普济长官司　俱属建昌卫　马喇长官司属盐井卫　邛部长官司属越嶲卫

广西都司

桂林右卫　桂林中卫　南宁卫　柳州卫　驯象卫　南丹卫以下添设　庆远卫　浔州卫　奉议卫　广西护卫　梧州千户所　怀集千户所　武缘千户所　古田千户所　贵县千户所　贺县千户所

全州千户所　太平千户所　象州千户所　平乐千户所　郁林千户所　宾州千户所　来宾千户所　富川千户所　容县千户所　融县千户所　灌阳千户所　河池千户所　武宣千户所　向武千户所

五屯屯田千户所　迁江屯田千户所　靖江府仪卫司

云南都司旧有鹤庆、通海二千户所，革

云南左卫　云南右卫　云南前卫　大理卫　楚雄卫　临安卫

景东卫　曲靖卫　洱海卫　永昌卫旧为金齿军民指挥使司　蒙化卫　平夷卫　越州卫　六凉卫　云南中卫　云南后卫　已下后设

广南卫　大罗卫　澜沧卫　以澜沧军民指挥使司改　腾冲卫以腾冲军民指挥使司改　安宁千户所　宜良千户所　易门千户所　杨林堡千户所　十八寨千户所　通海前前千户所　通海右右千户所

定远千户所　马隆千户所　姚安千户所　姚安中屯千户所　武定

千户所　木密关千户所　镇安千户所旧为金齿千户所，万历十三年改，驻守猛淋　镇姚千户所旧为永昌千户所，万历十三年改，驻守老姚关　永平前前千户所　永平后后千户所　腾冲千户所　新安千户所　凤梧千户所

土官

茶山长官司　潞江安抚司　凤溪长官司　施甸长官司　镇道安抚司　杨塘安抚司俱属永昌卫　蛮莫安抚司　猛脸长官司　猛养长官司　俱万历十三年改设

贵州都司旧有层台、重安二千户所，俱革。旧有平伐长官司，后隶贵阳府。旧有平浪、九名九姓独山州二长官司，后隶都匀府。

贵州卫　永宁卫　普定卫　平越卫　乌撒卫　普安卫　赤水卫　威清卫　兴隆卫　新添卫　清平卫　平坝卫　安庄卫　龙里卫　安南卫　都匀卫　毕节卫　贵州前卫旧无，后设　黄平千户所　普市千户所　重安千户所　安龙千户所　白撒千户所　摩泥千户所　关索岭千户所　阿落密千户所　平夷千户所　安南千户所　乐民千户所　七星关千户所

土官

新添长官司　小平伐长官司　把平寨长官司　丹平长官司　丹行长官司

已上属新添卫　杨义长官司属平越卫　大平伐长官司属龙里卫

中军都督府

在京

留守中卫　神策卫　应天卫　和阳卫　俱南京旧卫，永乐十八年调　牧马千户所　南京旧所调　蕃牧千户所添设

在外

直隶

扬州卫　高邮卫　仪真卫　淮安卫　镇海卫　滁州卫　徐州卫　苏州卫　太仓卫　金山卫　新安卫　泗州卫　寿州卫　邳州

卫　大河卫　沂州卫　安庆卫　宿州卫旧为千户所　潼关卫已下旧属河南都司　归德卫　武平卫　镇江卫已下添设　庐州卫　六安卫　徐州左卫　建阳卫　汝宁千户所　松江中千户所　青村中前千户所　南汇嘴中后千户所　嘉兴中左千户所在府　吴淞江千户所　宝山千户所　刘河堡中千户所　崇明沙千户所　兴化千户所　通州千户所　泰州千户所　盐城千户所　东海中千户所　海州中前千户所　莒州千户所

中都留守司

凤阳卫　凤阳中卫　凤阳右卫　皇陵卫　留守左卫　留守中卫　长淮卫　怀远卫　洪塘千户所

河南都司旧有洛阳中护卫，后并汝州卫。

河南卫　弘农卫　陈州卫　睢阳卫　宣武卫　信阳卫　彰德卫　南阳卫　怀庆卫　颍川卫　南阳中护卫已下添设　汝州卫　颍上千户所　禹州千户所旧名钧州，后改　嵩县千户所　卫辉前千户所　林县千户所　邓州前千户所　唐县右千户所　周府仪卫司　唐府仪卫司　伊府仪卫司　赵府仪卫司　郑府仪卫司　崇府仪卫司　徽府仪卫司　赵府群牧所　郑府群牧所　崇府群牧所　徽府群牧所

前军都督府

在京

留守前卫　龙骧卫　豹韬卫　俱南京旧卫，永乐十八年分调

在外

直隶

九江卫

湖广都司旧有武昌右千户所，革。

武昌卫　武昌左卫　黄州卫　永州卫　岳州卫　蕲州卫　施州卫　辰州卫　常德卫　沅州卫　宝庆卫　沔阳卫　长沙卫　衡州卫　茶陵卫　镇远卫　偏桥卫　清浪卫已上三卫在贵州境　平溪卫　五开卫　九溪卫　靖州卫　永定

卫　宁远卫

已下添设　铜鼓卫　武昌护卫　襄阳护卫　郴州千户所　麻寮千户所　添平千户所　安福千户所　忠州千户所在四川境　大庸千户所　桂阳千户所　武冈千户所　泮州千户所　宁溪千户所　常宁千户所　镇溪千户所　桃川千户所　枇杷千户所　锦田千户所　宁远千户所　江华千户所　城步千户所　天柱千户所　汶溪千户所　宜章千户所　广安千户所　大田千户所　黎平千户所　中潮千户所　新化千户所　新化亮寨千户所　隆里千户所　已上五所在贵州境　平茶千户所　平茶屯千户所　铜鼓千户所　楚府仪卫所　荆府仪卫司　雍府仪卫司　荣府仪卫司　岷府仪卫司　吉府仪卫司　荆府仪卫司　雍府群牧所　荣府群牧所　吉府群牧所

土官

永顺军民宣慰使司属都司　腊惹洞长官司　麦著黄洞长官司　驴迟洞长官司　施溶溪长官司　白崖洞长官司　田家洞长官司　已上属永顺宣慰司　保靖州军民宣慰使司属都司　五寨长官司　算子坪长官司　俱属保靖宣慰司　施南宣抚司属施州卫　东乡五路安抚司属施南宣抚司　摇把洞长官司　上爱茶峒长官司　下爱茶峒长官司　镇远蛮夷长官司　隆奉蛮夷长官司　俱属东乡五路安抚司　忠孝安抚司属施南　忠路安抚司属施南　金峒安抚司属施南　剑南长官司属忠路　西坪蛮夷长官司属金峒　散毛宣抚司属施州卫　龙潭安抚司　大旺安抚司　俱属散毛　东流蛮夷长官司　腊壁峒蛮夷长官司　俱属大旺　忠建宣抚司属施州卫　忠峒安抚司　高罗安抚司属忠建　木册长官司属高罗　镇南长官司　唐崖长官司　容美宣抚司　俱属施州卫　椒山玛瑙长官司　五峰石宝长官司　水尽源通塔平长官司　石梁下峒长官司俱属容美　桑植安抚司属九溪　臻剖六洞横波等处长官司属镇远卫

湖广行都司以湖广都司卫所改设

荆州卫　荆州左卫　荆州右卫　瞿塘卫　襄阳卫　襄阳护卫

安陆卫　郧阳卫　夷陵千户所　德安千户所　枝江千户所　长宁千户所　远安千户所　竹山千户所　均州千户所　房县千户所　忠州千户所　辽府仪卫司　襄府仪卫司　兴府仪卫司

兴都留守司

承天卫旧安陆卫，嘉靖十八年改　沔阳卫旧属都司，嘉靖二十一年改　显陵卫旧为荆州左卫，嘉靖十八年改　德安千户所旧属行都司，嘉靖二十一年改

福建都司

福州中卫　福州左卫　福州右卫　兴化卫　泉州卫　漳州卫　福宁卫　镇东卫　平海卫　永宁卫　镇海卫　大金千户所

已下添设　定海千户所　梅花千户所　万安千户所　莆禧千户所　福全千户所　金门千户所　中左千户所　高浦千户所　浦城千户所　六鳌千户所　铜山千户所　玄钟千户所　崇武千户所　南诏千户所　龙岩千户所

福建行都司

建宁左卫　建宁右卫　延平卫　邵武卫　汀州卫　将乐千户所　武平千户所

已下添设　永安千户所　上杭千户所　浦城千户所

江西都司

南昌卫正德十六年，以左、前二卫并改　袁州卫　赣州卫　吉安千户所旧为卫　饶州千户所　安福千户所　会昌千户所　永新千户所　南安千户所　建昌千户所　抚州千户所　铅山千户所　广信千户所　信丰千户所　宁府仪卫司　淮府仪卫司　益府仪卫司　淮府群牧所　益府群牧所

广东都司

广州前卫　广州后卫　广州左卫　广州右卫　南海卫　潮州卫　雷州卫　海南卫　清远卫　惠州卫　肇庆卫　广海卫

已下添设　碣石卫　神电卫　廉州卫旧千户所　新会千户所　韶州千户所　南雄千户所　龙川千户所　程乡千户所　德庆千户所　新兴千户所　阳江千户所　高州千户所　儋州千户所　新宁千户所　万州千户所　崖州千户所　增城千户所　东莞千户所

已下添设　大鹏千户所　香山千户所　连州千户所　河源千户所　长乐千户所　平海千户所　海丰千户所　捷胜千户所　甲子门千户所　大城千户所　海门千户所　靖海千户所　蓬州千户所　澄海千户所　广宁千户所　四会千户所　阳春千户所　海朗千户所　双鱼千户所　宁川千户所　信宜千户所　石城千户所　永安千户所　钦州千户所　灵山千户所　海康千户所　乐民千户所　海安千户所　锦囊千户所　清澜千户所　昌化千户所　南山千户所　泷水千户所　从化千户所　封门千户所　函口千户所　富霖千户所

后军都督府

在京

留守后卫　鹰扬卫　兴武卫

俱南京旧卫，永乐十八年分调　大宁中卫　大宁前卫　会州卫

俱北平行都司旧卫　富峪卫　已下添设，并北平、山西等卫改调　宽河卫旧大宁后卫　神武左卫　神武后卫改昭陵卫　忠义左卫　忠义右卫　忠义前卫　忠义后卫　义勇中卫　义勇左卫　义勇右卫　义勇前卫　义勇后卫　武成中卫　蔚州左卫

在外

直隶旧为北平都司，有北平三护卫，后俱为亲军。其不系北平旧卫者，俱永乐以后添设。

蓟州卫　真定卫　永平卫　山海卫　遵化卫

已上北平旧卫　密云中卫　密云后卫以旧密云分　开平中屯卫　兴州左屯卫　兴州右屯卫　兴州中屯卫　兴州前屯卫　兴州后屯卫　延庆卫旧为北平都司居庸关千户所，后改隆庆卫，后又改此　东胜左卫　东胜右卫　镇朔卫　涿鹿卫旧为河南宁国卫，属中府　定边卫　神武右卫　神武中卫　忠义中卫　卢龙卫　武清卫　抚宁卫　德州卫　宁山卫旧属河南都司，属中府　大同中屯卫永乐初改调　沈阳中屯卫　定州卫　已上旧为北平、山东、山西、河南等处卫所，永乐初改调　天津卫

已下添设　天津左卫　天津右卫旧青州左护卫　通州左卫　通州右卫　涿鹿左卫　涿鹿中卫　河间卫　潼关卫旧属河南都司　德州左卫　梁城千户所　沧州千户所

已下添设　倒马关千户所　潮河千户所　白洋口千户所　渤海千户所　宽河千户所　镇边城千户所　顺德千户所　武定千户所旧乐安千户所，改属　平定千户所　蒲州千户所

俱属山西都司，后改

大宁都司

保定左卫　保定右卫　保定中卫　保定前卫　保定后卫

俱永乐元年设　营州左屯卫　营州右屯卫　营州中屯卫　营州前屯卫　营州后屯卫

俱洪武旧卫，永乐改属　茂山卫　紫荆关千户所

万全都司宣德五年，分直隶及山西等处卫所添设。

万全左卫　万全右卫　宣府前卫　宣府左卫　宣府右卫　怀安卫　开平卫　延庆左卫旧属北平行都司，后改　延庆右卫旧属北平都司，后改　龙门卫　保安卫旧属前府，后改　保安右卫旧属前府，后改　蔚州卫　永宁卫　怀来卫　兴和千户所　美峪千户所　广昌千户所旧属山西都司，后改　四海冶千户所　长安千户所　云川千户所　龙门千户所

山西都司旧有太原三护卫，后革。蒲州千户所，改属直隶，广昌千户所，改属万全都司。

太原左卫　太原右卫　太原前卫　振武卫　平阳卫　镇西卫　潞州卫　沈阳中护卫后设　汾州卫后设　沁州千户所　宁化千户所　雁门千户所　保德州千户所　已下添设　偏头关千户所　磁州千户所　宁武千户所　八角千户所　老营堡千户所嘉靖十七年添设　晋府仪卫司　沈府仪卫司　代府仪卫司　晋府群牧所　沈府群牧所　代府群牧所

山西行都司旧有蔚州卫，后改属万全都司。

大同左卫　大同右卫　大同前卫　大同后卫　朔州卫

已下俱山西大同等处卫所调改及添设　镇虏卫　安东中屯卫　阳和卫　玉林卫　高山卫　云川卫　天城卫　威远卫　平虏卫　山阴千户所　马邑千户所　井坪千户所

南京卫所亲军卫

金吾前卫　金吾后卫　羽林左卫　羽林右卫　羽林前卫　府军卫　府军左卫　府军右卫　府军前卫　府军后卫　虎贲左卫　锦衣卫　旗手卫　金吾左卫　金吾右卫　江淮卫　济川卫　孝陵卫　牺牲千户所

五军都督府属

左军都督府本府所属卫，仍隶北京左府。

留守左卫　镇南卫　水军左卫　骁骑右卫　龙虎卫　龙虎左卫旧为成都右护卫，宣德六年改　英武卫　沈阳左卫　沈阳右卫　龙江右卫

右军都督府　本府所属卫，仍隶北京右府。

虎贲右卫　留守右卫　水军右卫　武德卫　广武卫

中军都督府本府所属卫，仍隶北京中府。

留守中卫　神策卫　广洋卫　应天卫　和阳卫　牧马千户所

前军都督府本府所属卫，仍隶北京前府。

留守前卫　龙江左卫　龙骧卫　飞熊卫　天策卫　豹韬卫　豹韬左卫　旧为成都中护卫，宣德六年改调

后军都督府本府所属卫，仍隶北京后府。

留守后卫　横海卫　鹰扬卫　兴武卫　江阴卫

羁縻卫所，洪武、永乐间边外归附者，官其长，为都督、都指挥、指挥、千百户、镇抚等官，赐以敕书印记，设都司卫所。

都司一奴儿干都司

卫三百八十四

朵颜卫　泰宁卫　建州卫　必里卫旧《会典》作兀里　福余卫

已上洪武间置　兀者卫　兀者左卫　兀者右卫　兀者后卫　赤不罕卫　屯河卫　安河卫

已上永乐二年置　毛怜卫　虎儿文卫　失里绵卫　奴儿干卫　坚河卫旧《会典》有温河　撒力卫

已上永乐三年置　古贲河卫　右城卫　塔鲁木卫　苏温河卫　斡滩河卫　旧会典有滩纳河　兀者前卫　卜颜卫　亦罕河卫　纳怜河卫　麦兰河卫　兀列河卫　双城卫　撒剌儿卫　亦马剌卫　斡兰卫　亦儿古里卫　脱木河卫　卜剌罕卫　密陈卫　脱伦卫　嘉河卫　塔山卫　阿速江卫　速平江卫　木鲁罕山卫　马英山卫　土鲁亭山卫　木塔里山卫　杂林山卫　兀也吾卫　吉河卫　札竹哈卫旧《会典》有撒竹蓝　福山卫旧《会典》作福三　肥河卫　哈温河卫旧《会典》作哈里河　木束河卫　撒儿忽卫　罕答河卫旧会典作忽答河　札童卫

已上永乐四年置　阿古河卫　喜乐温河卫　木阳河卫　哈兰城卫　可令河卫　兀的河卫　哥吉河卫　野木河卫　纳剌吉河卫　亦里察河卫　野儿定河卫　卜鲁丹河卫　好屯河卫　喜剌乌河卫旧《会典》作喜速乌　考郎兀卫　亦速里河卫　阿剌山卫　随满河卫　撒秃河卫　忽兰山卫　古鲁浑山卫　阿资河卫　甫里河卫　答剌河卫旧《会典》作纳剌河　撒只剌河卫　阿里河卫旧《会典》作阿吉河　依木河卫　亦文山卫　木兰河卫　朵儿必河卫　甫门河卫

已上永乐五年置　纳木河卫　童宽山卫　兀鲁罕河卫　塔罕山卫　者贴列山卫　木兴卫　友帖卫　牙鲁卫　益实卫　剌鲁卫　乞忽卫　兀里溪山卫　希滩河卫　弗朵秃河卫　阿者迷河卫　撒察河卫　斡兰河卫　阿真河卫　木忽剌河卫　钦真河卫　克默河卫　察剌秃山卫　呕罕河卫　阮里河卫　列门河卫　秃都河卫　实山卫　忽里急山卫　莫温河卫　薛列河卫

已上永乐六年置　卜鲁兀卫　葛林卫　把城卫　札肥河卫　忽石门卫　札岭上卫　木里吉卫　忽儿海卫　伏里其卫　乞勒尼卫　爱河卫　把河卫　和屯吉卫　失里木卫　阿伦卫　古里河卫　塔麻速卫　已上永乐七年置　木兴河卫　木剌河卫旧《会典》作木束河卫　喜申卫　使防河卫旧《会典》作使方河　甫儿河卫　亦麻河卫　兀应河卫　法因河卫　阿答赤河卫旧《会典》作阿答　古木山卫　葛称哥卫

已上永乐八年置　督罕河卫　建州左卫　只儿蛮卫　兀剌卫　顺民卫　囊哈儿卫　古鲁卫旧《会典》作古鲁山　满径卫　哈儿蛮卫　塔亭卫　也孙伦卫　可木河卫　弗思木卫　弗提卫

已上永乐十年置　斡朵伦卫永乐十一年置　哈儿分卫　阿儿温河卫　速塔儿河卫　兀屯河卫　玄城卫　和十罗卫　老哈河卫　失儿兀赤卫　卜鲁秃河卫　可河卫　乞塔河卫　兀剌忽卫

已上永乐十二年置　渚冬河卫　札真卫　兀思哈里卫　忽鲁爱卫

已上永乐十三年置　吉滩河卫　亦马忽山卫

已上永乐十四年置　阿真同真卫　亦东河卫　亦迷河卫

已上永乐十五年置　建州右卫　益实左卫　阿答赤卫　塔山左卫旧《会典》作塔山前　城讨温卫旧《会典》作“成”　已上俱正统间置　寄住毛怜卫

此下正统已后续置　可木卫　失里卫　失木鲁河卫　忽鲁木卫　塔马速卫　失烈木卫　吉滩卫　和屯卫　禾屯吉河卫　亦失卫　亦力克卫　纳木卫　弗纳河卫　忽失木卫　兀也卫　也速伦卫　巴忽鲁卫　兀牙山卫　塔木卫　忽里山卫　罕麻卫　木里吉河卫　引门河卫　亦里察卫　只卜得卫　塔儿河卫　木忽鲁卫　木答山卫　立山卫　可吉河卫　忽失河卫　脱伦兀卫　阿的纳河卫　兀力卫　阿速卫　速温河卫　纳剌吉卫　撒剌卫　亦实卫　弗朵脱河卫　亦屯河卫　兀讨温河卫　甫河卫　剌山卫　阿者卫　童山宽卫　替里卫　亦里察河卫　哈黑分卫　秃河卫　好屯卫　乞列尼卫　撒里河卫　忽思木卫　兀里河卫　忽鲁山卫　弗儿秀河卫　没脱伦卫　阿鲁必河卫　咬里山卫　亦文卫　写猪洛卫　答里山卫　古木河卫　剌儿卫　兀同河卫　出万山卫　者屯卫　喜辰卫　海河卫　兰河卫　朵州山卫　者亦河卫　纳速吉河卫　把忽儿卫　镇真河卫　也速河卫　者剌秃卫　也鲁河卫　亦里河卫　失里兀卫　斡朵里卫　秃屯河卫　者林山卫　波罗河卫　朵儿平河卫　散力卫　密剌秃山卫　甫门卫　细木河卫　没伦河卫　弗秃都河卫　者列帖卫　察札秃河卫　出万河卫　者帖列卫　兀失卫　忽里河卫　失里绵河卫　兀剌河卫　爱河卫　洽剌察卫　卜忽秃河卫　没伦卫　卜鲁卫　以哈阿哈卫　速江平卫　兀山卫　弗力卫　失郎山卫　亦屯卫　木河卫　竹墩卫　河木卫　哈郎卫　岁班卫　失山卫　考郎卫　筑屯卫　黑里河卫　右城卫　弗河卫　文东河卫　阿古卫　弗山卫　兀答里卫　纳速河卫　失列河卫　朵儿玉卫　兀鲁河卫　弗郎罕河卫　赤卜罕山卫　老河卫　竹里河卫　吉答纳河卫　者不登卫　也速脱卫　阿木河卫　颜亦卫

已下添设　山答卫　塔哈卫　弗鲁纳河卫　行子卫　兀勒阿城卫　阿失卫　吉真纳河卫　法卫　薄罗卫　塔麻所卫　布儿哈卫　亦思察河卫　失剌卫　卜忽秃卫　撒里卫　你实卫　平河卫　忽里吉山卫　阿乞卫　台郎卫　塞克卫　拜苦卫　所力卫　巴里卫　塔纳卫　木郎卫　额克卫　勒伏卫　式木卫　札木卫　树哈卫　肥哈答卫　盖千卫　英秃卫　乞忽卫　阿林卫　哈儿速卫　巴答卫　脱木卫　忽把卫　速哈儿卫　马失卫　塔赛卫　札里卫　者哈卫　恨克卫　哈失卫　交枝卫　葛卫　艾答卫　亦蛮卫　哈察卫　革出卫　卜答卫　蜀河卫　秃里赤山卫　赛因卫　忙哈卫

所二十四

兀者托温千户所　哈鲁门山千户所　兀者揆野木千户所　兀的罕千户所　兀者稳免赤千户所　得的河千户所　鱼失千户所　五年千户所　兀者已河千户所　真河千户所　兀的千户所　屯河千户所　哈三千户所　兀者屯河千户所　古贲河千户所　五音千户所　锁郎塔真河千户所　兀者揆野人千户所　敷答河千户所　兀秃河千户所　可里踢千户所　哈鲁门千户所　兀讨温河千户所　兀者撒野人千户所

站七

别儿真站　黑龙江地方莽亦帖站　弗朵河站　亦罕河卫忽把希站　忽把希站　弗答林站　古代替站

地面七

弗孙河地面　木温河地面　埇坎河地面　撒哈地面　亦马河咬东地面　可木地面　黑龙江地面

寨一

黑龙江忽里平寨。

西北诸部，在明初服属，授以指挥等官，设卫给诰印。

卫六

赤斤蒙古卫　罕东卫　安定卫　阿端卫　曲先卫　哈密卫

西番即古吐番。洪武初，遣人招谕，又令各族举旧有官职者至京，授以国师及都指挥、宣慰使、元帅、招讨等官，俾因俗以治。自是番僧有封灌顶国师及赞善、阐化等王，大乘大宝法王者，俱给印诰，传以为信，所设有都指挥使司、指挥司。

都指挥使司二

乌思藏都指挥使司　朵甘卫都指挥使司

指挥使司一

陇答卫指挥使司

宣慰使司三

朵甘宣慰使司　董卜韩胡宣慰使司　长河西鱼通宁远宣慰使司

招讨司六

朵甘思招讨司　朵甘陇答招讨司　朵甘丹招讨司　朵甘仓溏招讨司　朵甘川招讨司　磨儿勘招讨司

万户府四

沙儿可万户府　乃竹万户府　罗思端万户府　别思麻万户府

千户所十七

朵甘思千户所　剌宗千户所　勃里加千户所　长河西千户所　多八三孙千户所　加八千户所　兆日千户所　纳竹千户所　伦答千户所　果由千户所　沙里可哈忽的千户所　勃里加思千户所　撒里土儿千户所　参卜郎千户所　剌错牙千户所　泄里坝千户所　润则鲁孙千户所

班军者卫所之军番上京师，总为三大营者也。初，永乐十三年诏边将及河南、山东、山西、陕西各都司，中都留守司，江南、北诸卫官，简所部卒赴北京，以俟临阅。京操自此始。

仁宗初，因英国公张辅等言，调直隶及近京军番上操备，谕以毕农而来，先农务遣归。既而辅言："边军比悉放还，京军少，请调山东、河南、中都、淮、扬诸卫校阅。”制曰“可”。又敕河南、山东、山西、大宁及中都将领，凡军还取衣装者，以三月毕务，七月至京，老弱者选代，官给之马。岁春秋番上，共十六万人：大宁七万七百余，中都、山东递杀，河南最少，仅一万四千有奇。定为例。后允成国公朱勇等请，罢巩昌诸卫及阶、文千户所班军，代以陕西内地卒。山东卫士沿海备倭，沿海卫士复内调，通州卫士漕淮安粟，安庆卫士赴京操，不便，皆更之。已，并放还陕西班军。正统中，京操军皆戍边，乃遣御史于江北、山东、北直选卒，为京师备。景泰初，边事棘，班军悉留京，间岁乃放还取衣装。于是于谦、石亨议三分之，留两番操备。保定、河间、天津放五十日，河南、山东九十日，淮、扬、中都百日，紫荆、倒马、白羊三关及保定诸城戍卒，属山东、河南者，亦如之。逃者，官镌秩三等，卒尽室谪边卫。明年，谦又言：“班军分十营团练，久不得休，请仍分两番。”报可。

成化间，河南秋班军二千余不至，下御史趣之。海内燕安，外卫卒在京祗供营缮诸役，势家私占复半之。卒多畏苦，往往愆期，乃定违限罪：轻者发居庸、密云、山海关罚班六月，重者发边卫罚班至年半。令虽具，然不能革也。

弘治中，兵部言占役之害，罚治如议。于是选卫兵八万团操，内外各半。外卫四万，两番迭上。李东阳极言工作困军，班军逾期不至，大率坐此。帝然之。末年，归大宁卒两班万人。正德中，宣府军及京营互调，春秋番换如班军例。迄世宗立乃已。

嘉靖初，尚书李承勋言：“永乐中调军番上京师，后遂踵为故事，卫伍半空，而在京者徒供营造。不若省行粮之费，以募工作。”御史鲍象贤请分班军为三，二入营操，一以赴役。通政司陈经复请半放之，收其粮募工。皆不行。久之，从翊国公郭勋言，宽河南因灾不至班军，而谕后犯者罪必如法。兵部因条议，军士失期，治将领之罪，以多寡为差，重者至镌秩戍边。报可。其后边警棘，乃并番上军为一班，五月赴京，十一月放还，每岁秋防见兵十五六万。仇鸾用事，抽边卒入卫，凡选士六万八千余。又免大宁等卫军京操，改防蓟镇，班军遂耗减。丰城侯李熙核其数，仅四万人，因请改征银召募，而以见军四万归营操练。严嵩议以“各卫兵虽有折乾之弊，然清核令下，犹凛凛畏罪。若奉旨征银，恐借为口实，祖宗良法深意，一旦荡然”。帝是之。折乾者，卫卒纳银将弁以免其行，有事则召募以应。亡何，从平江伯陈圭奏，仍令中都、山东、灌南军分春秋两班，别为一营，春以三月至，八月还；秋以九月至，来岁二月还，工作毋擅役。

隆庆初，大发卒治河，军人惮久役，逃亡多。部议于见役军中，简锐者著伍，而以老弱供畚锸。

万历二年，科臣言，班军非为工作设。下兵部，止议以小工不得概派而已。时积弊已久，军士苦役甚，多愆期不至。故事，失班脱逃者，罚工银，追月糈。其后额外多征，军益逃，中都尤甚。自嘉靖四十三年后，积逋工银至五十余万两。巡抚都御史张翀乞蠲额外工价，军三犯者，不必罚工，竟调边卫。而巡视京营给事中王道成则言：“凡军一班不到，即系一年脱伍，尽扣月粮。本军仍如例解京，罚补正班。三年脱班，仍调边卫。”并报可。卫军益大困。

后二十九年，帝以班军多老弱雇倩，令严饬之。职方主事沈朝焕给班军饷，皆佣诸丐，因言：“班军本处有大粮，到京有行粮，又有盐斤银，所费十余万金，今皆虚冒。请解大粮贮库，有警可召募，有工可雇役。”部议请先申饬，俟大工竣行之。是时专以班军为役夫，番上之初意尽失矣。

又五年，内庭有小营缮，中官陈永寿请仍用班军，可节省。给事中宋一韩争之，谓：“班军轮操即三大营军，所系甚重。今边鄙多事，万一关吏不谨，而京师团练之军多召募，游徼之役多役占，皇城宿卫多白徒，四卫扈从多厮役。即得三都司健卒三万，犹不能无恐，况动以兴作朘削，名存实亡，缓急何赖哉？”不听。四十年，给事中麻僖请恤班操之苦。后六年，顺天巡抚都御史刘日梧言班军无济实用，因陈募兵十利。是时，法益驰，军不营操，皆居京师为商贩、工艺，以钱入班将。

启、祯时，边事汹汹，乃移班军于边，筑垣、负米无休期，而糗粮缺，军多死，班将往往逮革。特敕兵部右侍郎专督理，铸印给之，然已无及。

明史卷九一
志第六七

兵　三

边防　海防　江防　民壮土兵　乡兵

元人北归，屡谋兴复。永乐迁都北平，三面近塞。正统以后，敌患日多。故终明之世，边防甚重。东起鸭绿，西抵嘉峪，绵亘万里，分地守御。初设辽东、宣府、大同、延绥四镇，继设宁夏、甘肃、蓟州三镇，而太原总兵治偏头，三边制府驻固原，亦称二镇，是为九边。

初，洪武六年命大将军徐达等备山西、北平边，谕令各上方略。从淮安侯华云龙言，自永平、蓟州、密云迤西二千余里，关隘百二十有九，皆置戍守。于紫荆关及芦花岭设千户所守御。又诏山西都卫于雁门关、太和岭并武、朔诸山谷间，凡七十三隘，俱设戍兵。九年敕燕山前、后等十一卫，分兵守古北口、居庸关、喜峰口、松亭关烽堠百九十六处，参用南北军士。十五年又于北平都司所辖关隘二百，以各卫卒守戍。诏诸王近塞者，每岁秋，勒兵巡边。十七年命徐达籍上北平将校士卒。复命将核辽东、定辽等九卫官军。是后，每遣诸公、侯校沿边士马，以籍上。二十年置北平行都司于大宁。其地在喜峰口外，故辽西郡，辽之中京大定府也；西大同，东辽阳，南北平。冯胜之破纳哈出，还师，城之，因置都司及营州五屯卫，而封皇子权为宁王，调各卫兵往守。先是，李文忠等取元上都，设开平卫及兴和等千户所；东西各四驿，东接大宁，西接独石。二十五年又筑东胜城于河州东受降城之东，设十六卫，与大同相望。自辽以西，数千里声势联络。

建文元年，文帝起兵，袭陷大宁，以宁王权及诸军归。及即位，封宁王于江西。而改北平行都司为大宁都司，徙之保定。调营州五屯卫于顺义、蓟州、平谷、香河、三河，以大宁地畀兀良哈。自是，辽东与宣、大声援阻绝，又以东胜孤远难守，调左卫于永平，右卫于遵化，而墟其地。先是兴和亦废，开平徙于独石，宣府遂称重镇。然帝于边备甚谨。自宣府迤西迄山西，缘边皆峻垣深濠，烽堠相接。隘口通车骑者百户守之，通樵牧者甲士十人守之。武安侯郑亨充总兵官，其敕书云："各处烟墩，务增筑高厚，上贮五月粮及柴薪药弩，墩傍开井，井外围墙与墩平，外望如一。"重门御暴之意，常凛凛也。

洪熙改元，朔州军士白荣请还东胜、高山等十卫于故地。兴州军士范济亦言，朔州、大同、开平、宣府、大宁皆藩篱要地，其土可耕，宜遣将率兵，修城堡，广屯种。皆不能用。

正统元年，给事中朱纯请修塞垣。总兵官谭广言："自龙门至独石及黑峪口五百五十余里，工作甚难，不若益墩台瞭守。"乃增赤城等堡烟墩二十二。宁夏总兵官史昭言："所辖屯堡，俱在河外，自河迤东至察罕脑儿，抵绥德州，沙漠旷远，并无守备。请于花马池筑哨马营。"大同总兵官方政继以马营请，欲就半岭红寺儿废营修筑。宣大巡抚都御史李仪以大同平衍，巡哨宜谨，请以副总兵主东路，参将主西路，而迤北则属之总兵官都指挥。并如议行。后三年，诏塞紫荆关诸隘口，增守备军。时瓦剌渐强，从成国公朱勇请也。既而也先入塞，英宗陷于土木。景帝即位，十余年间，边患日多，索来、毛里孩、阿罗出之属，相继入犯，无宁岁。

成化元年，延绥总兵官张杰言："延庆等境广袤千里，所辖二十五营堡，每处仅一二百人，难以应敌，宜选精锐九千为六哨，分屯府谷、神木二县，龙州、榆林二城，高家、安边二堡，庶缓急有备。"又请分布鄜、庆防秋军二千余人于沿边要害。从之。七年，延绥巡抚都御史余子俊大筑边城。先是，东胜设卫守在河外，榆林治绥德。后东胜内迁，失险，捐米脂、鱼河地几三百里。正统间，镇守都督王祯始筑榆林城，建缘边营堡二十四，岁调延安、绥德、庆阳三卫军分戍。天顺中，阿罗出入河套驻牧，每引诸部内犯。至是，子俊乃徙治榆林。由黄甫川西至定边营千二百余里，墩堡相望，横截套口，内复堑山堙谷，曰夹道，东抵偏头，西终宁、固，风土劲悍，将勇士力，北人呼为橐驼城。十二年，兵部侍郎滕昭、英国公张懋条上边备。言："居庸关、黄花镇、喜峰口、古北口、燕河营有团营马步军万五千人戍守，请益军五千，分驻永平、密云以策应辽东。凉州镇番、庄浪、贺兰山迤西，从雪山过河，南通靖虏，直至临、巩，俱敌入犯之路，请调陕西官军，益以甘、凉、临、巩、秦、平、河、洮兵，戍安定、会宁，遇警截击；以凉州锐士五千，扼要屯驻，彼此策应。"诏可。二十一年敕各边军士，每岁九月至明年三月，俱常操练，仍以操过军马及风雪免日奏报。边备颇修饬。

弘治十四年设固原镇。先是，固原为内地，所备惟靖虏。及火筛入据河套，遂为敌冲。乃改平凉之开成县为固原州，隶以四卫，设总制府，总陕西三边军务。是时陕边惟甘肃稍安，而哈密屡为土鲁番所扰，乃敕修嘉峪关。

正德元年春，总制三边都御史杨一清请复守东胜，"因河为固，东接大同，西属宁夏，使河套千里沃壤，归我耕牧，则陕右犹可息肩"。因上修筑定边营等六事。帝可其奏。旋以忤中官刘瑾罢，所筑塞垣仅四十余里而已。武宗好武，边将江彬等得幸，辽东、宣府、大同、延绥四镇军多内调，又以京军六千与宣府军六千，春秋番换。十三年颁定宣、大、延绥三镇应援节度：敌不渡河，则延绥听调于宣、大；渡河，则宣、大听调于延绥。从兵部尚书王琼议也。

初，大宁之弃，以其地畀朵颜、福余、泰宁三卫，盖兀良哈归附者也。未几，遂不靖。宣宗尝因田猎，亲率师败之，自是畏服。故喜峰、密云止设都指挥镇守。土木之变，颇传三卫助逆，后因添设太监参将等官。至是，朵颜独盛，情叵测。

嘉靖初，御史丘养浩请复小河等关于外地，以扼其要。又请多铸火器，给沿边州县，募商籴粟，实各边卫所。诏皆行之。初，太祖时，以边军屯田不足，召商输边粟而与之盐。富商大贾悉自出财力，募民垦田塞下，故边储不匮。弘治时，户部尚书叶淇始变法，令商纳银太仓，分给各边。商皆撤业归，边地荒芜，米粟踊贵，边军遂日困。十一年，御史徐汝圭条上边防兵食，谓“延绥宜漕石州、保德之粟，自黄河而上，楚粟由郧阳，汴粟由陕、洛，沔粟由汉中，以达陕右。宣、大产二麦，宜多方收籴。紫荆、倒马、白羊等关，宜招商赁车运。”又请以宣府游兵驻右卫怀来，以援大同。选补游兵于顺圣西城为临期应援，永宁等处游兵卫宣府，备调遣。直隶八府召募勇敢团练，赴边关远近警急。榆林、山、陕游兵，于本处策应”。报可，亦未能行也。

十八年移三边制府镇花马池。是时，俺答诸部强横，屡深入大同、太原之境，晋阳南北烟火萧然。巡抚都御史陈讲请“以兵六千戍老营堡东界之长峪，以山西兵守大同。三关形势，宁武为中路，莫要于神池，偏头为西路，莫要于老营堡，皆宜改设参将。雁门为东路，莫要于北楼诸口，宜增设把总、指挥。而移神池守备于利民堡，老营堡游击于八角所，各增军设备。”帝悉许之。规画虽密然兵将率怯弱，其健者仅能自守而已。

二十二年诏宣府兵乘塞。旧制，总兵夏秋间分驻边堡，谓之暗伏。至是，有司建议，入秋悉令赴边，分地拒守，至九月中罢归，犒以帑金。久之，以劳费罢。二十四年，巡按山西御史陈豪言：“敌三犯山西，伤残百万，费饷银六十亿，曾无尺寸功。请定计决战，尽复套地。”明年，敌犯延安，总督三边侍郎曾铣力主复套，条上十八事。帝嘉奖之。大学士严嵩窥帝意惮兵，且欲杀旧阁臣夏言，因劾铣，并言诛死，自是无敢言边事者。

二十九年，俺答攻古北口，从间道黄榆沟入，直薄东直门，诸将不敢战。敌退，大将军仇鸾力主贡市之议。明年开马市于大同，然寇掠如故。又明年，马市罢。

先是翁万达之总督宣、大也，筹边事甚悉。其言曰：“山西保德州河岸，东尽老营堡，凡二百五十四里。西路丫角山迤北而东，历中北路，抵东路之东阳河镇口台，凡六百四十七里。宣府西路，西阳河迤东，历中北路，抵东路之永宁四海冶，凡一千二十三里。皆逼临巨寇，险在外者，所谓极边也。老营堡转南而东，历宁武、雁门、北楼至平刑关尽境，约八百里。又转南而东，为保定界，历龙泉、倒马、紫荆、吴王口、插箭岭、浮图峪至沿河口，约一千七十余里。又东北为顺天界，历高崖、白羊，抵居庸关，约一百八十余里。皆峻岭层冈，险在内者，所谓次边也。敌犯山西必自大同，入紫荆必自宣府，未有不经外边能入内边者。"乃请修筑宣、大边墙千余里，烽堠三百六十三所。后以通市故，不复防，遂半为敌毁。至是，兵部请敕边将修补。科臣又言，垣上宜筑高台，建庐以栖火器。从之。时俺答益强，朵颜三卫为之向道，辽、蓟、宣、大连岁被兵。三十四年，总督军务兵部尚书杨博，既解大同右卫围，因筑牛心诸堡，修烽堠二千八百有奇。宣、大间稍宁息，而蓟镇之患不已。

蓟之称镇，自二十七年始。时镇兵未练，因诏各边入卫兵往戍。既而兵部言："大同之三边，陕西之固原，宣府之长安岭，延绥之夹墙，皆据重险，惟蓟独无。渤海所南，山陵东，有苏家口，至寨篱村七十里，地形平漫，宜筑墙建台，设兵守，与京军相夹制。"报可。时兵力孱弱，有警征召四集，而议者惟以据险为事，无敢言战者。其后蓟镇入卫兵，俱听宣、大督抚调遣，防御益疏，朵颜遂乘虚岁入。三十七年，诸镇建议，各练本镇戍卒，可省征发费十之六。然戍卒选懦不任战，岁练亦费万余，而临事征发如故。隆庆间，总兵官戚继光总理蓟、辽，任练兵事，因请调浙兵三千人以倡勇敢。及至，待命于郊，自朝至日中，天雨，军士跬步不移，边将大骇。自是蓟兵以精整称。

俺答已通贡，封顺义王，其子孙袭封者累世。迨万历之季，西部遂不竞，而土蛮部落虎墩兔、炒花、宰赛、暖兔辈，东西煽动，将士疲于奔命，未尝得安枕也。

初，太祖沿边设卫，惟土著兵及有罪谪戍者。遇有警，调他卫军往戍，谓之客兵。永乐间，始命内地军番戍，谓之边班。其后占役逃亡之数多，乃有召募，有改拨，有修守民兵、土兵，而边防日益坏。洪武时宣府屯守官军殆十万。正统、景泰间，已不及额。弘治、正德以后，官军实有者仅六万六千九百有奇，而召募与土兵居其半。他镇率视此。

正统初，山西、河南班军守偏头、大同、宣府塞，不得代。巡抚于谦言：“每岁九月至二月，水冷草枯，敌骑出没，乘障卒宜多。若三月至八月，边守自足。乞将两班军，每岁一班，如期放遣。”甘肃总兵官蒋贵又言：“沿边墩台，守瞭军更番有例，惟坐事谪发者不许，困苦甚。乞如例践更。”并从之。五年，山西总兵官李谦请偏头关守备军如大同例，半岁更番。部议，每番皆十月，而戍卒仍率以岁为期，有久而后遣者。弘治中，三边总制秦纮言：“备御延绥官军，自十二月赴边，既周一岁，至次年二月始得代。在军日多，请岁一更，上下俱在三月初。”边军便之。

嘉靖四十三年，巡抚延绥胡志夔请免戍军三年，每军征银五两四钱，为募兵用。至万历初，大同督、抚方逢时等请修筑费。诏以河南应戍班军，自四年至六年概免，尽扣班价发给，谓之折班，班军遂耗。久之，所征亦不得。宁山、南阳、颍上三卫积逋延绥镇折班银至五万余两。是后诸边财力俱尽，敝边极矣。

初，边政严明，官军皆有定职。总兵官总镇军为正兵，副总兵分领三千为奇兵，游击分领三千往来防御为游兵，参将分守各路东西策应为援兵。营堡墩台分极冲、次冲，为设军多寡。平时走阵、哨探、守瞭、焚荒诸事，无敢惰。稍违制，辄按军法。而其后皆废坏云。

沿海之地，自广东乐会接安南界，五千里抵闽，又二千里抵浙，又二千里抵南直隶，又千八百里抵山东，又千二百里逾宝坻、卢龙抵辽东，又千三百余里抵鸭绿江。岛寇倭夷，在在出没，故海防亦重。

吴元年用浙江行省平章李文忠言，嘉兴、海盐、海宁皆设兵戍守。洪武四年十二月命靖海侯吴祯籍方国珍所部温、台、庆元三府军士及兰秀山无田粮之民，凡十一万余人，隶各卫为军。且禁沿海民私出海。时国珍及张士诚余众多窜岛屿间，勾倭为寇。五年命浙江、福建造海舟防倭。明年，从德庆侯廖永忠言，命广洋、江阴、横海、水军四卫增置多橹快船，无事则巡徼，遇寇以大船薄战，快船逐之。诏祯充总兵官，领四卫兵，京卫及沿海诸卫军悉听节制。每春以舟师出海，分路防倭，迄秋乃还。十七年命信国公汤和巡视海上，筑山东、江南北、浙东西沿海诸城。后三年命江夏侯周德兴抽福建福、兴、漳、泉四府三丁之一，为沿海戍兵，得万五千人。移置卫所于要害处，筑城十六。复置定海、盘石、金乡、海门四卫于浙，金山卫于松江之小官场，及青村、南汇嘴城二千户所，又置临山卫于绍兴，及三山、沥海等千户所，而宁波、温、台并海地，先已置八千户所，曰平阳、三江、龙山、霩霱大松、钱仓、新河、松门，皆屯兵设守。二十一年又命和行视闽粤，筑城增兵。置福建沿海指挥使司五，曰福宁、镇东、平海、永宁、镇海。领千户所十二，曰大金、定海、梅花、万安、莆禧、崇武、福全、金门、高浦、六鳌、铜山、玄锺。

二十三年从卫卒陈仁言，造苏州太仓卫海舟。旋令滨海卫所，每百户及巡检司皆置船二，巡海上盗贼。后从山东都司周彦言，建五总寨于宁海卫，与莱州卫八总寨，共辖小寨四十八。已，复命重臣勋戚魏国公徐辉祖等分巡沿海。帝素厌日本诡谲，绝其贡使，故终洪武、建文世不为患。

永乐六年命丰城侯李彬等缘海捕倭，复招岛人、蜑户、贾竖、渔丁为兵，防备益严。十七年，倭寇辽东，总兵官刘江歼之于望海埚。自是倭大惧，百余年间，海上无大侵犯。朝廷阅数岁一令大臣巡警而已。

至嘉靖中，倭患渐起，始设巡抚浙江兼管福建海道提督军务都御史。已，改巡抚为巡视。未几，倭寇益肆。乃增设金山参将，分守苏、松海防，寻改为副总兵，调募江南、北，徐、邳官民兵充战守，而杭、嘉、湖亦增参将及兵备道。三十三年调拨山东民兵及青州水陆枪手千人赴淮、扬，听总督南直军务都御史张经调用。时倭纵掠杭、嘉、苏、松，踞柘林城为窟穴，大江南北皆被扰。监司任环败之，经亦有王家泾之捷，乃遁出海，复犯苏州。于是南京御史屠仲律言五事。其守海口云："守平阳港、黄花澳，据海门之险，使不得犯温、台。守宁海关、湖头湾遏三江之口，使不得窥宁、绍。守鳖子门、乍浦峡，使不得近杭、嘉。守吴淞、刘家河、七丫港，使不得掩苏、松。且宜修饬海舟，大小相比，或百或五十联为一䑸，募惯习水工领之，而充以原额水军，于诸海口量缓急置防。"部是其议。未几，兵部亦言："浙、直、通、泰间最利水战，往时多用沙船破贼，请厚赏招徕之。防御之法，守海岛为上，宜以太仓、崇明、嘉定、上海沙船及福仓、东莞等船守普陀、大衢。陈钱山乃浙、直分路之始，狼、福二山约束首尾，交接江洋，亦要害地，宜督水师固守。"报可。已，复令直隶吴淞江、刘家河、福山港、镇江、圌山五总添设游兵，听金山副总兵调度。

时胡宗宪为总督，诛海贼徐海、汪直。直部三千人，复勾倭入寇，闽、广益骚。三十七年，都御史王询请"分福建之福、兴为一路，领以参将，驻福宁，水防自流江、烽火门、俞山、小埕至南日山；漳、泉为一路，领以参将，驻诏安，水防自南日山至浯屿、铜山、玄锤、走马溪、安边馆。水陆兵皆听节制。福建省城介在南北，去海仅五十里，宜更设参将，选募精锐部领哨船，与主客兵相应援"。部覆从之。广东惠、潮亦增设参将，驻揭阳。福建巡抚都御史游震得言："浙江温、处与福宁接壤，倭所出没，宜进戚继光为副总兵，守之。而增设福宁守备，隶继光。漳州之月港亦增设守备，隶总兵官俞大猷。延、建、邵为八闽上游，宜募兵以备缓急。"皆允行。既而宗宪被逮，罢总督官，以浙江巡抚赵炳然兼任军事。炳然因请令定海总兵属浙江，金山总兵属南直，俱兼理水陆军务。互相策应。其后，莆田倭寇平，乃复五水寨旧制。

五寨者，福宁之烽火门，福州之小埕澳，兴化之南日山，泉州之浯屿，漳州之西门澳，亦曰铜山。景泰三年，镇守尚书薛希琏奏建者也，后废。至是巡抚谭纶疏言："五寨守扼外洋，法甚周悉，宜复旧。以烽火门、南日、滞屿三䑸为正兵，铜山、小埕二䑸为游兵。寨设把总，分汛地，明斥堠，严会哨。改三路参将为守备。分新募浙兵为二班，各九千人，春秋番上。各县民壮皆补用精悍，每府领以武职一人，兵备使者以时阅视。”帝皆是之。狼山故设副总兵，至是改为镇守总兵官，兼辖大江南北。迨隆庆初，倭渐不为患，而诸小寇往往有之。

万历三年设广东南澳总兵官，以其据漳、泉要害也。久之，倭寇朝鲜，朝廷大发兵往援，先后六年。于是设巡抚官于天津，防畿甸。后十余年，从南直巡按御史颜思忠言，分淮安大营兵六百守廖角嘴。从福建巡抚丁继嗣言，设兵自浙入闽之三江及刘澳，而易海澄团练营土著军以浙兵。

天启中，筑城于澎湖，设游击一，把总二，统兵三千，筑炮台以守。先是，万历中，许孚远抚闽，奏筑福州海坛山，因及澎湖诸屿，且言浙东沿海陈钱、金塘、玉环、南麂诸山俱宜经理，遂设南麂副总兵，而澎湖不暇及。其地遥峙海中，逶迤如修蛇，多岐港零屿，其中空阔可藏巨艘。初为红毛所据，至是因巡抚南居益言，乃夺而守之。

自世宗世倭患以来，沿海大都会，各设总督、巡抚、兵备副使及总兵官、参将、游击等员，而诸所防御，于广东则分东、中、西三路，设三参将；于福建则有五水寨；于浙则有六总，一金乡、盘石二卫，一松门、海门二卫，一昌国卫及钱仓、爵溪等所，一定海卫及霩衢、大嵩等所，一观海、临山二卫，一海宁卫，分统以四参将；于南直隶则乍浦以东，金山卫设参将，黄浦以北，吴淞江口设总兵；于淮、扬则总兵驻通州，游击驻庙湾，又于扬州设陆兵游击，待调遣；于山东则登、莱、青三府设巡察海道之副使，管理民兵之参将，总督沿海兵马备倭之都指挥；于蓟、辽则大沽海口宿重兵，领以副总兵，而以密云、永平两游击为应援。山海关外，则广宁中、前等五所兵守各汛，以宁前参将为应援，而金、复、海、盖诸军皆任防海，三岔以东，九联城外创镇江城，设游击，统兵千七百，哨海上，北与宽奠参将陆营相接，共计凡七镇，而守备、把总、分守、巡徼会哨者不下数百员。以三、四、五月为大汛，九、十月为小汛。盖遭倭甚毒，故设防亦最密云。

日本地与闽相值，而浙之招宝关其贡道在焉。故浙、闽为最冲。南寇则广东，北寇则由江犯留都、淮、扬，故防海外，防江为重。洪武初，于都城南新江口置水兵八千。已，稍置万二千，造舟四百艘。又设陆兵于北岸浦子口，相掎角。所辖沿江诸郡，上自九江、广济、黄梅，下抵苏、松、通、泰，中包安庆、池、和、太平，凡盗贼及贩私盐者，悉令巡捕，兼以防倭。永乐时，特命勋臣为帅视江操，其后兼用都御史。成化四年从锦衣卫佥事冯瑶言，令江兵依地设防，于瓜、仪、太平置将领镇守。后六年，守备定西侯蒋琬奏调建阳、镇江诸卫军补江兵缺伍。十三年命择武大臣一人职江操，毋摄营务。又五年，从南京都御史白昂言，敕沿江守备官互相应援，并给关防。著为令。弘治中，命新江口两班军如京营例，首班歇，即以次班操。嘉靖八年，江阴贼侯仲金等作乱，给事中夏言请设镇守江、淮总兵官。已而寇平，总兵罢不设。十九年，沙贼黄艮等复起。帝诘兵部以罢总兵之故，乃复设，给旗牌符敕，提督沿江上下。后复裁罢。三十二年，倭患炽，复设副总兵于金山卫，辖沿海至镇江，与狼山副总兵水陆相应。时江北俱被倭，于是量调九江、安庆官军守京口、圌山等地。久之，给事中范宗吴言："故事，操江都御史防江，应、凤二巡抚防海。后因倭警，遂以镇江而下，通常、狼、福诸处隶之操江，以故二抚臣得诿其责。操江又以向非本属兵，难遥制，亦漠然视之，非委任责成意。宜以圌山、三江会口为操、抚分界。"报可。其后增上下两江巡视御史，得举劾有司将领，而以南京佥都御史兼理操江，不另设。

先是，增募水兵六千。隆庆初，以都御史吴时来请，留四之一，余悉罢遣，并裁中军把总等官。已，复令分汛设守，而责以上下南北互相策应。又从都御史宋仪望言，诸军皆分驻江上，不得居城市。万历二十年，以倭警，言者请复设京口总兵。南京兵部尚书衷贞吉等谓既有吴淞总后，不宜两设。乃设兵备使者，每春汛，设备倭都督，统卫所水、陆军赴镇江。后七年，操江耿定力奏："长江千余里，上江列营五，兵备臣三；下江列营五，兵备臣二。宜委以简阅训练，即以精否为兵备殿最。"部议以为然。故事，南北总哨官五日一会哨于适中地，将领官亦月两至江上会哨。其后多不行。崇祯中，复以勋臣任操江，偷惰成习，会哨巡徼皆虚名，非有实矣。

卫所之外，郡县有民壮，边郡有土兵。

太祖定江东，循元制，立管领民兵万户府。后从山西行都司言，听边民自备军械，团结防边。闽、浙苦倭，指挥方谦请籍民丁多者为军。寻以为患乡里，诏闽、浙互徙。时已用民兵，然非召募也。正统二年始募所在军余、民壮愿自效者，陕西得四千二百人。人给布二匹，月粮四斗。景泰初，遣使分募直隶、山东、山西、河南民壮，拨山西义勇守大同，而紫荆、倒马二关，亦用民兵主守，事平免归。

成化二年，以边警，复二关民兵。敕御史往延安、庆阳选精壮编伍，得五千余人，号曰土兵。以延绥巡抚卢详言边民骁果，可练为兵，使护田里妻子，故有是命。

弘治二年立佥民壮法。州、县七八百里以上，里佥五人；五百里，四；三百里，三；百里以上，二。有司训练，遇警调发，给以行粮，而禁役占放买之弊。富民不愿，则上直于官，官自为募。或称机兵，在巡检司者称弓兵。后以越境防冬非计，大同巡抚刘宇请免其班操，征银粮输大同，而以威远屯丁、舍、余补役。给事中熊伟亦请编应募民于附近卫所。并从之。十四年，以西北诸边所募土兵，多不足五千，遣使赍银二十万及太仆寺马价银四万往募。指挥千百户以募兵多寡为差，得迁级，失官者得复职，即令统所募兵。既而兵部议覆侍郎李孟旸请实军伍疏，谓："天下卫所官军原额二百七十余万，岁久逃故，尝选民壮三十余万，又核卫所舍人、余丁八十八万，西北诸边召募土兵无虑数万。请如孟旸奏，察有司不操练民壮、私役杂差者，如役占军人罪。"报可，正德中，流贼扰山东，巡抚张凤选民兵，令自买马团操，民不胜其扰。兵部侍郎杨潭以为言。都御史宁杲所募多无赖子，为御史张璇所劾。

嘉靖二十二年增州县民壮额，大者千人，次六七百，小者五百。二十九年，京师新被寇，议募民兵，以二万为率。岁四月终，赴近京防御。后五年，兵部尚书杨博请汰老弱，存精锐，在外者发各道为民兵，在京者隶之巡捕参将，逃者不补，帝以影占数多，耗粮无用，遣官核宜罢宜还者以闻。隆庆中，张居正、陈以勤复请籍畿甸民兵，谓：“直隶八府人多健悍，总按户籍，除单丁老弱者，父子三人籍一子，兄弟三人籍一弟，州与大县可得千六百人，小县可得千人。中分之为正兵、奇兵，登名尺籍，隶抚臣操练，岁无过三月，月无过三次，练毕即令归农，复其身。岁操外，不得别遣。”命所司议行。然自嘉靖后，山东、河南民兵戍蓟门者，率征银以充召募。至万历初，山东征银至五万六千两，贫民大困。

治河之役，给事中张贞观请益募土兵，捍淮、扬、徐、邳。畿南盗起，给事中耿随龙请复民壮旧制，专捕贼盗。播州之乱，工部侍郎赵可怀请练土著，兵部因言：“天下之无兵者，不独蜀也。各省官军、民壮，皆宜罢老稚，易以健卒。军操属印官、操官，民操属正官、捕官，郡官、监司不得牵制。立营分伍，以凭调发。”先后皆议行。

末年，募兵措饷益急。南京职方郎中邹维琏陈调募之害。山西参政徐九翰尤极言民兵不可调。崇祯时，中原盗急，兵部尚书杨嗣昌议令责州县训练土著为兵。工部侍郎张慎言言其不便者数事，而御史米寿图又言其害有十，谓不若简练民兵，增民壮快手，备御地方为便。后嗣昌死，练兵亦不行。

乡兵者，随其风土所长应募，调佐军旅缓急。其隶军籍者曰浙兵，义乌为最，处次之，台、宁又次之，善狼筅，间以叉槊。戚继光制鸳鸯阵以破倭，及守蓟门，最有名。曰川兵、曰辽兵，崇祯时，多调之剿流贼。其不隶军籍者，所在多有。河南嵩县曰毛葫芦，习短兵，长于走山。而嵩及卢氏、灵宝、永宁并多矿兵，曰角脑，又曰打手。山东有长竿手。徐州有箭手。井陉有蚂螂手，善运石，远可及百步。闽漳、泉习镖牌，水战为最。泉州永春人善技击。正统间，郭荣六者，破沙尤贼有功。商灶盐丁以私贩为业，多劲果。成化初，河东盐徒千百辈，自备火炮、强弩、车仗，杂官军逐寇。而松江曹泾盐徒，嘉靖中，逐倭至岛上，焚其舟。后倭见民家有鹾囊，辄摇手相戒。粤东杂蛮蜑，习长牌、斫刀，而新会、东莞之产强半。延绥、固原多边外土著，善骑射，英宗命简练以备秋防。大藤峡之役，韩雍用之，以摧瑶、僮之用牌刀者。庄浪鲁家军，旧隶随驾中，洪熙初，令土指挥领之。万历间，部臣称其骁健，为敌所畏，宜鼓舞以储边用。西宁马户八百，尝自备骑械赴敌，后以款贡裁之。万历十九年，经略郑雒请复其故。又僧兵，有少林、伏牛、五台。倭乱，少林僧应募者四十余人，战亦多胜。西南边服有各土司兵。湖南永顺、保靖二宣慰所部，广西东兰、那地、南丹、归顺诸狼兵，四川酉阳、石砫秦氏、冉氏诸司，宣力最多。末年，边事急，有司专以调三省土司为长策，其利害亦恒相半云。

明史卷九二
志第六八

兵四

清理军伍　训练　赏功　火器
车船　马政

明初，垛集令行，民出一丁为军，卫所无缺伍，且有羡丁。未几，大都督府言，起吴元年十月，至洪武三年十一月，军士逃亡者四万七千九百余。于是下追捕之令，立法惩戒。小旗逃所隶三人，降为军。上至总旗、百户、千户，皆视逃军多寡，夺降革。其从征在外者，罚尤严。十六年命五军府檄外卫所，速逮缺伍士卒，给事中潘庸等分行清理之。明年从兵部尚书俞纶言，京卫军户绝者，毋冒取同姓及同姓之亲，令有司核实发补，府卫毋特遣人。二十一年诏卫所核实军伍，有匿己子以养子代者，不许。其秋，令卫所著军士姓名、乡贯为籍，具载丁口以便取补。又置籍勘合，分给内外，军士遇点阅以为验。

成祖即位，遣给事等官分阅天下军，重定垛集军更代法。初，三丁已上，垛正军一，别有贴户，正军死，贴户丁补。至是，令正军、贴户更代，贴户单丁者免；当军家蠲其一丁徭。

洪熙元年，兴州左屯卫军范济极言勾军之扰。富峪卫百户钱兴奏言："祖本涿鹿卫军，死，父继，以功授百户。臣已袭父职，而本卫犹以臣祖为逃军，屡行勾取。"帝谓尚书张本曰："军伍不清，弊多类此。”已而宣宗立，军弊益滋，黠者往往匿其籍，或诬攘良民充伍。帝谕兵部曰：“朝廷于军民，如舟车任载，不可偏重。有司宜审实，毋混。”乃分遣吏部侍郎黄宗载等清理天下军卫。三年敕给事、御史清军，定十一条例，榜示天下。明年复增为二十二条。五年从尚书张本请，令天下官吏、军旗公勘自洪、永来勾军之无踪者，豁免之。六年令勾军有亲老疾独子者，编之近地，余丁赴工逋亡者例发口外，改为罚工一年，示优恤焉。八年免苏州卫抑配军百五十九人，已食粮止令终其身者，千二百三十九人。先是，苏、常军户绝者，株累族党，动以千计，知府况钟言于朝，又常州民诉受抑为军者七百有奇，故特敕巡抚侍郎周忱清理。

正统初，令勾军家丁尽者，除籍；逃军死亡及事故者，或家本军籍，而偶同姓名，里胥挟仇妄报冒解，或已解而赴部声冤者，皆与豁免。定例，补伍皆发极边，而南北人互易。大学士杨士奇谓风土异宜，濒于夭折，请从所宜发戍。署兵部侍郎邝野以为紊祖制，寝之。成化二年，山西巡抚李侃复请补近卫，始议行。十一年命御史十一人分道清军，以十分为率，及三分者最，不及者殿。时以罪谪者逃故，亦勾其家丁。御史江昂谓非“罚弗及嗣”之义，乃禁之。

嘉靖初，捕亡令愈苛，有株累数十家，勾摄经数十年者，丁口已尽，犹移覆纷纭不已。兵部尚书胡世宁请“屡经清报者免勾。又避役之人必缓急难倚，急改编原籍。卫所有缺伍，则另选舍余及犯罪者充补。犯重发边卫者，责卖家产，阖房迁发，使绝顾念。庶卫卒皆土著，而逃亡益鲜”。帝是其言。其后，用主事王学益议，制勾单，立法详善。久之，停差清军御史，宽管解逃军及军赴卫违限之科。清军官日玩愒，文卷磨灭，议者复请申饬。

万历三年，给事中徐贞明言：“勾军东南，资装出于户丁，解送出于里递，每军不下百金。大困东南之民，究无补于军政。宜视班匠例，免其解补，而重征班银，以资召募，使东南永无勾补之扰，而西北之行伍亦充。”郧阳巡抚王世贞因言有四便：应勾之户，乐于就近，不图避匿，便一；各安水土，不至困绝，便二；近则不逃，逃亦易追，便三；解户不至破家，便四。而兵部卒格贞明议，不行。后十三年，南京兵部尚书郭应聘复请各就近地，南北改编。又言“应勾之军，南直隶至六万六千余，株连至二三十万人，请自天顺以前竟与释免。”报可，远近皆悦。然改编令下，求改者相继。明年，兵部言“什伍渐耗，边镇军人且希图脱伍。”有旨复旧，而应聘之议复不行。

凡军卫掌于职方，而勾清则武库主之。有所勾摄，自卫所开报，先核乡贯居止，内府给批，下有司提本军，谓之跟捕；提家丁，谓之勾捕。间有恩恤开伍者。洪武二十三年令应补军役生员，遣归卒业。宣德四年，上虞人李志道充楚雄卫军，死，有孙宗皋宜继。时已中乡试，尚书张本言于帝，得免。如此者绝少。户有军籍，必仕至兵部尚书始得除。军士应起解者，皆佥妻；有津给军装、解军行粮、军丁口粮之费。其册单编造皆有恒式。初定户口、收军、勾清三册。嘉靖三十一年又编四册，曰军贯，曰兜底，曰类卫、类姓。其勾军另给军单。盖终明世，于军籍最严。然弊政渐丛，而扰民日甚。

明太祖起布衣，策群力，取天下。即位后，屡命元勋宿将分道练兵，而其制未定。洪武六年命中书省、大都督府、御史台、六部议教练军士律：“骑卒必善驰射枪刀，步兵必善弓弩枪。射以十二矢之半，远可到，近可中为程。远可到，将弁百六十步、军士百二十步；近可中，五十步。彀弩以十二矢之五，远可到，蹶张八十步，划车一百五十步；近可中，蹶张四十步，划车六十步。枪必进退熟习。在京卫所，以五千人为率，取五之一，指挥以下官领赴御前验试，余以次番试。在外都司卫所，每卫五千人，取五之一，千户以下官领赴京验试，余以次番试。军士步骑皆善，将领各以其能受赏，否则罚。军士给钱六百为道里费。将领自指挥使以下，所统军士三分至六分不中者，次第夺俸；七分以上，次第降官至为军止。都指挥军士四分以上不中，夺俸一年；六分以上罢职。”后十六年，令天下卫所善射者，十选一，于农隙分番赴京较阅，以优劣为千百户赏罚。边军本卫较射。二十年命卫士习射于午门丹墀。明年复令：“天下卫所马步军士，各分十班，将弁以荫叙久次升者统之，冬月至京阅试。指挥、千百户，年深惯战及屯田者免。仍先下操练法，俾遵行。不如法及不娴习者，罚。”明年诏五军府：“比试军士分三等赏钞，又各给钞三锭为路费，不中者亦给之。明年再试不如式，军移戍云南，官谪从征，总小旗降为军。武臣子弟袭职，试骑步射不中程，令还卫署事，与半俸，二年后仍试如故者，亦降为军。”

文皇即位，五驾北征，六师尝自较阅。又尝敕秦、晋、周、肃诸王，各选护卫军五千，命官督赴真定操练，陕西、甘肃、宁夏、大同、辽东诸守将，及中都留守、河南等都司，徐、宿等卫，遣将统马步军分驻真定、德州操练，俟赴京阅视。

景泰初，立十团营。给事中邓林进《轩辕图》，即古入阵法也，因用以教军。成化间，增团营为十二，命月二次会操，起仲春十五日，止仲夏十五日，秋、冬亦如之。弘治九年，兵部尚书马文升申明洪、永操法，五日内，二日走阵下营，三日演武。武宗好武勇，每令提督坐营官操练，又自执金鼓演四镇卒。然大要以恣驰骋、供嬉戏，非有实也。

嘉靖六年定，下营布阵，止用三叠阵及四门方营。又令每营选枪刀箭牌铳手各一二人为教师，转相教习。及更营制，分兵三十枝，设将三十员，各统三千人训练，择精锐者名选锋，厚其校艺之赏。总督大臣一月会操者四，余日营将分练。协理大臣及巡视给事、御史随意入一营，校阅赏罚，因以择选锋。帝又置内营于内教场，练诸内使。

隆庆初，命各营将领以教练军士分数多寡为黜陟。全营教练者加都督佥事，以次减，全不教练者降祖职一级，革任回卫。三年内教练有成，操协大臣奖谕恩录；无功绩者议罚。规制虽立，然将卒率媮惰，操演徒为具文。

先是，浙江参将戚继光以善教士闻，尝调土兵，制鸳鸯阵破倭。至是，已官总兵。穆宗从给事中吴时来请，命继光练兵蓟门。蓟兵精整者数十年。继光尝著《练兵实纪》以训士。一曰练伍，首骑，次步，次车，次辎重；先选伍，次较艺，总之以合营。二曰练胆气，使明作止进退及上下统属、相友相助之义。三曰练耳目，使明号令。四曰练手足，使熟技艺。五曰练营阵，详布阵起行、结营及交锋之正变。终之以练将。后多遵用之。

赏功之制，太祖时，大赏平定中原、征南诸将及云南、越州之功。赏格虽具，然不豫为令。惟二十九年命沿海卫所指挥千百户获倭一船及贼者，升一级，赏银五十两，钞五十锭；军士水陆擒杀贼，赏银有差。

永乐初，以将士久劳，命礼部依太祖升赏例，参酌行之。乃分奇功、首功、次功三等。其赏之轻重次第，率临时取旨，亦不豫为令。十二年定："凡交锋之际，突出敌背杀败贼众者，勇敢入阵斩将搴旗者，本队已胜、别队胜负未决、而能救援克敌者，受命能任事、出奇破贼成功者，皆为奇功。齐力前进、首先败贼者，前队交锋未决、后队向前败贼者，皆为首功。军行及营中擒获奸细者，亦准首功。余皆次功。"又立功赏勘合，定四十字，曰："神威精勇猛，强壮毅英雄。克胜兼超捷，奇功奋锐锋。智谋宣妙略，刚烈效忠诚。果敢能安定，扬名显大勋。"编号用宝，贮内府印绶监。当是时，稽功之法甚严。

正统十四年造赏功牌，有奇功、头功、齐力之分，以大臣主之。凡挺身突阵斩将夺旗者，与奇功牌。生擒瓦剌或斩首一级，与头功牌。虽无功而被伤者，与齐力牌。盖专为瓦剌入犯设也。是后，将士功赏视立功之地，准例奏行。北边为上，东北边次之，西番及苗蛮又次之，内地反贼又次之。世宗时，苦倭甚，故海上功比北边尤为最。

北边，自甘肃迤东，抵山海关。成化十四年例："一人斩一级者，进一秩，至三秩止。二人共斩者，为首进秩同。壮男与实授，幼弱妇女与署职。为从及四级以上，俱给赏。领军官部下五百人者，获五级，进一秩。领千人者，倍之。"正德十年重定例："独斩一级者升一秩。三人共者，首升署一秩，从给赏。四五六人共者，首给赏，从量赏。二人共斩一幼敌者，首视三人例，从量赏。不愿升者，每实授一秩，赏银五十两，署职二十两。”嘉靖十五年定，领军官千、把总，加至三秩止，都指挥以上，止升署职二级，余加赏。

东北边，初定三级当北边之一。万历中，改与北边同。

番寇苗蛮，亦三级进一秩，实授署职，视北边。十级以上并不及数者给赏。万历三年令陕西番寇功，视成化中例，军官千总领五百人者，部下斩三十级，领千人者六十级，把总领五百人者十级，领千人者三十级，俱进一秩，至三秩止。南方蛮贼，宣德九年例，三级以上及斩获首贼，俱升一秩，余加赏。正德十六年定军官部下斩百级者升署一秩，三百级者实授一秩，四百级者升一秩，余功加赏。

倭贼，嘉靖三十五年定：“斩倭首贼一级，升实授三秩，不愿者赏银百五十两。从贼一级，授一秩。汉人协从一级，署一秩。阵亡者，本军及子实授一秩。海洋遇贼有功，均以奇功论。”万历十二年更定，视旧例少变，以贼众及船之多寡，为功赏之差。复定海洋征战，无论倭寇、海贼，勘是奇功，与世袭。云南夷贼，擒斩功次视倭功。

内地反贼，成化十四年例，六级升一秩，至三秩止，幼男妇女及十九级以上与不及数者给赏。正德七年定流贼例：“名贼一级，授一秩，世袭，为从者给赏。次贼一级，署一秩。从贼三级及阵亡者，俱授一秩，世袭。重伤回营死者，署一秩。”又以割耳多寡论功，最多者至升二秩，世袭。先是，五年宁夏功，后嘉靖元年江西功，俱视流贼例。崇祯中，购闯、献以万金，爵封侯，余贼有差，以贼势重，变常格也。

其俘获人畜、器械，成化例，俱给所获者。其论功升秩，成化十四年例，军士升一秩为小旗，舍人升一秩给冠带，以上类推。嘉靖四十三年定，都督等官无阶可升者，所应袭男荫冠带。万历十三年定，都指挥使升秩者，不授都督，赏银五十两，升俸者半之。其有司民兵，隆庆六年定，视军人例。

自洪、宣以后，赏格皆以斩级多少豫定。条例渐多，幸弊日启。

正德间，副使胡世宁言："两军格斗，手眼瞬息，不得差池，何暇割级。其获级者或杀已降，或杀良民，或偶得单行之贼、被掠逃出之人，非真功也。宜选强明刚正之员，为纪功官，痛惩此弊。"时弗能行。故事，镇守官奏带，例止五名。后领兵官所奏有至三四百名者，不在斩馘之例，别立名目，曰运送神枪，曰赍执旗牌，曰冲锋破敌，曰三次当先，曰军前效劳。冒滥之弊，至斯极已。

古所谓炮，皆以机发石。元初得西域炮，攻金蔡州城，始用火。然造法不传，后亦罕用。

至明成祖平交址，得神机枪炮法，特置神机营肄习。制用生、熟赤铜相间，其用铁者，建铁柔为最，西铁次之。大小不等，大者发用车，次及小者用架、用桩用托。大利于守，小利于战，随宜而用，为行军要器。永乐十年诏自开平至怀来、宣府、万全、兴和诸山顶，皆置五炮架。二十年从张辅请，增置于山西大同、天城、阳和、朔州等卫以御敌。然利器不可示人，朝廷亦慎惜之。

宣德五年敕宣府总兵官谭广："神铳，国家所重，在边墩堡，量给以壮军威，勿轻给。"正统六年，边将黄真、杨洪立神铳局于宣府独石。帝以火器外造，恐传习漏泄，敕止之。

正统末，边备日亟，御史杨善请铸两头铜铳。景泰元年，巡关侍郎江潮言："真定藏都督平安火伞，上用铁枪头，环以响铃，置火药筒三，发之，可溃敌马。应州民师翱制铳，有机，顷刻三发，及三百步外。"俱试验之。天顺八年，延绥参将房能言麓川破贼，用九龙筒，一线然则九箭齐发，请颁式各边。

至嘉靖八年，始从右都御史汪鋐言，造佛郎机炮，谓之大将军，发诸边镇。佛郎机者，国名也。正德末，其国舶至广东。白沙巡检何儒得其制，以铜为之，长五六尺，大者重千余斤，小者百五十斤，巨腹长颈，腹有修孔。以子铳五枚，贮药置腹中，发及百余丈，最利水战。驾以蜈蚣船，所击辄糜碎。二十五年，总督军务翁万达奏所造火器。兵部试之，言："三出连珠、百出先锋、铁捧雷飞，俱便用。母子火兽、布地雷炮，止可夜劫营。”御史张铎亦进十眼铜炮，大弹发及七百步，小弹百步；四眼铁枪，弹四百步。诏工部造。

万历中，通判华光大奏其父所制神异火器，命下兵部。其后，大西洋船至，复得巨炮，曰红夷。长二丈余，重者至三千斤，能洞裂石城，震数十里。天启中，锡以大将军号，遣官祀之。

崇祯时，大学士徐光启请令西洋人制造，发各镇。然将帅多不得人，城守不固，有委而去之者。及流寇犯阙，三大营兵不战而溃，枪炮皆为贼有，反用以攻城。城上亦发炮击贼。时中官已多异志，皆空器贮药，取声震而已。

明置兵仗、军器二局，分造火器。号将军者自大至五。又有夺门将军大小二样、神机炮、襄阳炮、盏口炮、椀口炮、旋风炮、流星炮、虎尾炮、石榴炮、龙虎炮、毒火飞炮、连珠佛郎机炮、信炮、神炮，炮里炮、十眼铜炮、三出连珠炮、百出先锋炮、铁俸雷飞炮、火兽布地雷炮、椀口铜铁铳、手把铜铁铳、神铳、斩马铳、一窝锋神机箭铳、大中小佛郎机铜铳、佛朗机铁铳、木厢铜铳、筋缴桦皮铁铳、无敌手铳、鸟嘴铳、七眼铜铳、千里铳、四眼铁枪、各号双头铁枪、夹把铁手枪、快枪以及火车、火伞、九龙筒之属，凡数十种。正德、嘉靖间造最多。又各边自造，自正统十四年四川始。其他刀牌、弓箭、枪弩、狼筅、蒺藜、甲胄、战袄，在内有兵仗、军器、针工、鞍辔诸局，属内库，掌于中官；在外有盔甲厂，属兵部，掌以郎官。京省诸司卫所，又俱有杂造局。军资器械名目繁伙，不具载，惟火器前代所少，故特详焉。

中原用车战，而东南利舟楫，二者于兵事为最要。自骑兵起，车制渐废。

洪武五年造独辕车，北平、山东千辆，山西、河南八百辆。永乐八年北征，用武刚车三万辆，皆惟以供馈运。

至正统十二年始从总兵官朱冕议，用火车备战。自是言车战者相继。十四年，给事中李侃请以骡车千辆，铁索联络，骑卒处中，每车翼以刀牌手五人，贼犯阵，刀牌手击之，贼退则开索纵骑。帝命造成祭而后用。下车式于边境，用七马驾。宁夏多沟壑，总兵官张泰请用独马小车，时以为便。箭工周四章言，神机枪一发难继，请以车载枪二十，箭六百，车首置五枪架，一人推，二人扶，一人执爨。试可，乃造。

景泰元年，定襄伯郭登请仿古制为偏箱车。辕长丈三尺，阔九尺，高七尺五寸，箱用薄板，置铳。出则左右相连，前后相接，钩环牵互。车载衣粮、器械并鹿角二。屯处，十五步外设为藩。每车枪炮、弓弩、刀牌甲士共十人，无事轮番推挽。外以长车二十，载大小将军铳，每方五辆，转输樵采，皆在围中。又用四轮车一，列五色旗，视敌指挥。廷议此可以守，难于攻战，命登酌行。兰州守备李进请造独轮小车，上施皮屋，前用木板，画兽面，凿口，置碗口铳四，枪四，神机箭十四，树旗一。行为阵，止为营，二年，吏部郎中李贤请造战车，长丈五尺，高六尺四寸，四围箱板，穴孔置铳，上辟小窗，每车前后占地五步。以千辆计，四方可十六里，刍粮、器械辎重咸取给焉。帝令亟行。

成化二年从郭登言，制军队小车。每队六辆，辆九人，二人挽，七人番代，车前置牌画猊首，远望若城垒然。八年，宁都诸生何京上御敌车式，上施铁网，网穴发枪弩，行则敛之。五十车为一队，用士三百七十五人。十二年，左都御史李宾请造偏箱车，与鹿角参用。兵部尚书项忠请验阅，以登高涉险不便，已之。十三年从甘肃总兵官王玺奏，造雷火车，中立枢轴，旋转发炮。二十年，宣大总督余子俊以车五百辆为一军，每辆卒十人，车隙补以鹿角。既成，而迟重不可用，时人谓之鹧鸪军。

弘治十五年，陕西总制秦纮请用只轮车，名曰全胜，长丈四尺，上下共六人，可冲敌阵。十六年，闲住知府范吉献先锋霹雳车。

嘉靖十一年，南京给事中王希文请仿郭固、韩琦之制，造车，前锐后方，上置七枪，为橹三层，各置九牛神弩，傍翼以卒。行载甲兵，止为营阵。下边镇酌行。十五年，总制刘天和复言全胜车之便，而稍为损益，用四人推挽，所载火器、弓弩、刀牌以百五十斤为准。箱前画狻猊，旁列虎盾以护骑士。命从其制。四十三年，有司奏准，京营教演兵车，共四千辆，每辆步卒五人，神枪、夹靶枪各二。自正统以来，言车战者如此，然未尝一当敌。

至隆庆中，戚继光守蓟门，奏练兵车七营：以东西路副总兵及抚督标共四营，分驻建昌、遵化、石匣、密云；蓟、辽总兵二营，驻三屯；昌平总兵一营，驻昌平。每营重车百五十有六，轻车加百，步兵四千，骑兵三千。十二路二千里间，车骑相兼，可御敌数万。穆宗韪之，命给造费。然特以遏冲突，施火器，亦未尝以战也。是后，辽东巡抚魏学曾请设战车营，仿偏箱之制，上设佛郎机二，下置雷飞炮、快枪六，每车步卒二十五人。万历末，经略熊廷弼请造双轮战车，每车火炮二，翼以十卒，皆持火枪。天启中，直隶巡按御史易应昌进户部主事曹履吉所制钢轮车、小冲车等式，以御敌，皆罕得其用。大约边地险阻，不利车战。而舟楫之用，则东南所宜。

舟之制，江海各异。太祖于新江口设船四百。永乐初，命福建都司造海船百三十七，又命江、楚、两浙及镇江诸府卫造海风船。成化初，济川卫杨渠献《桨舟图》，皆江舟也。

海舟以舟山之乌槽为首。福船耐风涛，且御火。浙之十装标号软风、苍山，亦利追逐。广东船，铁栗木为之，视福船尤巨而坚。其利用者二，可发佛郎机，可掷火球。大福船亦然，能容百人。底尖上阔，首昂尾高，柁楼三重，帆桅二，榜护以板，上设木女墙及炮床。中为四层：最下实土石；次寝息所；次左右六门，中置水柜，扬帆炊爨皆在是；最上如露台，穴梯而登，傍设翼板，可凭以战。矢石火器皆俯发，可顺风行。海苍视福船稍小。开浪船能容三五十人，头锐，四桨一橹，其行如飞，不拘风潮顺逆。艟𦪇船视海苍又小。苍山船首尾皆阔，帆橹并用。橹设船傍近后，每傍五枝，每枝五跳，跳二人，以板闸跳上，露首于外。其制上下三层，下实土石，上为战场，中寝处。其张帆下碇，皆在上层，戚继光云：“倭舟甚小，一入里海，大福、海苍不能入，必用苍船逐之，冲敌便捷，温人谓之苍山铁也。”沙、鹰二船，相胥成用。沙船可接战，然无翼蔽。鹰船两端锐，进退如飞。傍钉大茅竹，竹间窗可发铳箭，窗内舷外隐人以荡桨。先驾此入贼队，沙船随进，短兵接战，无不胜。渔船至小，每舟三人，一执布帆，一执桨，一执鸟嘴铳。随波上下，可掩贼不备。网梭船，定海、临海、象山俱有之，形如梭。竹桅布帆，仅容二三人，遇风涛辄舁入山麓，可哨探。蜈蚣船，象形也，能驾佛朗机铳，底尖面阔，两傍楫数十，行如飞。两头船，旋转在舵，因风四驰，诸船无逾其速。盖自嘉靖以来，东南日备倭，故海舟之制，特详备云。

明制，马之属内厩者曰御马监，中官掌之，牧于大坝，盖仿《周礼》十有二闲意。牧于官者，为太仆寺、行太仆寺、苑马寺及各军卫，即唐四十八监意。牧于民者，南则直隶应天等府，北则直隶及山东、河南等府，即宋保马意。其曰备养马者，始于正统末，选马给边，边马足，而寄牧于畿甸者也。官牧给边镇，民牧给京军，皆有孳生驹。官牧之地曰草场，或为军民佃种曰熟地，岁征租佐牧人市马。牧之人曰恩军，曰队军，曰改编军，曰充发军，曰抽发军。苑马分三等，上苑万，中七千，下四千。一夫牧马十匹，五十夫设圉长一人。凡马肥瘠登耗，籍其毛齿而时省之。三岁，寺卿偕御史印烙，鬻其羸劣以转市。边卫、营堡、府州县军民壮骑操马，则掌于行寺卿。边用不足，又以茶易于番，以货市于边。其民牧皆视丁田授马，始曰户马，既曰种马，按岁征驹。种马死，孳生不及数，辄赔补。此其大凡也。

初，太祖都金陵，令应天、太平、镇江、庐州、凤阳、扬州六府，滁、和二州民牧马。洪武六年设太仆寺于滁州，统于兵部。后增滁阳五牧监，领四十八群。已，为四十监，旋罢，惟存天长、大兴、舒城三监。置草场于汤泉、滁州等地。复令飞熊、广武、英武三卫，五军养一马，马岁生驹，一岁解京。既而以监牧归有司，专令民牧。江南十一户，江北五户养马一，复其身。太仆官督理，岁正月至六月报定驹，七月至十月报显驹，十一、二月报重驹。岁终考马政，以法治府州县官吏。凡牡曰儿，牝曰骒。儿一、骒四为群，群头一人。五群，群长一人。三十年设北平、辽东、山西、陕西、甘肃行太仆寺，定牧马草场。

永乐初，设太仆寺于北京，掌顺天、山东、河南。旧设者为南太仆寺，掌应天等六府二州。四年设苑马寺于陕西、甘肃，统六监，监统四苑。又设北京、辽东二苑马寺，所统视陕西、甘肃。十二年令北畿民计丁养马，选居闲官教之畜牧。民十五丁以下一匹，十六丁以上二匹，为事编发者七户一匹，得除罪。寻以寺卿杨砥言，北方人户五丁养一，免其田租之半，蓟州以东至南海等卫，戍守军外，每军饲种马一。又定南方养马例：凤、庐、扬、滁、和五丁一，应天、太、镇十丁一。淮、徐初养马，亦以丁为率。十八年罢北京苑马寺，悉牧之民。

洪熙元年令民牧二岁征一驹，免草粮之半。自是，马日蕃，渐散于邻省。济南、兖州、东昌民养马，自宣德四年始也。彰德、卫辉、开封民养马，自正统十一年始也。已而也先入犯，取马二万，寄养近京，充团营骑操，而尽以故时种马给永平等府。景泰三年令儿马十八岁、骒马二十岁以上，免算驹。

成化二年，以南土不产马，改征银。四年始建太仆寺常盈库，贮备用马价。是时，民渐苦养马。六年，吏部侍郎叶盛言："向时岁课一驹，而民不扰者，以刍牧地广，民得为生也。自豪右庄田渐多，养马渐不足。洪熙初，改两年一驹，成化初，改三年一驹。马愈削，民愈贫。然马卒不可少，乃复两年一驹之制，民愈不堪。请敕边镇随俗所宜，凡可以买马足边、军民交益者，便宜处置。"时马文升抚陕西，又极论边军偿马之累，请令屯田卒田多丁少而不领马者，岁输银一钱，以助赔偿，虽皆允行，而民困不能舒也。继文升抚陕者萧祯，请省行太仆寺。兵部覆云："洪、永时，设行太仆及苑马寺，凡茶马、番人贡马，悉收寺、苑放牧，常数万匹，足充边用。正统以后，北敌屡入抄掠，马遂日耗。言者每请裁革，是惜小费而忘大计。"于是敕谕祯，但令加意督察。而北畿自永乐以来，马日滋，辄责民牧，民年十五者即养马。太仆少卿彭礼以户丁有限，而课驹无穷，请定种马额。会文升为兵部尚书，奏行其请，乃定两京太仆种马，儿马二万五千，骒马四之，二年纳驹，著为令。时弘治六年也。

十五年冬，尚书刘大夏荐南京太常卿杨一清为副都御史，督理陕西马政。一清奏言："我朝以陕右宜牧，设监苑，跨二千余里。后皆废，惟存长乐、灵武二监。今牧地止数百里，然以供西边尚无不足，但苦监牧非人，牧养无法耳。两监六苑，开城、安定水泉便利，宜为上苑，牧万马；广宁、万安为中苑；黑水草场逼窄，清平地狭土瘠，为下苑。万安可五千，广宁四千，清平二千。黑水千五百。六苑岁给军外，可常牧马三万二千五百，足供三边用。然欲广孳息，必多蓄种马，宜增满万匹，两年一驹，五年可足前数。请支太仆马银四万二千两，于平、庆、临、巩买种马七千。又养马恩队军不足，请编流亡民及问遣回籍者，且视恩军例，凡发边卫充军者，改令各苑牧马，增为三千人。又请相地势，筑城通商，种植榆柳，春夏入牧，秋冬还厩，马厩得安，敌来亦可收保。"孝宗方重边防，大夏掌兵部，一清所奏辄行。迁总制仍督马政。

诸监草场，原额十三万三千七百余顷，存者已不及半。一清核之，得荒地十二万八千余顷，又开武安苑地二千九百余顷。正德二年闻于朝。及一清去官，未几复废。时御史王济言："民苦养马。有一孳生马，辄害之。间有定驹，赂医讳之，有显驹坠落之。马亏欠不过纳银二两，既孳生者已闻官，而复倒毙，不过纳银三两，孳生不死则饥饿。马日瘦削，无济实用。今种马、地亩、人丁，岁取有定额，请以其额数令民买马，而种马孳生，县官无与。"兵部是其言。自后，每有奏报，辄引济言县官无与种马事，但责驹于民，遗母求子矣。

初，边臣请马，太仆寺以见马给之。自改征银，马日少，而请者相继，给价十万，买马万匹。边臣不能市良马，马多死。太仆卿巏以为言，请仍给马。又指陈各边种马盗卖私借之弊。语虽切，不能从。而边镇给发日益繁。延绥三十六营堡，自弘治十一年始，十年间，发太仆银二十八万有奇，买补四万九千余匹，宁夏、大同、居庸关等处不与焉。至正德七年，遂开纳马例，凡十二条。九年复发太仆银市马万五千于山东、辽东、河南及凤阳、保定诸府。

嘉靖元年，陕西苑马少卿卢璧条上马政，请督逋负、明印烙、训医药、均地差以救目前，而辟场广蓄为经久计。帝嘉纳之。自后言马事者颇众，大都因事立说，补救一时而已。二十九年，俺答入寇，太仆马缺，复行正德纳马例。已，稍增损之。至四十一年，遂开例至捐马授职。

隆庆二年，提督四夷馆太常少卿武金言："种马之设，专为孳生备用。备用马既别买，则种马可遂省。今备用马已足三万，宜令每马折银三十两，解太仆。种马尽卖，输兵部。一马十两，则直隶、山东、河南十二万匹，可得银百二十万，且收草豆银二十四万。"御史谢廷杰谓："祖制所定，关军机，不可废。"兵部是廷杰言。而是时，内帑乏，方分使括天下逋赋。穆宗可金奏，下部议。部请养、卖各半，从之。

太仆之有银也，自成化时始，然止三万余两。及种马卖，银日增。是时，通贡互市所贮亦无几。及张居正作辅，力主尽卖之议。自万历九年始，上马八两，下至五两，又折征草豆地租，银益多，以供团营买马及各边之请。然一骟马辄发三十金，而州县以驽马进，其直止数金。且仍寄养于马户，害民不减曩时。又国家有兴作、赏赉，往往借支太仆银，太仆帑益耗。十五年，寺卿罗应鹤请禁支借。二十四年诏太仆给陕西赏功银。寺臣言："先年库积四百余万，自东西二役兴，仅余四之一。朝鲜用兵，百万之积俱空。今所存者，止十余万。况本寺寄养马岁额二万匹，今岁取折色，则马之派征甚少，而东征调兑尤多。卒然有警，马与银俱竭，何以应之。"章下部，未能有所厘革也。

崇祯初，核户兵工三部，借支太仆马价至一千三百余万。盖自万历以来，冏政大坏，而边牧废弛，愈不可问。既而辽东督师袁崇焕以缺马，请于两京州县寄养马内，折三千匹价买之西边。太仆卿涂国鼎言："祖宗令民养马，专供京营骑操，防护都城，非为边也。后来改折，无事则易马输银，有警则出银市马，仍是为京师备御之意。今折银已多给各镇，如并此马尽折，万一变生，奈何？"帝是其言，却崇焕请。

按明世马政，法久弊丛。其始盛终衰之故，大率由草场兴废。太祖既设草场于大江南北，复定北边牧地：自东胜以西至宁夏、河西、察罕脑儿，以东至大同、宣府、开平，又东南至大宁、辽东，抵鸭绿江又北千里，而南至各卫分守地，又自雁门关西抵黄河外，东历紫荆、居庸、古北抵山海卫，荒闲平野，非军民屯种者，听诸王附马以至近边军民樵采牧放，在边藩府不得自占。永乐中，又置草场于畿甸。寻以顺圣川至桑乾河百三十余里，水草美，令以太仆千骑，令怀来卫卒百人分牧，后增至万二千匹。宣德初，复置九马坊于保安州。于是兵部奏，马大蕃息，以色别而名之，其毛色二十五等，其种三百六十。其后庄田日增，草场日削，军民皆困于孳养。弘治初，兵部主事汤冕、太仆卿王霁、给事中韩祐周旋、御史张淳，皆请清核。而旋言：“香河诸县地占于势家，霸州等处俱有仁寿宫皇庄，乞罢之，以益牧地。”虽允行，而占佃已久，卒不能清。南京诸卫牧场亦久废，兵部尚书张蓥请复之。御史胡海言，恐遗地利，遂止。京师团营官马万匹，与旗手等卫上直官马，皆分置草场。岁春末，马非听用者，坐营官领下场放牧，草豆住支，秋末回。给事御史阅视马毙军逃者以闻。后上直马不出牧，而骑操马仍岁出如例。嘉靖六年，武定侯郭勋以边警为辞，奏免之，征各场租以充公费，余贮太仆买马。于是营马专仰秣司农，岁费至十八万，户部为诎，而草场益废。议者争以租佃取赢，浸淫至神宗时，弊坏极矣。

茶马司，洪武中，立于川、陕，听西番纳马易茶，赐金牌信符，以防诈伪。每三岁，遣廷臣召诸番合符交易，上马茶百二十斤，中马七十斤，下马五十斤。以私茶出者罪死，虽勋戚无贷。末年，易马至万三千五百余匹。永乐中，禁稍弛，易马少。乃命严边关茶禁，遣御史巡督。正统末，罢金牌，岁遣行人巡察，边氓冒禁私贩者多。成化间，定差御史一员，领敕专理。弘治间，大学士李东阳言：“金牌制废，私茶盛，有司又屡以敝茶给番族，番人抱憾，往往以羸马应。宜严敕陕西官司揭榜招谕，复金牌之制，严收良茶，颇增马直，则得马必蕃。”

及杨一清督理苑马，遂命并理盐、茶。一清申旧制，禁私贩，种官茶。四年间易马九千余匹，而茶尚积四十余万斤。灵州盐池增课五万九千，贮庆阳、固原库，以买马给边。又惧后无专官，制终废也，于正德初，请令巡茶御史兼理马政，行太仆、苑马寺官听其提调，报可。御史翟唐岁收茶七十八万余斤，易马九千有奇。后法复弛。嘉靖初，户部请揭榜禁私茶，凡引俱南户部印发，府州县不得擅印。三十年诏给番族勘合，然初制讫不能复矣。

马市者，始永乐间。辽东设市三，二在开原，一在广宁，各去城四十里。成化中，巡抚陈钺复奏行之。后至万历初不废。嘉靖中，开马市于大同，陕边宣镇相继行。隆庆五年，俺答上表称贡。总督王崇古市马七千余匹，为价九万六千有奇。其价，辽东以米布绢，宣、大、山西以银。市易外有贡马者，以钞币加赐之。

初，太祖起江左，所急惟马，屡遣使市于四方。正元寿节，内外藩封将帅皆以马为币。外国、土司、番部以时入贡，朝廷每厚加赐予，所以招携怀柔者备至。文帝勤远略，遣使绝域，外国来朝者甚众，然所急者不在马。自后狃于承平，驾驭之权失，马无外增，惟恃孳生岁课。重以官吏侵渔，牧政荒废，军民交困矣。盖明自宣德以后，祖制渐废，军旅特甚，而马政其一云。

明史卷九三
志第六九

刑法一

自汉以来，刑法沿革不一。隋更五刑之条，设三奏之令。唐撰律令，一准乎礼以为出入。宋采用之，而所重者敕，律所不载者，则听之于敕。故时轻时重，无一是之归。元制，取所行一时之例为条格而已。明初，丞相李善长等言："历代之律，皆以汉《九章》为宗，至唐始集其成。今制宜遵唐旧。"太祖从其言。

始，太祖惩元纵弛之后，刑用重典，然特取决一时，非以为则。后屡诏厘正，至三十年始申画一之制，所以斟酌损益之者，至纤至悉，令子孙守之。群臣有稍议更改，即坐以变乱祖制之罪。而后乃滋弊者，由于人不知律，妄意律举大纲，不足以尽情伪之变，于是因律起例，因例生例，例愈纷而弊愈无穷。初诏内外风宪官，以讲读律令一条，考校有司。其不能晓晰者，罚有差。庶几人知律意。因循日久，视为具文。由此奸吏骫法，任意轻重。至如律有取自上裁、临时处治者，因罪在八议不得擅自勾问、与一切疑狱罪名难定、及律无正文者设，非谓朝廷可任情生杀之也。英、宪以后，钦恤之意微，侦伺之风炽。巨恶大憝，案如山积，而旨从中下，纵之不问；或本无死理，而片纸付诏狱，为祸尤烈。故综明代刑法大略，而以厂卫终之。厂竖姓名，传不备载，列之于此，使有所考焉。

明太祖平武昌，即议律令。吴元年冬十月命左丞相李善长为律令总裁官，参知政事杨宪、傅献，御史中丞刘基，翰林学士陶安等二十人为议律官，谕之曰："法贵简当，使人易晓。若条绪繁多，或一事两端，可轻可重，吏得因缘为奸，非法意也。夫网密则水无大鱼，法密则国无全民。卿等悉心参究，日具刑名条目以上，吾亲酌议焉。"每御西楼，召诸臣赐坐，从容讲论律义。十二月，书成，凡为令一百四十五条，律二百八十五条。又恐小民不能周知，命大理卿周桢等取所定律令，自礼乐、制度、钱粮、选法之外，凡民间所行事宜，类聚成编，训释其义，颁之郡县，名曰《律令直解》。太祖览其书而喜曰："吾民可以寡过矣。"

洪武元年又命儒臣四人，同刑官讲《唐律》，日进二十条。五年定宦官禁令及亲属相容隐律，六年夏刊《律令宪纲》，颁之诸司。其冬，诏刑部尚书刘惟谦详定《大明律》。每奏一篇，命揭两庑，亲加裁酌。及成，翰林学士宋濂为表以进，曰："臣以洪武六年冬十一月受诏，明年二月书成。篇目一准于唐：曰卫禁，曰职制，曰户婚，曰厩库，曰擅兴，曰贼盗，曰斗讼，曰诈伪，曰杂律，曰捕亡，曰断狱，曰名例。采用旧律二百八十八条，续律百二十八条，旧令改律三十六条，因事制律三十一条，掇《唐律》以补遗百二十三条，合六百有六条，分为三十卷。或损或益，或仍其旧，务合轻重之宜。"九年，太祖览律条犹有未当者，命丞相胡惟庸、御史大夫汪广洋等详议厘正十有三条。十六年命尚书开济定诈伪律条。二十二年，刑部言："比年条例增损不一，以致断狱失当。请编类颁行，俾中外知所遵守。"遂命翰林院同刑部官，取比年所增者，以类附入。改《名例律》冠于篇首。

为卷凡三十，为条四百有六十。《名例》一卷，四十七条。《吏律》二卷，曰职制十五条，曰公式十八条。《户律》七卷，曰户役十五条，曰田宅十一条，曰婚姻十八条，曰仓库二十四条，曰课程十九条，曰钱债三条，曰市廛五条。《礼律》二卷，曰祭祀六条，曰仪制二十条。《兵律》五卷，曰宫卫十九条，曰军政二十条，曰关津七条，曰厩牧十一条，曰邮驿十八条。《刑律》十一卷，曰盗贼二十八条，曰人命二十条，曰斗殴二十二条，曰骂詈八条，曰诉讼十二条，曰受赃十一条，曰诈伪十二条，曰犯奸十条，曰杂犯十一条，曰捕亡八条，曰断狱二十九条。《工律》二卷，曰营造九条，曰河防四条。

为五刑之图凡二。首图五：曰笞，曰杖，曰徒，曰流，曰死。笞刑五，自一十至五十；每十为一等加减。杖刑五，自六十至一百；每十为一等加减。徒刑五，徒一年杖六十，一年半杖七十，二年杖八十，二年半杖九十，三年杖一百；每杖十及徒半年为一等加减。流刑三，二千里，二千五百里，三千里，皆杖一百；每五百里为一等加减。死刑二，绞、斩。五刑之外，徒有总徒四年，遇例减一年者，有准徒五年，斩、绞、杂犯减等者。流有安置，有迁徙，去乡一千里，杖一百，准徒二年，有口外为民，其重者曰充军。充军者，明初唯边方屯种。后定制，分极边、烟瘴、边远、边卫、沿海、附近。军有终身，有永远。二死之外，有凌迟，以处大逆不道诸罪者。充军、凌迟，非五刑之正，故图不列。凡徒流再犯者，流者于原配处所，依工、乐户留住法。三流并决杖一百，拘役三年。拘役者，流人初止安置，今加以居作，即唐、宋所谓加役流也。徒者于原役之所，依所犯杖数年限决讫，应役无得过四年。

次图七，曰笞，曰杖，曰讯杖，曰枷，曰杻，曰索，曰镣。笞，大头径二分七厘，小头减一分。杖，大头径三分二厘，小头减如笞之数。笞、杖皆以荆条为之，皆臀受。讯杖，大头径四分五厘，小头减如笞杖之数，以荆条为之，臀腿受。笞、杖、讯，皆长三尺五寸，用官降式较勘，毋以筋胶诸物装钉。枷，自十五斤至二十五斤止，刻其上为长短轻重之数。长五尺五寸，头广尺五寸，杻长尺六寸，厚一寸。男子死罪者用之。索，铁为之，以系轻罪者，其长一丈。镣，铁连环之，以絷足，徒者带以输作，重三斤。

又为丧服之图凡八：族亲有犯，视服等差定刑之轻重。其因礼以起义者，养母、继母、慈母皆服三年。殴杀之，与殴杀嫡母同罪。兄弟妻皆服小功。互为容隐者，罪得递减。舅姑之服皆斩衰三年，殴杀骂詈之者，与夫殴杀骂詈之律同。姨之子、舅之子、姑之子皆缌麻，是曰表兄弟，不得相为婚姻。

大恶有十：曰谋反，曰谋大逆，曰谋叛，曰恶逆，曰不道，曰大不敬，曰不孝，曰不睦，曰不义，曰内乱，虽常赦不原。贪墨之赃有六：曰监守盗，曰常人盗，曰窃盗，曰枉法，曰不枉法，曰坐赃。当议者有八：曰议亲，曰议故，曰议功，曰议贤，曰议能，曰议勤，曰议贵，曰议宾。

太祖谕太孙曰："此书首列二刑图，次列八礼图者，重礼也。顾愚民无知，若于本条下即注宽恤之令，必易而犯法，故以广大好生之意，总列《名例律》中。善用法者，会其意可也。"太孙请更定五条以上，太祖览而善之。太孙又请曰："明刑所以弼教，凡与五伦相涉者，宜皆屈法以伸情。"乃命改定七十三条，复谕之曰："吾治乱世，刑不得不重。汝治平世，刑自当轻，所谓刑罚世轻世重也。"二十五年，刑部言，律条与条例不同者宜更定。太祖以条例特一时权宜，定律不可改，不从。

三十年作《大明律诰》成。御午门，谕群臣曰："朕仿古为治，明礼以导民，定律以绳顽，刊著为令。行之既久，犯者犹众，故作《大诰》以示民，使知趋吉避凶之道。古人谓刑为祥刑，岂非欲民并生于天地间哉。然法在有司，民不周知，故命刑官取《大诰》条目，撮其要略，附载于律。凡榜文禁例悉除之，除谋逆及《律诰》该载外，其杂犯大小之罪，悉依赎罪例论断，编次成书，刊布中外，令天下知所遵守。"

《大诰》者，太祖患民狃元习，徇私灭公，戾日滋。十八年采辑官民过犯，条为大诰。其目十条：曰揽纳户，曰安保过付，曰诡寄田粮，曰民人经该不解物，曰洒派抛荒田土，曰倚法为奸，曰空引偷军，曰黥刺在逃，曰官吏长解卖囚，曰寰中士夫不为君用。其罪至抄札。次年复为《续编》、《三编》，皆颁学宫以课士，里置塾师教之。囚有《大诰》者，罪减等。于时，天下有讲读《大诰》师生来朝者十九万余人，并赐钞遣还。自《律诰》出，而大诰所载诸峻令未尝轻用。其后罪人率援《大诰》以减等，亦不复论其有无矣。

盖太祖之于律令也，草创于吴元年，更定于洪武六年，整齐于二十二年，至三十年始颁示天下。日久而虑精，一代法始定。中外决狱，一准三十年所颁。其洪武元年之令，有律不载而具于令者，法司得援以为证，请于上而后行焉。凡违令者罪笞，特旨临时决罪，不著为律令者，不在此例。有司辄引比律，致罪有轻重者，以故入论。罪无正条，则引律比附，定拟罪名，达部议定奏闻。若辄断决，致罪有出入者，以故失论。

大抵明律视唐简核，而宽厚不如宋。至其恻隐之意，散见于各条，可举一以推也。如罪应加者，必赃满数乃坐。如监守自盗，赃至四十贯绞。若止三十九贯九十九文，欠一文不坐也。加极于流三千里，以次增重，终不得至死。而减至流者，自死而之生，无绞斩之别。即唐律称加就重条。称日者以百刻，称年者以三百六十日。如人命辜限及各文书违限，虽稍不及一时刻，仍不得以所限之年月科罪，即唐例称日以百刻条。未老疾犯罪，而事发于老疾，以老疾论；幼小犯罪，而事发于长大，以幼小论。即唐律老小废疾条。犯死罪，非常赦所不原，而祖父母、父母老无养者，得奏闻取上裁。犯徒流者，余罪得收赎，存留养亲。即唐律罪非十恶条。功臣及五品以上官禁狱者，许令亲人入侍，徒流者并听随行，违者罪杖。同居亲属有罪，得互相容隐。即唐律同居相容隐条。奴婢不得首主。凡告人者，告人祖父不得指其子孙为证，弟不证兄，妻不证夫，奴婢不证主。文职责在奉法，犯杖则不叙。军官至徒流，以世功犹得擢用。凡若此类，或间采唐律，或更立新制，所谓原父子之亲，立君臣之义以权之者也。

建文帝即位，谕刑官曰："《大明律》，皇祖所亲定，命朕细阅，较前代往往加重。盖刑乱国之典，非百世通行之道也。朕前所改定，皇祖已命施行。然罪可矜疑者，尚不止此。夫律设大法，礼顺人情，齐民以刑，不若以礼。其谕天下有司，务崇礼教，赦疑狱，称朕嘉与万方之意。"成祖诏法司问囚，一依《大明律》拟议，毋妄引榜文条例为深文。永乐元年定诬告法。成化元年又令谳囚者一依正律，尽革所有条例。十五年，南直隶巡抚王恕言："《大明律》后，有《会定见行律》百有八条，不知所起。如《兵律》多支廪给，《刑律》骂制使及骂本管长官条，皆轻重失伦。流传四方，有误官守。乞追板焚毁。"命即焚之，有依此律出入人罪者，以故论。十八年定挟诈得财罪例。

弘治中，去定律时已百年，用法者日弛。五年，刑部尚书彭韶等以鸿胪少卿李鐩请，删定《问刑条例》。至十三年，刑官复上言：“洪武末，定《大明律》，后又申明《大诰》，有罪减等，累朝遵用。其法外遗奸，列圣因时推广之而有例，例以辅律，非以破律也。乃中外巧法吏或借便己私，律浸格不用。”于是下尚书白昂等会九卿议，增历年问刑条例经久可行者二百九十七条。帝摘其中六事，令再议以闻。九卿执奏，乃不果改。然自是以后，律例并行，而纲亦少密。王府禁例六条，诸王无故出城有罚，其法尤严。嘉请七年，保定巡抚王应鹏言：“正德间，新增问刑条例四十四款，深中情法，皆宜编入。”不从。惟诏伪造印信及窃盗三犯者不得用可矜例。刑部尚书胡世宁又请编断狱新例，亦命止依律文及弘治十三年所钦定者。至二十八年，刑部尚书喻茂坚言：“自弘治间定例，垂五十年。乞敕臣等会同三法司，申明问刑条例及嘉靖元年后钦定事例，永为遵守。弘治十三年以后、嘉靖元年以前事例，虽奉诏革除，顾有因事条陈，拟议精当可采者，亦宜详检。若官司妄引条例，故入人罪者，当议黜罚。”会茂坚去官，诏尚书顾应祥等定议，增至二百四十九条。三十四年又因尚书何鳌言，增入九事。万历时，给事中乌升请续增条例。至十三年，刑部尚书舒化等乃辑嘉靖三十四年以后诏令及宗藩军政条例、捕盗条格、漕运议单与刑名相关者，律为正文，例为附注，共三百八十二条，删世宗时苛令特多。崇祯十四年，刑部尚书刘泽深复请议定《问刑条例》。帝以律应恪遵，例有上下，事同而二三其例者，删定画一为是。然时方急法，百司救过不暇，议未及行。

太祖之定律文也，历代相承，无敢轻改。其一时变通，或由诏令，或发于廷臣奏议，有关治礼，言获施行者，不可以无详也。

洪武元年谕省臣：“鞫狱当平恕，古者非大逆不道，罪止及身。民有犯者，毋得连坐。”尚书夏恕尝引汉法，请著律，反者夷三族。太祖曰：“古者，父子兄弟罪不相及，汉仍秦旧，法太重。”却其奏不行。

民父以诬逮，其子诉于刑部，法司坐以越诉。太祖曰："子诉父枉，出于至情，不可罪。"有子犯法，父贿求免者，御史欲并论父。太祖曰："子论死，父救之，情也，但论其子，赦其父。"十七年，左都御史詹徽奏民殴孕妇至死者，律当绞，其子乞代。大理卿邹俊议曰："子代父死，情可矜。然死妇系二人之命，犯人当二死之条，与其存犯法之人，孰若全无辜之子。"诏从俊议。二十年，詹徽言："军人有犯当杖，其人尝两得罪而免，宜并论前罪，诛之。"太祖曰："前罪既宥，复论之则不信矣。"仗而遣之。二十四年，嘉兴通判庞安获鬻私盐者送京师，而以盐赏获者。户部以其违例，罚盐入官，且责取罪状。安言："律者万世之常法，例者一时之旨意。今欲依例而行，则于律内非应捕人给赏之言，自相违悖，失信于天下也。"太祖然其言，诏如律。

永乐二年，刑部言河间民讼其母，有司反拟母罪。诏执其子及有司罪之。三年定文职官及中外旗校军民人等，凡犯重条，依律科断，轻者免决，记罪。其有不应侵损于人等项及情犯重者，临时奏请。十六年严犯赃官吏之禁。初，太祖重惩贪吏，诏犯赃者无贷。复敕刑部："官吏受赃者，并罪通贿之人，徙其家于边。著为令。"日久法弛，故复申饬之。二十九年，大理卿虞谦言："诓骗之律，当杖而流，今枭首，非诏书意。"命如律拟断。宣德二年，江西按察使黄翰言："民间无籍之徒，好兴词讼，辄令老幼残疾男妇诬告平人，必更议涉虚加罚乃可。"遂定老幼残疾男妇诬告人罚钞赎罪例。其后孝宗时，南京有犯诬告十人以上，例发口外为民。而年逾七十，律应收赎者，更著令，凡年七十以上、十五以下及废疾者，依律论断。例应充军瞭哨、口外为民者，仍依律发遣。若年八十以上及笃疾有犯应永戍者，以子孙发遣，应充军以下者免之。

初制，凡官吏人等犯枉法赃者，不分南北，俱发北方边卫充军。正统五年，行在三法司言："洪武定律时，钞贵物贱，所以枉法赃至百二十贯者，免绞充军。今钞贱物贵，若以物估钞至百二十贯枉法赃俱发充军，轻重失伦矣。今后文职官吏人等，受枉法赃比律该绞者，估钞八百贯之上，俱发北方边卫充军。其受赃不及前数者，视见行例发落。”从之。八年，大理寺言：“律载窃盗初犯刺右臂，再犯刺左臂，三犯绞。今盗遇赦再犯者，咸坐以初犯，或仍刺右臂，或不刺。请定为例。”章下三法司议，刺右遇赦再犯者刺左，刺左遇赦又犯者不刺，立案。赦后三犯者绞。”帝曰：“窃盗已刺，遇赦再犯者依常例拟，不论赦，仍通具前后所犯以闻。”后宪宗时，都御史李秉援旧例奏革。既而南京盗王阿童五犯皆遇赦免。帝闻之，诏仍以赦前后三犯为令。至神宗时，复议奏请改遣云。十二年以知县陈敏政言，民以后妻所携前夫之女为子妇，及以所携前夫之子为婿者，并依同父异母姊妹律，减等科断。成化元年，辽东巡抚滕照言：“《大明律》乃一代定法，而决断武臣，独舍律用例，武臣益纵荡不检。请一切用律。”诏从之。武臣被黜降者，腾口谤讪，有司畏事，复奏革其令。

弘治六年，太常少卿李东阳言：“五刑最轻者笞杖，然杖有分寸，数有多寡。今在外诸司，笞杖之罪往往致死。纵令事觉，不过以因公还职。以极轻之刑，置之不可复生之地，多者数十，甚者数百，积骸满狱，流血涂地，可为伤心。律故勘平人者抵命，刑具非法者除名，偶不出此，便谓之公。一以公名，虽多无害。此则情重而律轻者，不可以不议也。请凡考讯轻罪即时致死，累二十或三十人以上，本律外，仍议行降调，或病死不实者，并治其医。”乃下所司议处。十三年定窃盗三犯罪例。法司以“南京有三犯窃盗，计赃满百贯者犯，当绞斩。罪虽杂犯，其情颇重。三犯前罪，即累恶不悛之人，难准常例。其不满贯犯，徒流以下罪者，虽至三犯，原情实轻，宜特依常例治之。”议上，报允。嘉靖十五年，时有以手足殴人伤重，延至辜限外死者，部拟斗殴杀人论绞。大理寺执嘉靖四年例，谓当以殴伤论笞。部臣言：“律定辜限，而《问刑条例》又谓斗殴杀人、情实事实者，虽延至限外，仍拟死罪，奏请定夺。臣部拟上，每奉宸断多发充军，盖虽不执前科，亦仅末减之耳。殴伤情实至限外死，即以笞断，是乃侥幸凶人也。且如以凶器伤人，虽平复，例亦充军，岂有实殴人致死，偶死限外，遂不当一凶器伤人之罪乎？矧四年例已报罢，请谕中外仍如《条例》便。”诏如部议。自后有犯辜限外人命者，俱遵律例议拟，奏请定夺。

隆庆二年，大理少卿王诤言：问刑官每违背律例，独任意见。如律文所谓“凡奉制书，有所施行而违者杖一百”，本指制诰而言。今则操军违限，守备官军不入直，开场赌博，概用此例。律文犯奸条下，所谓“买休、卖休、和娶人妻者”，本指用财买求其妻，又使之休卖其妻，而因以娶之者言也。故律应离异归宗，财礼入官。至若夫妇不合者，律应离异；妇人犯奸者，律从嫁卖；则后夫凭媒用财娶以为妻者，原非奸情，律所不禁。今则概引买休、卖休、和娶之律矣。所谓‘不应得为而为者，笞四十，重者杖八十’。盖谓律文该载不尽者，方用此律也。若所犯明有正条，自当依本条科断。今所犯殴人成伤，罪宜笞，而议罪者则曰‘除殴人成伤，律轻不坐外，合依不应得为而为之事理，重者律杖八十’。夫既除殴人轻罪不坐，则无罪可坐矣。而又坐以‘不应得为’。臣诚不知其所谓。”刑部尚书毛恺力争之。廷臣皆是诤议。得旨：“买休、卖休，本属奸条，今后有犯，非系奸情者，不得引用。他如故。”

万历中，左都御史吴时来申明律例六条：

一、律称庶人之家不许存养奴婢。盖谓功臣家方给赏奴婢，庶民当自服勤劳，故不得存养。有犯者皆称雇工人，初未言及缙绅之家也。缙绅之家，存养奴婢，势所不免。合令法司酌议，无论官民之家，立券用值、工作有年限者，以雇工人论；受值微少、工作计日月者，以凡人论。若财买十五以下、恩养日久、十六以上、配有室家者，视同子孙论。或恩养未久、不曾配合者，庶人之家，仍以雇工人论；缙绅之家，视奴婢律论。

一、律称伪造诸衙门印信者斩。惟铜铁私铸者，故斩。若篆文虽印，形质非印者，不可谓之伪造，故例又立描摸充军之条。以后伪造印信人犯，如系木石泥蜡之类，止引描摸之例，若再犯拟斩。伪造行使止一次、而赃不满徒者，亦准窃盗论。如再犯引例，三犯引律。

一、律称盗三犯者绞，以曾经刺字为坐。但赃有多寡，即拟有轻重。以后凡遇窃盗，三犯俱在赦前、俱在赦后者，依律论绞。或赦前后所犯并计三次者，皆得奏请定夺。录官附入矜疑辨问疏内，并与改遣。

一、强盗肆行劫杀，按赃拟辟，决不待时。但其中岂无罗织仇扳，妄收抵罪者，以后务加参详。或赃证未明，遽难悬断者，俱拟秋后斩。

一、律称同谋共殴人，以致命伤重，下手者论绞，原谋余人各得其罪。其有两三人共殴一人，各成重伤，难定下手及系造谋主令之人，遇有在监禁毙者，即以论抵。今恤刑官遇有在家病故，且在数年之后者，即将见监下手之人拟从矜宥。是以病亡之躯，而抵殴死之命，殊属纵滥。以后毋得一概准抵。

一、在京恶逆与强盗真犯，虽停刑之年，亦不时处决。乃凶恶至于杀父，即时凌迟，犹有余憾。而在外此类反得迁延岁月，以故事当类奏，无单奏例耳。夫单奏，急词也；类奏，缓词也。如此狱在外数年，使其瘐死，将何以快神人之愤哉！今后在外，凡有此者，御史单详到院，院寺单奏，决单一到，即时处决。其死者下府州县戮其尸。庶典刑得正。

旨下部寺酌议，俱从之。惟伪造印文者，不问何物成造，皆斩。报可。

赎刑本《虞书》，《吕刑》有大辟之赎，后世皆重言之。至宋时，尤慎赎罪，非八议者不得与。明律颇严。凡朝廷有所矜恤、限于律而不得伸者，一寓之于赎例，所以济法之太重也。又国家得时藉其入，以佐缓急。而实边、足储、振荒、宫府颁给诸大费，往往取给于赃赎二者。故赎法比历代特详。凡赎法有二，有律得收赎者，有例得纳赎者。律赎无敢损益，而纳赎之例则因时权宜，先后互异，其端实开于太祖云。

律凡文武官以公事犯笞罪者，官照等收赎钱，吏每季类决之，各还职役，不附过。杖以上记所犯罪名，每岁类送吏、兵二部，候九年满考通记所犯次数，黜陟之。吏典亦备铨选降叙。至于私罪，其文官及吏典犯笞四十以下者，附过还职而不赎，笞五十者调用。军官杖以上皆的决。文官及吏杖罪，并罢职不叙，至严也。然自洪武中年已三下令，准赎及杂犯死罪以下矣。三十年命部院议定赎罪事例，凡内外官吏，犯笞杖者记过，徒流迁徙者俸赎之，三犯罪之如律。自是律与例互有异同。及颁行《大明律》御制序："杂犯死罪，徒流、迁徙等刑，悉视今定赎罪条例科断。"于是例遂辅律而行。

仁宗初即位，谕都察院言："输罚工作之令行，有财者悉幸免，宜一论如律。"久之，其法复弛。正统间，侍讲刘球言："输罪非古，自公罪许赎外，宜悉依律。"时不能从。其后循太祖之例，益推广之。凡官吏公私杂犯准徒以下，俱听运炭纳米等项赎罪。其军官军人照例免徒流者，例赎亦如之矣。

赎罪之法，明初尝纳铜，成化间尝纳马，后皆不行，不具载。惟纳钞、纳钱、纳银常并行焉，而以初制纳钞为本。故律赎者曰收赎律钞，纳赎者曰赎罪例钞。永乐十一年令，除公罪依例纪录收赎，及死罪情重者依律处治。其情轻者，斩罪八千贯，绞罪及榜例死罪六千贯，流徒杖笞纳钞有差。无力者发天寿山种树。宣德二年定，笞杖罪囚，每十赎钞二十贯。徒流罪名，每徒一等折杖二十，三流并折杖百四十。其所罚钞，悉如笞杖所定。无力者发天寿山种树：死罪终身；徒流各按年限；杖，五百株；笞，一百株。景泰元年令问拟笞杖罪囚，有力者纳钞。笞十，二百贯，每十以二百贯递加，至笞五十为千贯。杖六十，千八百贯，每十以三百贯递加，至杖百为三千贯。其官吏赃物，亦视今例折钞。天顺五年令罪囚纳钞：每笞十，钞二百贯，余四笞，递加百五十贯；至杖六十，增为千四百五十贯，余杖各递加二百贯。成化二年令妇人犯法赎罪。

弘治十四年定折收银钱之制。例难的决人犯，并妇人有力者，每杖百，应钞二千二百五十贯，折银一两；每十以二百贯递减，至杖六十为银六钱；笞五十，应减为钞八百贯，折银五钱，每十以百五十贯递减；至笞二十为银二钱；笞十应钞二百贯，折银一钱。如收铜钱，每银一两折七百文。其依律赎钞，除过失杀人外，亦视此数折收。

正德二年定钱钞兼收之制。如杖一百，应钞二千二百五十贯者，收钞千一百二十五贯，钱三百五十文。嘉靖七年，巡抚湖广都御史朱廷声言："收赎与赎罪有异，在京与在外不同，钞贯止聚于都下，钱法不行于南方。故事，审有力及命妇、军职正妻，及例难的决者，有赎罪例钞；老幼废疾及妇人余罪，有收赎律钞。赎罪例钞，钱钞兼收，如笞一十，收钞百贯，收钱三十五文，其钞二百贯，折银一钱。杖一百，收钞千一百二十五贯，收钱三百五十文，其钞二千二百五十贯，折银一两。今收赎律钞，笞一十，止赎六百文，比例钞折银不及一厘；杖一百，赎钞六贯，折银不及一分，似为太轻。盖律钞与例钞，贯既不同，则折银亦当有异。请更定为则，凡收赎者，每钞一贯，折银一分二厘五毫。如笞一十，赎钞六百文，则折银七厘五毫，以罪重轻递加折收赎。"帝从其奏，令中外问刑诸司，皆以此例从事。

是时重修条例，奏定赎例。在京则做工、每笞一十，做工一月，折银三钱。至徒五年，折银十八两。运囚粮、每笞一十，米五斗，折银二钱五分。至徒五年，五十石，折银二十五两。运灰、每笞一十，一千二百斤，折银一两二钱六分。至徒五年，六万斤，折银六十三两。运砖、每笞一十，七十个，折银九钱一分。至徒五年，三千个，折银三十九两。运水和炭五等。每笞一十，二百斤，折银四钱。至徒五年，八千五百斤，折银十七两。运灰最重，运炭最轻。在外则有力、稍有力二等。初有颇有力、次有力等，因御史言而革。其有力，视在京运囚粮，每米五斗，纳谷一石。初折银上库，后折谷上仓。稍有力，视在京做工年月为折赎。妇人审有力，与命妇、军职正妻，及例难的决之人赎罪应钱钞兼收者，笞、杖每一十，折收银一钱。其老幼废疾妇人及天文生余罪收赎者，每笞一十应钞六百文，折收银七厘五毫。于是轻重适均，天下便之。至万历十三年，复申明焉，遂为定制。

凡律赎，若天文生习业已成、能专其事、犯徒及流者，决杖一百，余罪收赎。妇人犯徒流者，决杖一百，余罪收赎。

如杖六十，徒一年，全赎钞应十二贯，除决杖准讫六贯，余钞六贯，折银七分五厘，余仿此。

其决杖一百，审有力又纳例钞二千二百五十贯，应收钱三百五十文，钞一千一百二十五贯。

凡年七十以上十五以下及废疾犯流以下，收赎；八十以上十岁以下及笃疾、盗及伤人者，亦收赎。凡犯罪时未老疾，事发时老疾者，依老疾论，犯罪时幼小，事发时长大者，依幼小论，并得收赎。

如六十九以下犯罪，年七十事发，或无疾时犯罪，废疾后事发，得依老疾收赎。他或七十九以下，犯死罪，八十事发，或废疾时犯罪，笃疾时事发，得入上请。八十九犯死罪，九十事发，得勿论，不在收赎之例。

若在徒年限内老疾，亦如之。

如犯杖六十，徒一年，一月之后老疾，合计全赎钞十二贯。除已杖六十，准三贯六百文，剩徒一年，应八贯四百文计算。每徒一月，赎钞七百文，已役一月，准赎七百文外，未赎十一月，应收赎七贯七百文。余仿此。老幼废疾收赎，惟杂犯五年仍科之。盖在明初，即真犯死罪，不可以徒论也。

其诬告例，告二事以上，轻实重虚，或告一事，诬轻为重者，已论决全抵剩罪，未论决笞杖收赎，徒流杖一百，余罪亦听收赎。

如告人笞三十，内止一十实已决，全抵，剩二十之罪未决，收赎一贯二百文。

如告人杖六十，内止二十实已决，全抵，剩四十之罪未决，收赎二贯四百文。

如告人杖六十，徒一年，内止杖五十实已决，全抵，剩杖一十、徒一年之罪未决，徒一年，折杖六十，并杖共七十，收赎四贯二百文。

如告人杖一百，流二千里，内止杖六十、徒一年实已决，以总徒四年论，全抵，剩杖四十、徒三年之罪未决，以连徒折杖流加一等论，共计杖二百二十，除告实杖六十、徒一年，折杖六十，剩杖一百，赎钞六贯。若计剩罪，过杖一百以上，须决杖一百讫，余罪方听收赎。

又过失伤人，准斗殴伤人罪，依律收赎。至死者，准杂犯斩绞收赎，钞四十二贯。内钞八分，应三十三贯六百文，铜钱二分，应八千四百文，给付其家。已徒五年，再犯徒收赎。钞三十六贯。若犯徒流，存留养亲者，止杖一百，余罪收赎。其法实杖一百，不准折赎，然后计徒流年限，一视老幼例赎之。此律自英宗时诏有司行之，后为制。天文生、妇女犯徒流，决杖一百，余罪收赎者，虽罪止杖六十，徒一年，亦决杖一百，律所谓应加杖者是也。皆先依本律议，其所犯徒流之罪，以《诰》减之。至临决时，某系天文生，某系妇人，依律决杖一百，余收赎。所决之杖并须一百者，包五徒之数也。然与诬告收赎剩杖不同，盖收赎余徒者决杖，而赎徒收赎剩杖者，折流归徒，折徒归仗，而照数收赎之，其法各别也。其妇人犯徒流，成化八年定例，除奸盗不孝与乐妇外，若审有力并决杖，亦得以纳钞赎罪。例每杖十，折银一钱为率，至杖一百，折银一两止。凡律所谓收赎者，赎余罪也。其例得赎罪者，赎决杖一百也。徒、杖两项分科之，除妇人，余囚徒流皆杖决不赎。惟弘治十三年，许乐户徒杖笞罪，亦不的决，此律钞之大凡也。

例钞自嘉靖二十九年定例。凡军民诸色人役及舍余审有力者，与文武官吏、监生、生员、冠带官、知印、承差、阴阳生、医生、老人、舍人，不分笞、杖、徒、流、杂犯死罪，俱令运灰、运砖、纳米纳料等项赎罪。此上系不亏行止者。若官吏人等例应革去职役，此系行止有亏者。与军民人等审无力者，笞、杖罪的决，徒、流、杂犯死罪各做工、摆站、哨嘹、发充仪从，情重者煎盐炒铁。死罪五年，流罪四年，徒按年限。其在京军丁人等，无差占者与例难的决之人，笞杖亦令做工。时新例，犯奸盗受赃，为行止有亏之人，概不许赎罪。唯军官革职者，俱运炭纳米等项发落，不用五刑条例的决实配之文，所以宽武夫，重责文吏也。于是在京惟行做工、运囚粮等五项，在外惟行有力、稍有力二项，法令益径省矣。

要而论之，律钞轻，例钞重。然律钞本非轻也，祖制每钞一文，当银一厘，所谓笞一十折钞六百文定银七厘五毫者，即当时之银六钱也。所谓杖一百折钞六贯银七分五厘者，即当时之银六两也。以银六钱，比例钞折银不及一厘，以银一两，比例钞折银不及一分，而欲以此惩犯罪者之心，宜其势有所不行矣。特以祖宗律文不可改也，于是不得已定为七厘五毫、七分五厘之制。而其实所定之数，犹不足以当所赎者之罪，然后例之变通生焉。

考洪武朝，官吏军民犯罪听赎者，大抵罚役之令居多，如发凤阳屯种、滁州种苜蓿、代农民力役、运米输边赎罪之类，俱不用钞纳也。律之所载，笞若干，钞若干文，杖若干，钞若干贯者，垂一代之法也。然按三十年诏令，罪囚运米赎罪，死罪百石，徒流递减，其力不及者，死罪自备米三十石，徒流十五石，俱运纳甘州、威虏，就彼充军。计其米价、脚价之费，与钞数差不相远，其定为赎钞之等第，固不轻于后来之例矣。然罪无一定，而钞法之久，日变日轻，此定律时所不及料也。即以永乐十一年令“斩罪情轻者，赎钞八千贯，绞及榜例死罪六千贯”之诏言之，八千贯者，律之八千两也；六千贯者，律之六千两也；下至杖罪千贯笞罪五百贯，亦一千两、五百两也。虽革除之际，用法特苛，岂有死罪纳至八千两，笞杖罪纳至一千两、五百两而尚可行者，则知钞法之弊，在永乐初年，已不啻轻十倍于洪武时矣。

宣德时，申交易用银之禁，冀通钞法。至弘治而钞竟不可用，遂开准钞折银之例。及嘉靖新定条例，俱以有力、稍有力二科赎罪：有力米五斗，准律之纳钞六百文也；稍有力工价三钱，准律之做工一月也。是则后之例钞，才足比于初之律钞耳。而况老幼废疾，诸在律赎者之银七厘五毫，准钞六百文，银七分五厘，准钞六贯。凡所谓律赎者，以比于初之律钞，其轻重相去尤甚悬绝乎？唯运炭、运石诸罪例稍重，盖此诸罪，初皆令亲自赴役，事完宁家，原无纳赎之例。其后法令益宽，听其折纳，而估算事力，亦略相当，实不为病也。

大抵赎例有二：一罚役，一纳钞，而例复三变。罚役者，后多折工值纳钞，钞法既坏，变为纳银、纳米。然运灰、运炭、运石、运砖、运碎砖之名尚存也。至万历中年，中外通行有力、稍有力二科，在京诸例，并不见施行，而法益归一矣。所谓通变而无失于古之意者此也。初，令罪人得以力役赎罪：死罪拘役终身，徒流按年限，笞杖计日月。或修造，或屯种，或煎盐炒铁，满日疏放。疏放者，引赴御桥，叩头毕，送应天府，给引宁家。合充军者，发付陕西司，按籍编发。后皆折纳工价，惟赴桥如旧。宣德二年，御史郑道宁言：“纳米赎罪，朝廷宽典，乃军储仓拘系罪囚，无米输纳，自去年二月至今，死者九十六人。”刑部郎俞士吉尝奏：“囚无米者，请追纳于原籍，匠仍输作，军仍备操，若非军匠，则遣还所隶州县追之。”诏从其奏。

初制流罪三等，视地远近，边卫充军有定所。盖降死一等，唯流与充军为重。然《名例律》称二死三流各同为一减。如二死遇恩赦减一等，即流三千里；三等以大诰减一等，皆徒五年。犯流罪者，无不减至徒罪矣。故三流常设而不用。而充军之例为独重。律充军凡四十六条，《诸司职掌》内二十二条，则洪武间例皆律所不载者。其嘉靖二十九年条例，充军凡二百十三条，与万历十三年所定大略相同。洪武二十六年定，应充军者，大理寺审讫，开付陕西司，本部置立文簿，注姓名、年籍、乡贯，依南北籍编排甲为二册，一进内府，一付该管百户，领去充军。如浙江，河南，山东，陕西，山西，北平，福建，直隶应天、庐州、凤阳、淮安、扬州、苏州、松江、常州、和州、滁州、徐州人，发云南、四川属卫；江西，湖广，四川，广东，广西，直隶太平、宁国、池州、徽州、广德、安庆人，发北平、大宁、辽东属卫。有逃故，按籍勾补。其后条例有发烟瘴地面、极边沿海诸处者，例各不同。而军有终身，有永远。永远者，罚及子孙，皆以实犯死罪减等者充之。明初法严，县以千数，数传之后，以万计矣。有丁尽户绝，止存军产者，或并无军产，户名未除者，朝廷岁遣御史清军，有缺必补。每当勾丁，逮捕族属、里长，延及他甲，鸡犬为之不宁。论者谓既减死罪一等，而法反加于刀锯之上。如革除所遣谪，至国亡，戍籍犹有存者，刑莫惨于此矣。嘉靖间，有请开赎军例者。世宗曰：“律听赎者，徒杖以下小罪耳。死罪矜疑，乃减从谪发，不可赎。”御史周时亮复请广赎例。部议审有力者银十两，得赎三年以上徒一年，稍有力者半之。而赎军之议卒罢。御史胡宗宪言：“南方之人不任兵革，其发充边军者，宜令纳银自赎。”部议以为然。因拟纳例以上。帝曰：“岂可预设此例，以待犯罪之人。”复不允。

万历二年罢岁遣清军御史，并于巡按，民获稍安。给事中徐桓言：“死罪杂犯准徒充军者，当如其例。”给事中严用和请以大审可矜人犯，免其永戍。皆不许。而命法司定例：“奉特旨处发叛逆家属子孙，止于本犯亲枝内勾补，尽绝即与开豁。若未经发遣而病故，免其勾补。其实犯死罪免死充军者，以著伍后所生子孙替役，不许勾原籍子孙。其他充军及发口外者，俱止终身。”崇祯十一年谕兵部：“编遣事宜，以千里为附近，二千五百里为边卫，三千里外为边远，其极边烟瘴以四千里外为率。止拘本妻，无妻则已，不许擅勾亲邻。如衰痼老疾，准发口外为民。”十五年又谕：“欲令引例充军者，准其赎罪。”时天下已乱，议卒不行。

明制充军之律最严，犯者亦最苦。亲族有科敛军装之费，里递有长途押解之扰。至所充之卫，卫官必索常例。然利其逃去，可乾没口粮，每私纵之。其后律渐弛，发解者不能十一。其发极边者，长解辄贿兵部，持勘合至卫，虚出收管，而军犯顾在家偃息云。

明史卷九四
志第七〇

刑法二

三法司曰刑部、都察院、大理寺。刑部受天下刑名，都察院纠察，大理寺驳正。太祖尝曰："凡有大狱，当面讯，防挑陷锻炼之弊。"故其时重案多亲鞫，不委法司。洪武十四年命刑部听两造之词，议定入奏。既奏，录所下旨，送四辅官、谏院官、给事中覆核无异，然后覆奏行之。有疑狱，则四辅官封驳之。逾年，四辅官罢，乃命议狱者一归于三法司。十六年命刑部尚书开济等，议定五六日旬时三审五覆之法。十七年建三法司于太平门外钟山之阴，命之曰贯城。下敕言："贯索七星如贯珠，环而成象名天牢。中虚则刑平，官无邪私，故狱无囚人；贯内空中有星或数枚者即刑繁，刑官非其人；有星而明，为贵人无罪而狱。今法天道置法司，尔诸司其各慎乃事，法天道行之，令贯索中虚，庶不负朕肇建之意。"又谕法司官："布政、按察司所拟刑名，其间人命重狱，具奏转达刑部、都察院参考，大理寺详拟。著为令。"

刑部有十三清吏司，治各布政司刑名，而陵卫、王府、公侯伯府、在京诸曹及两京州郡，亦分隶之。按察名提刑，盖在外之法司也，参以副使、佥事，分治各府县事。京师自笞以上罪，悉由部议。洪武初决狱，笞五十者县决之，杖八十者州决之，一百者府决之，徒以上具狱送行省，移驳繁而贿赂行。乃命中书省御史台详谳，改月报为季报，以季报之数，类为岁报。凡府州县轻重狱囚，依律决断。违枉者,御史、按察司纠劾。至二十六年定制,布政司及直隶府州县,笞杖就决;徒流、迁徙、充军、杂犯死罪解部,审录行下,具死囚所坐罪名上部详议如律者,大理寺拟覆平允,监收候决。其决不待时重囚,报可,即奏遣官往决之。情词不明或失出入者,大理寺驳回改正,再问驳至三,改拟不当,将当该官吏奏问,谓之照驳。若亭疑谳决,而囚有番异,则改调隔别衙门问拟。二次番异不服,则具奏,会九卿鞫之,谓之圆审。至三四讯不服,而后请旨决焉。

正统四年稍更直省决遣之制,徒流就彼决遣,死罪以闻。成化五年,南大理评事张钰言:“南京法司多用严刑,迫囚诬服,其被纠者亦止改正而无罪,甚非律意。”乃诏申大理寺参问刑部之制。弘治十七年,刑部主事朱瑬言:“部囚送大理,第当驳正,不当用刑。”大理卿杨守随言:“刑具永乐间设,不可废。”帝是其言。

会官审录之例,定于洪武三十年。初制,有大狱必面讯。十四年命法司论囚,拟律以奏,从翰林院、给事中及春坊正字、司直郎会议平允,然后覆奏论决。至是置政平、讼理二幡,审谕罪囚。谕刑部曰:“自今论囚,惟武臣、死罪,朕亲审之,余俱以所犯奏。然后引至承天门外,命行人持讼理幡,传旨谕之;其无罪应释者,持政平幡,宣德意遣之。”继令五军都督府、六部、都察院、六科、通政司、詹事府,间及驸马杂听之,录冤者以状闻,无冤者实犯死罪以下悉论如律,诸杂犯准赎。永乐七年令大理寺官引法司囚犯赴承天门外,行人持节传旨,会同府、部、通政司、六科等官审录如洪武制。十七年令在外死罪重囚,悉赴京师审录。仁宗特命内阁学士会审重囚,可疑者再问。宣德三年奏重囚,帝令多官覆阅之,曰:“古者断狱,必讯于三公九卿,所以合至公,重民命。卿等往同覆审,毋致枉死。”英国公张辅等还奏,诉枉者五十六人,重命法司勘实,因切戒焉。

天顺三年令每岁霜降后,三法司同公、侯、伯会审重囚,谓之朝审。历朝遂遵行之。成化十七年命司礼太监一员会同三法司堂上官,于大理寺审录,谓之大审。南京则命内守备行之。自此定例,每五年辄大审。初,成祖定热审之例,英宗特行朝审,至是复有大审,所矜疑放遣，尝倍于热审时。内阁之与审也，自宪宗罢，至隆庆元年，高拱复行之。故事，朝审吏部尚书秉笔，时拱适兼吏部故也。至万历二十六年朝审，吏部尚书缺，以户部尚书杨俊民主之。三十二年复缺，以户部尚书赵世卿主之。崇祯十五年命首辅周延儒同三法司清理淹狱，盖出于特旨云。大审，自万历二十九年旷不举，四十四年乃行之。

热审始永乐二年，止决遣轻罪，命出狱听候而已。寻并宽及徒流以下。宣德二年五、六、七月，连谕三法司录上系囚罪状，凡决遣二千四百余人。七年二月亲阅法司所进系囚罪状，决遣千余人，减等输纳，春审自此始。六月，又以炎暑，命自实犯死罪外，悉早发遣，且驰谕中外刑狱悉如之。成化时，热审始有重罪矜疑、轻罪减等、枷号疏放诸例。正德元年，掌大理寺工部尚书杨守随言："每岁热审事例，行于北京而不行于南京。五年一审录事例，行于在京，而略于在外。今宜通行南京，凡审囚三法司皆会审，其在外审录，亦依此例。"诏可。嘉靖十年，令每年热审并五年审录之期，杂犯死罪、准徒五年者，皆减一年。二十三年，刑科罗崇奎言："五、六月间，笞罪应释放、徒罪应减等者，亦宜如成化时钦恤枷号例，暂与蠲免，至六月终止。南法司亦如之。"报可。隆庆五年令赃银止十两以上、监久产绝、或身故者，热审免追，释其家属。万历三十九年，方大暑省刑，而热审矜疑疏未下。刑部侍郎沈应文以狱囚久滞，乞暂豁矜疑者。未报。明日，法司尽按囚籍军徒杖罪未结者五十三人，发大兴、宛平二县监候，乃以疏闻。神宗亦不罪也。旧例，每年热审自小满后十余日，司礼监传旨下刑部，即会同都察院、锦衣卫题请，通行南京法司，一体审拟具奏。京师自命下之日至六月终止。南京自部移至日为始，亦满两月而止。四十四年不举行。明年，又逾两月，命未下，会暑雨，狱中多疫。言官以热审愆期、朝审不行、诏狱理刑无人三事交章上请。又请释楚宗英燋、蕴钫等五十余人，罣误知县满朝荐，同知王邦才、卞孔时等。皆不服。崇祯十五年四月亢旱，下诏清狱。中允黄道周言："中外斋宿为百姓请命，而五日之内系两尚书，不闻有抗疏争者，尚足回天意乎？”两尚书谓李日宣、陈新甲也。帝方重怒二人，不能从。

历朝无寒审之制，崇祯十年，以代州知州郭正中疏及寒审，命所司求故事。尚书郑三俊乃引数事以奏，言：“谨按洪武二十三年十二月癸未，太祖谕刑部尚书杨靖，‘自今惟犯十恶并杀人者论死，余死罪皆令输粟北边以自赎’。永乐四年十一月，法司进月系囚数，凡数百人，大辟仅十之一。成祖谕吕震曰：‘此等既非死罪，而久系不决，天气沍寒，必有听其冤死者’。凡杂犯死罪下约二百，悉准赎发遣。九年十一月，刑科曹润等言：‘昔以天寒，审释轻囚。今囚或淹一年以上，且一月间瘐死者九百三十余人，狱吏之毒所不忍言。’成祖召法司切责，遂诏：‘徒流以下三日内决放，重罪当击者恤之，无令死饥寒’。十二年十一月复令以疑狱名上，亲阅之。宣德四年十月，以皇太子千秋节，减杂犯死罪以下，宥笞杖及枷镣者。嗣后，世宗、神宗或以灾异修刑，或以覃恩布德。寒审虽无近例，而先朝宽大，皆所宜取法者。”奏上，帝纳其言。然永乐十一年十月遣副都御史李庆赍玺书，命皇太子录南京囚，赎杂犯死罪以下。宣德四年冬，以天气沍寒，敕南北刑官悉录系囚以闻，不分轻重。因谓夏原吉等曰：“尧、舜之世，民不犯法，成、康之时，刑措不用，皆君臣同德所致。朕德薄，卿等其勉力匡扶，庶无愧古人。”此寒审最著者，三俊亦不暇详也。

在外恤刑会审之例，定于成化时。初，太祖患刑狱壅蔽，分遣御史林愿、石恒等治各道囚，而敕谕之。宣宗夜读《周官立政》：“式敬尔由狱，以长我王国。”慨然兴叹，以为立国基命在于此。乃敕三法司：“朕体上帝好生之心，惟刑是恤。令尔等详覆天下重狱，而犯者远在千万里外，需次当决，岂能无冤？”因遣官审录之。正统六年四月，以灾异频见，敕遣三法司官详审天下疑狱。于是御史张骥、刑部郎林厚、大理寺正李从智等十三人同奉敕往，而复以刑部侍郎何文渊、大理卿王文、巡抚侍郎周忱、刑科给事中郭瑾审两京刑狱，亦赐之敕。后评事马豫言：“臣奉敕审刑，窃见各处捉获强盗，多因仇人指攀，拷掠成狱，不待详报，死伤者甚多。今后宜勿听妄指，果有赃证，御史、按察司会审，方许论决。若未审录有伤死者，毋得准例升赏。”是年，出死囚以下无数。九年，山东副使王裕言：“囚犯当会审，而御史及三司官或逾年一会，囚多瘐死。往者常遣御史会按察司详审，释遣其众。今莫若罢会审之例，而行详审之法，敕遣按察司官一员，专审诸狱。”部持旧制不可废。帝命审例仍旧，复如详审例，选按察司官一员与巡按御史同审。失出者姑勿问，涉赃私者究如律。成化元年，南京户部侍郎陈翼因灾异复请如正统例。部议以诸方多事，不行。八年，乃分遣刑部郎中刘秩等十四人会巡按御史及三司官审录，敕书郑重遣之。十二年，大学士商辂言：“自八年遣官后，五年于兹，乞更如例行。”帝从其请。至十七年，定在京五年大审。即于是年遣部寺官分行天下，会同巡按御史行事。于是恤刑者至，则多所放遣。嘉靖四十三年定坐赃不及百两，产绝者免监追。万历四年敕杂犯死罪准徒五年者，并两犯徒律应总徒四年者，各减一年，其他徒流等罪俱减等。皆由恤刑者奏定，所生全者益多矣。初，正统十一年遣刑部郎中郭恂、员外郎陆瑜审南、北直隶狱囚，文职五品以下有罪，许执问。嘉靖间制，审录官一省事竣，总计前后所奏，依准改驳多寡，通行考核。改驳数多者听劾。故恤刑之权重，而责亦匪轻。此中外法司审录之大较也。

凡刑部问发罪囚，所司通将所问囚数，不问罪名轻重，分南北人各若干，送山东司，呈堂奏闻，谓之岁报。每月以见监罪囚奏闻，谓之月报。其做工、运炭等项，每五日开送工科，填写精微册，月终分六科轮报之。凡法官治囚，皆有成法，提人勘事，必赍精微批文。京外官五品以上有犯必奏闻请旨，不得擅勾问罪。在八议者，实封以闻。民间狱讼，非通政司转达于部，刑部不得听理。诬告得反坐，越诉者笞，击登闻鼓不实者杖。讦告问官，必核实乃逮问。至罪囚行断起发有定期，刑具有定器，停刑有定月日，检验尸伤有定法，恤囚有定规，籍没亦有定物，惟复仇者无明文。

弘治元年，刑部尚书何乔新言：“旧制提人，所在官司必验精微批文，与符号相合，然后发遣。此祖宗杜渐防微深意也。近者中外提人，止凭驾帖，既不用符，真伪莫辨，奸人矫命，何以拒之？请给批文如故。”帝曰：“此祖宗旧例不可废。”命复行之。然旗校提人，率赍驾帖。嘉靖元年，锦衣卫千户白寿等赍驾诣科，给事中刘济谓当以御批原本送科，使知其事。两人相争并列，上命检成、弘事例以闻。济复言，自天顺时例即如此。帝入寿言，责济以状对，亦无以罪也。天启时，魏忠贤用驾帖提周顺昌诸人，竟激苏州之变。两畿决囚，亦必验精微批。嘉靖二十一年，恤刑主事戴楩、吴元璧、吕颙等行急失与内号相验，比至，与原给外号不合，为巡按御史所纠，纳赎还职。

成化时，六品以下官有罪，巡按御史辄令府官提问。陕西巡抚项忠言：“祖制，京外五品以上官有犯奏闻，不得擅勾问。今巡按御史提问六品官，甚乖律意，当闻于朝，命御史、按察司提问为是。”乃下部议，从之。凡罪在八议者，实封奏闻请旨，惟十恶不用此例。所属官为上司非理凌虐，亦听实封径奏。军官犯罪，都督府请旨。诸司事涉军官及呈告军官不法者，俱密以实封奏，无得擅勾问。嘉靖中，顺天巡按御史郑存仁檄府县，凡法司有所追取，不得辄发。尚书郑晓考故事，民间词讼非自通政司转达，不得听。而诸司有应问罪人，必送刑部，各不相侵。晓乃言：“刑部追取人，府县不当却。存仁违制，宜罪。”存仁亦执自下而上之律，论晓欺罔。乃命在外者属有司，在京者属刑部。然自晓去位，民间词讼，五城御史辄受之，不复遵祖制矣。

洪武时，有告谋反者勘问不实，刑部言当抵罪。帝以问秦裕伯。对曰：“元时若此者罪止杖一百，盖以开来告之路也。”帝曰：“奸徒不抵，善人被诬者多矣。自今告谋反不实者，抵罪。”学正孙询讦税使孙必贵为胡党，又讦元参政黎铭常自稍老豪杰，谤讪朝廷。帝以告讦非儒者所为，置不问。永乐间定制，诬三四人杖徒，五六人流三千里，十人以上者凌迟，家属徙化外。

洪武末年，小民多越诉京师，及按其事，往往不实，乃严越诉之禁。命老人理一乡词讼，会里胥决之，事重者始白于官，然卒不能止。越诉者日多，乃用重法，戍之边。宣德时，越诉得实者免罪，不实仍戍边。景泰中，不问虚实，皆发口外充军，后不以为例也。

登闻鼓，洪武元年置于午门外，一御史日监之，非大冤及机密重情不得系，击即引奏。后移置长安右门外，六科、锦衣卫轮收以闻。旨下，校尉领驾帖，送所司问理，蒙蔽阻遏者罪。龙江卫吏有过，罚令书写，值母丧，乞守制，吏部尚书詹徽不听，击鼓诉冤。太祖切责徽，使吏终丧。永乐元年，县令以赃戍，击鼓陈状。帝为下法司，其人言实受赃，年老昏眊所致，惟上哀悯。帝以其归诚，屈法宥之。宣德时，直登闻鼓给事林富言："重囚二十七人，以奸盗当决，击鼓诉冤，烦渎不可宥。"帝曰："登闻鼓之设，正以达下情，何谓烦渎？自后凡击鼓诉冤，阻遏者罪。"

凡讦告原问官司者，成化间定议，核究得实，然后逮问。弘治时，南京御史王良臣按指挥周恺等怙势黩货，恺等遂讦良臣。诏下南京法司逮系会鞫。侍郎杨守随言："此与旧章不合。请自今以后，官吏军民奏诉，牵缘别事，摭拾原问官者，立案不行。所奏事仍令问结，虚诈者拟罪，原问官枉断者亦罪。"乃下其议于三法司。法司覆奏如所请，从之。洪武二十六年以前，刑部令主事厅会御史、五军断事司、大理寺、五城兵马指挥使官，打断罪囚。二十九年并差锦衣卫官。其后惟主事会御史，将笞杖罪于打断厅决讫，附卷，奉旨者次日覆命。万历中，刑部尚书孙丕扬言："折狱之不速，由文移牵制故耳。议断既成，部、寺各立长单，刑部送审挂号，次日即送大理。大理审允，次日即还本部。参差者究处，庶事体可一。至于打断相验，令御史三、六、九日遵例会同，余日止会寺官以速遣。徒流以上，部、寺详鞫，笞杖小罪，听堂部处分。"命如议行。

凡狱囚已审录，应决断者限三日，应起发者限十日，逾限计日以笞。囚淹滞至死者罪徒，此旧例也。嘉靖六年，给事中周瑯言："比者狱吏苛刻，犯无轻重，概加幽系，案无新故，动引岁时。意喻色授之间，论奏未成，囚骨已糜。又况偏州下邑，督察不及，奸吏悍卒倚狱为市，或扼其饮食以困之，或徙之秽溷以苦之，备诸痛楚，十不一生。臣观律令所载，凡逮系囚犯，老疾必散收，轻重以类分，枷杻荐席必以时饬，凉浆暖匣必以时备，无家者给之衣服，有疾者予之医药，淹禁有科，疏决有诏。此祖宗良法美意，宜敕臣下同为奉行。凡逮系日月并已竟、未竟、疾病、死亡者，各载文册，申报长吏，较其结竟之迟速，病故之多寡，以为功罪而黜陟之。"帝深然其言，且命中外有用法深刻，致戕民命者，即斥为民，虽才守可观，不得推荐。

凡内外问刑官，惟死罪并窃盗重犯，始用拷讯，余止鞭扑常刑。酷吏辄用挺棍、夹棍、脑箍、烙铁及一封书、鼠弹筝、拦马棍、燕儿飞，或灌鼻、钉指，用径寸嫩杆、不去棱节竹片，或鞭脊背、两踝致伤以上者，俱奏请，罪至充军。

停刑之月，自立春以后，至春分以前。停刑之日，初一、初八、十四、十五、十八、二十三、二十四、二十八、二十九、三十，凡十日。检验尸伤，照磨司取部印尸图一幅，委五城兵马司如法检验，府则通判、推官，州县则长官亲检，毋得委下僚。

狱囚贫不自给者，洪武十五年定制，人给米日一升。二十四年革去。正统二年，以侍郎何文渊言，诏如旧，且令有赃罚敝衣得分给。成化十二年令有司买药饵送部，又广设惠民药局，疗治囚人。至正德十四年，囚犯煤、油、药料，皆设额银定数。嘉靖六年，以运炭等有力罪囚，折色粜米，上本部仓，每年约五百石，乃停收。岁冬给绵衣裤各一事，提牢主事验给之。

犯罪籍没者，洪武元年定制，自反叛外，其余罪犯止没田产孳畜。二十一年诏谋逆奸党及造伪钞者，没赀产丁口，以农器耕牛给还之。凡应合钞札者，曰奸党，曰谋反大逆，曰奸党恶，曰造伪钞，曰杀一家三人，曰采生斥割人为首。其《大诰》所定十条，后未尝用也。复仇，惟祖父被殴条见之，曰："祖父母、父母为人所杀，而子孙擅杀行凶人者，杖六十。其即时杀死者勿论。其余亲属人等被人杀而擅杀之者，杖一百。"按律罪人应死，已就拘执，其捕者擅杀之，罪亦止此。则所谓家属人等，自包兄弟在内，其例可类推也。

凡决囚，每岁朝审毕，法司以死罪请旨，刑科三覆奏，得旨行刑。在外者奏决单于冬至前，会审决之。正统元年令重囚三覆奏毕，仍请驾帖，付锦衣卫监刑官，领校尉诣法司，取囚赴市。又制，临决囚有诉冤者，直登闻鼓给事中取状封进，仍批校尉手，驰赴市曹，暂停刑。嘉靖元年，给事中刘济等以囚廖鹏父子及王钦、陶杰等颇有内援，惧上意不决，乃言："往岁三覆奏毕，待驾帖则已日午，鼓下仍受诉词，得报且及未申时，及再请始刑，时已过酉，大非刑人于市，与众弃之之意。请自今决囚，在未前毕事。"从之。七年定议，重囚有冤，家属于临决前一日挝鼓，翼日午前下，过午行刑，不覆奏。南京决囚，无刑科覆奏例。弘治十八年，南刑部奏决不待时者三人，大理寺已审允，下法司议，谓："在京重囚，间有决不待时者，审允奏请，至刑科三覆奏，或蒙恩仍监候会审。南京无覆奏例，乞俟秋后审竟，类奏定夺。如有巨憝，难依常例者，更具奏处决，著为令。"诏可。各省决囚，永乐元年定制，死囚百人以上者，差御史审决。弘治十三年定岁差审决重囚官，俱以霜降后至，限期复命。

凡有大庆及灾荒皆赦，然有常赦，有不赦，有特赦。十恶及故犯者不赦。律文曰："赦出临时定罪名，特免或降减从轻者，不在此限。"十恶中，不睦又在会赦原宥之例，此则不赦者亦得原。若传旨肆赦，不别定罪名者，则仍依常赦不原之律。自仁宗立赦条三十五，皆杨士奇代草，尽除永乐元年间敝政，历代因之。凡先朝不便于民者，皆援遗诏或登极诏革除之。凡以赦前事告言人罪者，即坐以所告者罪。弘治元年，民吕梁山等四人，坐窃盗杀人死，遇赦。都御史马文升请宥死戍边，帝特命依律斩之。世宗虽屡停刑，尤慎无赦。廷臣屡援赦令，欲宥大礼大狱暨建言诸臣，益持不允。及嘉靖十六年，同知姜辂酷杀平民，都御史王廷相奏当发口外，乃特命如诏书宥免，而以违诏责廷相等。四十一年，三殿成，群臣请颁赦。帝曰："赦乃小人之幸。"不允。穆宗登极覃恩，虽徒流人犯已至配所者，皆许放还，盖为迁谪诸臣地也。

有明一代刑法大概。太祖开国之初，惩元季贪冒，重绳赃吏，揭诸司犯法者于申明亭以示戒。又命刑部，凡官吏有犯，宥罪复职，书过榜其门，使自省。不悛，论如律。累颁犯谕、戒谕、榜谕，悉象以刑，诰示天下。及十八年《大诰》成，序之曰：“诸司敢不急公而务私者，必穷搜其原而罪之。”凡三《诰》所列凌迟、枭示、种诛者，无虑千百，弃市以下万数。贵溪儒士夏伯启叔侄断指不仕，苏州人才姚润、王谟被征不至，皆诛而籍其家。寰中士夫不为君用之科，所由设也。其《三编》稍宽容，然所记进士监生罪名，自一犯至四犯者犹三百六十四人。幸不死还职，率戴斩罪治事。其推原中外贪墨所起，以六曹为罪魁，郭桓为诛首。郭桓者，户部侍郎也。帝疑北平二司官吏李彧、赵全德等与桓为奸利，自六部左右侍郎下皆死，赃七百万，词连直省诸官吏，系死者数万人。核赃所寄借遍天下，民中人之家大抵皆破。时咸归谤御史余敏、丁廷举。或以为言，帝乃手诏列桓等罪，而论右审刑吴庸等极刑，以厌天下心，言：“朕诏有司除奸，顾复生奸扰吾民，今后有如此者遇赦不宥。”先是十五年空印事发。每岁布政司、府州县吏诣户部核钱粮、军需诸事，以道远，预持空印文书，遇部驳即改，以为常。及是，帝疑有奸，大怒，论诸长吏死，佐贰榜百戍边。宁海人郑士利上书讼其冤，复杖戍之。二狱所诛杀已过当。而胡惟庸、蓝玉两狱，株连死者且四万。

然时引大体，有所纵舍。沅陵知县张杰当输作，自陈母贺，当元季乱离守节，今年老失养。帝谓可励俗，特赦之，秩杰，令终养。给事中彭与民坐系，其父为上表诉哀。立释之，且免同系十七人。有死囚妻妾诉夫冤，法司请黥之。帝以妇为夫诉，职也，不罪。都察院当囚死者二十四人，命群臣鞫，有冤者，减数人死。真州民十八人谋不轨，戮之，而释其母子当连坐者。所用深文吏开济、詹徽、陈宁、陶凯辈，后率以罪诛之。亦数宣仁言，不欲纯任刑罚。尝行郊坛，皇太子从，指道旁荆楚曰：“古用此为扑刑，取能去风，虽寒不伤也。”尚书开济议法密，谕之曰：“竭泽而渔，害及鲲鲕，焚林而田，祸及麛鷇。法太巧密，民何以自全？”济惭谢。参政杨宪欲重法，帝曰：“求生于重典，犹索鱼于釜，得活难矣。”御史中丞陈宁曰：“法重则人不轻犯，吏察则下无遁情。”太祖曰：“不然。古人制刑以防恶卫善，故唐、虞画衣冠、异章服以为戮，而民不犯。秦有凿颠抽胁之刑，参夷之诛，而囹圄成市，天下怨叛。未闻用商、韩之法，可致尧、舜之治也。”宁惭而退。又尝谓尚书刘惟谦曰：“仁义者，养民之膏粱也。刑罚者，惩恶之药石也。舍仁义而专用刑罚，是以药石养人，岂得谓善治乎？”盖太祖用重典以惩一时，而酌中制以垂后世，故猛烈之治，宽仁之诏，相辅而行，未尝偏废也。建文帝继体守文，专欲以仁义化民。元年刑部报囚，减太祖时十三矣。

成祖起靖难之师，悉指忠臣为奸党，甚者加族诛、掘冢，妻女发浣衣局、教坊司，亲党谪戍者至隆、万间犹勾伍不绝也。抗违者既尽杀戮，惧人窃议之，疾诽谤特甚。山阳民丁钰讦其乡诽谤，罪数十人。法司迎上旨，言钰才可用，立命为刑科给事中。永乐十七年复申其禁。而陈瑛、吕震、纪纲辈先后用事，专以刻深固宠。于是萧仪、周新、解缙等多无罪死。然帝心知苛法之非，间示宽大。千户某灌桐油皮鞭中以决人，刑部当以杖，命并罢其职。法司奏冒支官粮者，命即戮之，刑部为覆奏。帝曰：“此朕一时之怒，过矣。其依律。自今犯罪皆五覆奏。”

至仁宗性甚仁恕，甫即位，谓金纯、刘观曰：“卿等皆国大臣，如朕处法失中，须更执奏，朕不难从善也。”因召学士杨士奇、杨荣、金幼孜至榻前，谕曰：“比年法司之滥，朕岂不知。其所拟大逆不道，往往出于文致，先帝数切戒之。故死刑必四五覆奏，而法司略不加意，甘为酷吏而不愧。自今审重囚，卿三人必往同谳，有冤抑者虽细故，必以闻。”洪熙改元，二月谕都御史刘观、大理卿虞谦曰：“往者，法司以诬陷为功。人或片言及国事，辄论诽谤，身家破灭，莫复辨理。今数月间，此风又萌。夫治道所急者求言，所患者以言为讳，奈何禁诽谤哉？”因顾士奇等曰：“此事必以诏书行之。”于是士奇承旨，载帝言于己丑诏书云：“若朕一时过于嫉恶，律外用籍没及凌迟之刑者，法司再三执奏，三奏不允至五，五奏不允同三公及大臣执奏，必允乃已，永为定制。文武诸司亦毋得暴酷用鞭背等刑，及擅用宫刑绝人嗣续。有自宫者以不孝论。除谋反及大逆者,余犯止坐本身,毋一切用连坐法。告诽谤者勿治。”在位未一年,仁恩该洽矣。

宣宗承之,益多惠政。宣德元年,大理寺驳正猗氏民妻王骨都杀夫之冤,帝切责刑官,尚书金纯等谢罪,乃已。义勇军士阎群儿等九人被诬为盗,当斩,家人击登闻鼓诉冤。覆按实不为盗。命释群儿等,而切责都御史刘观。其后每遇奏囚,色惨然,御膳为废。或以手撤其牍,谓左右曰:“说与刑官少缓之。”一日,御文华殿与群臣论古肉刑,侍臣对:汉除肉刑,人遂轻犯法。”帝曰:“此自由教化,岂关肉刑之无。舜法有流宥金赎,而四凶之罪止于窜殛。可见当时被肉刑者,必皆重罪,不滥及也。况汉承秦敝,挟书有律,若概用肉刑,受伤者必多矣。”明年著《帝训》五十五篇,其一恤刑也。武进伯朱冕言:“比遣舍人林宽等送囚百十七人戍边,到者仅五十人,余皆道死。”帝怒,命法司穷治之。帝宽诏岁下,阅囚屡放遣,有至三千人者。谕刑官曰:“吾虑其瘐死,故宽贷之,非常制也。”是时,官吏纳米百石若五十石,得赎杂犯死罪,军民减十之二。诸边卫十二石,辽东二十石,于例为太轻,然独严赃吏之司。命文职犯赃者俱依律科断。由是用法轻,而贪墨之风亦不甚恣。然明制重朋比之诛。都御史夏迪催粮常州,御史何楚英诬以受金。诸司惧罪,明知其冤,不敢白,迪竟充驿夫愤死。以帝之宽仁,而大臣有冤死者,此立法之弊也。

英宗以后,仁、宣之政衰。正统初,三杨当国,犹恪守祖法,禁内外诸司锻炼刑狱。刑部尚书魏源以灾旱上疑狱,请命各巡抚审录。从之。无巡抚者命巡按。清军御史、行在都察院亦以疑狱上,通审录之。御史陈祚言:“法司论狱,多违定律,专务刻深。如户部侍郎吴玺举淫行主事吴轨,宜坐贡举非其人罪,乃加以奏事有规避律斩。及轨自经死,狱官卒之罪,明有递减科,乃援不应为事理重者,概杖之。夫原情以定律,祖宗防范至周,而法司乃抑轻从重至此,非所以广圣朝之仁厚也。今后有妄援重律者,请以变乱成法罪之。”帝是其言,为申警戒。至六年,王振始乱政,数辱廷臣,刑章大紊。侍讲刘球条上十事,中言:“天降灾谴,多感于刑罚之不中。宜一任法司，视其徇私不当者而加以罪。虽有触忤，如汉犯跸盗环之事，犹当听张释之之执奏而从之。”帝不能用。而球即以是疏触振怒，死于狱。然诸酷虐事，大率振为之，帝心颇宽平。十一年，大理卿俞士悦以殴斗杀人之类百余人闻，请宥，俱减死戍边。景泰中，阳谷主簿马彦斌当斩，其子震请代死。特宥彦斌，编震充边卫军。大理少卿薛瑄言：“法司发拟罪囚，多加参语奏请，变乱律意。”诏法官问狱，一依律令，不许妄加参语。六年，以灾异审录中外刑狱，全活者甚众。天顺中，诏狱繁兴，三法司、锦衣狱多系囚未决，吏往往泄狱情为奸。都御史萧维桢附会徐有贞，枉杀王文、于谦等。而刑部侍郎刘广衡即以诈撰制文，坐有贞斩罪。其后缇骑四出，海内不安。然霜降后审录重囚，实自天顺间始。至成化初，刑部尚书陆瑜等以请，命举行之。狱上，杖其情可矜疑者，免死发戍。列代奉行，人获沾法外恩矣。

宪宗之即位也，敕三法司：“中外文武群臣除赃罪外，所犯罪名纪录在官者，悉与湔涤。”其后岁以为常。十年，当决囚，冬至节近，特命过节行刑。既而给事中言，冬至后行刑非时，遂诏俟来年冬月。山西巡抚何乔新劾奏迟延狱词佥事尚敬、刘源，因言：“凡二司不决断词讼者，半年之上，悉宜奏请执问。”帝曰：“刑狱重事，《周礼》曰，‘要囚，服念五六日至于旬时’，特为未得其情者言耳。苟得其情，即宜决断。无罪拘幽，往往瘐死，是刑官杀之也。故律特著淹禁罪囚之条，其即以乔新所奏，通行天下。”又定制，凡盗贼赃仗未真、人命死伤未经勘验、辄加重刑致死狱中者，审勘有无故失明白，不分军民职官，俱视酷刑事例为民。侍郎杨宣妻悍妒，杀婢十余人，部拟命妇合坐者律，特命决仗五十。时帝我裨政，而于刑狱尤慎之，所失惟一二事。尝欲杀一囚，不许覆奏。御史方佑复以请，帝怒，杖谪佑。吉安知府许聪有罪，中官黄高嗾法司论斩。给事中白昂以未经审录为请，不听，竟乘夜斩之。

孝宗初立，免应决死罪四十八人。元年，知州刘概坐妖言罪斩，以王恕争，得长系。末年，刑部尚书闵珪谳重狱，忤旨，久不下。帝与刘大夏语及之。对曰："人臣执法效忠，珪所为无足异。"帝曰："且道自古君臣曾有此事否？"对曰："臣幼读《孟子》，见瞽瞍杀人，皋陶执之之语。珪所执，未可深责也。"帝颔之。明日疏下，遂如拟。前后所任司寇何乔新、彭韶、白昂、闵珪皆持法平者，海内翕然颂仁德焉。

正德五年会审重囚，减死者二人。时冤滥满狱，李东阳等因风霾以为言，特许宽恤。而刑官惧触刘瑾怒，所上止此。后磔流贼赵鐩等于市，剥为魁者六人皮。法司奏祖训有禁，不听。寻以皮制鞍镫，帝每骑乘之。而廷杖直言之臣，亦武宗为甚。

世宗即位七月，因日精门灾，疏理冤抑，命再问缓死者三十八人，而廖鹏、王瓛、齐佐等与焉。给事中李复礼等言："鹏等皆江彬、钱宁之党，王法所必诛。"乃令禁之如故。后皆次第伏法。自杖诸争大礼者，遂痛折廷臣。六年命张璁、桂萼、方献夫摄三法司，变李福达之狱，欲坐马录以奸党律。杨一清力争，乃戍录，而坐罪者四十余人。璁等以为己功，遂请帝编《钦明大狱录》颁示天下。是狱所坐，大抵璁三人夙嫌者。以祖宗之法，供权臣排陷，而帝不悟也。八年，京师民张福杀母，诉为张柱所杀，刑部郎中魏应召覆治得实。而帝以柱乃武宗后家仆，有意曲杀之，命侍郎许赞尽反谳词，而下都御史熊浃及应召于狱。其后，猜忌日甚，冤滥者多，虽间命宽恤，而意主苛刻。尝谕辅臣："近连岁因灾异免刑，今复当刑科三覆请旨。朕思死刑重事，欲将盗陵殿等物及殴骂父母大伤伦理者取决，余令法司再理，与卿共论，慎之慎之。"时以为得大体。越数年，大理寺奉诏谳奏囚应减死者。帝谓诸囚罪皆不赦，乃假借恩例纵奸坏法，黜降寺丞以下有差。自九年举秋谢醮免决囚，自后或因祥瑞，或因郊祀大报，停刑之典每岁举行。然屡谴怒执法官，以为不时请旨，至上迫冬至，废义而市恩也。遂削刑部尚书吴山职，降调刑科给事中刘三畏等。中年益肆诛戮，自宰辅夏言不免。至三十七年，乃出手谕，言："司牧者未尽得人，任情作威。湖广幼民吴一魁二命枉刑，母又就捕，情迫无控，万里叩阍。以此推之，冤抑者不知其几。尔等宜亟体朕心，加意矜恤。仍通行天下，咸使喻之。”是诏也，恤恤乎有哀痛之思焉。末年，主事海瑞上书触忤，刑部当以死。帝持其章不下，瑞得长系。穆宗立，徐阶缘帝意为遗诏，尽还诸逐臣，优恤死亡，纵释幽系。读诏书者无不叹息。

万历初，冬月，诏停刑者三矣。五年九月，司礼太监孙得胜复传旨：“奉圣母谕，大婚期近，命阁臣于三覆奏本，拟旨免刑。”张居正言：“祖宗旧制，凡犯死罪鞫问既明，依律弃市。嘉靖末年，世宗皇帝因斋醮，始有暂免不决之令，或间从御笔所勾，量行取决。此特近年姑息之弊，非旧制也。臣等详阅诸囚罪状，皆灭绝天理，败伤彝伦，圣母独见犯罪者身被诛戮之可悯，而不知彼所戕害者皆含蓄愤于幽冥之中，使不一雪其痛，怨恨之气，上干天和，所伤必多。今不行刑，年复一年，充满囹圄，既费关防，又乖国典，其于政体又大谬也。”给事中严用和等亦以为言。诏许之。十二年，御史屠叔明请释革除忠臣外亲。命自齐、黄外，方孝孺等连及者俱勘豁。帝性仁柔，而独恶言者。自十二年至三十四年，内外官杖戍为民者至百四十人。后不复视朝，刑辟罕用，死囚屡停免云。天启中，酷刑多，别见，不具论。

庄烈帝即位，诛魏忠贤。崇祯二年钦定逆案凡六等，天下称快。然是时承神宗废弛、熹宗昏乱之后，锐意综理，用刑颇急，大臣多下狱者矣。六年冬论囚，素服御建极殿，召阁臣商榷，而温体仁无所平反。陕西华亭知县徐兆麒抵任七日，城陷，坐死。帝心悯之，体仁不为救。十一年，南通政徐石麒疏救郑三俊，因言：“皇上御极以来，诸臣丽丹书者几千，圜扉为满。使情法尽协，犹属可怜，况怵惕于威严之下者。有将顺而无挽回，有揣摩而无补救，株连蔓引，九死一生，岂圣人惟刑之恤之意哉。”帝不能纳也。是年冬，以彗见，停刑。其事关封疆及钱粮剿寇者，诏刑部五日具狱。十二年，御史魏景琦论囚西市，御史高钦舜、工部郎中胡琏等十五人将斩，忽中官本清衔命驰免，因释十一人。明日，景琦回奏，被责下锦衣狱。盖帝以囚有声冤者，停刑请旨，而景琦仓卒不辨，故获罪。十四年，大学士范复粹疏请清狱，言："狱中文武累臣至百四十有奇，大可痛。"不报。是时国事日棘，惟用重法以绳群臣，救过不暇，而卒无救于乱亡也。

明史卷九五
志第七一

刑法三

刑法有创之自明，不衷古制者，廷杖、东西厂、锦衣卫、镇抚司狱是已。是数者，杀人至惨，而不丽于法。踵而行之，至末造而极。举朝野命，一听之武夫、宦竖之手，良可叹也。

太祖常与侍臣论待大臣礼。太史令刘基曰：“古者公卿有罪，盘水加剑，诣请室自裁，未尝轻折辱之，所以存大臣之体。”侍读学士詹同因取《大戴礼》及贾谊疏以进，且曰：“古者刑不上大夫，以励廉耻也。必如是，君臣恩礼始两尽。”帝深然之。

洪武六年，工部尚书王肃坐法当笞，太祖曰：“六卿贵重，不宜以细故辱。”命以俸赎罪。后群臣罣误，许以俸赎，始此。然永嘉侯朱亮祖父子皆鞭死，工部尚书夏祥毙杖下，故上书者以大臣当诛，不宜加辱为言。廷杖之刑，亦自太祖始矣。宣德三年怒御史严皑、方鼎、何杰等沈湎酒色，久不朝参，命枷以徇。自此言官有荷校者。至正统中，王振擅权，尚书刘中敷，侍郎吴玺、陈瑺，祭酒李时勉率受此辱，而殿陛行杖习为故事矣。成化十五年，汪直诬陷侍郎马文升、都御史牟俸等，诏责给事御史李俊、王浚辈五十六人容隐，廷杖人二十。正德十四年，以谏止南巡，廷杖舒芬、黄巩等百四十六人，死者十一人。嘉靖三年，群臣争大礼，廷杖丰熙等百三十四人，死者十六人。中年刑法益峻，虽大臣不免笞辱。宣大总督翟鹏、蓟州巡抚朱方以撤防早，宣大总督郭宗皋、大同巡抚陈耀以寇入大同，刑部侍郎彭黯、左都御史屠侨、大理卿沈良才以议丁汝夔狱缓，戎政侍郎蒋应奎、左通政唐国相以子弟冒功，皆逮杖之。方、耀毙于杖下，而黯、侨、良才等杖毕，趣治事。公卿之辱，前此未有。又因正旦朝贺，怒六科给事中张思静等，皆朝服予杖，天下莫不骇然。四十余年间，杖杀朝士，倍蓰前代。万历五年，以争张居正夺情，杖吴中行等五人。其后卢洪春、孟养浩、王德完辈咸被杖，多者至一百。后帝益厌言者，疏多留中，廷杖寝不用。天启时，太监王体乾奉敕大审，重笞戚畹李承恩，以悦魏忠贤。于是万燝、吴裕中毙于杖下，台省力争不得。阁臣叶向高言："数十年不行之敝政，三见于旬日，万万不可再行。"忠贤乃罢廷杖，而以所欲杀者悉下镇抚司，士大夫益无噍类矣。

南京行杖，始于成化十八年。南御史李珊等以岁祲请振。帝摘其疏中讹字，令锦衣卫诣南京午门前，人杖二十，守备太监监之。至正德间，南御史李熙劾贪吏触怒刘瑾，矫旨杖三十。时南京禁卫久不行刑，选卒习数日，乃杖之，几毙。

东厂之设，始于成祖。锦衣卫之狱，太祖尝用之，后已禁止，其复用亦自永乐时。厂与卫相倚，故言者并称厂卫。初，成祖起北平，刺探宫中事，多以建文帝左右为耳目。故即位后专倚宦官，立东厂于东安门北，令嬖昵者提督之，缉访谋逆妖言大奸恶等，与锦衣卫均权势，盖迁都后事也。然卫指挥纪纲、门达等大幸，更迭用事，厂权不能如。至宪宗时，尚铭领东厂，又别设西厂刺事，以汪直督之，所领缇骑倍东厂。自京师及天下，旁午侦事，虽王府不免。直中废复用，先后凡六年，冤死者相属，势远出卫上。会直数出边监军，大学士万安乃言："太宗建北京，命锦衣官校缉访，犹恐外官徇情，故设东厂，令内臣提督，行五六十年，事有定规。往者妖狐夜出，人心惊惶，感劳圣虑，添设西厂，特命直督缉，用戒不虞，所以权一时之宜，慰安人心也。向所纷扰，臣不赘言。今直镇大同，京城众口一辞，皆以革去西厂为便。伏望圣恩特旨革罢，官校悉回原卫，宗社幸甚。"帝从之。尚铭专用事，未几亦黜。弘治元年，员外郎张伦请废东厂。不报。然孝宗仁厚，厂卫无敢横，司厂者罗祥、杨鹏，奉职而已。

正德元年，杀东厂太监王岳，命丘聚代之，又设西厂以命谷大用，皆刘瑾党也。两厂争用事，遣逻卒刺事四方。南康吴登显等戏竞渡龙舟，身死家籍。远州僻壤，见鲜衣怒马作京师语者，转相避匿。有司闻风，密行贿赂。于是无赖子乘机为奸，天下皆重足立。而卫使石文义亦瑾私人，厂卫之势合矣。瑾又改惜薪司外薪厂为办事厂，荣府旧仓地为内办事厂，自领之。京师谓之内行厂，虽东西厂皆在伺察中，加酷烈焉。且创例，罪无轻重皆决杖，永远戍边，或枷项发遣。枷重至百五十斤，不数日辄死。尚宝卿顾浚、副使姚祥、工部郎张玮、御史王时中辈并不免，濒死而后谪戍。御史柴文显、汪澄以微罪至凌迟。官吏军民非法死者数千。瑾诛，西厂、内行厂俱革，独东厂如故。张锐领之，与卫使钱宁并以缉事恣罗织。厂卫之称由此著也。

嘉靖二年，东厂芮景贤任千户陶淳，多所诬陷。给事中刘最执奏，谪判广德州。御史黄德用使乘传往。会有彦如环者同行，以黄袱裹装。景贤即奏，逮下狱，最等编戍有差。给事中刘济言："最罪不至戍。且缉执于宦寺之门，锻炼于武夫之手，裁决于内降之旨，何以示天下。"不报。是时，尽罢天下镇守太监，而大臣狃故事，谓东厂祖宗所设，不可废，不知非太祖制也。然世宗驭中官严，不敢恣，厂权不及卫使陆炳远矣。

万历初，冯保以司礼兼厂事，建厂东上北门之北，曰内厂，而以初建者为外厂。保与张居正兴王大臣狱，欲族高拱，卫使朱希孝力持之，拱得无罪，卫犹不大附厂也。中年，矿税使数出为害，而东厂张诚、孙暹、陈矩皆恬静。矩治妖书狱，无株滥，时颇称之。会帝亦无意刻核，刑罚用稀，厂卫狱中至生青草。及天启时，魏忠贤以秉笔领厂事，用卫使田尔耕、镇抚许显纯之徒，专以酷虐钳中外，而厂卫之毒极矣。

凡中官掌司礼监印者，其属称之曰宗主，而督东厂者曰督主。

东厂之属无专官，掌刑千户一，理刑百户一，亦谓之贴刑，皆卫官。其隶役悉取给于卫，最轻黠猾巧者乃拨充之。役长曰档头，帽上锐，衣青素褷褶，系小绦，白皮靴，专主伺察。其下番子数人为干事。京师亡命，诓财挟仇，视干事者为窟穴。得一阴事，由之以密白于档头，档头视其事大小，先予之金。事曰起数，金曰买起数。既得事，帅番子至所犯家，左右坐曰打椿。番子即突入执讯之，无有左证符牒，贿如数，径去。少不如意，搒治之，名曰干醡酒，亦曰搬罾儿，痛楚十倍官刑。且授意使牵有力者，有力者予多金，即无事。或靳不予，予不足，立闻上，下镇抚司狱，立死矣。每月旦，厂役数百人，掣签庭中，分瞰官府。其视中府诸处会审大狱、北镇抚司考讯重犯者曰听记。他官府及各城门访缉曰坐记。某官行某事，某城门得某奸，胥吏疏白坐记者上之厂曰打事件。至东华门，虽夤夜，投隙中以入，即屏人达至尊。以故事无大小，天子皆得闻之。家人米盐猥事，宫中或传为笑谑，上下惴惴无不畏打事件者。卫之法亦如卫。然须具疏，乃得上闻，以此其势不及厂远甚。有四人夜饮密室，一人酒酣，谩骂魏忠贤，其三人噤不敢出声。骂未讫，番人摄四人至忠贤所，即磔骂者，而劳三人金。三人者魄丧不敢动。

庄烈帝即位，忠贤伏诛，而王体乾、王永祚、郑之惠、李承芳、曹化淳、王德化、王之心、王化民、齐本正等相继领厂事，告密之风未尝息也。之心、化淳叙缉奸功，荫弟侄锦衣卫百户，而德化及东厂理刑吴道正等侦阁臣薛国观阴事，国观由此死。时卫使慑厂威已久，大抵俯首为所用。崇祯十五年，御史杨仁愿言："高皇帝设官，无所谓缉事衙门者。臣下不法，言官直纠之，无阴讦也。后以肃清辇毂，乃建东厂。臣待罪南城，所阅词讼，多以假番故诉冤。夫假东称厂，害犹如此，况其真乎？此由积重之势然也。所谓积重之势者，功令比较事件，番役每悬价以买事件，受买者至诱人为奸盗而卖之，番役不问其从来，诱者分利去矣。挟忿首告，诬以重法，挟者志无不逞矣。伏愿宽东厂事件，而后东厂之比较可缓，东厂之比较缓，而后番役之买事件与卖事件者俱可息，积重之势庶几可稍轻。"后复切言缇骑不当遣。帝为谕东厂，言所缉止谋逆乱伦，其作奸犯科，自有司存，不宜缉，并戒锦衣校尉之横索者。然帝倚厂卫益甚，至国亡乃已。

锦衣卫狱者，世所称诏狱也。古者狱讼掌于司寇而已。汉武帝始置诏狱二十六所，历代因革不常。五代唐明宗设侍卫亲军马步军都指挥使，乃天子自将之名。至汉有侍卫司狱，凡大事皆决焉。明锦衣卫狱近之，幽絷惨酷，害无甚于此者。

太祖时，天下重罪逮至京者，收系狱中，数更大狱，多使断治，所诛杀为多。后悉焚卫刑具，以囚送刑部审理。二十六年申明其禁，诏内外狱毋得得上锦衣卫，大小咸经法司。成祖幸纪纲，令治锦衣亲兵，复典诏狱。纲遂用其党庄敬、袁江、王谦、李春等，缘借作奸数百千端。久之，族纲，而锦衣典诏狱如故，废洪武诏不用矣。英宗初，理卫事者刘勉、徐恭皆谨饬，而王振用指挥马顺流毒天下，枷李时勉，杀刘球，皆顺为之。景帝初，有言官校缉事之弊者，帝切责其长，令所缉送法司，有诬罔者重罪。英宗复辟，召李贤，屏左右，问时政得失。贤因极论官校提人之害。帝然其言，阴察皆实，乃召其长，戒之。已缉弋阳王败伦事虚，复申戒之。而是时指挥门达、镇抚逯杲怙宠，贤亦为罗织者数矣。达遣旗校四出，杲又立程督并，以获多为主。千户黄麟之广西，执御史吴祯至，索狱具二百余副，天下朝觐官陷罪者甚众。杲死，达兼治镇抚司，构指挥使袁彬，系讯之，五毒更下，仅免。朝官杨琎、李蕃、韩祺、李观、包瑛、张祚、程万钟辈皆锒铛就逮，冤号道路者不可胜记。盖自纪纲诛，其徒稍戢。至正统时复张，天顺之末祸益炽，朝野相顾不自保。李贤虽极言之，不能救也。

镇抚司职理狱讼，初止立一司，与外卫等。洪武十五年添设北司，而以军匠诸职掌属之南镇抚司，于是北司专理诏狱。然大狱经讯，即送法司拟罪，未尝具狱词。成化元年始令覆奏用参语，法司益掣肘。十四年增铸北司印信，一切刑狱毋关白本卫。即卫所行下者，亦径自上请可否，卫使毋得与闻。故镇抚职卑而其权日重。初，卫狱附卫治，至门达掌问刑，又于城西设狱舍，拘系狼籍。达败，用御史吕洪言，毁之。成化十年，都御史李宾言："锦衣镇抚司累获妖书图本，皆诞妄不经之言。小民无知，辄被幻惑。乞备录其书名目，榜示天下，使知畏避，免陷刑辟。"报可。缉事者诬告犹不止。十三年，捕宁晋人王凤等，诬与瞽者受妖书，署伪职，并诬其乡官知县薛方、通判曹鼎与通谋，发卒围其家，搒掠诬伏。方、鼎家人数声冤，下法司验得实，坐妄报妖言，当斩。帝戒以不得戕害无辜而已，不能罪也。是年，令锦衣卫副千户吴绶于镇抚司同问刑。绶性狡险，附汪直以进。后知公议不容，凡文臣非罪下狱者，不复加棰楚，忤直意，黜去。是时惟卫使朱骥持法平，治妖人狱无冤者。诏狱下所司，独用小杖，尝命中使诘责，不为改。世以是称之。弘治十三年诏法司："凡厂卫所送囚犯，从公审究，有枉即与辨理，勿拘成案。"正德时，卫使石文义与张彩表里作威福，时称为刘瑾左右翼。然文义常侍瑾，不治事，治事者高得林。瑾诛，文义伏诛，得林亦罢。其后钱宁管事，复大恣，以叛诛。

世宗立，革锦衣传奉官十六，汰旗校十五，复谕缉事官校，惟察不轨、妖言、人命、强盗重事，他词讼及在外州县事，毋得与。未几，事多下镇抚，镇抚结内侍，多巧中。会太监崔文奸利事发，下刑部，寻以中旨送镇抚司。尚书林俊言："祖宗朝以刑狱付法司，事无大小，皆听平鞫。自刘瑾、钱宁用事，专任镇抚司，文致冤狱，法纪大坏。更化善治在今日，不宜复以小事挠法。"不听。俊复言："此途一开，恐后有重情，即夤缘内降以图免，实长乱阶。"御史曹怀亦谏曰："朝廷专任一镇抚，法司可以空曹，刑官为冗员矣。"帝俱不听。六年，侍郎张璁等言："祖宗设三法司以纠官邪，平狱讼。设东厂、锦衣卫，以缉盗贼，诘奸宄。自今贪官冤狱仍责法司，其有徇情曲法，乃听厂卫觉察。盗贼奸宄，仍责厂卫，亦必送法司拟罪。"诏如议行。然官校提人恣如故。给事中蔡经等论其害，愿罢勿遣。尚书胡世宁请从其议。詹事霍韬亦言："刑狱付三法司足矣，锦衣卫复横挠之。昔汉光武尚名节，宋太祖刑法不加衣冠，其后忠义之徒争死效节。夫士大夫有罪下刑曹，辱矣。有重罪，废之、诛之可也，乃使官校众执之，脱冠裳，就桎梏，朝列清班，暮幽犴狱，刚心壮气，销折殆尽。及覆案非罪，即冠带立朝班。武夫捍卒指目之曰：'某，吾辱之，某，吾系执之。'小人无所忌惮，君子遂致易行。此豪杰所以兴山林之思，而变故罕仗节之士也。愿自今东厂勿与朝仪，锦衣卫勿典刑狱。士大夫罪谪废诛，勿加笞杖锁梏，以养廉耻，振人心，励士节。”帝以韬出位妄言，不纳。祖制，凡朝会，厂卫率属及校尉五百名，列侍奉天门下纠仪。凡失仪者，即褫衣冠，执下镇抚司狱，杖之乃免，故韬言及之。迨万历时，失仪者始不付狱，罚俸而已。世宗衔张鹤龄、延龄，奸人刘东山等乃诬二人毒魇咒诅。帝大怒，下诏狱，东山因株引素所不快者。卫使王佐探得其情，论以诬罔法反坐。佐乃枷东山等阙门外，不及旬悉死。人以佐比牟斌。牟斌者，弘治中指挥也。李梦阳论延龄兄弟不法事，下狱，斌傅轻比，得不死云。世宗中年，卫使陆炳为忮，与严嵩比，而倾夏言。然帝数兴大狱，而炳多保全之，故士大夫不疾炳。

万历中，建言及忤矿税珰者，辄下诏狱。刑科给事中杨应文言：“监司守令及齐民被逮者百五十余人，虽已打问，未送法司，狱禁森严，水火不入，疫疠之气，充斥囹圄。”卫使骆思恭亦言：“热审岁举，俱在小满前，今二年不行。镇抚司监犯且二百，多抛瓦声冤。”镇抚司陆逵亦言：“狱囚怨恨，有持刀断指者。”俱不报。然是时，告讦风衰，大臣被录者寡。其末年，稍宽逮系诸臣，而锦衣狱渐清矣。

田尔耕、许显纯在熹宗时为魏忠贤义子，其党孙云鹤、杨寰、崔应元佐之，拷杨涟、左光斗辈，坐赃比较，立限严督之。两日为一限，输金不中程者，受全刑。全刑者曰械，曰镣，曰棍，曰拶，曰夹棍。五毒备具，呼謈声沸然，血肉溃烂，宛转求死不得。显纯叱咤自若，然必伺忠贤旨，忠贤所遣听记者未至，不敢讯也。一夕，令诸囚分舍宿。于是狱卒曰：“今夕有当壁挺者。”壁挺，狱中言死也。明日，涟死，光斗等次第皆锁头拉死。每一人死，停数日，苇席裹尸出牢户，虫蛆腐体。狱中事秘，其家人或不知死日。庄烈帝擒戮逆党，冤死家子弟望狱门稽颡哀号，为文以祭。帝闻之恻然。

自刘瑾创立枷，锦衣狱常用之。神宗时，御史朱应毂具言其惨，请除之。不听。至忠贤益为大枷，又设断脊、堕指、刺心之刑。庄烈帝问左右："立枷何为？"王体乾对曰："以罪巨奸大憝耳。"帝愀然曰："虽如此，终可悯。"忠贤为颈缩。东厂之祸，至忠贤而极。然厂卫未有不相结者，狱情轻重，厂能得于内。而外廷有扞格者，卫则东西两司房访缉之，北司拷问之，锻炼周内，始送法司。即东厂所获，亦必移镇抚再鞫，而后刑部得拟其罪。故厂势强，则卫附之，厂势稍弱，则卫反气凌其上。陆炳缉司礼李彬、东厂马广阴事，皆至死，以炳得内阁嵩意。及后中官愈重，阁势日轻，阁臣反比厂为之下，而卫使无不竞趋厂门，甘为役隶矣。

锦衣卫升授勋卫、任子、科目、功升，凡四途。嘉靖以前，文臣子弟多不屑就。万历初，刘守有以名臣子掌卫，其后皆乐居之。士大夫与往还，狱急时，颇赖其力。守有子承禧及吴孟明其著者也。庄烈帝疑群下，王德化掌东厂以惨刻辅之，孟明掌卫印，时有纵舍，然观望厂意不敢违。而镇抚梁清宏、乔可用朋比为恶。凡缙绅之门，必有数人往来踪迹。故常晏起早阖，毋敢偶语。旗校过门如被大盗，官为囊橐，均分其利。京城中奸细潜入，佣夫贩子阴为流贼所遣，无一举发，而高门富豪跼蹐无宁居。其徒黠者恣行请托，稍拂其意，飞诬立构，摘竿牍片字，株连至十数人。姜采、熊开元下狱，帝谕掌卫骆养性潜杀之。养性泄上语，且言："二臣当死，宜付所司，书其罪，使天下明知。若阴使臣杀之，天下后世谓陛下何如主？"会大臣多为采等言，遂得长系。此养性之可称者，然他事肆虐亦多矣。

锦衣旧例有功赏，惟缉不轨者当之。其后冒滥无纪，所报百无一实。吏民重困，而厂卫题请辄从。隆庆初，给事中欧阳一敬极言其弊，言："缉事员役，其势易逞，而又各类计所获功次，以为升授。则凭可逞之势，邀必获之功，枉人利己，何所不至。有盗经出首幸免，故令多引平民以充数者；有括家囊为盗赃，挟市豪以为证者；有潜构图书，怀挟伪批，用妖言假印之律相诬陷者；或姓名相类，朦胧见收；父诉子孝，坐以忤逆。所以被访之家，谚称为划，毒害可知矣。

乞自今定制，机密重情，事干宪典者，厂卫如故题请。其情罪不明，未经谳审，必待法司详拟成狱之后，方与纪功。仍敕兵、刑二部勘问明白，请旨升赏。或经缉拿未成狱者，不得虚冒比拟，及他词讼不得概涉，以侵有司之事。如狱未成，而官校及镇扶司拷打伤重，或至死者，许法司参治。法司容隐扶同，则听科臣并参。如此则功必覆实，访必当事，而刑无冤滥。”时不能用也。

内官同法司录囚，始于正统六年命何文渊、王文审行在疑狱，敕同内官兴安。周忱、郭瑾往南京，敕亦如之。时虽未定五年大审之制，而南北内官得与三法司刑狱矣。景泰六年命太监王诚会三法司审录在京刑狱，不及南京者，因灾创举也。成化八年命司礼太监王高、少监宋文毅两京会审，而各省恤刑之差，亦以是岁而定。十七年辛卯命太监怀恩同法司录囚。其后审录必以丙辛之岁。弘治九年不遣内官。十三年以给事中丘俊言，复命会审。凡大审录，赍敕张黄盖于大理寺，为三尺坛，中坐，三法司左右坐，御史、郎中以下捧牍立，唯诺趋走惟谨。三法司视成案，有所出入轻重，俱视中官意，不敢忤也。成化时，会审有弟助兄斗，因殴杀人者，太监黄赐欲从末减。尚书陆瑜等持不可，赐曰：“同室斗者，尚被发缨冠救之，况其兄乎？”瑜等不敢难，卒为屈法。万历三十四年大审，御史曹学程以建言久系，群臣请宥，皆不听。刑部侍郎沈应文署尚书事，合院寺之长，以书抵太监陈矩，请宽学程罪。然后会审，狱具，署名同奏。矩复密启，言学程母老可念。帝意解，释之。其事甚美，而监权之重如此。锦衣卫使亦得与法司午门外鞫囚，及秋后承天门外会审，而大审不与也。每岁决囚后，图诸囚罪状于卫之外垣，令人观省。内臣曾奉命审录者，死则于墓寝画壁，南面坐，旁列法司堂上官，及御史、刑部郎引囚鞠躬听命状，示后世为荣观焉。

成化二年命内官临斩强盗宋全。嘉靖中，内臣犯法，诏免逮问，唯下司礼监治。刑部尚书林俊言：“宫府一体，内臣所犯，宜下法司，明正其罪，不当废祖宗法。”不听。按太祖之制，内官不得识字、预政，备扫除之役而已。末年焚锦衣刑具，盖示永不复用。而成祖违之，卒贻子孙之患，君子惜焉。

明史卷九六
志第七二

艺文一

明太祖定元都，大将军收图籍致之南京，复诏求四方遗书，设秘书监丞，寻改翰林典籍以掌之。永乐四年，帝御便殿阅书史，问文渊阁藏书。解缙对以尚多阙略。帝曰："士庶家稍有余资，尚欲积书，况朝廷乎？"遂命礼部尚书郑赐遣使访购，惟其所欲与之，勿较值。北京既建，诏修撰陈循取文渊阁书一部至百部，各择其一，得百柜，运致北京。宣宗尝临视文渊阁，亲披阅经史，与少傅杨士奇等讨论，因赐士奇等诗。是时，秘阁贮书约二万余部，近百万卷，刻本十三，抄本十七。正统间，士奇等言："文渊阁所贮书籍，有祖宗御制文集及古今经史子集之书，向贮左顺门北廓，今移于文渊阁、东阁，臣等逐一点勘，编成书目，请用宝钤识，永久藏弆。"制曰"可"。正德十年，大学士梁储等请检内阁并东阁藏书残阙者，令原管主事李继先等次第修补。先是，秘阁书籍皆宋、元所遗，无不精美，装用倒摺，四周外向，虫鼠不能损。迄流贼之乱，宋刻元镌胥归残阙。至明御制诗文，内府镂板，而儒臣奉敕修纂之书及象魏布告之训，卷帙既夥，文藻复优，当时颁行天下。外此则名公卿之论撰，骚人墨客一家之言，其工者深醇大雅，卓卓可传，即有怪奇驳杂出乎其间，亦足以考风气之正变，辨古学之源流，识大识小，掌故备焉。挹其华实，无让前徽，可不谓文运之盛欤。

四部之目，昉自荀勖，晋、宋以来因之。前史兼录古今载籍，以为皆其时柱下之所有也。明万历中,修撰焦竑修国史,辑《经籍志》号称详博。然延阁广内之藏竑迹无从遍览,则前代陈编,何凭记录,区区掇拾遗闻,冀以上承《隋志》,而赝书错列,徒滋讹舛。故今第就二百七十年各家著述,稍为厘次,勒成一志。凡卷数莫考、疑信未定者,宁阙而不详云。

经类十:一曰《易》类,二曰《书》类,三曰《诗》类,四曰《礼》类,五曰《乐》类,六曰《春秋》类,七曰《孝经》类,八曰《诸经》类,九曰《四书》类,十曰小学类。

朱升《周易旁注前图》二卷、《周易旁注》十卷

梁寅《周易参义》十二卷

赵汸《大易文诠》八卷

鲍恂《大易举隅》三卷又名《大易钩玄》。

林大同《易经奥义》二卷

欧阳贞《周易问辨》三十卷

朱谧《易学启蒙述解》二卷

张洪《周易传义会通》十五卷

程汝器《周易集传》十卷

永乐中敕修《周易传义大全》二十四卷、《义例》一卷胡广等纂

杨士奇《周易直指》十卷

刘髦《石潭易传撮要》一卷

林志《周易集说》三卷

李贤《读易记》一卷

刘定之《周易图释》三卷

王恕《玩易意见》二卷

罗伦《周易说旨》四卷

谈纲《读易愚虑》二卷、《易考图义》一卷、《卜筮节要》一卷、《易义杂言》一卷、《易指考辨》一卷

蔡清《周易蒙引》二十四卷

朱绶《易经精蕴》二十四卷

何孟春《易疑初筮告蒙约》十二卷

胡世宁《读易私记》四卷

陈凤梧《集定古易》十二卷

刘玉《执斋易图说》一卷

许诰《图书管见》一卷

周用《读易日记》一卷

崔铣《读易余言》五卷、《易大象说》一卷

湛若水《修复古易经传训测》十卷

张邦奇《易说》一卷

郑善夫《易论》一卷

吕柟《周易说翼》三卷

王崇庆《周易议卦》二卷

唐龙《易经大旨》四卷

韩邦奇《易学启蒙意见》四卷一名《易学疏原》、《易占经纬》四卷

鍾芳《学易疑义》三卷

王道《周易亿》四卷

梅鷟《古易考原》三卷

金贲亨《学易记》五卷

舒芬《易笺问》一卷

季本《易学四同》八卷、《图文余辨》一卷、《蓍法别传》一卷、《古易辨》一卷

林希元《易经存疑》十二卷

陈琛《易经通典》六卷一名《浅说》

方献夫《周易约说》十二卷

余诚《易图说》一卷

黄芹《易图识漏》一卷

李舜臣《易卦辱言》一卷

叶良珮《周易义丛》十六卷

丰坊《古易世学》十五卷坊云家有《古易》，传自远祖丰稷。又有《古书世学》六卷，言得朝鲜、倭国二本，合于今文。古文《石经》、古本《鲁诗世学》三十六卷，亦言丰稷所传。钱谦益谓皆坊伪撰也。

唐枢《易修墨守》一卷

罗洪先《易解》一卷

杨爵《周易辨录》四卷

薛甲《易象大旨》八卷

熊过《周易象旨决录》七卷

胡经《易演义》十八卷

王畿《大象义述》一卷

卢翰《古易中说》四十四卷

陈言《易疑》四卷

陈士元《易象钩解》四卷、《易象汇解》二卷

鲁邦彦《图书就正录》一卷

李贽《九正易因》四卷贽自谓初著《易因》一书，改至八九次而后定，故有"九正"之名。

徐师曾《今文周易演义》十二卷

姜宝《周易补疑》十二卷

顾曾唯《周易详蕴》十三卷

孙应鳌《易谈》四卷

邓元锡《易经绎》五卷

颜鲸《易学义林》十卷

陈锡《易原》一卷

王世懋《易解》一卷

徐元气《周易详解》十卷

万廷言《易说》四卷、《易原》四卷

杨时乔《周易古今文全书》二十一卷

来知德《周易集注》十六卷

任惟贤《周易义训》十卷

张献翼《读易韵考》七卷
曾士传《正易学启蒙》一卷
叶山《八白易傅》十六卷
金瑶《六爻原意》一卷
李逢期《易经随笔》三卷
方社昌《周易指要》三卷
孙从龙《周易参疑》十卷
沈一贯《易学》十二卷
冯时可《易说》五卷
唐鹤征《周易象义》四卷
黄正宪《易象管窥》十五卷
郭子章《易解》十五卷
吴中立《易诠古本》三卷
周坦《易图说》一卷
朱篁《易邮》七卷
朱谋玮《易象通》八卷
陈第《伏羲图赞》二卷
邓伯羔《古易诠》二十九卷、《今易诠》二十四卷
傅文兆《羲经十一翼》五卷
林兆恩《易外别传》一卷
王宇《周易占林》四卷
彭好古《易钥》五卷
方时化《易疑》一卷、《易引》九卷、《周易颂》二卷、《学易述谈》四卷
章潢《周易象义》十卷
姚舜牧《易经疑问》十二卷
颜素《易研》六卷
曾朝节《易测》十卷
邹元标《易彀通》一卷

徐三重《易义》一卷

苏濬《周易冥冥篇》四卷、《易经儿说》四卷

沈孚闻《周易日钞》十一卷

屠隆《读易便解》四卷

杨启新《易林疑说》二卷

钟化民《读易钞》十四卷

李廷机《易经纂注》四卷、《易答问》四卷

邹德溥《易会》八卷

钱一本《像象管见》七卷，《易象钞》、《续钞》共六卷，《四圣一心录》四卷

潘士藻《洗心斋读易述》十七卷

岳元声《易说》三卷

顾允成《易图说亿言》四卷

焦竑《易筌》六卷

高攀龙《大易易简说》三卷、《周易孔义》一卷

郝敬《周易正解》二十卷、《易领》四卷、《问易补》七卷、《学易枝言》二卷

张纳陛《学易饮河》八卷

吴炯《周易绎旨》八卷

万尚烈《易赞测》一卷、《易大象测》一卷

吴默《易说》六卷

姚文蔚《周易旁注会通》十四卷

李本固《古易汇编意辞集》十七卷

杨廷筠《易显》六卷

汤宾尹《易经翼注》四卷

孙慎行《周易明洛义纂述》六卷、《不语易义》二卷

曹学佺《周易可说》七卷

张汝霖《周易因指》八卷

崔师训《大成易旨》二卷

刘宗周《周易古文钞》三卷、《读易图记》一卷

薛三省《易蠡》二卷

程汝继《周易宗义》十二卷

王三善《周易象注》九卷

魏濬《周易古象通》八卷

樊良枢《易疑》一卷、《易象》二卷

高捷《易学象辞二集》十二卷

陆振奇《易芥》十卷

杨瞿崃《易林疑说》十卷

王纳谏《周易翼注》三卷

陆梦龙《易略》三卷

文翔凤《邵窝易诂》一卷

卓尔康《易学全书》五十卷

缪昌期《周易会通》十二卷

罗喻义《读易内篇》、《问篇》、《外篇》共七卷

程玉润《周易演旨》六十五卷

钱士升《易揆》十二卷

钱继登《易箦》三卷

吴极《易学》五卷

方孔炤《周易时论》十五卷

徐世淳《易就》六卷

汪邦柱《周易会通》十二卷

叶宪祖《大易玉匙》六卷

方鲲《易荡》二卷

鲍观白《易说》二卷

张伯枢《易象大旨》三卷

吴桂森《像象述》五卷

郑维岳《易经意言》六卷

喻有功《周易悬镜》七卷

潘士龙《演易图说》一卷

洪守美《易说醒》四卷

余叔纯《周易读》五卷

陆起龙《周易易简编》四卷

徐奇《周易卦义》二卷

洪化昭《周易独坐谈》五卷

沈瑞钟《周易广筌》二卷

林有桂《易经观理说》四卷

陈履祥《孔易彀》一卷

许顺义《易经三注粹钞》四卷

王祚昌《周易敝书》五卷

容若春《今易图学心法释义》十卷

张次仲《周易玩辞困学记》十二卷

顾枢《西畴易稿》三卷

陈仁锡《羲经易简录》八卷

黄道周《易象正》十四卷、《三易洞玑》十六卷

倪元璐《儿易内仪》六卷、《外仪》十五卷

龙文光《乾乾篇》三卷

文安之《易佣》十四卷

林允昌《周易耨义》六卷

张镜心《易经增注》十二卷

李奇玉《易义》四卷

朱之俊《周易纂》六卷

何楷《古周易订诂》十六卷

侯峒曾《易解》三卷

黎遂球《周易爻物当名》二卷

郑赓唐《读易搜》十二卷

陈际泰《易经大意》七卷、《群经辅易说》一卷、《周易翼简捷解》十六卷

秦镛《易序图说》二卷

金铉《易说》一卷

黄端伯《易疏》五卷

来集之《读易偶通》二卷

右《易》类，二百二十二部，一千五百七十卷

明太祖注《尚书洪范》一卷帝尝命儒臣书《洪范》，揭于御座之右，因自为注。

仁宗《体尚书》二卷释《尚书》中《皋陶谟》、《甘誓》、《盘庚》等十六篇，以讲解更其原文。

世宗《书经三要》三卷帝以太祖有注《洪范》一篇，因注《无逸》，再注《伊训》，分三册，共为一书。已乃制《洪范序略》一篇，复将《皋陶谟》、《伊训》、《无逸》等篇通加注释，名曰《书经三要》。

洪武中敕修《书传会选》六卷太祖以蔡沈《书传》有得有失，诏刘三吾等订正之。又集诸家之说，足其未备。书成颁刻，然世竟鲜行。永乐中，修《大全》，一依蔡《传》，取便于士子举业，此外不复有所考究也。

朱升《尚书旁注》六卷、《书传补正辑注》一卷

梁寅《书纂义》十卷

朱右《书集传发挥》十卷、《禹贡凡例》一卷

徐兰《书经体要》一卷

陈雅言《尚书卓跃》六卷

郭元亮《尚书该义》十二卷

永乐中敕修《书传大全》十卷胡广等纂。

张洪《尚书补传》十二卷

彭勖《书传通释》六卷

徐善述《尚书直指》六卷

陈济《书传补注》一卷

徐骥《洪范解订正》一卷

章陬《书经提要》四卷

费希冉《尚书本旨》七卷
杨守陈《书私钞》一卷
黄瑜《书经旁通》十卷
李承恩《书经拾蔡》二卷
杨廉《洪范纂要》一卷
熊宗立《洪范九畴数解》八卷
张邦奇《书说》一卷
吴世忠《洪范考疑》一卷
郑善夫《洪范论》一卷
刘天民《洪范辨疑》一卷
马明衡《尚书疑义》一卷
吕柟《尚书说疑》五卷
韩邦奇《禹贡详略》二卷
王崇庆《书经说略》一卷
舒芬《书论》一卷
郑晓《尚书考》二卷、《禹贡图说》一卷
马森《书传敷言》十卷
张居正《书经直解》八卷
王樵《尚书日记》十六卷、《书帷别记》四卷
陈锡《尚书经传别解》一卷
归有光《洪范传》一卷、《考定武成》一卷
程弘宾《书经虹台讲义》十二卷
屠本畯《尚书别录》六卷
邓元锡《尚书释》二卷
章潢《尚书图说》三卷
陈第《尚书疏衍》四卷
罗敦仁《尚书是正》二十卷
钟庚阳《尚书传心录》七卷
王祖嫡《书疏丛钞》一卷

瞿九思《书经以俟录》六卷
姚舜牧《书经疑问》十二卷
刘应秋《尚书旨》十卷
郭正域《东宫进讲尚书义》一卷
钱一本《范衍》十卷
袁宗道《尚书纂注》四卷
焦竑《禹贡解》一卷
吴炯《书经质疑》一卷
王肯堂《尚书要旨》三十一卷
郝敬《尚书辨解》十卷
卢廷选《尚书雅言》六卷
曹学佺《书传会衷》十卷
谢廷赞《书经翼注》七卷
赵惟寰《尚书蠡》四卷
陆键《尚书传翼》十卷
张尔嘉《尚书贯言》二卷
姜逢元《禹贡详节》一卷
朱道行《尚书集思通》十二卷
史惟堡《尚书晚订》十二卷
杨肇芳《尚书副墨》六卷
潘士遴《尚书苇籥》五十卷
徐大仪《书经补注》六卷
黄道周《洪范明义》四卷
郑鄤《禹贡注》一卷
艾南英《禹贡图注》一卷
傅元初《尚书撮义》四卷
袁俨《尚书百家汇解》六卷
江旭奇《尚书传翼》二卷
朱朝瑛《读书略记》二卷

茅瑞征《虞书笺》二卷、《禹贡汇疏》十二卷
王纲振《禹贡逆志》一卷
张能恭《禹贡订传》一卷
黄翼登《禹贡注删》一卷
夏允彝《禹贡古今合注》五卷
罗喻义《洪范直解》一卷、《读范内篇》一卷
右《书》类，八十八部，四百九十七卷。

周是修《诗小序集成》三卷
梁寅《诗演义》八卷、《诗考》四卷
朱升《诗旁注》八卷
汪克宽《诗集传音义会通》三十卷
曾坚《诗疑大鸣录》一卷
朱善《诗解颐》四卷
高颐《诗集传解》二十卷
张洪《诗正义》十五卷
杨禹锡《诗义》二卷
郑旭《诗经总旨》一卷
永乐中敕修《诗集传大全》二十卷胡广等纂。
范理《诗集解》三十卷
王逢《诗经讲说》二十卷
孙鼎《诗义集说》四卷
李贤《读诗纪》一卷
杨守陈《诗私钞》四卷
易贵《诗经直指》十五卷
程楷《诗经讲说》二十卷
陆深《俨山诗微》二卷
张邦奇《诗说》一卷
湛若水《诗厘正》二十卷

吕柟《毛诗序说》六卷
胡缵宗《胡氏诗识》三卷
王崇庆《诗经衍义》一卷
季本《诗说解颐》八卷、《总论》二卷
黄佐《诗传通解》二十五卷
潘恩《诗经辑说》七卷
陆垹《诗传存疑》一卷
薛应旂《方山诗说》八卷
陈锡《诗辨疑》一卷
劳堪《诗林伐柯》四卷
沈一贯《诗经纂注》四卷
冯时可《诗亿》二卷
郭子章《诗传书例》四卷
朱得之《印古诗说》一卷
袁仁《毛诗或问》二卷
邓元锡《诗绎》三卷
陈第《毛诗古音考》四卷
朱谋玮《诗故》十卷
凌濛初《圣门传诗嫡冢》十六卷、《诗逆》四卷
陶其情《诗经注疏大全纂》十二卷
赵一元《诗经理解》十四卷
黄一正《诗经埤传》八卷
冯复京《六家诗名物疏》五十五卷
吴雨《毛诗鸟兽草木疏》三十卷
唐汝谔《毛诗微言》二十卷
瞿九思《诗经以俟录》六卷
姚舜牧《诗经疑问》十二卷
林兆珂《毛诗多识篇》七卷
汪应蛟《学诗略》一卷

徐常吉《毛诗翼说》五卷
吴炯《诗经质疑》一卷
郝敬《毛诗原解》三十六卷、《序说》八卷
张彩《诗原》三十卷
徐必达《南州诗说》六卷
刘宪宠《诗经会说》八卷
曹学佺《诗经质疑》六卷
沈万钶《诗经类考》三十卷
顾起元《尔雅堂诗说》四卷
蔡毅中《诗经补传》四卷
沈守正《诗经说通》十四卷
樊良枢《诗商》五卷
徐光启《毛诗六帖》六卷
赵琮《葩经约说》十卷
庄廷臣《诗经逢源》八卷
邹忠允《诗传阐》二十四卷
陆化熙《诗通》四卷
胡允嘉《读诗录》二卷
朱道行《诗经集思通》十二卷
何楷《毛诗世本古义》二十八卷
张次仲《待轩诗记》六卷
张睿卿《诗疏》一卷
唐达《毛诗古音考辨》一卷
张溥《诗经注疏大全合纂》三十四卷
高承埏《五十家诗义裁中》十二卷
朱朝瑛《读诗略记》二卷
张星懋《诗采》八卷
高鼎熺《诗经存旨》八卷
韦调鼎《诗经考定》二十四卷

赵起元《诗权》八卷

乔中和《葩经旁意》一卷

胡绍曾《诗经胡传》十二卷

范王孙《诗志》二十六卷

右《诗》类，八十六部，九百八卷。

方孝孺《周礼考次目录》一卷

何乔新《周礼集注》七卷、《周礼明解》十二卷

陈凤梧《周礼合训》六卷

魏校《周礼沿革传》六卷、《官职会通》二卷

杨慎《周官音诂》一卷

舒芬《周礼定本》十三卷

季本《读礼疑图》六卷

陈深《周礼训隽》十卷、《周礼训注》十八卷、《考工记句诂》一卷

唐枢《周礼因论》一卷

罗洪先《周礼疑》一卷

王圻《续定周礼全经集注》十四卷

李如玉《周礼会注》十五卷

柯尚迁《周礼全经释原》十四卷

金瑶《周礼述注》六卷

王应电《周礼传》十卷、《周礼图说》二卷、《学周礼法》一卷、《非周礼辨》一卷

冯时行《周礼别说》一卷

施天麟《周礼通义》二卷

周即登《周礼说》十四卷

焦竑《考工记解》二卷

陈与郊《考工记辑注》二卷

郝敬《周礼完解》十二卷

郭良翰《周礼古本订注》六卷

孙攀古《周礼释评》六卷

陈仁锡《周礼句解》六卷

张采《周礼合解》十八卷

林兆珂《考工记述注》二卷

徐昭庆《考工记通》二卷

王志长《周礼注疏删翼》三十卷

郎兆玉《注释古周礼》六卷

沈羽明《周礼汇编》六卷已上《周礼》。

汪克宽《经礼补逸》九卷

黄润玉《仪礼戴记附注》五卷

何乔新《仪礼叙录》十七卷

陈凤梧《射礼集要》一卷

湛若水《仪礼补逸经传测》一卷

徐骏《五服集证》一卷

王廷相《昏礼图》一卷、《乡射礼图注》一卷、《丧礼论》一卷、《丧礼备纂》二卷

舒芬《士相见礼仪》一卷

闻人诠《饮射图解》一卷

朱缙《射礼集解》一卷

胡缵宗《仪礼郑注附逸礼》二十五卷

郝敬《仪礼节解》十七卷

王志长《仪礼注疏删翼》十七卷已上《仪礼》。

连伯聪《礼记集传》十六卷

朱右《深衣考》一卷

黄润玉《考定深衣古制》一卷

永乐中敕修《礼记大全》三十卷胡广等纂。

郑节《礼传》八十卷

岳正《深衣注疏》一卷

杨廉《深衣纂要》一卷

夏时正《深衣考》一卷

王廷相《夏小正集解》一卷、《深衣图论》一卷

夏言《深衣考》一卷

王崇庆《礼记约蒙》一卷

杨慎《檀弓丛训》二卷一名《附注》、《夏小正解》一卷

张孚敬《礼记章句》八卷

戴冠《礼记集说辨疑》一卷

柯尚迁《曲礼全经类释》十四卷

李孝先《投壶谱》一卷

黄乾行《礼记日录》四十九卷

闻人德润《礼记要旨补》十六卷

丘橓《礼记摘训》十卷

徐师曾《礼记集注》三十卷

戈九畴《礼记要旨》十六卷

陈与郊《檀弓辑注》二卷

姚舜牧《礼记疑问》十二卷

沈一中《礼记述注》十八卷

王荁《礼记纂注》四卷

郝敬《礼记通解》二十二卷

余心纯《礼经搜义》二十八卷

刘宗周《礼经考次正集》十四卷、《分集》四卷

樊良枢《礼测》二卷

陈有元《礼记约述》八卷

朱泰祯《礼记意评》四卷

汤三才《礼记新义》三十卷

王翼明《礼记补注》三十卷

黄道周《月令明义》四卷、《坊记集传》二卷、《表记集传》二卷、《缁衣集解》二卷

陈际泰《王制说》一卷

张习孔《檀弓问》四卷

卢翰《月令通考》十六卷

杨鼎熙《礼记敬业》八卷

阎有章《说礼》三十一卷已上《礼记》。

夏时正《三礼仪略举要》十卷

湛若水《二礼经传测》六十八卷大略以《曲礼》、《仪礼》为经，《礼记》为传。

吴岳《礼考》一卷

刘绩《三礼图》二卷

贡汝成《三礼纂注》四十九卷

李黼《二礼集解》十二卷合《周礼》、《仪礼》为一，集诸家之说以解之。

李经纶《三礼类编》三十卷

邓元锡《三礼编绎》二十六卷

唐伯玉《礼编》二十八卷已上通《礼》。

右《礼》类，一百七部，一千一百二十一卷。

湛若水《古乐经传全书》二卷

张敔《雅乐发微》八卷、《乐书杂义》七卷

韩邦奇《律吕新书直解》一卷、《苑洛志乐》二十卷

周瑛《律吕管钥》一卷

刘绩《六乐图》二卷

黄佐《礼典》四十卷、《乐典》三十六卷

何瑭《乐律管见》一卷一名《律吕管见》。

吕柟《诗乐图谱》十八卷

季本《乐律纂要》一卷、《律吕别书》一卷

李文利《大乐律吕元声》六卷、《大乐律吕考证》四卷

张谔《大成乐舞图谱》二卷、《古雅心谈》一卷

李文察《乐记补说》二卷、《四圣图解》二卷、《律吕新书补注》一卷、《典乐要论》三卷、《古乐筌蹄》九卷、《青宫乐调》三卷

刘濂《乐经元义》八卷、《九代乐章》二十三卷

邓文宪《律吕解注》二卷

黄积庆《乐律管见》二卷正李文利之非。

唐顺之《乐论》八卷

蔡宗兖《律同》二卷

杨继盛《拟补乐经》一卷

潘峦《文庙乐编》二卷

李璧《宴飨乐谱》一卷

葛见尧《含少论略》一卷

吕怀《律吕古义》二卷、《韵乐补遗》二卷、《律吕广义》三卷

孙应鳌《律吕分解发明》四卷

王邦直《律吕正声》六十卷

朱载堉《乐律全书》四十卷

乐和声《大成乐舞图说》一卷

何栋如《文庙雅乐考》二卷

史记事《大成礼乐集》三卷

瞿九思《孔庙礼乐考》五卷

李之藻《頖宫礼乐疏》十卷

黄居中《文庙礼乐志》十卷

梅鼎祚《古乐苑》五十二卷、《衍录》四卷、《唐乐苑》三十卷

黄汝良《乐律志》四卷

王朝玺《律吕新书私解》一卷

王思宗《黄钟元统图说》一卷、《八音图注》一卷

叶广《礼乐合编》三十卷

王正中《律书详注》一卷

右《乐》类，五十四部，四百八十七卷。

《春秋本末》三十卷洪武中，懿文太子命官臣傅藻等编。

赵汸《春秋集传》十五卷、《附录》二卷、《春秋属辞》十五卷、《左

传补注》十卷

梁寅《春秋考义》十卷

张以宁《春秋尊王发微》八卷、《春秋春王正月考》一卷、《辨疑》一卷

汪克宽《春秋胡传附录纂疏》三十卷

徐尊生《春秋论》一卷

蔡深《春秋纂》十卷

李衡《春秋释例集说》三卷

石光霁《春秋书法钩玄》四卷

永乐中，敕修《春秋集传大全》三十七卷胡广等纂。

金幼孜《春秋直指》三十卷、《春秋要旨》三卷

张洪《春秋说约》十二卷

饶秉鉴《春秋会传》十五卷、《提要》一卷

张复《春秋中的》一卷

童品《春秋经传辨疑》一卷

余本《春秋传疑》一卷

郭登《春秋左传直解》十二卷

邵宝《左觿》一卷

杨循吉《春秋经解摘录》一卷

湛若水《春秋正传》三十七卷

金贤《春秋纪愚》十卷

刘节《春秋列传》五卷

刘绩《春秋左传类解》二十卷

张邦奇《春秋说》一卷

席书《元山春秋论》一卷

江晓《春秋补传》十五卷

魏校《春秋经世书》二卷

蔡芳《春秋训义》十一卷

吕柟《春秋说志》五卷

许诰《春秋意见》一卷

胡世宁《春秋志疑》十八卷

钟芳《春秋集要》二卷

杨慎《春秋地名考》一卷

汤虺《春秋易简发明》二十卷

季本《春秋私考》三十卷

王崇庆《春秋析义》二卷

王道《春秋亿》四卷

胡缵宗《春秋本义》十二卷

姜絅《春秋曲言》十卷

李濂《夏周正辨疑会通》四卷

陆粲《左传附注》五卷、《春秋左氏鐫》二卷、《胡传辨疑》二卷

任桂《春秋质疑》四卷

黄佐缵《春秋明经》十二卷

石琚《左传章略》三卷

唐顺之《春秋论》一卷、《左氏始末》十二卷

赵恒《春秋录疑》十七卷

魏谦吉《春秋大旨》十卷

詹莱《春秋原经》十七卷

林命《春秋订疑》十二卷

姚咨《春秋名臣传》十三卷

袁颢《春秋传》三十卷

袁祥《春秋或问》八卷

袁仁《铖胡篇》一卷

邵 弁《春秋尊王发微》十卷《属辞比事》八卷、《或问》一卷、《凡例辑略》一卷。

傅逊《春秋左传属事》二十卷、《春秋左传注解辨误》二卷

严讷《春秋国华》十七卷

高拱《春秋正旨》一卷

姜宝《春秋事义全考》二十卷、《春秋读传解略》十二卷疏胡《传》之义意，以便学者。

王樵《春秋辑传》十五卷、《凡例》三卷

马森《春秋伸义辨类》二十九卷

许孚远《左氏详节》八卷

颜鲸《春秋贯玉》四卷

李攀龙《春秋孔义》十二卷

汪道昆《春秋左传节文》十五卷

吴国伦《春秋世谱》十卷以春秋列国事实见于《史记》、他书者，分国为诸侯世家。

徐学谟《春秋亿》六卷

朱睦㮮《春秋诸传辨疑》四卷

王锡爵《左传释义评苑》二十卷

邓元锡《春秋绎》一卷

黄洪宪《春秋左传释附》二十七卷

黄正宪《春秋翼附》二十卷

冯时可《左氏讨》二卷、《左氏论》二卷、《左氏释》二卷

穆文熙《国概》六卷

余懋学《春秋蠡测》四卷

凌稚隆《左传测义》七十卷

钱时俊《春秋胡传翼》三十卷

冷逢震《周正考》一卷

徐即登《春秋说》十一卷

邹德溥《春秋匡解》八卷

姚舜牧《春秋疑问》十二卷

郝敬《春秋直解》十三卷

郑良弻《春秋或问》十四卷、《存疑》一卷、《续义》二卷

张事心《春秋左氏人物谱》一卷

陆曾晔《编春秋所见所闻所传闻》三卷

施仁《左粹类纂》十二卷
陈可言《春秋左传类事》三十六卷
曹宗儒《春秋序事本末》三十卷、《逸传》三卷、《左氏辨》三卷
曹学佺《春秋阐义》十二卷、《春秋义略》三卷
钱世扬《春秋说》十卷
王衡《春秋纂注》四卷
魏靖国《三传异同》三十卷
卓尔康《春秋辨义》四十卷
张国经《春秋比事》七卷
钱应奎《左记》十一卷
张铨《春秋补传》十二卷
冯伯礼《春秋罗纂》十二卷
耿汝忞《春秋愍渡》十五卷
顾懋樊《春秋义》三十卷
王震《春秋左翼》四十三卷
徐允禄《春秋愚谓》四卷
冯梦龙《春秋衡库》二十卷
林嗣昌《春秋易义》十二卷
张溥《春秋三书》三十一卷
余飏《春秋存俟》十二卷
虞宗瑶《春秋提要》二卷
刘城《春秋左传地名录》二卷
孙范《左传纪事本末》二十二卷
来集之《春秋志在》十二卷、《四传权衡》一卷
贺仲轼《春秋归义》三十二卷、《便考》十卷
右《春秋》类，一百三十一部，一千五百二十五卷。

宋濂《孝经新说》一卷
孙蕡《孝经集善》一卷

孙吾与《孝经注解》一卷

方孝孺《孝经诫俗》一卷

晏璧《孝经刊误》一卷

曹端《孝经述解》一卷

刘实《孝经集解》一卷

薛瑄《定次孝经今古文》一卷

杨守陈《孝经私钞》八卷

余本《孝经集注》三卷

王守仁《孝经大义》一卷

陈深《孝经解诂》一卷

归有光《孝经叙录》一卷

李材《孝经疏义》一卷

杨起元《孝经外传》一卷、《孝经引证》二卷

虞淳熙《孝经迩言》九卷、《孝经集灵》一卷

胡时化《注解孝经》一卷

吴㧑谦《重定孝经列传》七卷

朱鸿《孝经质疑》一卷、《集解》一卷

王元祚《孝经汇注》三卷

陈仁锡《孝经小学详解》八卷

黄道周《孝经集传》二卷

何楷《孝经集传》二卷

张有誉《孝经衍义》六卷

江旭奇《孝经疏义》一卷

瞿罕《孝经贯注》二十卷、《孝经存余》三卷、《孝经考异》一卷、《孝经对问》三卷

吕维祺《孝经本义》二卷、《孝经大全》二十八卷、《或问》三卷

右《孝经》类，三十五部，一百二十八卷。

蒋悌生《五经蠡测》六卷

董彝《经疑》十卷
黄润玉《经书补注》四卷、《经谱》一卷
周洪谟《经书辨疑录》三卷
王恕《石渠意见》二卷、《拾遗》一卷、《补缺》一卷
章懋《诸经讲义》二卷
邵宝《简端录》十二卷
王崇庆《五经心义》五卷
王守仁《五经臆说》四十六卷
吕柟《经说》十卷
杨慎《经说》八卷
詹莱《七经思问》三卷
郑世威《经书答问》十卷
薛治《五经发挥》七十卷
丁奉《经传臆言》二十八卷
唐顺之《五经总论》一卷
胡宾《六经图全集》六卷
陈深《十三经解诂》六十卷
穆相《五经集序》二卷
王觉《五经四书明音》八卷
蔡汝楠《说经札记》八卷
朱睦㮮《授经图》二十卷、《五经稽疑》六卷、《经序录》五卷
陈士元《五经异文》十一卷
王世懋《经子臆解》一卷
徐常吉《遗经四解》四卷、《六经类雅》五卷
周应宾《九经考异》十二卷、《逸语》一卷
郝敬《九部经解》一百六十五卷
陈禹谟《经言枝指》十卷
蔡毅中《六经注疏》四十三卷
卜大有《经学要义》五卷

杜质明《儒经翼》七卷
陈仁锡《六经图考》三十六卷
杨联芳《群经类纂》三十四卷
杨维休《五经宗义》二十卷
张瑄《五经研朱集》二十二卷
顾梦麟《十一经通考》二十卷
右诸经类，四十三部，七百三十四卷。

陶宗仪《四书备遗》二卷
刘醇《四书解疑》四卷
周是修《论语类编》二卷
永乐中敕修《四书大全》三十六卷胡广等纂。
孔谔《中庸补注》一卷
黄润玉《学庸通旨》一卷
周洪谟《四书辨疑录》三卷
丁玑《大学疑义》一卷
蔡清《四书蒙引》十五卷
王守仁《古本大学注》一卷
朱绶《四书补注》三卷
夏良胜《中庸衍义》十七卷
湛若水《中庸测》一卷
程嗣光《四书讲义》十卷
吕柟《四书因问》六卷
魏校《大学指归》一卷
王道《大学亿》一卷
穆孔晖《大学千虑》一卷
季本《四书私存》三十七卷
薛甲《四书正义》十二卷
梁格《集四书古义补》十卷

金贲亨《学庸义》二卷

苏濂《四书通考补遗》六卷

朱润《四书通解》十卷

马森《学庸口义》三卷

廖纪《四书管窥》四卷

陈士元《论语类考》二十卷、《孟子杂记》四卷

许孚远《论语学庸述》四卷

谢东山《中庸集说启蒙》一卷

唐枢《四书问录》二卷

杨时乔《四书古今文注发》九卷

李材《论语大意》十二卷

顾宪成《大学通考》一卷、《大学质言》一卷

管志道《论语订释》十卷、《中庸测义》一卷、《孟子订释》七卷

邹元标《学庸商求》二卷

郑维岳《四书知新日录》三十七券

王肯堂《论语义府》二十卷

史记事《四书疑问》五卷

郝敬《四书摄提》十卷

姚舜牧《四书疑问》十二卷

李槃《中庸臆说》一卷

吴应宾《中庸释论》十二卷

顾起元《中庸外传》三卷

林茂槐《四书正体》五卷

陈禹谟《谈经苑》四十卷、《汉诂纂》二十卷、《引经绎》五卷、《人物概》十五卷、《名物考》二十卷

陶廷奎《四书正学衍说》八卷

刘元卿《四书宗解》八卷

陈仁锡《四书语录》一百卷、《四书析义》十卷、《四书备考》八十卷

张溥《四书纂注大全》三十七卷

右《四书》类，五十九部，七百十二卷。

危素《尔雅略义》十九卷

朱睦㮮《训林》十二卷

朱谋玮《骈雅》七卷

李文成《博雅志》十三卷

张萱《汇雅前编》二十卷、《后编》二十卷

罗曰褧《雅余》八卷

穆希文《蟫史集》十一卷

黄裳《小学训解》十卷

朱升《小四书》五卷集宋元儒方逢辰《名物蒙求》、程若庸《性理字训》、陈栎《历代蒙求》各一卷，黄继善《史学提要》二卷。

何士信《小学集成》十卷、《图说》一卷

赵古则《学范》六卷、《童蒙习句》一卷

方孝孺《幼仪杂箴》一卷

张洪《小学翼赞诗》六卷

郑真《学范》六卷

朱逢吉《童子习》一卷

吴讷《小学集解》十卷

刘实《小学集注》六卷

丘陵《婴教声律》二十卷

廖纪《童训》一卷

陈选《小学句读》六卷

王云凤《小学章句》四卷

湛若水《古今小学》六卷

钟芳《小学广义》一卷

黄佐《小学古训》一卷

王崇文《蒙训》一卷

王崇献《小学撮要》六卷
朱载玮《困蒙录》一卷
耿定向《小学衍义》二卷
吴国伦《训初小鉴》四卷
周宪王有燉《家训》一卷
朱勤美《谕家迩谈》二卷
郑绮《家范》二卷
王士觉《家则》一卷
程达道《家教辑录》一卷
周是修《家训》十二卷
杨荣《训子编》一卷
曹端《家规辑略》一卷
杨廉《家规》一卷
何瑭《家训》一卷
程敏政《贻范录》三十卷
周思兼《家训》一卷
孙植《家训》一卷
吴性《宗约》一卷、《家训》一卷
杨继盛《家训》一卷
王祖嫡《家庭庸言》二卷已上小学。
《女诫》一卷洪武中，命儒臣编。
高皇后《内训》一卷
文皇后《劝善书》二十卷
章圣太后《女训》一卷献宗为序，世宗为后序。
慈圣太后《女鉴》一卷、《内则诗》一卷嘉靖中，命方献夫等撰。
黄佐《姆训》一卷
王敬臣《妇训》一卷
王直《女教续编》一卷已上女学。
《洪武正韵》十六卷

孙吾与《韵会订正》四卷

谢林《字要源委》五卷

赵古则《声音文字通》一百卷、《六书本义》十二卷

穆正《文字谱系》十二卷

兰廷秀《韵略易通》二卷

章黻《韵学集成》十二卷、《直音篇》七卷

涂观《六书音义》十八卷

黄谏《从古正文》六卷

顾充《字类辨疑》二卷

张颖《古今韵释》五卷

梁伦《稽古叶声》二卷

周瑛《书纂》五卷

《音释》一卷

王应电《同文备考》九卷

杨慎《转注古音略》五卷、《古音丛目》五卷、《古音猎要》五卷、《古音附录》五卷、《古音馀》五卷、《古音略例》一卷、《六书练证》五卷、《六书索隐》五卷、《古文韵语》二卷、《韵林原训》五卷、《奇字韵》五卷、《韵藻》四卷

方豪《韵补》五卷

龚时宪《玉篇鉴磻》四十卷

刘隅《古篆分韵》五卷

潘恩《诗韵辑略》五卷

张之象《四声韵补》五卷

陈士元《古俗字略》七卷、《韵苑考遗》四卷

田艺蘅《大明同文集》五十卷

茅溱《韵补本义》十六卷

焦竑《俗书刊误》十二卷

方日升《古今韵会小补》三十卷

程元初《五经词赋叶韵统宗》二十四卷

黄钟《音韵通括》二卷
郝敬《读书通》二十卷
林茂槐《读书字考略》四卷
赵宧光《说文长笺》七十二卷、《六书长笺》十三卷
梅膺祚《字汇》十二卷
吴汝纪《古今韵括》五卷
吴继仕《音声纪元》六卷
吕维祺《音韵日月灯》六十卷
周宇《字考启蒙》十六卷、《认字测》三卷
周伯殷《字义切略》二卷
杨昌文《篆韵正义》五卷
熊晦《类聚音韵》三十卷
杨廉《缀算举例》一卷、《数学图诀发明》一卷
顾应祥《测圆算术》四卷、《弧矢算术》二卷、《释测圆海镜》十卷
唐顺之《句股等六论》一卷
朱载堉《嘉量算经》三卷
李瓒《同文算指通编》二卷、《前编》二卷
杨辉《九章》一卷已上书数。
右小学类，一百二十三部，一千六十四卷。

明史卷九七
志第七三

艺文二

史类十：一曰正史类，编年在内，二曰杂史类，三曰史钞类，四曰故事类，五曰职官类，六曰仪注类，七曰刑法类，八曰传记类，九曰地理类，十曰谱牒类。

明《太祖实录》二百五十七卷建文元年，董伦等修。永乐元年，解缙等重修。九年，胡广等复修。起元至正辛卯，讫洪武三十一年戊寅，首尾四十八年。万历时，允科臣杨天民请，附建文帝元、二、三、四年事迹于后。

《日历》一百卷、洪武中，詹同等编，具载太祖征讨平定之绩，礼乐治道之详。《宝训》十五卷《日历》既成，詹同等又请分类更辑圣政为书，凡五卷。其后史官随类增至十五卷。

《成祖实录》一百三十卷、《宝训》十五卷杨士奇等修。

《仁宗实录》十卷、《宝训》六卷蹇义等修。

《宣宗实录》一百十五卷、《宝训》十二卷杨士奇等修。

《英宗实录》三百六十一卷、成化元年，陈文等修，起宣德十年正月，讫天顺八年正月，首尾三十年。附景泰帝事迹于中，凡八十七卷。《宝训》十二卷与实录同修。

《宪宗实录》二百九十三卷、《宝训》十卷刘吉等修。

《孝宗实录》二百二十四卷正德元年，刘健、谢迁等修。未几健、迁皆去位，焦芳等续修。

《宝训》十卷与《实录》同修。

《武宗实录》一百九十七卷，《宝训》十卷费宏等修。

《睿宗实录》五十卷、《宝训》十卷嘉靖四年，大学士费宏言："献皇帝嘉言懿行，旧邸必有成书，宜取付史馆纂修。"从之。

《世宗实录》五百六十六卷、《宝训》二十四卷隆庆中，徐阶等修，未竣。万历五年，张居正等续修成之。

《穆宗实录》七十卷、《宝训》八卷张居正等修。

《神宗实录》五百九十四卷、《宝训》二十六卷温体仁等修。

《光宗实录》八卷天启三年，叶向高等修成，有熹宗御制序。既而霍维华等改修，未及上，而熹宗崩。至崇祯元年，始进呈向高原本，并贮皇史宬。

《熹宗实录》八十四卷温体仁等修。

《洪武圣政记》二卷

《永乐圣政记》三卷

《永乐年表》四卷

《洪熙年表》二卷

《宣德年表》四卷

储巏《皇明政要》二十卷

郑晓《吾学编》六十九卷

雷礼《大政记》三十六卷

邓元锡《明书》四十五卷

夏浚《皇明大纪》三十六卷

王世贞《国朝纪要》十卷、《天言汇录》十卷

陈建《皇明通纪》二十七卷、《续通纪》十卷

薛应旂《宪章录》四十六卷

沈越《嘉隆闻见纪》十二卷

唐志大《高庙圣政记》二十四卷

孙宜《国朝事迹》一百二十卷

吴朴《洪武大政记》二十卷

吴瑞登《明绳武编》三十四卷、《嘉隆宪章录》二十卷

黄翔凤《嘉靖大政编年纪》一卷、《嘉靖大政类编》二卷

陈翼飞《史待》五十卷

何乔远《名山藏》三十七卷

朱国祯《史概》一百二十卷、《辑皇明纪传》三十卷

文大伦《永昭二陵编年信史》六卷

尹守衡《史窃》一百七卷

朱睦㮮《圣典》三十四卷

茅维《嘉靖大政记》二卷

吴士奇《皇明副书》一百卷

谭希思《皇明大纪纂要》六十三卷

王大纲《皇明朝野纪略》一千二百卷

雷叔闻《国史》四十卷

周永春《政纪纂要》四卷

张铨《国史纪闻》十二卷

冯复京《明右史略》三十卷

陈仁锡《皇明世法录》九十二卷

沈国元《天启从信录》三十五卷

江旭奇《通纪集要》六十卷

谈迁《国榷》一百卷已上明史。

《元史》二百十二卷洪武中，宋濂等修。

《续宋元资治通鉴纲目》二十七卷成化中，商辂等修。

《历代通鉴纂要》九十二卷弘治中，李东阳等修。

周定王橚《甲子编年》十二卷

王祎《大事记续编》七十七卷

梁寅《宋史略》四卷、《元史略》四卷

朱右《元史补遗》十二卷

张九韶《元史节要》二卷

胡粹中《元史续编》七十七卷

邱濬《世史正纲》三十二卷

金濂《诸史会编》一百十二卷、南轩《资治通鉴纲目前编》二十

五卷

柯维骐《宋史新编》二百卷

唐顺之《史纂左编》一百四十二卷、《右编》四十卷

薛应旂《宋元资治通鉴》一百五十七卷、《甲子会纪》五卷

王宗沐《宋元资治通鉴》六十四卷

安都《十九史节定》一百七十卷

吴琉《史类》六百卷

邓元锡《函史》上编九十五卷、下编二十卷

许诰《纲目前编》三卷

魏国显《史书大全》五百十二卷

黄佐《通历》三十六卷

姜宝《稽古编大政记纲目》八卷、《资治上编大政记纲目》四十卷、《下编大政记纲目》三十二卷

邵经邦《学史会同》三百卷、《弘简录》二百五十卷

杨寅冬《历代史汇》二百四十卷

饶伸《学海君道部》二百三十四卷

徐师曾《世统纪年》六卷

吴继安《帝王历祚考》八卷

冯琦《宋史纪事本末》二十八卷

张溥《宋史纪事本末》一百九卷、《元史纪事本末》二十七卷

陈邦瞻《元史纪事本末》六卷

汤桂祯《战国纪年》四十六卷

严衍《资治通鉴补》二百七十卷已上通史

右正史类一百十部，一万二百三十二卷。

刘辰《国初事迹》一卷

俞本《记事录》二卷

王祎《造邦勋贤略》一卷

刘基《礼贤录》一卷、《翊运录》二卷

杨仪《垄起杂事》一卷纪张士诚、韩林儿、徐寿辉事。

杨学可《明氏实录》一卷明玉珍事。

何荣祖《家记》一卷何真子，纪真事。

张𬘘《云南机务钞黄》一卷

夏原吉《万乘肇基录》一卷

卞瑺《兴濠开基录》一卷

陆深《平元录》一卷

童承叙《平汉录》一卷

黄标《平夏录》一卷

姚涞《驱除录》一卷

蔡于谷《开国事略》十卷

孙宜《明初略》二卷

邵相《皇明启运录》八卷

梁亿《洪武辑遗》二卷

范守己《造夏略》二卷

戴重《和阳开天记》一卷

钱谦益《开国群雄事略》十五卷、《太祖实录辨证》三卷已上皆纪洪武时事。

袁祥《建文私记》一卷

孙交《国史补遗》六卷

姜清《秘史》一卷

黄佐《革除遗事》六卷

张芹《建文备遗录》二卷

何孟春《续备遗录》一卷

冯汝弼《补备遗录》一卷

许相卿《革朝志》十卷

朱睦㮮《逊国记》二卷

屠叔方《建文朝野汇编》二十卷

朱鹭《建文书法儗》四卷

陈仁锡《壬午书》二卷

曹参芳《逊国正气纪》九卷

周远令《建文纪》三卷已上纪建文时事。

都穆《壬午功臣爵赏录》一卷、《别录》一卷

袁褧《奉天刑赏录》一卷

郁衮《顺命录》一卷

杨荣《北征记》一卷

金幼孜《北征前录》一卷、《后录》一卷

黄福《安南事宜》一卷

丘濬《平定交南录》一卷

杨士奇《三朝圣谕录》三卷、《西巡扈从纪行录》一卷已上纪永乐、洪熙、宣德时事。

袁彬《北征事迹》一卷

杨铭《正统临戎录》一卷、《北狩事迹》一卷

李实《使北录》一卷

刘定之《否泰录》一卷

刘济《革书》一卷塞外无楮，以羊皮书之，故名《革书》。

李贤《天顺日录》二卷

汤韶《天顺实录辨证》一卷

张楷《监国历略》一卷

彭时《可斋笔记》二卷已上纪正统、景泰、天顺时事。

马文升《西征石城记》一卷、《兴复哈密记》一卷

宋端仪《立斋闲录》四卷

梅纯《损斋备忘录》二卷

李东阳《燕对录》二卷

刘大夏《宣召录》一卷

陈洪谟《治世馀闻》四卷弘治、《继世纪闻》四卷正德。

许进《平番始末》一卷

朱国祚《孝宗大纪》一卷

费宏武《庙初所见事》一卷

杨廷和《视草馀录》二卷

王鏊《震泽纪闻》一卷、《续纪闻》一卷、《震泽长语》二卷、《守溪笔记》二卷

王琼《双溪杂记》二卷

杨一清《西征日录》一卷、《车驾幸第录》二卷

胡世宁《桃源建昌征案》、《东乡抚案》共十卷

祝允明《九朝野记》四卷、《江海歼渠记》一卷纪刘六、刘七、赵风子事。

夏良胜《东戍录》一卷

谢蕡《后鉴录》三卷已上纪成化、弘治、正德时事。

世宗《大礼集议》四卷、《纂要》二卷、《明伦大典》二十四卷、《大狩龙飞录》二卷

王之垣《承天大志纪录事实》三十卷

费宏《宸章集录》一卷

张孚敬《敕谕录》三卷、《谕对录》三十四卷、《大礼要略》二卷、《钦明大狱录》二卷

李时《南城召对录》一卷、《文华盛记》一卷

夏言《圣驾渡黄河记》一卷、《记召对庙廷事》一卷、《扈跸录》一卷

严嵩《嘉靖奏对录》十二卷

毛澄《圣驾临雍录》一卷

陆深《圣驾南巡录》一卷、《北还录》一卷

韩邦奇《大同纪事》一卷

孙允中《云中纪变》一卷

苏祐《云中事纪》一卷

张岳《交事纪闻》一卷

翁万达《平交纪事》十卷

江美中《安南来威辑略》三卷

谈恺《前后平粤录》四卷

王轼《平蛮录》二卷

范表《前后海寇议》三卷

郑茂《靖海纪略》一卷

徐宗鲁《松寇纪略》一卷

李日华《倭变志》一卷

张鼐《吴淞甲乙倭变志》二卷

朱纨《茂边纪事》一卷

赵汝谦《平黔三记》一卷

徐学谟《世庙识馀录》二十六卷

高拱《边略》五卷

刘应箕《款塞始末》一卷

方逢时《平惠州事》一卷

林庭机《平曾一本叙》一卷

查志隆《安庆兵变》一卷

曹子登《甘州纪变》一卷

王尚文《征南纪略》一卷

张居正《召对纪事》一卷

申时行《召见纪事》一卷

王锡爵《召见纪事》一卷

赵志皋《召见纪事》一卷

方从哲《乙卯召对录》三卷

董其昌《万历事实纂要》三百卷

顾宪成《寤言寐言》一卷

陈惟之《乞停矿税疏图》一卷

郭子章《黔中止榷记》一卷、《西南三征记》一卷、《黔中平播始末》三卷

王禹声《郢事纪略》一卷纪楚中税监激变事。

郭正域《楚事妖书始末》一卷

朱赓《勘楚始末》一卷

蔡献臣《勘楚纪事》一卷

瞿九思《万历武功录》十四卷

诸葛元声《两朝平攘录》五卷

茅瑞征《万历三大征考》五卷哱氏、关白、杨应龙。

曾伟芳《宁夏纪事》一卷

宋应昌《朝鲜复国经略》六卷

萧应宫《朝鲜征倭纪略》一卷

王士琦《封贡纪略》一卷

李化龙《平播全书》十五卷

杨寅秋《平播录》五卷

沈德符《野获编》八卷

李维桢《庚申纪事》一卷

张泼《庚申纪事》一卷已上纪嘉靖、隆庆、万历时事。

《三朝要典》二十四卷天启中，顾秉谦等修。崇祯初，诏毁之。

叶茂才《三案记》一卷

蔡士顺《傃庵野钞》十一卷

李橒《全黔纪略》一卷

张键《平蔺纪事》一卷

李逊之《三朝野记》七卷

蒋德璟《悫书》十卷

李日宣《枚卜始末》一卷

杨士聪《玉堂荟记》四卷

孙承宗《督师全书》一百卷

杨嗣昌《督师纪事》五十卷

夏允彝《幸存录》一卷

夏完淳《续幸存录》一卷

吴伟业《绥寇纪略》十二卷

文秉《先拨志始》六卷、《烈皇小识》四卷

彭孙贻《流寇志》十四卷

李清《南渡录》二卷已上纪天启、崇祯时事。

黄瑜《双槐岁钞》十卷起洪武讫成化中事。

伦以训《国朝彝宪》二十卷

孙宜《国朝事迹》一百二十卷

高岱《鸿猷录》十六卷

郑晓《今言》四卷、《徵吾录》二卷、《吾学编馀》一卷

潘恩《美芹录》二卷

袁帙《皇明献宝》二十卷

孙世芳《矶园稗史》二卷

李先芳《安攘新编》三十卷

王世贞《弇山堂别集》一百卷、《识小录》二十卷、《少阳丛谈》二十卷、《明野史汇》一百卷万历中，董复表汇纂诸集为《弇州史料》，凡一百卷。

邓球《泳化类编》一百三十六卷、《杂记》二卷

高鸣凤《今献汇言》二十八卷

何栋如《皇明四大法》十二卷

王禅《国朝史略》四十五卷、《别集》二卷

于慎行《谷山笔麈》十八卷

黄汝良《野纪矇搜》十二卷起洪、永，讫嘉、隆。

曹育贤《皇明类考》二十二卷

邹德泳《圣朝泰交录》八卷

张萱《西园闻见录》一百六卷

吴士奇《徵信编》五卷、《考信编》二卷

项鼎铉《名臣宁攘编》三十卷

范景文《昭代武功录》十卷已上统纪明代事。

宁献王权《汉唐秘史》二卷洪武中，奉敕编次。

吴源《至正近记》二卷

权衡《庚申外史》二卷

杨循吉《辽金小史》九卷

杨慎《滇载记》一卷

倪辂《南诏野史》一卷

包宗吉《古史补》二百卷

袁祥《新旧唐书折衷》二十四卷

程敏政《宋纪受终考》一卷

李维桢《韩范经略西夏纪》一卷

王士骐《苻秦书》十五卷

李廷机《宋贤事汇》二卷

姚士粦《后梁春秋》十卷

胡震亨《靖康盗鉴录》一卷

陈霆《唐馀纪传》二十一卷

钱谦益《北盟会编钞》三卷已上纪前代事。

右杂史类，二百十七部，二千二百四十四卷。

杨维桢《史义拾遗》二卷

范理《读史备忘》八卷

陈济《通鉴纲目集览正误》五十九卷

赵弼《雪航肤见》十卷

李裕《分类史钞》二十二卷

吕柟《史约》三十七卷

许诰《宋元史阐幽》三卷

张宁《读史录》六卷

李浩《通鉴断义》七十卷

邵宝《学史》十三卷

王峰《通鉴纲目发微》三十卷

张时泰《续通鉴纲目广义》十七卷

卜大有《史学要义》四卷

周山《师资论统》一百卷

郑晓《删改史论》十卷

柯维骐《史记考要》十卷

王洙《宋元史质》一百卷

戴璟《汉唐通监品藻》三十卷

钟芳《续古今纪要》十卷

归有光《读史纂言》十卷

李维桢《南北史小识》十卷

万廷言《经世要略》二十卷

张之象《太史史例》一百卷

余明勋《史衡》二十卷

于慎行《读史漫录》十四卷

李贽《藏书》六十八卷、《续藏书》二十七卷

马惟铭《史书纂略》一百卷

赵惟寰《读史快编》六十卷

谢肇淛《史锈》二十一卷

吴无奇《史裁》二十六卷

张溥《史论二编》十卷

杨以任《读史四集》四卷

冯尚贤《史学汇编》十二卷

右史钞类三十四部，一千四十三卷

太祖《御制永鉴录》一卷训亲藩、《纪非录》一卷训周、齐、潭、鲁诸王。

《祖训录》一卷洪武中编集，太祖制序，颁赐诸王。

《祖训条章》一卷封建王国之制。

《宗藩昭鉴录》五卷洪武中，陶凯等编集。

《历代公主录》一卷洪武中编集。

《世臣总录》二卷

《为政要录》一卷

《醒贪简要录》二卷

《武士训戒录》一卷

《臣戒录》一卷俱洪武中颁行。

《存心录》十八卷吴沉等编集。

《省躬录》十卷刘三吾等编集。

《精诚录》三卷吴沉等编集。

《国朝制作》一卷王叔铭等编集。

宣宗《御制历代臣鉴》三十七卷、《外戚事鉴》五卷

万历中重修《大明会典》二百二十八卷、《条例全文》三十卷、《增修条例备考》二十六卷

《大明会要》八十卷太祖开国时事,凡三十九则,不知撰人。

李贤《鉴古录》一卷

夏寅《政鉴》三十卷

顾潸《稽古政要》十卷

王圻《续文献通考》二百五十四卷

邓球《续泳化编》十七卷

邹泉《古今经史格要》二十八卷

黄光升《昭代典则》二十八卷

周子义《国朝故实》二百卷一名《国朝典故备遗》。

张居正《帝鉴图说》六卷

焦竑《养正图解》二卷

劳堪《皇明宪章类编》四十二卷

徐学聚《国朝典汇》二百卷

唐瑶《历代志略》四卷

张铨《鉴古录》六卷

乔懋敬《古今廉鉴》八卷

冯应京《皇明经世实用编》二十八卷

邓士龙《国朝典故》一百卷

黄溥《皇明经济录》十八卷

徐奋鹏《古今治统》二十卷

朱健《古今治平略》三十六卷

余继登《皇明典故纪闻》十八卷

《宗藩条例》二卷李春芳等辑。

戚元佐《宗藩议》一卷

冯柯《历代宗藩训典》十二卷

张志淳《谥法》二卷

何三省《帝后尊谥纪略》一卷

鲍应鳌《皇明臣谥汇考》二卷

叶来敬《皇明谥考》三十八卷

郭良翰《皇明谥纪汇编》二十五卷

郑汝璧《功臣封考》八卷

陆深《科场条贯》一卷

张朝瑞《皇明贡举考》八卷、《明历科殿试录》七十卷、《历科会试录》七十卷

汪鲸《大明会计类要》十二卷

张学颜《万历会计录》四十三卷

赵官《后湖志》十一卷、《后湖黄志》六卷

刘斯洁《太仓考》十卷

王仪《吴中田赋录》五卷

徐民式《三吴均役全书》四卷

娄志德《两浙赋役全书》十二卷

何士晋《厂库须知》十二卷

邵宝《漕政录》十八卷

席书《漕船志》一卷、《漕运录》二卷

杨宏《漕运志》四卷

王在晋《通漕类编》九卷

陈仁锡《漕政考》二卷

崔旦《海运编》二卷

刘体仁《海道漕运记》一卷

王宗沐《海运志》二卷

梁梦龙《海运新考》三卷

史继偕《皇明兵志考》三卷

侯继高《全浙兵志考》四卷

王士琦《三云筹俎考》四卷

何孟春《军务集录》六卷

阎世科《计辽始末》四卷

蔡鼎《边务要略》十卷

周文郁《边事小纪》六卷

王士骐《驭倭录》八卷

方日乾《屯田事宜》五卷

杨守谦《屯田议》一卷

张抱赤《屯田书》一卷

沈啓《南船记》四卷

倪涑《船政新书》四卷

朱廷立《盐政志》十卷

史启哲《两淮盐法志》十二卷

王圻《两浙盐志》二十四卷

冷宗元《长芦鹾志》七卷

李开先《山东盐法志》四卷

詹荣《河东运司志》十七卷

谢肇淛《八闽鹾政志》十六卷

李沄《粤东盐政考》二卷

陈善《黑白盐井事宜》二卷

傅浚《铁冶志》二卷

胡彦《茶马类考》六卷

陈讲《茶马志》四卷

徐彦登《历朝茶马奏议》四卷

王宗圣《榷政记》十卷

薛侨《南关志》六卷

许天赠《北关志》十二卷

林希《荒政丛言》一卷

郅灿然《备荒议》一卷

俞汝为《荒政要览》十卷

右故事类，一百六部，二千一百二十一卷。

《诸司职掌》十卷洪武中，翟善等编。

《宪纲》一卷洪武中，御史台进。

《官制大全》十六卷

《品级考》五卷

宣宗《御制官箴》一卷

郭子章《官释》十卷

李日华《官制备考》二卷

郑晓《直文渊阁表》一卷、《典铨表》一卷

吕本《馆阁类录》二十二卷

雷礼《列卿表》一百三十九卷

王世贞《公卿表》二十四卷

李维桢《进士列卿表》二卷

徐鉴《续列卿表》十卷

许重熙《殿阁部院大臣表》十六卷

范景文《大臣谱》十六卷

黄尊素《隆万列卿记》二卷

陈盟《崇祯阁臣年表》一卷、《内阁行略》一卷

廖道南《殿阁词林记》二十二卷

黄佐《翰林记》二十卷

张位《词林典故》一卷、《史职议》一卷

陈沂《翰林志》一卷

焦竑《词林历官表》三卷

董其昌《南京翰林志》十二卷
周应宾《旧京词林志》六卷
刘昌《南京詹事府志》二十卷
李默《吏部职掌》四卷
张瀚《吏部职掌》八卷
郑汝璧《封司典故》八卷
王士骐《铨曹纪要》十六卷
宋启明《吏部志》四十卷
汪宗伊《南京吏部志》二十卷、《留铨志馀》二卷
徐大相《铨曹仪注》五卷
王崇庆《南京户部志》二十卷
谢彬《南京户部志》二十卷
宋端仪《祠部典故》四卷
李廷机《春官要览》六卷
李化龙《邦政条例》十卷
谭纶《军政条例类考》七卷
傅鹗《军政类编》二卷
陈梦鹤《武铨邦政》二卷
李邦华《南枢新志》四卷
范景文《南枢志》一百七十卷
俞汝为《南京兵部车驾司职掌》八卷
张可大《南京锦衣卫志》二十卷
应廷育《刑部志》八卷
庞嵩《刑曹志》四卷
刘文征《刑部事宜》十卷
陈公相《刑部文献考》八卷
来斯行《刑部狱志》四十卷
江山丽《南京刑部志》二十六卷
曾同亨《工部条例》十卷

周梦旸《水部备考》十卷

刘振《工部志》一百三十九卷

王廷相《申明宪纲录》一卷

刘宗周《宪纲规条》一卷

傅汉《风纪辑览》四卷

符验《西台杂记》八卷

何出光《兰台法鉴录》二十三卷

徐必达《南京都察院志》四十卷

朱廷益《通政司志》六卷

夏时正《太常志》十卷

陈庆《太常志》十六卷

卢维祯《太常志》十六卷

吕鸣珂《太常纪》二十二卷

倪嵩《太常典礼总览》六卷

屠本畯《太常典录》六卷

沈若霖《南京太常寺志》四十卷

顾存仁《太仆志》十四卷

杨时乔《马政记》十二卷

李日宣《太仆志》二十二卷

雷礼《南京太仆寺志》十六卷

徐必达《光禄寺志》二十卷

韩鼎《尚宝司实录》一卷

潘焕宿《南京尚宝司志》二十卷

周崑《六科仕籍》六卷

萧彦《掖垣人鉴》十七卷

《国子监规》一卷录洪武以来训谕。

邢让《国子监志》二十二卷

谢铎《国子监续志》十一卷

吴节《南雍旧志》十八卷

黄佐《南雍志》二十四卷

王材《南雍申教录》十五卷

崔铣《国子监条例类编》六卷

卢上铭《辟雍纪事》十五卷

汪俊《四夷馆则例》二十卷、《四夷馆考》二卷

杨枢《上林记》八卷

王象云《上林汇考》五卷

焦竑《京学志》八卷

右职官类九十三部，一千四百七十九卷。

《集礼》五十卷洪武中，梁寅等纂修。初系写本，嘉靖中，诏礼部校刊。

《孝慈录》一卷宋濂等考定丧服古制为是书，太祖有序。

《行移繁减体式》一卷洪武中，以元季官府文移纷冗，诏廷臣减繁，著为定式。

《稽制录》一卷编缉功臣服舍制度。

《礼制集要》一卷官民服舍器用等式。

《稽古定制》一卷颁示功臣。

《礼仪定式》一卷、《教民榜文》一卷、《乡饮酒礼图式》一卷俱洪武中颁行。

《祭祀礼仪》六卷、《郊坛祭享仪注》一卷皆明初定式。

《巡狩事宜》一卷永乐中仪注。

《瑞应图说》一卷永乐中编次。

宪宗《幸学仪注》一卷

世宗《御制忌祭或问》一卷、《祀仪成典》七十一卷嘉靖间更定仪文。

《郊祀通典》二十七卷夏言等编次。

《乘舆冕服图说》一卷嘉靖间考古衣冠之制，张璁为注说。

《武弁服制图说》一卷亲征冠服之制，张璁为注说。

《玄端冠服图说》一卷燕居冠服之制，张璁为注说。

《保和冠服图说》一卷宗室冠服之制，张璁为注说。

《圜丘方泽总图》二卷

《圜丘方泽祭器乐器图》二卷

《朝日夕月坛总图》二卷

《朝日夕月坛祭器乐器图》二卷

《神祇社稷雩坛总图》三卷

《太庙总图》一卷

《太庙供器祭器图》一卷

《大享殿图》一卷

《大享殿供器祭器图》一卷

《天寿山诸陵总图》一卷

《泰神殿图》一卷

《帝王庙总图》二卷

《皇史宬景神等殿图》二卷

《圆明阁阳雷轩殿宇图》一卷

《沙河行宫图》一卷已上俱嘉靖间制式。

《皇明典礼》一卷万历中颁。

《朝仪》二卷、《车驾巡幸礼仪》一卷、《亲王昏礼仪注》一卷、《昏礼传制遣官图》一卷、《陵寝仪式》一卷、《王国仪注》一卷、《仪注事例》一卷、《鸿胪仪注》二卷、《出使仪注》二卷、《射礼仪注》一卷已上俱万历间制式。

《礼书》四十一卷不知撰人，凡十七册。目录一，吉礼五，军礼、凶礼共一，丧礼三，制度一，考正一，官制二，公式二，杂礼一。

《大明礼制》二十五卷不知撰人。

《嘉靖祀典》十七卷不知撰人。

朱国祚《册立仪注》一卷

皇甫濂《藩府政令》一卷

郭正域《皇明典礼志》二十卷

朱勤美《王国典礼》八卷

谢铎《祭礼仪注》二卷

罗青霄《仪注辑录》一卷郡邑庆贺祭祀诸仪。

俞汝楫《礼仪志》一百卷

右仪注类五十七部，四百二十四卷。

《大明律》三十卷洪武六年，命刑部尚书刘惟谦详定。篇目皆准唐律，合六百有六条。九年复厘正十有三条，余仍故。

《更定大明律》三十卷洪武二十八年，命词臣同刑官参考比年律条，以类编附，凡四百六十条。

太祖《御制大诰》一卷、《大诰续编》一卷、《大诰三编》一卷、《大诰武臣》一卷、《武臣敕谕》一卷、《昭示奸党录》一卷、《第二录》一卷、《第三录》三卷已上三《录》皆胡党狱词。

《逆臣录》五卷蓝党狱词。

《彰善瘅恶录》三卷、《瘅恶续录》一卷、《集犯谕》一卷、《戒敕功臣铁榜》一卷已上皆洪武中颁。

何广《律解辨疑》三十卷

郑节《续真西山政经》二卷

薛瑄《从政录》一卷

卢雍《祥刑集览》二卷

何文渊《牧民备用》一卷、《司刑备用》一卷

陈廷琏《大明律分类条目》四卷

顾应祥《重修问刑条例》七卷

刘惟谦《唐律疏义》十二卷

张楷《大明律解》十二卷

应槚《大明律释义》三十卷

高举《大明律集解附例》三十卷

范永銮《大明律例》三十卷

陈璋《比部招拟》二卷

段正《柏台公案》八卷

应廷育《读律管窥》十二卷

雷梦麟《读律琐言》三十卷

孙存《大明律读法书》三十卷

王樵《读律私笺》二十四卷

林兆珂注《大明律例》二十卷

王之垣《律解附例》八卷

舒化《问刑条例》七卷、《刑书会据》三十卷

王肯堂《律例笺解》三十卷

欧阳东凤《阐律》一卷

熊鸣岐《昭代王章》十五卷

吴讷《祥刑要览》二卷

邹元标《筮仕要诀》一卷

苏茂相《临民宝镜》十六卷

陈龙正《政书》二十卷

曹璜《治术纲目》十卷

右刑法类，四十六部，五百九卷。

《开国功臣录》三十一卷黄金编次，自徐达至指挥李观，凡五百九十一人。

谢铎《名臣事略》二十卷洪武至成化时人。

彭韶《名臣录赞》二卷

杨廉《名臣言行录》四卷、《理学名臣言行录》二卷

徐纮《名臣琬琰录》五十四卷

徐咸《名臣言行录前集》十二卷、《后集》十二卷

王道《名臣琬琰录》二卷、《续录》二卷

张芹《备遗录》一卷

何孟春《续遗录》一卷

何乔新《勋贤琬琰集》二卷

唐龙《康山群忠录》一卷、《二忠录》二卷纪王祎、吴云事。

沈庭奎《名臣言行录新编》三十四卷

杨豫孙《补辑名臣琬琰录》一百十卷

雷礼《阁臣行实》八卷、《列卿记》一百六十五卷起洪武，讫嘉靖。礼子映补隆庆一朝。

王世贞《嘉靖以来首辅传》八卷、《名卿纪迹》六卷

吴伯与《内阁名臣事略》十六卷

薛应旂《皇明人物考》七卷郑以伟注。

唐枢《国琛集》二卷

史继偕《越章》六卷明代八闽人传。

顾璘《国宝新编》一卷

项笃寿《今献备遗》四十二卷

凌迪知《名臣类苑》四十六卷

钱薇《名臣事实》三十卷

耿定向《先进遗风》二卷

李廷机《阁臣录》六卷

焦竑《国史献征录》一百二十卷经籍志作三百六十卷、《逊国忠节录》八卷

唐鹤征《辅世编》六卷、《续编》五卷

徐即登《建文诸臣录》二卷

童时明《昭代明良录》二十卷

刘梦雷《名臣考》四卷

林垫《重辑名臣录》二卷

朱谋玮《藩献记》四卷

朱勤美《公族传略》二卷

过庭训《直省分郡人物考》一百十五卷

王兆云《词林人物考》十六卷

张玺《明尚友集》十六卷

江盈科《明臣小传》十六卷

瞿汝说《臣略纂闻》十二卷

钱士升《皇明表忠录》二卷

余翘《池阳三忠传》一卷纪黄观、金焦、陈敬宗事。

冯复京《先贤事略》十卷

李裁《明臣论世》四卷

林之盛《应谥名臣传》十二卷

杜琼《纪善录》一卷

陈沂《畜德录》一卷

苏茂相《名臣类编》二卷

史旌贤《维风编》二卷

邹期祯《东林诸贤言行录》五卷已上皆纪明代人物。

《相鉴》二十卷洪武十三年罢中书省，诏儒臣采历代史所载相臣，贤者自萧何至文天祥八十二人，为传十六卷；不肖者自田蚡至贾似道二十六人，为传四卷。太祖制序。

《外戚传》三卷永乐中，编辑汉以后可为法戒者。成祖制序。

《古今列女传》三卷永乐中，解缙等编。

宋濂《唐仲友补传》一卷、《浦江人物记》二卷

胡广《文丞相传》一卷

朱右《李邺侯传》二卷

方槐生《莆阳人物志》三卷。

谢应芳《怀古录》三卷、《思贤录》六卷

刘征《金华名贤传》三卷

丁元吉《陆丞相蹈海录》一卷

贾斌《忠义集》四卷

尹直《南宋名臣言行录》十六卷

杨循吉《吴中往哲记》一卷

谢铎《尊乡录》十卷

董遵《金华渊源录》二卷

金江《义乌人物志》二卷

金贲亨《台学源流》二卷

王佐《东嘉先哲录》二十卷

南逢吉《越中述传》四卷

周璟《昭忠录》五卷

程敏政《宋遗民录》十五卷

方鹏《昆山人物志》八卷

姜絅《汉名臣言行录》八卷

魏显国《历代相臣传》一百六十八卷、《守令传》二十四卷、《儒林传》二十卷

陈镐《金陵人物志》六卷

王宾《吴下名贤纪录》一卷

龚守愚《临江先哲言行录》二卷

刘元卿《江右历代名贤录》二卷

黄佐《广州人物志》二十四卷

刘有光《麻沙刘氏忠贤传》四卷

孙承恩《历代圣贤像赞》六卷

杨时伟《诸葛武侯全书》十卷

王承裕《李卫公通纂》四卷

戴铣《朱子实纪》十二卷

祝允明《苏材小纂》六卷

张泉《吴中人物志》十三卷

袁袠《吴中先贤传》十卷

刘凤《续吴先贤赞》十五卷

欧大任《百粤先贤志》四卷

耿定向《二孝子传》一卷

杨俊民《河南忠臣集》八卷、《烈女集》五卷

桑乔《节义林》六卷

王蕡《历代忠义录》十八卷

邹泉《人物尚论编》二十卷

郑瑄《唐忠臣睢阳录》二卷

黄省曾《高士传颂》二卷
皇甫濂《逸民传》二卷
皇甫涍《续高士传》十卷
薛应旂《隐逸传》二卷、《高士传》四卷
黄姬水《贫士传》二卷
钱一本《遁世编》十四卷
李默《建宁人物志》三卷
吕维祺《节孝义忠集》四卷
徐标《忠孝廉节集》四十卷
顾宪成《桑梓录》十卷
李廷机《汉唐宋名臣录》五卷
王鸿儒《掾曹名臣录》一卷
丁明登《古今长者录》八卷
朱睦㮮《中州人物志》十六卷
朱谋玮《豫章耆旧传》三卷
朱常涝《古今宗藩懿行考》十卷
郭良翰《历代忠义汇编》二十六卷
屠隆《义士传》二卷
沈尧中《高士汇林》二卷
顾枢《古今隐居录》三十卷
陈懋仁《寿者传》三卷
陈继儒《邵康节外纪》四卷、《逸民史》二十二卷
璩之璞《苏长公外纪》十二卷
徐𤊹《蔡端明别纪》十卷
范明泰《米襄阳志林》十三卷
徐学聚《两浙名贤录》五十四卷、《外录》八卷
曹学佺《蜀中人物记》六卷
郭凝之《孝友传》二十四卷
王道隆《吴兴名贤续录》六卷

陈克仕《古今彤史》八卷

曹思学《内则类编》四卷

顾昱《至孝通神集》三十卷

张采《宋名臣言行录》十六卷

夏树芳《女镜》八卷

潘振《古今孝史》十二卷

已上皆纪历代人物。

右传记类，一百四十四部，一千九百九十七卷。

《大明志书》洪武三年诏儒士魏俊民等类编天下州郡地理形势、降附颠末为书。卷，亡。

《寰宇通志》一百十九卷景泰中修。

《一统志》九十卷天顺中，李贤等修。

《承天大志》四十卷嘉靖中，顾璘修《兴都志》二十四卷。世宗以其载献帝事实，于志体例不合，诏徐阶等重修。

桂萼《历代地理指掌》四卷、《明舆地指掌图》一卷

罗洪先《增补朱思本广舆图》二卷

蔡汝楠《舆地略》十一卷

吴龙《郡县地理沿革》十五卷

卢传印《职方考镜》六卷

张天复《皇舆考》十二卷

蔡文《职方钞》十卷

曹嗣荣《舆地一览》十五卷

郭子章《郡县释名》十六卷、《古今郡国名类》三卷

项笃寿《考定舆地图》十卷

徐枢《寰宇分合志》八卷

曹学佺《一统名胜志》一百九十八卷

陆应阳《广舆记》二十四卷

陈组绶《职方地图》三卷

张元阳《方隅武备》十六卷一作《方隅武事考》。
庞迪我《海外舆图全说》二卷
刘崧《北平八府志》三十卷、《北平事迹》一卷
郭造卿《燕史》一百二十卷
刘侗《帝京景物略》八卷
孙国庄《燕都游览志》四十卷
蒋一骢《长安客话》八卷
沈应文《顺天府志》六卷
唐舜卿《涿州志》十二卷
汪浦《蓟州志》九卷
张钦《保定府志》二十五卷
潘恩《祁州志》六卷
戴诜《易州志》三十卷
樊文深《河间府志》二十八卷
廖纪《沧州志》四卷
项乔《董子故里志》六卷
雷礼《真定府志》三十二卷
倪玑《定州志》四卷
曹安《冀州志》四卷
陈棐《广平府志》十六卷
宋讷《东郡志》十六卷
唐锦《大名府志》二十八卷
王崇庆《开州志》十卷
张廷纲《永平府志》十一卷
陈士元《滦州志》十一卷
胡文璧《天津三卫志》十卷
马中锡《宣府志》十卷
毕恭《辽东志》九卷
李辅《重修辽东志》十二卷

《洪武京城图志》一卷

陈沂《南畿志》六十四卷、《金陵世纪》四卷、《金陵古今图考》一卷

顾起元《客座赘语》十卷

王兆云《乌衣佳话》八卷

周晖《金陵琐事》八卷、《剩录》八卷

《留都录》五卷见国子监书目,不著撰人。

程嗣功《应天府志》三十二卷

柳瑛《中都志》十卷

袁又新《凤阳新书》八卷

汪应轸《泗州志》十二卷

王浩《亳州志》十卷

吕景蒙《颍州志》二十卷

潘镗《卢阳志》三十卷

杨循吉《卢阳客记》一卷

潘埙《淮郡文献志》二十六卷

陈文烛《淮安府志》十六卷

高宗本《扬州府志》十卷

沈明臣《通州志》八卷

张珩《高邮州志》三卷

陈奇《泰州志》八卷

卢熊《吴邦广记》五十卷

刘昌《苏州续志》一百卷

王鏊《姑苏志》六十卷

刘凤《续吴录》二卷、《吴郡考》二卷

桑悦《太仓州志》十一卷

钱冈《云间通志》十八卷

顾清《松江府志》三十二卷

陈继儒《松江府志》九十四卷

谢应芳《毗陵续志》十卷
王伃《毗陵志》四十卷
张恺《常州府志续集》八卷
唐鹤徵《常州府志》二十卷
沈敕《荆溪外纪》二十五卷
王樵《镇江府志》三十六卷
胡缵宗《安庆府志》三十一卷
钟城《太平府志》二十卷
李默《宁国府志》十卷
王崇《池州府志》九卷
朱同《新安志》十卷
程敏政《新安文献志》一百卷
何东序《徽州府志》二十二卷
程一枝《鄣大事记》二卷
李德阳《广德州志》十卷
陈琏《永阳志》二十六卷
胡松《滁州志》四卷
周斯盛《山西通志》三十三卷
张钦《大同府志》十八卷
吕柟《解州志》四卷
孔天允《汾州府志》八卷
栗应麟《潞安府志》十二卷
周弘禴《代州志》二卷
陆釴《山东通志》四十卷
黄瓒《齐鲁通志》一百卷
彭勖《山东郡邑胜览》九卷
李锦《泰安州志》十卷
邢侗《武定州志》十五卷
于慎行《兖州府志》五十二卷

莫骢《济宁州志》十三卷
舒祥《沂州志》四卷
李珏《东昌府志》九卷
邓韨《濮州志》十卷
周禧《临清州志》十八卷
冯惟讷《青州府志》十八卷
李时飏《少阳乘》二十卷
钟羽正《青州风土记》四卷
任顺《莒州志》六卷
潘滋《登州府志》十卷
杨循吉《宁海州志》二卷
胡杞忠《莱州府志》八卷
郭维洲《平度州志》二卷
胡谧《河南总志》十九卷
邹守愚《河南通志》四十五卷
李濂《汴京遗迹志》二十四卷、《祥符文献志》十七卷
朱睦㮮《中州文献志》四十卷、《开封府志》八卷
邵宝《许州志》三卷
冯相《陈州志》四卷
吴三乐《郑州志》六卷
徐衍祥《禹州志》十卷万历中，钧州改曰禹州。
李嵩《归德府志》八卷
李孟旸《睢州志》一卷
程应登《睢州志》七卷
崔铣《彰德府志》八卷一名《邺乘》。
郭朴《续志》三卷
刘湜《磁州志》四卷
李遇春《卫辉府志》七卷
何瑭《怀庆府志》十二卷

乔缙《河南郡志》四十二卷
程绪《陕州志》十卷
叶珠《南阳府志》十卷
张仙《邓州志》六卷
牛孟耕《裕州志》六卷
陈銮《汝宁府志》八卷
李本固《汝南新志》二十二卷
江贵《信阳州志》二卷
张辉《光州志》十卷
方应选《汝州志》四卷
伍福《陕西通志》三十五卷成化中修。
马理《陕西通志》四十卷嘉靖中修。
何景明《雍大记》三十六卷
李应祥《雍胜略》二十四卷
南轩《关中文献志》八十卷
宋廷佐《乾州志》二卷
乔世宁《耀州志》十一卷
任庆云《商州志》八卷
周易《凤翔府志》五卷
贾凤翔《凤翔府历代事迹纪略》二卷
范文光《豳风考略》三卷
赵时春《平凉府志》十三卷
胡缵宗《汉中府志》十卷、《巩郡记》三十卷、《秦州志》三十卷
熊爵《临洮府志》十卷
韩鼎《庆阳府志》十卷
胡汝砺《宁夏新志》八卷
郑汝璧《延绥镇志》八卷
杨宁《固原州志》二卷
李泰《兰州志》十二卷

张最《岷州卫志》一卷

李玑《洮州卫志》五卷

郭伸《甘州卫志》十卷

朱捷《河州志》四卷

包节《陕西行都司志》十二卷

孟秋《潼关卫志》十卷

王崇古《庄浪漫记》八卷

薛应旂《浙江通志》七十二卷

夏时正《杭州府志》六十四卷成化中修。

陈善《杭州府志》一百卷、《外志》一卷、全郡山川原委。《武林风俗略》一卷

吴瓒《武林纪事》八卷

柳琰《嘉兴府志》三十二卷

李日华《槜李丛谈》四卷

江翁仪《湖州府志》二十四卷

徐献忠《吴兴掌故集》十七卷

江一麟《安吉州志》八卷

李德恢《严州府志》二十三卷

吴堂《富春志》六卷

徐与泰《金华文献志》二十二卷

吾哻《衢州府志》十四卷

何镗《括苍志》五十五卷、《括苍汇纪》十五卷

楼公璩《括苍志补遗》四卷

司马相《越郡志略》十卷

张元忭《绍兴府志》六十卷

李堂《四明文献志》十卷

张时彻《宁波府志》四十二卷

范理《天台要略》八卷

谢铎《赤城新志》二十三卷

王启《赤城会通记》二十卷

李渐《三台文献志》二十三卷

王瓒《温州府志》二十三卷

林庭㭿《江西通志》三十七卷

王宗沐《江西大志》八卷

赵秉忠《江西舆地图说》一卷

王世懋《饶南九三郡舆地图说》一卷

郭子章《注豫章古今记》一卷、《豫章杂记》八卷、《广豫章灾祥记》六卷

卢廷选《南昌府志》五十卷

江汝璧《广信府志》二十卷

王时槐《吉安府志》二十六卷

郭子章《吉志补》二十卷

熊相《瑞州府志》十四卷

陈定《袁州府志》九卷

余文龙《赣州府志》二十卷

虞愚《虔台志》十二卷

谈恺《虔台续志》五卷

魏裳《湖广通志》九十八卷

廖道南《楚纪》六十卷

陈士元《楚故略》二十卷

郭正域《武昌府志》六卷

朱衣《汉阳府志》三卷

曹璘《襄阳府志》二十卷

谢漼《均州志》八卷

颜木《随州志》二卷

舒旌《黄州府志》十卷

甘泽《蕲州志》九卷

王宠怀《荆州府志》十二卷

张春《夷陵州志》十卷

刘玑《岳州府志》十卷

张治《长沙府志》六卷

陆东《宝庆府志》五卷

杨佩《衡州府志》九卷

朱麟《常德府志》二卷

胡靖《沅州志》七卷

姚昺《永州府志》十卷

林球《荆门州志》十卷

童承叙《沔阳州志》十八卷

周绍稷《郧阳府志》二十一卷

王心《郴州志》六卷

黄仲昭《八闽通志》八十七卷、《邵武府志》二十五卷

王应山《闽大记》五十五卷、《闽都记》三十二卷

何乔远《闽书》一百五十四卷

王世懋《闽部疏》一卷

陈鸣鹤《闽中考》一卷、《晋安逸志》三卷

林燫《福州府志》三十六卷

林材《福州府志》七十六卷

周瑛《兴化府志》五十四卷

郑岳《莆阳文献志》七十五卷

黄凤翔《泉州府志》二十四卷

何炯《清源文献志》八卷

陈懋仁《泉南杂记》二卷

徐銮《漳州府志》三十八卷

刘玙《建宁府志》六十卷

游居敬《延平府志》三十四卷

张大光《福宁州志》十六卷

王元正《四川总志》八十卷

杨慎《全蜀艺文志》六十四卷

杜应芳《补蜀艺文志》五十四卷

郭棐《四川通志》三十六卷、《夔州府志》十二卷、《夔记》四卷

曹学佺《蜀汉地理补》二卷、《蜀郡县古今通释》四卷、《蜀中风土记》四卷、《方物记》十二卷

彭韶《成都志》二十五卷

周洪谟《叙州府志》十二卷

金光《涪州志》二卷

陈嘉言《嘉州志》十卷

余承勋《西眉郡县志》十卷

戴璟《广东通志》七十二卷

郭棐《粤大记》三十二卷、《岭南名胜志》十六卷

谢肇淛《百粤风土记》一卷

张邦翼《岭南文献志》十二卷、《补遗》六卷

马欻《南粤概》四卷

黄佐《广州府志》二十二卷、《香山志》八卷

郑敬甫《惠大记》六卷

郭春《潮州府志》八卷

郭子章《潮中杂记》十二卷

符锡《韶州府志》十卷

叶春及《肇庆府志》二十卷

王佐《琼台外纪》五卷、《珠崖录》五卷

顾玠《海槎馀录》一卷

张翊《厓门新志》十八卷

周孟中《广西通志》六十卷

魏濬《西事珥》八卷、《峤南琐记》二卷

陈琏《桂林志》三十卷

张鸣凤《桂故》八卷、《桂胜》十四卷

谢少南《全州志》七卷

党绪《思恩府志》四卷

田秋《思南府志》八卷

郭棐《右江大志》十二卷

《云南志书》六十一卷洪武十四年既平云南，诏儒臣考定为书。

李元阳《云南通志》十八卷、《大理府志》十卷

陈善《滇南类编》十卷

杨慎《滇程记》一卷

彭汝实《六诏纪闻》一卷

杨鼐《南诏通记》十卷

诸葛元声《滇史》十四卷

吴懋《叶榆檀林志》八卷

杨士云《黑水集证》一卷、《郡大记》一卷

赵瓒《贵州新志》十七卷

谢东山《贵阳图考》二十六卷

郭子章《黔记》六十卷、《黔小志》一卷

祁顺《石阡府志》十卷

袁表《黎平府志》九卷

周瑛《兴隆卫志》二卷

许论《九边图论》三卷

魏焕《九边通考》十卷

霍冀《九边图说》一卷

范守己《筹边图记》三卷

刘效祖《四镇三关志》十二卷

苏祐《三关纪要》三卷

刘昌《两镇边关图说》二卷

翁万达《宣大山西诸边图》一卷

杨守谦《大宁考》一卷、《紫荆考》一卷、《花马池考》一卷

杨一葵《云中边略》四卷

杨时宁《大同镇图说》三卷、《大同分营地方图》一卷

张雨《全陕边政考》十二卷
刘敏宽《延镇图说》二卷
杨锦《朔方边纪》五卷
詹荣《山海关志》八卷
莫如善《威茂边政考》五卷
方孔炤《全边略记》十二卷
胡宗宪《筹海图编》十三卷
黄光升《海塘记》一卷
仇俊卿《海录》十卷
郑若曾《万里海防图论》二卷、《江南经略》八卷
王在晋《海防纂要》十三卷
谢廷杰《两浙海防类考》十卷
范涞《续编》十卷
李如华《温处海防图略》二卷
安国贤《南澳小记》十二卷、《南日寨小记》十卷
吴时来《江防考》六卷
洪朝选《江防信地》二卷
吴道南《国史河渠志》二卷
刘隅《治河通考》十卷
刘天和《问水集》六卷
吴山《治河通考》十卷
潘季驯《河防一览》十四卷、《宸断大工录》十卷
潘大复《河防榷》十二卷
张光孝《西渎大河志》六卷
黄克缵《疏治黄河全书》二卷
徐标《河患备考》二卷、《河防律令》二卷
王恕《漕河通志》十四卷
王琼《漕河图志》八卷
车尔正《漕河总考》四卷

顾寰《漕河总录》二卷

高捷《漕黄要览》二卷

黄承玄《河漕通考》四十五卷、《安平镇志》十一卷、《北河纪略》十四卷

秦金《通惠河志》二卷

谢肇淛《北河纪》八卷、《纪馀》四卷

朱国盛《南河志》十四卷

陈梦鹤《济宁闸河类考》六卷

徐源《山东泉志》六卷

王宠《东泉志》四卷、《济宁闸河志》四卷

张纯《泉河纪略》八卷

胡瓒《泉河史》十五卷

张桥《泉河志》六卷

冯世雍《吕梁洪志》一卷

陈穆《徐州洪志》十卷

袁黄《皇都水利》一卷

伍馀福《三吴水利论》一卷

归有光《三吴水利录》四卷

许应夔《修举三吴水利考》四卷

王道行《三吴水利考》二卷

王圻《东吴水利考》十卷

沈峇《吴江水利考》四卷

贾应璧《绍兴水利图说》二卷

何镗《名山记》十七卷

慎蒙《名山一览记》十五卷

都穆《游名山记》六卷

黄以升《游名山记》六卷

查志隆《岱史》十八卷

宋焘《泰山纪事》十二卷

燕汝靖《嵩岳古今集录》二卷
李时芳《华岳全集》十卷
娄虚心《北岳编》五卷
王濬和《恒岳志》二卷
彭簪《衡岳志》八卷
孙存《岳麓书院图志》一卷
《太岳太和山志》十五卷洪熙中，道士任自垣编。
葛寅亮《金陵梵刹志》五十二卷
张莱《京口三山志》十卷
刘大宾《茅山志》十五卷
王鏊《震泽编》八卷
卢雍《石湖志》十卷
谈修《惠山古今考》十卷
潘之恒《新安山水志》十卷、《黄海》二十九卷
方汉《齐云山志》七卷
汪可立《九华山志》二卷
吴之鲸《武林梵刹志》十二卷
田艺蘅《西湖游览志》二十四卷
张元忭《云门志略》五卷
周应宾《普陀山志》五卷
僧传灯《天台山志》二十九卷
朱谏《雁山志》四卷
桑乔《卢山纪事》十二卷
刘俊《白鹿洞书院志》六卷
杨亘《武夷山志》六卷
黄天全《九鲤湖志》六卷
刘中藻《洞山九潭志》四卷
乔世宁《五台山志》一卷
李应奇《崆峒志》二卷

僧德清《曹溪志》四卷

左宗郢《麻姑山志》十七卷

陈琏《罗浮志》十五卷

谢肇淛《支提山志》七卷、《彭山志》十二卷

杨士奇《北京纪行录》二卷

刘定之《代祀录》一卷

陆深《停骖录》二卷

李东阳《东祀录》三卷

张宁《奉使录》二卷

李思聪《百夷传》一卷洪武中，出使缅国所纪。

费信《星槎胜览集》二卷、《天心纪行录》一卷永乐中，从郑和使西洋所纪。

陈诚《西域行程记》二卷

马欢《瀛涯胜览》一卷

倪谦《朝鲜纪事》一卷、《辽海编》四卷

钱溥《朝鲜杂志》三卷、《使交录》一卷

黄福《安南水程日记》二卷

龚用卿《使朝鲜录》三卷

谢杰《使琉球录》六卷

李文凤《粤峤书》二十卷纪安南事。

黄省曾《西洋朝贡典录》二卷

张燮《东西洋考》十二卷

李言恭《日本考》五卷

侯继高《日本风土记》四卷

卜大同《备倭图记》四卷、《征苗图记》一卷

田汝成《炎徼纪闻》四卷

宁献王权《异域志》一卷

严从简《殊域周咨录》二十四卷

罗日褧《咸宾录》八卷

茅瑞征《象胥录》八卷

尹耕《译语》一卷

艾儒略《职方外纪》五卷

右地理类，四百七十一部，七千四百九十八卷。

《天潢玉牒》一卷、《宗支》二卷男女各一册、《宗谱》一卷、《主婿谱牒》一卷已上皆明初修

朱睦㮮《帝系世表》一卷、《周国世系表》一卷、《周乘》一卷、《镇平世系录》二卷

《周宪王年表》二卷

《周定王年表》一卷

《楚王宗支》一卷

《蜀府宗支图谱》一卷

朱宙枝《统宗绳蛰录》十二卷

吴震元《宋相谱》二百卷

朱右《邾子世家》一卷

卢熊《孔颜世系谱》二卷

杨廉《二程年谱》一卷

李默《朱子年谱》四卷

徐渤《蔡忠惠年谱》一卷

郭勋《三家世典》一卷辑徐达、沐英、郭英三家世系勋伐本末。

《中山徐氏世系录》一卷

《李韩公家乘》一卷

李临淮《遐思录》八卷

吴沈《千家姓》一卷

杨信民《姓源珠玑》六卷

邢参《姓氏汇典》二卷

杨慎《希姓录》五卷

王文翰《尚古类氏集》十二卷

李日华《姓氏谱纂》七卷

曹宗儒《郡望辨》二卷

陈士元《姓汇》四卷、《姓觿》二卷、《名疑》四卷

凌迪知《历代帝王姓系统谱》六卷、《姓氏博考》十四卷、《万姓统谱》一百四十卷

余寅《同姓名录》十二卷

邓名世《古今姓氏书辨证》四十卷

右谱牒类，三十八部，五百四卷。

明史卷九八
志第七四

艺文三

子类十二：一曰儒家类，二曰杂家类，前代艺文志列名法诸家，然寥寥无几，备数而已。今总附杂家。三曰农家类，四曰小说家类，五曰兵书类，六曰天文类，七曰历数类，八曰五行类，九曰艺术类，医书附。十曰类书类，十一曰道家类，十二曰释家类。

《圣学心法》四卷永乐中编，为类四：曰君道、臣道、父道、子道。成祖制序。

《性理大全》七十卷永乐中，既命胡广等纂修经书大全，又以周、程、张、朱诸儒性理之书类聚成编。成祖制序。

《传心要语》一卷、《孝顺事实》十卷、《为善阴骘》十卷皆永乐中编。

《五伦书》六十二卷宣宗采经传子史嘉言善行为是书。正统中，英宗制序刊行。

宪宗《文华大训》二十八卷纲四，目二十有四，成化中编。嘉靖中，世宗制序刊行。

世宗《敬一箴》一卷，《注程子四箴》、《注范浚心箴》共二卷

孙作《东家子》一卷

叶仪《潜书》一卷

刘睿《留子》一卷

叶子奇《太玄本旨》九卷

朱右《性理本原》三卷

张九韶《理学类编》八卷

谢应芳《辩惑编》四卷

周是修《纲常彝范》十二卷

曹端《理学要览》二卷、《夜行烛》一卷、《月川语录》一卷

尤文《语录》二卷

鲍宁《天原发微辨正》五卷

金润《心学探微》十二卷

吴与弼《康斋日录》一卷

薛瑄《读书录》十卷、《续录》十卷

周洪谟《南皋子杂言》二卷、《箐斋读书录》二卷

胡居仁《居业录》八卷

谢铎《伊洛渊源续录》六卷

程敏政《道一编》五卷

蔡清《性理要解》二卷

杨廉《伊洛渊源录类增》十四卷、《畏轩札记》三卷

张吉《陆学订疑》二卷

章懋《枫山语录》二卷

周木《延平问答续录》一卷

杨守阯《困学寡闻录》十卷

韩邦奇《性理三解》八卷

王鸿渐《读书记》二卷

王蓂《大儒心学录》二十七卷

徐问《读书札记》八卷、《续记》八卷

方鹏《观感录》十二卷

魏校《庄渠全书》十卷

陈献章《言行录》十卷、《附录》二卷

赵鹤《金华正学编》十卷

王守仁《传习录》四卷、《阳明则言》二卷

罗钦顺《困知记》六卷、《附录》二卷

陈建《学蔀通辨》十二卷
许赞《性学编》一卷、《道统溯流录》一卷
湛若水《甘泉明论》十卷、《遵道录》十卷、《问辨录》六卷
黄佐《泰泉庸言》十二卷
吕柟《泾野子内篇》三十三卷、《语录》二十卷
邹守益《道南三书》三卷、《明道录》四卷
何瑭《柏斋三书》四卷
薛蕙《日录》五卷
顾应祥《惜阴录》十二卷
沈霁《语录》四卷
邵经邦《弘道录》五十七卷
唐顺之《儒编》六十卷
薛应旂《考亭渊源录》二十四卷、《薛子庸语》十二卷
王艮《心斋语录》二卷
周思兼《学道记言》六卷
胡直《胡子衡齐》八卷
陆树声《汲古丛语》一卷
金贲亨《道南录》五卷、《台学源流集》七卷
尤时熙《拟学小记》八卷
刘元卿《诸儒学案》八卷
周琦《东溪日谈》十八卷
罗汝芳《明道录》八卷、《近溪集语》十二卷
耿定向《庸言》二、《雅言》一卷、《新语》一卷、《教学商求》一卷
李谓《先行录》十卷
王樵《札记》一卷、《笔记》一卷
许孚远《语要》二卷
朱衡《道南源委录》十二卷
孙应鳌《论学汇编》八卷
梁斗辉《圣学正宗》二十卷

管志道《问辨牍》八卷、《理学酬咨录》八卷

王敬臣《俟后编》四卷

吕坤《呻吟语》四卷

邹德溥《畏圣录》二卷

邓球《理学宗旨》二卷

李材《教学录》十二卷、《南中问辨录》十卷

曾朝节《臆言》八卷

邹元标《仁文会语》四卷、《日新编》二卷

杨起元《证学编》二卷、《识仁编》二卷

徐即登《儒学明宗录》二十五卷

黄时熠《知非录》六卷

钱一本《黾记》四卷

顾宪成《札记》十八卷、《东林商语》二卷、《证性编》八卷、《当下绎》一卷、《泾阳遗书》二十卷

李多见《学原前后编》八卷

涂宗濬《证学记》三卷

周子义《日录见闻》十卷

吴仕期《大儒敷言》三十三卷

徐三重《信古余论》八卷

来知德《日录》十二卷

方学渐《心学宗》四卷

姚舜牧《性理指归》二十八卷

冯从吾《元儒考略》四卷、《语录》六卷

唐鹤征《宪世编》六卷

曾凤仪《明儒见道编》二卷

周汝登《圣学宗传》十八卷

高攀龙《就正录》二卷、《高子遗书》十二卷

孙慎行《困思抄》四卷

刘宗周《理学宗要》一卷、《证人要旨》一卷、《刘子遗书》四卷

叶秉敬《读书录钞》八卷

黄道周《榕坛问业》十八卷

章世纯《留书》十卷

黄淳耀《吾师录》一卷、《语录》一卷、《札记》二卷

右儒家类，一百四十部，一千二百三十卷。

太祖《资治通训》一卷、凡十四章，首君道，次臣道，又次民用、士用、工用、商用，皆著劝导之意。《公子书》一卷、训世臣。《务农技艺商贾书》一卷训庶民子弟。

成祖《务本之训》一卷采太祖创业事迹及往古兴亡得失为书，以训太孙。

仁孝皇后《劝善书》二十卷

宋濂《燕书》一卷

王廉《迂论》十卷

叶子奇《草木子》八卷

王达《笔畴》二卷

曹安《谰言长语》二卷

赵弼《事物纪原删定》二十卷

解延年《物类集说》三十四卷

罗颀《梅山丛书》二百卷、《物原》二卷

谢理《东岑子》四卷

潘府《南山素言》一卷

何孟春《余冬序录》六十五卷、《闲日分义》一百卷

戴鱀《经济考略》二十卷

戴璟《博物策会》十七卷

陆深《同异录》一卷、《传疑录》二卷

孙宜《遁言》二卷

祝允明《前闻记》一卷、《读书笔记》一卷

蔡羽《太薮外史》五卷

刘绘《刘子通论》十卷

高岱《楚汉余谈》一卷

罗虞臣《原子》八卷

王杰《经济总论》十卷

汪坦《日知录》五卷

刘凤《刘子杂组》十卷

王世贞《札记》二卷、《宛委余编》十九卷

王可大《国宪家猷》五十六卷万历中，御史言内阁丝纶簿猝无可考，惟是书载之。遂取以进。

沈津《百家类纂》四十卷

陈耀文《学圃萱苏》六卷、《学林就正》四卷

陈绛《金罍子》四十四卷

方弘静《千一录》二十六卷

劳堪《史编始事》二卷

陈其力《芸心识余》八卷

周祈《名义考》十二卷

詹景凤《詹氏小辨》六十四卷

穆希文《说原》十六卷、《动植记原》四卷

王三聘《事物考》八卷

徐常吉《诸家要旨》二卷

徐伯龄《蟫精隽》二十卷

赵士登《省身至言》十卷

刘仕义《知新录》二十四卷

屠隆《冥寥子》二卷、《鸿苞》四十八卷

闵文振《异物类苑》五卷

朱谋玮《玄览》八卷

赵枢生《含玄子》十六卷、《别编》十卷

吴安国《累瓦编》三十二卷

冯应京《经世实用编》二十八卷

柯寿恺《语丛》三十八卷
徐三重《鸿洲杂著》十八卷
王纳谏《会心言》四卷
沈节甫《纪录汇编》二百十六卷
祁承火业《国朝征信录》二百十二卷、《淡生堂馀苑》六百四卷
董斯张《广博物志》五十卷
郑瑄《昨非菴日纂》六十卷
右杂家类，六十七部，二千二百八十四卷。

刘基《多能鄙事》十二卷
周定王《救荒本草》四卷
宁献王《臞仙神隐书》四卷
杨溥《水云录》二卷
周履靖《茹草编》四卷
邝璠《便民图纂》十六卷
顾清《田家月令》一卷
施大经《阅古农书》六卷
俞贞木《种树书》三卷
温纯《齐民要书》一卷
王世懋《学圃杂疏》三卷
黄省曾《稻品》一卷、《蚕经》一卷
李德绍《树艺考》二卷
袁黄《宝坻劝农书》二卷
陈鸣鹤《田家月令》一卷
宋公望《四时种植书》一卷
冯应京《月令广义》二十四卷
王象晋《群芳谱》二十八卷
徐光启《农政全书》六十卷、《农遗杂疏》五卷
张国维《农政全书》八卷

吴嘉言《四季须知》二卷

右农家类，二十三部，一百九十一卷。

宋濂《萝山杂言》一卷

叶子奇《草木子馀录》三卷

陶宗仪《辍耕录》三十卷、《说郛》一百二十卷又有《续说郛》四十六卷，明季人陶珽纂辑。

刘绩《霏雪录》二卷

陶辅《桑榆漫笔》一卷

瞿佑《香台集》三卷

张纶《林泉随笔》一卷

李贤《古穰杂录》二卷

岳正《类博杂言》二卷

叶盛《水东日记》三十八卷

单宇《菊坡丛话》二十六卷

陆容《菽园杂记》十五卷

姚福《青谿暇笔》二十卷

张志淳《南园漫录》十卷、《续录》十卷

梅纯《续百川学海》一百卷

王锜《寓圃杂记》十卷

罗凤《漫录》三十卷

李诩《漫笔》八卷

徐泰《玉池谈屑》四卷

罗钦德《闲中琐录》二卷

王涣《墨池琐录》三卷

沈周《客坐新闻》二十二卷

都卬《三余赘笔》二卷

都穆《奚囊续要》二十卷

徐祯卿《异林》一卷

唐锦《龙江梦余录》四卷

戴冠《笔记》十卷

候甸《西樵野记》十卷

陆粲《庚巳编》十卷

陆深《俨山外集》四十卷

马攀龙《株守谈略》四卷

陆采《天池声隽》四十卷

胡侍《野谈》六卷

杨慎《丹铅总录》二十七卷、《续录》十二卷、《余录》十七卷、《新录》七卷、《闰录》九卷、《卮言》四卷、《谈苑醍醐》九卷、《艺林伐山》二十卷、《墐户录》一卷、《清暑录》二卷

陆楫《古今说海》一百四十二卷

陈霆《两山墨谈》十八卷

司马泰《广说郛》八十卷、《古今汇说》六十卷、《再续百川学海》八十卷、《三续》三十卷、《史流十品》一百卷

王文禄《明世学山》五十卷

尤镗《红箱集》五十卷

朱应辰《漫钞》十卷

李文凤《月山丛谈》十卷

何良俊《语林》三十卷、《丛说》三十八卷

沈仪《麈谈录》十卷

万表《灼艾集》十卷

高鹤《见闻搜玉》八卷

项乔《瓯东私录》六卷

张时徹《说林》二十四卷

袁褧《前后四十家小说》八十卷、《广四十家小说》四十卷

陆树声《清暑笔谈》一卷、《长水日钞》一卷、《耄余杂识》一卷

徐伯相《画暇丛记》二十卷

姚弘谟《锦囊琐缀》八卷

陈师《笔谈》十五卷
石磐《菊径漫谈》十四卷
郎瑛《七修类稿》五十一卷
朱国祯《涌幢小品》二十四卷
李豫亨《自乐编》十六卷
徐渭《路史》二卷
汪云程《逸史搜奇》十卷
孙能传《剡溪漫笔》六卷
王应山《风雅丛谈》六十卷
陈禹谟《说麈》八卷
田艺蘅《留青日札》三十九卷、《西湖志馀》二十六卷
胡应麟《少室山房笔丛》三十二卷、《续》十六卷
林茂槐《说类》六十二卷
焦竑《笔乘》二十卷、《玉堂丛语》八卷、《明世说》八卷
黄汝良《笔谈》十二卷
朱谋㙔《异林》十六卷
汤显祖《续虞初志》八卷
张鼎思《琅琊代醉编》四十卷
屠本畯《山林经济籍》二十四卷
顾起元《说略》六十卷
王肯堂《郁冈斋笔麈》四卷
董其昌《画禅室随笔》二卷
商濬《稗海》三百六十八卷
谢肇淛《五杂组》十六卷、《麈余》四卷、《文海披沙》八卷
徐𤊹《徐氏笔精》八卷
王兆云《惊座新书》八卷、《王氏青箱馀》十二卷
张所望《阅耕馀录》六卷
郭良翰《问奇类林》三十六卷
陈继儒《秘笈》一百三十卷

潘之恒《亘史钞》九十一卷

王学海《筠斋漫录》十卷

李日华《六研斋笔记》十二卷、《日记》二十卷

包衡《清赏录》十二卷

张重华《娱耳集》十二卷

马应龙《艺林钩微录》二十四卷

李绍文《明世说新语》八卷

张大复《笔谈》十四卷

徐应秋《谈荟》三十六卷

杨崇吾《检蠹随笔》三十卷

来斯行《槎庵小乘》四十六卷

沈弘正《虫天志》十卷

胡震亨《读书杂录》三卷

闵元京《湘烟录》十六卷

茅元仪《杂记》三十二卷

华继善《咫闻录》五卷

王所《日格类钞》三十卷

王勣《纂言钩玄》十六卷

杨德周《随笔》十二卷

吴之俊《狮山掌录》二十八卷

右小说家类，一百二十七部，三千三百七卷。

刘寅《七书直解》二十六卷、《集古兵法》一卷

宁献王权《注素书》一卷

徐昌会《握机橐钥》六卷

陈元素《古今名将传》十七卷

刘畿《诸史将略》十六卷

何乔新《续百将传》四卷五代讫宋、元。

何瑭《兵论》一卷

王芑《纲目兵法》六卷

穆伯寅《兵鉴撮要》七卷

刘濂《兵说》十二卷

吴从周《兵法汇编》十二卷

唐顺之《武编》十二卷、《兵垣四编》五卷

何东序《益智兵书》一百卷、《武库益智录》六卷

陈禹谟《左氏兵法略》三十二卷

李材《将将纪》二十四卷、《兵政纪略》五十卷、《经武渊源》十五卷

顾其言《新续百将传》四卷一名《明百将传》。

冯孜《古今将略》四卷

尹商《阃外春秋》三十二卷

戚继光《纪效新书》十四卷、《练兵实纪》九卷、《杂集》六卷、《将臣宝鉴》一卷

赵本学《韬钤内篇》一卷

俞大猷《韬钤续篇》一卷、《剑经》一卷

叶梦熊《运筹纲目》十卷

王鸣鹤《登坛必究》四十卷

何僎《读史机略》十卷

郑璧《古今兵鉴》三十二卷、《经世宏筹》三十六卷

王有麟《古今战守攻围兵法》六十卷

姚文蔚《省括编》二十二卷

赵大纲《方略摘要》十卷

高折枝《将略类编》二十四卷

施浚明《古今纡筹》十二卷

杨惟休《武略》十卷

孙承宗《车营百八扣》一卷

徐常《阵法举要》一卷

龙正《八阵图演注》一卷

瞿汝稷《兵略纂闻》十二卷

茅元仪《武备志》二百四十卷

孙元化《经武全编》十卷

颜季亨《明武功纪胜通考》八卷

徐标《兵机纂要》四卷

范景文《师律》十六卷

谷中虚《水陆兵律令操法》四卷

张焘《西洋火攻图说》一卷

王应遴《备书》二十卷

冒起宗《守筌》五卷

《讲武全书兵览》三十二卷、《兵律》三十八卷、《兵占》二十四卷

《兵机备纂》十三卷已上四部，不知撰人。

右兵书类，五十八部，一千一百二十二卷。

《清类天文分野书》二十四卷洪武中编，以十二分野星次分配天下郡县，又于郡县之下详载古今沿革之由。

《天元玉历祥异赋》七卷仁宗制序。

叶子奇《元理》一卷

刘基《天文秘略》一卷

《观象玩占》十卷不知撰人，或云刘基辑。

杨廉《星略》一卷

王应电《天文会通》一卷

周述学《天文图学》一卷

吴珫《天文要义》二卷

范守已《天官举正》六卷

陆侹《天文地理星度分野集要》四卷

王臣夔《测候图说》一卷

黄履康《管窥略》三卷

黄钟和《天文星象考》一卷

杨惟休《天文书》四卷

潘元和《古今灾异类考》五卷

赵宧光《九圜史》一卷

余文龙《祥异图说》七卷、《史异编》十七卷

李之藻《浑盖通宪图说》二卷

利玛窦《几何原本》六卷、《勾股义》一卷、《表度说》一卷、《圜容较义》一卷、《测量法义》一卷、《天问略》一卷、《泰西水法》六卷

熊三拔《简平仪说》一卷、《测量异同》一卷

李天经《浑天仪说》五卷

王应遴《乾象图说》一卷、《中星图》一卷

陈嗣昌《天文地理图说》二卷

李元庚《乾象图说》一卷

陈荩谟《象林》一卷

马承勳《风纂》十二卷

魏濬《纬谈》一卷

吴云《天文志杂占》一卷

艾儒略《几何要法》四卷

《图注天文祥异赋》十卷

《天文玉历璇玑经》五卷

《天文鬼料窍》一卷

《天文玉历森罗记》十二卷

《经史言天录》二十六卷

《嘉隆天象录》四十五卷

《雷占》三卷

《风云宝鉴》一卷

《天文占验》二卷

《物象通占》十卷

《白猿经》一卷已上十一部，皆不知撰人。

右天文类，五十部，二百六十三卷。

刘信《历法通径》四卷

马沙亦黑《回回历法》三卷

左赞《历解易览》一卷

吕柟《寒暑经图解》一卷

顾应祥《授时历法》二卷

曾俊《历法统宗》二卷、《历台撮要》二卷

周述学《历宗通议》一卷、《中经测》一卷、《历草》一卷

贝琳《百中经》十卷起成化甲午讫嘉靖癸巳，凡六十年。后人又续至壬戌止。

戴廷槐《革节卮言》五卷

袁黄《历法新书》五卷

何注《历理管窥》一卷

郭子章《枝干释》五卷

朱载堉《律历融通》四卷、《音义》一卷、《万年历》一卷、《万年历备考》二卷、《历学新说》二卷万历二十三年编进。

萧懋恩《监历便览》二卷

邢云路《古今律历考》七十二卷

徐光启《崇祯历书》一百二十六卷《历书总目》一卷、《日躔历指》四卷、《日躔表》二卷《恒星历指》三卷、《恒星图》一卷、《恒星图系》一卷、《恒星历表》四卷、《恒星经纬表》二卷、《恒星出没表》二卷、《月离历指》四卷、《月离表》六卷、《交食历指》七卷、《交食表》七卷、《五纬历指》九卷、《五纬表》十卷、《测天约说》二卷、《大测》二卷、《割圆八线表》六卷、《黄道升度表》七卷、《黄赤道距度表》一卷、《通率表》二卷、《元史揆日订讹》一卷、《通率立成表》一卷、《散表》一卷、《测圆八线立成长表》四卷、《黄道升度立成中表》四卷、《历指》一卷、《测量全义》十卷、《比例规解》一卷、《南北高弧表》十二卷、《诸方半昼分表》一卷、《诸方晨昏分表》一卷、《历学小辩》一卷、《历学日辩》五卷。崇祯二年敕光启与李之藻、王应遴及西洋人罗雅谷等陆续成书。

罗雅谷《筹算》一卷

王英《明历体略》三卷

何三省《历法同异考》四卷

贾信《台历百中经》一卷

《历法统宗》十二卷

《历法集成》四卷

《经纬历书》八卷

《七政全书》四卷已上四部，皆不知撰人。

右历数类，三十一部，二百九十一卷。

刘基《玉洞金书》一卷、《注灵棋经》二卷、《解皇极经世稽览图》十八卷

《选择历书》五卷洪武中，钦天监奉敕撰定。

马贵《周易杂占》一卷

胡宏《周易黄金尺》一卷

卢翰《中菴籤易》一卷

季本《蓍法别传》二卷

周瑞《文公断易奇书》三卷

蔡元谷《神易数》一卷

张其堤《易卦类选大成》四卷

王宇《周易占林》四卷

钱春《五行类应》八卷

刘均《卜筮全书》八卷

赵际隆《卜筮全书》十四卷

张濡《先天易数》二卷

周视考《阴阳定论》三卷

杨向春《皇极心易发微》六卷

蔡士顺《皇极秘数占验》一卷

吴琉《皇极经世钤解》二卷、《太乙统宗宝鉴》二十卷、《太乙淘金歌》一卷、《六壬金钥匙》二卷

冯柯《三极通》二卷

张干山《古今应验异梦全书》四卷

陈士元《梦占逸旨》八卷

张凤翼《梦占类考》十二卷

池本理《禽遁大全》四卷、《禽星易见》四卷

鲍世彦《奇门微义》四卷、《奇门阳遁》一卷、《阴遁》一卷

刘翔《奇门遁甲兵机书》二十卷

徐之镆《选择禽奇盘例定局》五卷

胡献忠《八门神书》一卷

叶容《太乙三辰显异经》十卷

李元沣《太乙九旗历》三卷

邢云路《太乙书》十卷

李克家《戎事类占》二十一卷

杨瓒《六壬直指捷要》二卷

蒋日新《开云观月歌》一卷

黄公达《凤髓灵文》一卷

袁祥《六壬大全》三十三卷

徐常吉《六壬释义》一卷

黄宾廷《六壬集应钤》六十卷

宁献王权《肘后神枢》二卷、《运化玄枢》一卷

《历法通书》三十卷金豁何士泰景祥《历法》，临江宋鲁珍辉山《通书》合编。

熊宗立《金精鳌极》六卷、《通书大全》三十卷

王天利《三元节要》三卷

徐瓘《阴阳捷径》一卷

刘最《选择类编》八卷

万邦孚《汇选筮吉指南》十一卷、《日家指掌》二卷、《通书纂要》六卷

何瑭《阴阳管窥》一卷

刘黄裳《元图符藏》二卷已上卜筮阴阳。

刘基《三命奇谈》、《滴天髓》一卷

吴天洪《造命宗镜集》十二卷

洪理《历府大成》二十二卷

欧阳忠《星命秘诀望斗真经》三卷

杨源《星学源流》二十卷

雷鸣夏《子平管见》二卷

李钦《渊海子平大全》六卷

万民育《三命会通》十二卷、《星学大成》十八卷

陆位《星学纲目正传》二十卷

张果《星宗命格》十卷、《文武星案》六卷

西窗老人《兰台妙选》三卷

袁忠徹《古今识鉴》八卷

鲍栗之《麻衣相法》七卷

李廷湘《人相编》十二卷已上星相。

周继《阳宅真诀》二卷

王君荣《阳宅十书》四卷

陈梦和《阳宅集成》九卷

李邦祥《阳宅真传》二卷

周经《阳宅新编》二卷

《阳宅大全》十卷不知撰人。

刘基《金弹子》三卷、《披肝露胆》一卷、《一粒粟》一卷、《地理漫兴》三卷

赵汸《葬说》一卷

瞿佑《葬说》一卷

谢昌《地理四书》四卷

谢廷桂《堪舆管见》二卷

周孟中《地理真机》十五卷

徐善继《人子须知》三十五卷

董章《堪舆秘旨》六卷

徐国柱《地理正宗》八卷

赵祐《地理紫囊》八卷

郭子章《校定天玉经七注》七卷

陈时旸《堪舆真谛》三卷

王崇德《地理见知》四卷

李迪人《天眼目》九卷

徐之镆《罗经简易图解》一卷、《地理琢玉斧》十三卷

《地理全书》五十一卷不知撰人。

《地理天机会元》三十五卷不知撰人。

李国本《理气秘旨》七卷、《地理形势真诀》三十卷

徐爋《堪舆辨惑》一卷已上堪舆。

右五行类，一百四部，八百六十一卷。

《格古要论》十四卷洪武中，曹昭撰。天顺间，王均增辑。

沈津《欣赏编》十卷

茅一相《续欣赏编》十卷

吴继《墨娥小录》四卷

周履靖《艺苑》一百卷、《绘林》十六卷、《画薮》九卷

朱存理《铁纲珊瑚》二十卷

朱凯《图画要略》一卷

都穆《金薤琳琅》二十卷、《寓意编》一卷

唐寅《画谱》三卷

韩昂《明画谱》一卷

杨慎《墨池琐录》一卷、《书品》一卷、《断碑集》四卷

徐献忠《金石文》一卷

周英《书纂》五卷

程士庄《博古图录》三十卷

朱观炦《画法权舆》二卷

刘璋《明书画史》三卷

罗周旦《古今画鉴》五卷

李开先《中麓画品》一卷

王勣《画史》二十卷

王世贞《画苑》十卷、《补遗》二卷

莫是龙《画说》一卷

刘世儒《梅谱》四卷

王穉登《吴郡丹青志》一卷

徐𤊹《闽画记》一卷

曹学佺《蜀画苑》四卷

李日华《画媵》二卷、《书画想像录》四十卷

张丑《清河书画舫》十二卷

宁献王权《烂柯经》一卷、《琴阮启蒙》一卷、《神奇秘谱》三卷

袁均哲《太古遗音》二卷

严澂《琴谱》十卷

杨表正《琴谱》六卷

林应龙《适情录》二十卷、《棋史》二卷

叶良贵《歙砚志》四卷

方于鲁《墨谱》六卷

程君房《墨苑》十卷

周应愿《印说》一卷

郑履祥《印林》二卷

臧懋循《六博碎金》八卷

文震亨《长物志》十二卷已上杂艺。

孝宗《类证本草》三十一卷

世宗《易简方》一卷

赵简王《补刊素问遗篇》一卷世传《素问》王砅注本，中有缺篇，简王得全本，补之。

宁献王权《乾坤生意》四卷、《寿域神方》四卷

周定王《普济方》六十八卷

李诇《集解脉诀》十二卷

刘纯《玉机微义》五十卷、《医经小学》六卷

杨文德《太素脉诀》一卷

李恒《袖珍方》四卷

周礼《医学碎金》四卷

俞子容《续医说》十卷

徐子宇《致和枢要》九卷

刘均美《拔萃类方》二十卷一作四十卷。

胡濙《卫生易简方》四卷永乐中，濙为礼部侍郎，出使四方，辑所得医方进于朝。一作十二卷。

陶华《伤寒六书》六卷、《伤寒九种书》九卷、《伤寒全书》五卷

郑达《遵生录》十卷

杨慎《素问纠略》三卷

阴秉旸《内经类考》十卷

孙兆《素问注释考误》十二卷

张介宾《张氏类经》四十二卷

张世贤《图注难经》八卷

吴球《诸证辨疑》四卷、《用药玄机》二卷

方贤《奇效良方》六十九卷

钱原濬《集善方》三十六卷

邹福《经验良方》十卷

丁毅《医方集宜》十卷

王鏊《本草单方》八卷

钱宝《运气说》二卷

李言闻《四胗发明》八卷

李明珍《濒湖脉学》一卷、《奇经八脉考》一卷时珍《本草纲目》一书，用力深久，详《方伎传》。

虞搏《医学正传》八卷、《方脉发蒙》六卷

楼英《医学纲目》四十卷

陈谏《荩斋医要》十五卷

徐春甫《古今医统》一百卷

方广《丹溪心法附余》二十四卷

傅滋《医学集成》十二卷

薛己《家居医录》十六卷、《外科心法》七卷

王玺《医林集要》八十八卷

钱萼《医林会海》四十卷

方谷《脉经直指》七卷、《本草集要》十二卷

王肯堂《医论》四卷肯堂著《证治准绳全书》，博通医学，见《王樵传》。

黄承昊《折肱漫录》六卷

万全《保命活诀》三十五卷

李中梓《颐生微论》十卷

李濂《医史》十卷

杨珣《针灸详说》二卷

徐凤《针灸大全》七卷

徐彪《本草证治辨明》十卷

缪希雍《本草经疏》二十卷、《方药宜忌考》十二卷

熊宗立《伤寒运气全书》十卷、《伤寒活人指掌图论》十卷

赵原阳《外科序论》一卷

汪机《外科理例》八卷

吴伦《养生类要》二卷

王銮《幼科类萃》二十八卷

薛铠《保婴撮要》二十卷

周子蕃《小儿推命秘诀》一卷

吴洪《痘疹会编》十卷已上医术。

右艺术类，一百十六部，一千五百六十四卷。

《永乐大典》二万二千九百卷永乐初，解缙等奉敕编《文献大成》既竣，帝以为未备，复敕姚广孝等重修，四历寒暑而成，更定是名。成祖制序。后

以卷帙太繁，不及刊布，嘉靖中，复加缮写。

张九韶《群书备数》十二卷

袁均哲《郡书纂数》十二卷、《类林杂说》十五卷杨士奇《文籍志》云明初人所编。

沈易《博文编》四卷

吴相《沧海遗珠》十卷

杨循吉《奚囊手镜》二十卷

《群书集事渊海》四十七卷《百川书志》云弘治时人编。

杨慎《升菴外集》一百卷焦竑编次。

王圻《三才图说》一百六卷

司马泰《文献汇编》一百卷

凌瀚《群书类考》二十二卷

浦南金《修辞指南》二十卷

顾充《古隽考略》十卷

吴琉《经史文编》三十卷、《三才广志》三百卷

唐顺之《稗编》一百二十卷

李先芳《杂纂》四十卷

郑若庸《类隽》三十卷

王世贞《类苑详注》三十六卷

陈耀文《天中记》六十卷

凌迪知《文林绮绣》七十卷、《文选锦字》二十一卷、《左国腴词》八卷、《太史华句》八卷

徐琏《群书纂要》一百九十六卷

曹大同《艺林华烛》一百六十卷

陈禹谟《骈志》二十卷、《补注北堂书钞》一百六十卷

茅绚《学海》一百六十四卷

徐常吉《事词类奇》三十卷

徐元泰《喻林》一百二十卷

冯琦《经济类编》一百卷

章潢《图书编》一百二十七卷
何三畏《类镕》二十卷
彭大翼《山堂肆考》二百四十卷
卓明卿《藻林》八卷
郭子章《黔类》十八卷
詹景凤《六纬撷华》十卷
焦竑《类林》八卷
彭好古《类编杂说》六卷
王家佐《古今元屑》八卷
况叔祺《考古词宗》二十卷
朱谋垏《金海》一百二十卷
林濂《词丛类采》八卷、《续》八卷
俞安期《唐类函》二百卷
宋应奎《翼学编》十三卷
陈世宝《古今类腴》十八卷
陈懋学《事文类纂》十六卷
袁黄《群书备考》二十卷
徐鉴《诸书考略》四卷
凌以栋《五车韵瑞》一百六十卷
刘仲达《鸿书》一百八卷
刘嗣昌《类山》十卷
黄一正《事物绀珠》四十六卷
汪宗姬《儒数类函》六十二卷
刘国翰《记事珠》十卷
吴楚材《强识略》二十四卷
彭俨《五侯鲭》十二卷
商濬《博闻类纂》二十卷
范泓《典籍便览》八卷
杨淙《事文玉屑》二十四卷

徐袍《事典考略》六卷

朱东光《玉林摘粹》八卷

王光裕《客窗余录》二十二卷

刘业《古今事类通考》十卷

夏树芳《词林海错》十六卷

王路清《珠渊》十卷

唐希言《事言要玄集》二十二卷

钱应充《史学璧珠》十八卷

胡尚洪《子史类语》二十四卷

沈梦熊《三才杂组》五卷

屠隆《汉魏丛书》六十卷

陈仁锡《潜确居类书》一百二十卷、《经济八编类纂》二百五十五卷

林琦《伦史鸿文》二十四卷

程良孺《茹古略》八十卷

雷金科《文林广记》三十一卷

徐应秋《骈字凭霄》二十卷

《枳记》二十八卷

胡震亨《秘册汇函》二十卷

毛晋《津逮秘书》十五集

右类书类，八十三部，二万七千一百八十六卷。

《道藏目录》四卷

《道经》五百十二函

太祖《注道德经》二卷、《周颠仙传》一卷太祖制。

《神仙传》一卷成祖制。

宁献王权《庚辛玉册》八卷、《造化钳锤》一卷

陶宗仪《金丹密语》一卷

张三丰《金丹直指》一卷、《金丹秘旨》一卷

刘太初《金丹正惑》一卷

黄润玉《道德经注解》二卷

杨慎《庄子阙误》一卷

王道《老子亿》二卷

朱得之《老子通义》二卷、《庄子通义》十卷、《列子通义》八卷

薛蕙《老子集解》二卷

商廷试《订注参同契经传》三卷

徐渭《分释古注参同契》三卷

皇甫濂《道德经辑解》三卷

孙应鳌《庄义要删》十卷

王宗沐《南华经别编》二卷

田艺蘅《老子指玄》二卷

焦竑《老子翼》二卷、《考异》一卷、《庄子翼》八卷、《南华经余事杂录》二卷、《拾遗》一卷

龚锡爵《老子疏略》一卷

陶望龄《老子解》二卷、《庄子解》五卷

郭良翰《南华经荟解》三十三卷

罗勉道《南华循本》三十卷

陆长庚《老子玄览》二卷、《南华副墨》八卷、《阴符经测疏》一卷、《周易参同契测疏》一卷、《金丹就正篇》一卷、《张紫阳金丹四百字测疏》一卷、《方壶外史》八卷

李先芳《阴符经解》一卷、《蓬玄杂录》十卷

沈宗霈《阴符释义》三卷

尹真人《性命主旨》四卷

桑乔《大道真诠》四卷

孙希化《真武全传》八卷

池显方《国朝仙传》二卷

靳昂《龙砂一脉》一卷

朱多煃《龙砂八百纯一玄藻》二卷

朱载玮《葆真通》十卷

顾起元《紫府奇玄》十一卷

曹学佺《蜀中神仙记》十卷

傅兆际《寰有诠》六卷

杨守业《洞天玄语》五卷

徐成名《保合编》十二卷

右道家类，五十六部，二百六十七卷。

《释藏目录》四卷

《佛经》六百七十八函

太祖《集注金刚经》一卷成祖制序。

成祖《御制诸佛名称歌》一卷、《普法界之曲》四卷、《神僧传》九卷

仁孝皇后《梦感佛说大功德经》一卷、《佛说大因缘经》三卷

宋濂《心经文句》一卷

姚广孝《佛法不可灭论》一卷、《道馀录》一卷

克菴禅师《语录》一卷

一如《三藏法数》十八卷

陈实《大藏一览》十卷

大祐《净土指归》二卷

元瀞《三会语录》二卷

溥洽《雨轩语录》五卷

法聚《玉芝语录》六卷、《内语》二卷

宗泐《心经注》一卷、《金刚经注》一卷

洪恩《金刚经解义》一卷、《心经说》一卷

杨慎《禅藻集》六卷、《禅林钩玄》九卷

弘道《注解楞伽经》四卷

梵琦《楚石禅师语录》二十卷

汪道昆《楞严纂注》十卷

交光法师《楞严正脉》十卷

陆树声《禅林余藻》一卷

管志道《龙华忏法》一卷

王应乾《楞严圆通品》四卷

方允文《楞严经解》十二卷

曾凤仪《金刚般若宗通》二卷、《心经释》一卷、《楞严宗通》十卷、《楞伽宗通》八卷、《圆觉宗通》四卷

沈士荣《续原教论》二卷

杨时芳《心经集解》一卷

何湛之《金刚经偈论疏注》二卷

戚继光《禅家六籍》十六卷

如愚《金刚筏喻》二卷

张有誉《金刚经义趣广演》三卷

李通《华严疏钞》四十卷

方泽《华严要略》二卷

刘琏《无隐集偈颂》三卷

古音《禅源诸诠》一卷

景隆《大藏要略》五卷

刘凤《释教编》六卷

陈士元《象教皮编》六卷、《释氏源流》二卷

方晟《宗门崇行录》四卷

一元《归元直指》四卷

陶望龄《宗镜广删》十卷

沈泰鸿《慈向集》十三卷

陆长庚《楞严述旨》十卷

王肯堂《参禅要诀》一卷

杨惟休《佛宗》一卷

张明弼《兔角诠》十卷

徐可求《禅燕》二十卷

瞿汝稷《指月录》三十二卷

袁宏道《宗镜摄录》十二卷

姚希孟《佛法金汤文录》十二卷

袁中道《禅宗正统》一卷

袾宏《弥陀经疏》四卷、《正讹集》一卷、《禅关策进》一卷、《竹窗三笔》三卷、《自知录》二卷

真可《紫柏语录》一卷

德清《华严法界境》一卷、《楞严通义》十卷、《法华通义》七卷、《观楞伽记》四卷、《肇论略注》三卷、《长松茹退》二卷、《憨山绪言》一卷

李树乾《竺乾宗解》四卷

萧士玮《起信论解》一卷

曹嗣儒《华严指南》四卷

俞王言《金刚标指》一卷、《心经标指》一卷、《楞严标指》十二卷、《圆觉标指》一卷

镇澄《楞严正观疏》十卷、《般若照真论》一卷

傅灯《楞严玄义》四卷、《天台山方外志》三十卷

通润《楞严合辙》十卷、《楞伽合辙》四卷、《法华大窾》七卷

石显《西方合论》十卷

智顺《善才五十三参论》一卷

仁潮《法界安立图》六卷

如巹《禅宗正脉》十卷

章有成《金华分灯录》十卷

钟惺《楞严如说》十卷

沈宗霈《楞严约指》十二卷、《徵心百问》一卷

王正位《赤水玄珠》一卷、《栴檀林》一卷

曾大奇《通翼》四卷

曹学佺《蜀中高僧记》十卷

王应遴《慈无量集》四卷

林应起《全闽祖师语录》三卷

夏树芳《栖真志》四卷

祖心《冥枢会要》四卷

净喜《禅林宝训》四卷

大般《禅警语》一卷、《宗教答响》一卷、《归正录》一卷、《博山语录》二十二卷

元贤《弘释录》三卷

宗林《寒灯衍义》二卷

右释家类，一百十五部，六百四十五卷。

明史卷九九

志第七五

艺文四

集类三：一曰别集类，二曰总集类，三曰文史类。

《明太祖文集》五十卷、《诗集》五卷

《仁宗文集》二十卷、《诗集》二卷

《宣宗文集》四十四卷、《诗集》六卷、乐府一卷

《宪宗诗集》四卷

《孝宗诗集》五卷

世宗《翊学诗》一卷、《宸翰录》一卷、《咏和录》一卷、《咏春同德录》一卷、《白鹊赞和集》一卷

神宗《劝学诗》一卷各藩及宗室自著诗文集，已见本传，不载。

宋濂《潜溪文集》三十卷皆元时作。《潜溪文粹》十卷刘基选。《续文粹》十卷方孝孺郑济同选。《宋学士文集》七十五卷《銮坡前集》十卷、《后集》十卷、《续集》十卷、《别集》十卷，《芝园前集》十卷、《后集》十卷、《别集》十卷，《朝天集》五卷。《诗集》五卷

刘基《覆瓿集》二十四卷、《拾遗》二卷皆元时作。《犁眉公集》四卷、《文成集》二十卷、汇编诸集及《郁离子》、《春秋明经》诸书。词四卷

危素《学士集》五十卷

叶仪《南阳山房稿》二十卷

王冕《竹斋诗集》三卷

范祖干《柏轩集》四卷

戴良《九灵山房集》三十卷

王逢《梧溪诗集》七卷

梁寅《石门集》四卷

杨维桢《东维子集》三十卷、《铁崖文集》五卷、《古乐府》十六卷、《诗集》六卷

陶宗仪《南村诗集》四卷

贡性之《南湖集》二卷

谢应芳《龟巢集》二十卷

《张昱诗集》二卷

杨芾《鹤崖集》二十卷

李祁《云阳先生集》十卷裔孙李东阳传其集。

涂几《涂子类稿》十卷

张宪《玉笥集》十卷

吴复《云槎集》十卷

华幼武《黄杨集》四卷

《陶振赋》一卷洪武初，振献《紫金山》、《金水河》及《飞龙在天》三赋。

《陶安文集》二十卷

李习《橄榄集》五卷

汪广洋《凤池吟稿》十卷

孙炎《左司集》四卷

刘炳《春雨轩集》十卷、词一卷

《刘迪简文集》五卷

郭奎《望云集》五卷

王袆《忠文集》二十四卷

张以宁《翠屏集》五卷

《詹同文集》三卷

《刘崧文集》十八卷、诗八卷

魏观《蒲山集》四卷

朱善《一斋集》十卷、《辽海集》五卷

顾辉《守斋类稿》三十卷
朱升《枫林集》十二卷
赵汸《东山集》十五卷
汪克宽《环谷集》八卷
唐桂芳《白云集略》四十卷
李胜原《盘谷遗稿》五卷
《胡翰文集》十卷
苏伯衡《苏平仲集》十六卷
《朱廉文集》十七卷
陈谟《海桑集》十卷
周霆《震石初集》十卷
高启《槎轩集》十卷、《大全集》十八卷、词一卷
杨基《眉庵集》十二卷、词一卷
徐贲《北郭集》六卷
张羽《静居集》六卷
陈基《夷白斋集》二十卷
王彝《沩蜼子集》四卷
王行《半轩集》十二卷
袁凯《海叟诗集》四卷
孙作《沧螺集》六卷
朱右《白云稿》十二卷
《徐尊生制诰》二卷、《怀归稿》十卷、《还乡稿》十卷
贝琼《清江文集》三十卷、诗十卷
顾禄《经进集》二十卷
《答禄与权文集》十卷
杜敩《拙庵集》十卷
吴源《托素斋集》八卷
《刘驷文集》十卷
宋讷《西隐集》十卷

刘三吾《坦斋集》二卷一作《坦翁集》十二卷。

《张孟兼名丁，以字行。文集》六卷

王翰《敝帚集》五卷、《梁园寓稿》九卷

方克勤《愚庵集》二十卷

《吴伯宗集》二十四卷《南宫》、《使交》、《成均》、《玉堂》凡四种。

杜隰《双清集》十卷

郑真《荥阳外史集》一百卷

吴玉林《松萝吟稿》二十卷

方幼学《犟山集》十二卷

唐肃《丹崖集》八卷

谢肃《密庵集》十卷

谢徽《兰庭集》六卷

邵亨贞《蛾术文集》十卷

乌斯道《春草斋集》十卷

贝翱《舒庵集》十卷

叶颙《樵云集》六卷

沈梦麟《花溪集》三卷

刘廌《盘谷集》十卷

《宋禧文集》三十卷、诗十卷

郑渊《遂初斋稿》十卷

林静《愚斋集》二十卷

刘永之《山阴集》五卷

龚敩《鹅湖集》六卷

王沂《徵士集》八卷

王祐《长江稿》五卷

《解开文集》四十卷

林鸿《鸣盛集》四卷鸿与唐泰、黄玄、周玄、郑定、高棅、王偁、王褒、王恭、陈亮另有《闽中十才子诗》十卷。

孙蕡《西庵集》九卷蕡与王佐、黄哲、赵介、李德另有《广中五先生诗》

四卷。

《蓝仁诗集》六卷

《蓝智诗集》六卷

张适《乐圃集》六卷

浦源《舍人集》十卷

林弻《登州集》六卷

陆中《蒲栖集》二十卷

《林大同文集》九卷

丁鹤年《海巢集》三卷本西域人，后家武昌，永乐中始卒。楚宪王为刻其集。

方孝孺《逊志斋集》三十卷、《拾遗》十卷黄孔昭、谢铎同辑。

卓敬《卓氏遗书》五十卷

练子宁《金川玉屑集》五卷

《茅大芳集》五卷

程本立《巽隐集》四卷

王艮吉水人，王充耘孙。《翰林集》十卷

王叔英《静学集》二卷

周是修《刍荛集》六卷

《郑居贞集》五卷

《程通遗稿》十卷

梅殷《都尉集》三卷

《任亨泰遗稿》二卷

《王绅文集》三十卷

王稌《青岩类稿》十卷

《林右集》二卷

《王宾诗集》二卷

张𬘘《鸥庵集》一卷

楼琏《居夷集》五卷

龚诩《野古集》二卷

高逊志《啬斋集》二卷

解缙《学士集》三十卷、《春雨集》十卷、《似罗隐集》二卷

已上洪武、建文时。

姚广孝《逃虚子集》十卷、《外集》一卷

黄淮《省愆集》二卷、词一卷

《胡广集》十九卷

杨荣《两京类稿》三十卷、《玉堂遗稿》十二卷

杨士奇《东里集》二十五卷、诗三卷

胡俨《颐庵集》三十卷

《金幼孜集》十二卷

《夏原吉集》六卷

王钝《野庄集》六卷

郑赐《闻一斋集》四卷

《赵釭集》三卷

《茹瑺诗》一卷

黄福《家集》三十卷、《使交文集》十七卷

邹济《颐庵集》九卷

王达《天游集》二十二卷

《曾棨集》十八卷

《林环文集》十卷、诗三卷

林志《蔀斋集》十五卷

《王汝玉诗集》八卷

《张洪集》二卷

《王绂诗集》五卷

梁潜《泊庵集》十二卷

刘髦《石潭集》五卷

邹缉《素庵集》十卷

王偁《虚舟集》五卷

王褒《养静斋集》十卷

《王恭诗集》七卷

高棅《啸台集》二十卷、《木天清气集》十四卷

《黄寿生文集》十卷

《杨慈文集》五卷

苏伯厚《履素集》十卷

郑棠《道山集》二十卷

刘均《拙庵集》八卷

《徐永达文集》二十卷、诗十卷

王洪《毅斋集》八卷

《黄裳集》十卷

袁忠彻《符台外集》五卷

陆颙《颐光集》二十卷

瞿佑《存斋乐全集》三卷、词三卷

曾鹤龄《松臞集》三卷

陈叔刚《絅斋集》十卷

柯暹《东冈集》十二卷

《罗亨信集》十二卷

《刘铉诗集》六卷

《金实文集》二十八卷

《王暹奏议》二十卷、《文集》四十卷

苏钲《竹坡吟稿》二十卷

周鸣《退斋稿》六十卷

方勉《怡庵集》十五卷

周叙《石溪集》十八卷

《杨溥文集》十二卷、诗四卷

胡濙《澹庵集》五卷

已上永乐时。

熊概《芝山集》四十卷、《公余集》三十卷

《吴讷文集》二十卷、诗八卷

秦朴《抱拙集》六卷
陈继《怡庵集》二十卷
《黄泽诗集》十四卷
罗纮《兰坡集》十二卷
马愉《淡轩文集》八卷
陈循《芳洲集》十六卷
《高谷集》十卷
廖庄《渔梁集》二卷
林文《澹轩稿》十二卷
龚锜《蒙斋集》十卷
《王训文集》三十卷
《梁蓴集》二十卷
姜洪《松冈集》十一卷
杨复《土苴集》五十卷
刘广衡《云庵集》三十卷
陈泰《拙庵集》二十五卷
李奎《九川集》六卷
《徐琦文集》六卷
已上洪熙、宣德时。
《孙原贞奏议》八卷、《岁寒集》二卷
王直《抑庵集》四十二卷
《王英文集》六卷、诗五卷
《钱习礼文集》十四卷、《应制集》一卷
《陈镒文集》六卷
《魏骥摘稿》十卷
周忱《双崖集》八卷
陈琏《琴轩稿》三十卷
《周旋文集》十卷
刘球《两溪集》二十四卷

张楷《和唐音》二十八卷、《和李杜诗》十二卷

《李时勉文集》十一卷、诗一卷

陈敬宗《澹然集》十八卷

张倬《毅斋集》二十卷

郑鲸《云遨摘稿》八卷

《彭时奏疏》一卷、《文集》四卷

《商辂奏议》一卷、《文集》三十二卷

《萧镃文集》二十卷、诗十卷

《于谦奏议》十卷、《文集》二十卷

郭登《联珠集》二十二卷景泰初，登封定襄伯，有诗名。是集以其父玹兄武之作，与登诗合编。

《何文渊奏议》一卷、《文稿》四卷

章瑄《竹庄集》四十卷

吴宣《野庵集》十六卷

郑文康《平桥集》十八卷

刘溥《草窗集》二卷溥与蒋主忠、王贞庆、晏铎、苏平、苏正、汤胤绩、王淮、沈愚、邹亮等称景泰十才子，当时各有专稿。

桑琳《鹤溪集》二十卷

《钱洪诗集》四卷

《刘英诗集》六卷

徐有贞《武功集》八卷

《许彬文集》十卷、诗四卷

薛瑄《敬轩集》四十卷、诗八卷

李贤《古穰集》三十卷、《续集》二十卷

吕原《介轩集》十二卷

岳正《类博稿》十卷

《刘俨文集》三十二卷

吴与弼《康斋文集》十二卷

王宇《厚斋集》三卷

张穆《勿斋集》二十卷

刘昌《五台集》二十二卷胥台、凤台、金台、嵩台、越台诸稿汇编。

萧俨《竹轩集》二十卷

周莹《郡斋稿》十卷

罗周《梅隐稿》十八卷

姚绶《云东集》十卷

汤胤绩《东谷集》十卷

《易贵文集》十五卷

已上正统、景泰、天顺时。

《刘定之存稿》二十一卷、《续稿》五卷

《刘珝文集》十六卷

《轩輗奏议》四卷

《彭华文集》十卷

尹直《澄江集》二十五卷

《姚夔奏议》三十卷、《文集》十卷

《李裕奏议》七卷、《文集》四卷

《杨鼎奏议》五卷、《文稿》二十卷

倪谦《玉堂》、《南宫》、《上谷》、《归田》四稿共一百七十卷

《余子俊奏议》六卷

周洪谟《箐斋集》五十卷、《南皋集》二十卷

《林聪奏议》八卷、《文集》十四卷

《张瑄奏议》八卷、《观庵集》十五卷、《关洛纪巡录》十七卷

《谢一夔文集》六卷

《韩雍奏议》一卷、《文集》十五卷

柯潜《竹岩集》八卷

陆釴《春雨堂稿》三十卷

《叶盛奏草》三十卷、《文稿》二卷、诗一卷

《杨守陈全集》三十卷

范理《丹台稿》十卷

《林鹗文稿》十卷

罗伦《一峰集》十卷

庄昶《定山集》十卷

黄仲昭《未轩集》十三卷

陈献章《白沙子》八卷、《文集》二十二卷、《遗编》六卷

《杨起元文编》六卷

《张弼文集》五卷、诗四卷

胡居仁《敬斋集》三卷

陈真晟《布衣存稿》九卷

《夏寅文集》四十卷、《备遗录》二十三卷

《张宁文集》三十二卷

夏时正《留余稿》三十五卷

陆容《式斋集》三十八卷

龙瑄《鸿泥集》二十卷

周瑛《翠渠摘稿》七卷

段正《介庵集》三十卷

《蒋琬文集》十卷

朱翰《石田稿》十四卷

张胄《西溪集》十五卷

《丁元吉文集》六十四卷

刘敔《凤巢稿》六卷

桑悦《两都赋》二卷、《古赋》三卷、《文集》十六卷

祁顺《巽川集》二十卷

《徐溥文集》七卷

丘濬《琼台类稿》五十二卷、诗十二卷

李东阳《怀麓堂前后集》九十卷、《续稿》二十卷

谢迁《归田稿》十卷

陆简《龙皋稿》十九卷

程敏政《篁墩全集》一百二十卷

吴宽《匏庵集》七十八卷

《张元祯文集》二十四卷

《王恕奏稿》十五卷、《文集》九卷

《韩雍奏议》一卷

倪岳《青溪漫稿》二十四卷

《马文升奏议》十六卷、《文集》一卷

王㒜《思轩集》十二卷

杨守阯《碧川文钞》二十九卷、诗二十卷

《张升文集》二十二卷

童轩《枕肱集》二十卷

杭淮《双溪诗集》八卷

黎淳《龙峰集》十三卷

《刘大夏奏议》一卷、诗二卷

《张悦集》五卷

《何乔新文集》三十二卷

《彭韶奏议》五卷、《文集》十二卷

《王珣奏稿》十卷、诗二卷

《闵珪文集》十卷

徐贯《余力集》十二卷

《董越文集》四十二卷

《谢铎奏议》四卷、《文稿》四十五卷、诗三十六卷

陈音《愧斋集》十二卷

张诩《东所集》十卷

邹智《立斋遗文》四卷

李承箕《大崖集》二十卷

《钱福文集》六卷

《杨循吉遗集》五卷

邵珪《半江集》六卷

赵宽《半江集》六卷

《杭济诗集》六卷

吴元应《诗集》十五卷

顾潜《静观堂集》十四卷

文林《温州集》十二卷

吕常《九柏集》六卷

沈周《石田诗钞》十卷

史鉴《西村集》八卷

祝允明《祝氏集略》三十卷、《怀里堂集》三十卷、《小集》七卷

《唐寅集》四卷

顾磐《海涯集》十卷

《王鏊文集》三十卷

《杨廷和奏议》一卷、《石斋集》八卷

梁储《郁洲集》九卷

《费宏文集》二十四卷

靳贵《戒庵集》二十卷

《杨一清奏议》三十卷、《石淙类稿》四十五卷、诗二十卷

蒋冕《湘皋集》三十三卷

毛纪《鳌峰类稿》二十六卷

韩文《质庵集》四卷

吴文度《交石集》十卷

《林瀚集》二十五卷

屠勋《东湖稿》十二卷

《罗玘奏议》一卷、《文集》十八卷、《续集》十四卷

《储巏文集》十五卷

王鸿儒《凝斋集》九卷

邵宝《容春堂全集》六十一卷

《章懋文集》九卷

《杨廉奏议》四卷、《文集》六十二卷

乔宇《白岩集》二十卷

《黄瓒文集》十二卷
蔡清《虚斋文集》五卷
《鲁铎文集》十卷
王云凤《虎谷集》二十一卷
《毛澄类稿》十八卷
《王琼奏议》四卷
彭泽《幸庵行稿》十二卷
《林俊文集》四十卷、诗十四卷
李梦阳《空同全集》六十六卷
康海《对山集》十九卷、乐府二卷
王九思《渼陂集》十九卷、乐府四卷
何景明《大复集》六十四卷
《郑善夫奏议》一卷、《少谷全集》二十五卷
徐祯卿《迪功集》十一卷
朱应登《凌溪集》十九卷
王廷陈《梦泽集》三十八卷
景旸《前溪集》十四卷
《陈沂文集》十二卷、诗五卷
《田汝耔奏议》五卷、《水南集》十八卷
伦文叙《迂冈集》十卷、《白沙集》十二卷
颜木《烬余稿》四卷
卢雍《古园集》十二卷
陈霆《水南集》十七卷
王守仁《阳明全书》三十八卷
陆完《水村集》二十卷
唐锦《龙江集》十四卷
《穆孔晖文集》三卷
史学《埭溪集》二十卷
许庄《康衢集》一百卷

汪循《仁峰文集》二十五卷

钱仁夫《水部诗历》十二卷

徐琏《玉峰集》十五卷、五言诗五卷

黄省曾《五岳山人集》三十八卷

孙一元《太白山人稿》五卷

《谢承举一名璇诗集》十五卷

王宠《雅宜山人集》十卷

傅汝舟《丁戊集》十二卷

高濲《石门集》二卷

萧雍《酌斋遗稿》四卷

已上成化、弘治、正德时。

《廖道南文集》五十卷、诗六卷

罗钦顺《整庵稿》三十三卷

《何孟春疏议》十卷、《文集》十八卷

《顾清文集》四十二卷

刘瑞《五清集》十八卷

吕柟《泾野集》五十卷

《何瑭文集》十一卷

魏校《庄渠文录》十六卷、诗四卷

陈察《虞山集》十三卷

《杨慎文集》八十一卷、《南中集》七卷、诗五卷、词四卷

《胡世宁奏议》十卷

郑岳《山斋稿》二十四卷

《陈洪谟文稿》二卷

《王时中奏议》十卷

《董玘文集》六卷

《秦金诗集》十卷

《潘希曾奏议》四卷、《竹涧集》八卷

《刘龙文集》四十八卷

《刘夔奏议》十卷

《陆深全集》一百卷、《续集》十卷

《张邦奇全集》五十卷

《马中锡奏疏》三卷、《东田集》六卷

刘玉《执斋集》二十卷

周伦《贞翁稿》十二卷

刘节《梅国集》四十二卷

《章拯文集》八卷

边贡《华泉集》四卷、诗八卷

《王廷相奏议》十卷、《家藏集》五十四卷

顾璘《息园文稿》九卷、诗十四卷

《刘麟文集》十二卷

崔铣《洹词》十二卷

王炌《南渠稿》十六卷

《陈凤梧奏议》十卷、《修辞录》六卷

《张翀文集》二十卷

夏良胜《东洲稿》十二卷、诗八卷

《姚镆文集》八卷

《王道文集》十二卷

《徐问文集》二十四卷

万镗《治斋文集》四卷

湛若水《甘泉前后集》一百卷

韩邦奇《苑洛集》二十二卷

刘讱《春冈集》六卷

黄衷《矩斋集》二十卷

《顾应祥文集》十四卷、乐府一卷

乐頀《木亭稿》三十六卷

石珤《熊峰集》四卷

贾咏《南坞集》十卷

崔桐《东洲集》四十卷

《毛伯温奏议》二十卷、《东塘集》十卷

《王以旂奏议》十卷、《石冈集》四卷

《林廷棉集》十卷

《孙承恩集》三卷

黄佐《两都赋》二卷、《泰泉集》六十卷

童承叙《内方集》十卷

贡汝成《三大礼赋》一卷嘉靖中献。

林大辂《槐瘖集》十六卷

《许宗鲁全集》五十二卷

胡缵宗《鸟鼠山人集》十八卷、《拟古乐府》四卷、诗七卷

《方鹏文集》十八卷、诗八卷

王同祖《太史集》六十卷

邹守益《东郭集》十二卷、《遗稿》十三卷

《顾鼎臣文集》二十四卷

张璧《阳峰集》二十六卷

《张治文集》十四卷

许赞《松皋集》二十六卷

王崇庆《端溪集》八卷

《王邦瑞文集》二十卷

聂豹《双江集》十八卷

薛蕙《考功集》十卷

汪必东《南隽集》二十卷

孙存《丰山集》四十卷

《萧鸣凤文集》十五卷

周佐《北涧集》十卷

《金贲亨文集》四卷

蒋山卿《南泠集》十二卷

李濂《嵩渚集》一百卷

《林士元文集》十卷

林春泽《人瑞翁集》十二卷

《汪应轸文集》十四卷

《陈琛文集》十二卷

王渐逵《青萝集》十六卷

《戴鱀文集》八卷

廖世昭《明一统赋》三卷

《许相卿全集》二十六卷

陆釴《少石子集》十三卷

邵经邦《弘艺录》三十二卷

陈讲《中川集》十三卷

丘养浩《集斋类稿》十八卷

《王用宾文集》十六卷

伦以训《白山集》十卷

伦以谅《石溪集》十卷

伦以诜《穗石集》十卷

顾瑮《寒松斋稿》四卷

黄绾《石龙集》二十八卷

《费宷集》四卷

席书《元山文选》五卷

方献夫《西樵稿》五卷

《霍韬集》十五卷

舒芬《内外集》十八卷

汪佃《东麓稿》十卷

戴冠《邃谷集》十二卷、诗二卷

唐龙《渔石集》四卷

《欧阳铎集》二十二卷

夏言《桂洲集》二十卷

严嵩《钤山堂集》二十六卷

《张孚敬诗集》三卷
欧阳德《南野集》三十卷
《许诰奏议》二卷
许论《默斋集》四卷
张时彻《芝园全集》八十五卷
吕祯《涧松稿》四卷
《郑晓奏疏》十四卷、《文集》十二卷
潘恩《笠江集》二十四卷
陈儒《芹山集》四十卷
王艮《心斋文集》二十卷
王畿《龙溪文集》二十卷
钱德洪《绪山集》二十四卷
孙宜《洞庭山人集》五十三卷
高叔嗣《苏门集》八卷
吕本《期斋集》十六卷
徐阶《世经堂全集》五十卷
邹守愚《俟知堂集》十三卷
《胡松奏疏》五卷、《文集》十卷
《袁炜诗集》八卷
《严讷表奏》二卷、《文集》十二卷
李春芳《诒安堂稿》十卷
《郭朴文集》五卷
《林庭机文集》十二卷
《茅瓒文集》十五卷
董份《泌园全集》三十七卷
《孙升文集》二十卷
李玑《西野集》十三卷
尹台《洞麓堂集》三十八卷
范钦《天一阁集》十九卷

陈尧《梧冈文集》五卷、诗三卷
雷礼《镡墟堂稿》二十卷
蔡汝楠《自知堂集》二十四卷
张岳《净峰稿》四十六卷
苏濂《伯子集》十三卷
苏澹《仲子集》七卷
《陆垹文集》十二卷
《谢东山文集》四十卷
李舜臣《愚谷集》十卷
龚用卿《云冈集》二十卷
《王维桢全集》四十二卷
《王材文集》六十五卷
《吕怀类稿》三十三卷
赵时春《浚谷集》十七卷
王慎中《遵岩文集》四十一卷
唐顺之《荆川集》二十六卷
《陈束文集》二卷
熊过《南沙集》八卷
《任瀚逸稿》六卷
吕高《江峰稿》十二卷
李默《群玉楼稿》七卷
《冯恩奏疏》一卷、《刍荛录》四卷
马一龙《游艺集》十九卷
陆粲《贞山集》十二卷
康太和《蛎峰集》二十四卷
余光《两京赋》二卷
杨爵《斛山稿》六卷
冯汝弼《佑山集》十六卷
包节《侍御集》六卷

钱薇《海石集》二十八卷

周怡《讷溪集》二十七卷

《罗洪先全集》二十五卷

唐枢《木钟台集》三十二卷

林春《东城集》二卷

柯维骐《艺余集》十四卷

卢襄《五鸬草堂集》十卷

薛甲《艺文类稿》十四卷

薛应旂《方山集》六十八卷

《唐音文集》二十卷

《刘绘奏议》二卷、《嵩阳集》十五卷

乔世宁《丘隅集》十九卷

《孔汝锡文集》十六卷、诗十四卷

袁袠《胥台集》二十卷

袁尊尼《鲁望集》十二卷

文徵明《甫田集》三十五卷

文彭《博士集》三卷

文嘉《和州集》一卷

蔡羽《林屋集》二十卷、《南馆集》十三卷

陈淳《白阳诗集》八卷

汤珍《小隐堂诗集》八卷

彭年《隆池山樵集》三卷

田汝成《叔禾集》十二卷

屠应埈《兰晖堂集》八卷

范言《菁阳集》五卷

杨本仁《少室山人集》二十四卷

沈恺《环溪集》二十六卷

李开先《中麓集》十二卷

皇甫冲《子浚集》六十卷

皇甫涍《少玄集》三十六卷
皇甫汸《司勋集》六十卷
皇甫濂《水部集》二十卷
周诗《虚岩山人集》六卷
黄姬水《淳父集》二十四卷
《骆文盛存稿》十五卷
崔廷槐《楼溪集》三十六卷
栗应宏《太行集》十六卷、诗六卷
莫如忠《崇兰馆集》二十卷
《陈昌积文集》三十四卷
何良俊《柘湖集》二十八卷
何良傅《礼部集》十卷
许谷《省中》、《二台》、《武林》、《归田》四稿共十七卷
华钥《水西居士集》十二卷
张之象《剪绡集》二卷
徐献忠《长谷集》十五卷
邬绅《中宪集》六卷
《陈暹文集》四卷
瞿景淳《内制集》一卷、《文集》十六卷
王问《仲山诗选》八卷
侯一元《少谷集》十六卷
《俞宪诗集》二十四卷
南逢吉《姜泉集》十四卷
钱芹《永州集》五卷
《姚涞文集》八卷
华察《岩居稿》八卷
沈东《屏南集》十卷
《茅坤文集》三十六卷
吴维岳《天目山斋稿》二十八卷

李嵩《存笥稿》十卷

冯惟健《陂门集》八卷

冯惟讷《光禄集》十卷

桑介《白厓诗选》十卷

李应元《蔡蒙山房稿》四卷

陈凤《清华堂稿》六卷

吴琉《环山楼集》六卷

沈链《鸣剑集》十二卷、《青霞山人集》五卷

金大车《子有集》二卷

金大舆《子坤集》二卷

杨继盛《忠愍集》四卷

吕时中《潭西文集》十七卷

林懋和《双台诗选》九卷

王交《绿槐堂稿》二十二卷

《向洪迈诗文集》十卷

卢岐嶷《吹剑集》三十五卷

《周思兼文集》八卷

詹莱《招摇池馆集》三十卷

谢江《岷阳集》八卷

傅夏器《锦泉集》六卷

朱曰藩《山带阁集》三十三卷

岳岱《山居稿》三十卷

高岱《西曹集》九卷

陆楫《蒹葭堂集》七卷

李先芳《东岱山房稿》三十卷

陈宗虞《卧云楼稿》十四卷

《黄伯善文稿》六卷、诗十五卷

胡瀚《今山文集》一百卷

蔡宗尧《龟陵集》二十卷

孙楼《百川集》十二卷

张世美《西谷集》十六卷

邵圭洁《北虞集》六卷

李攀龙《沧溟集》三十二卷、《白雪楼诗集》十卷

王世贞《弇州四部稿》一百七十四卷、四部者，一赋、二诗、三文、四说，以拟域中之四部州。汪道昆序之。《续稿》二百十八卷

王世懋《奉常集》五十四卷、诗十五卷

梁有誉《比部集》八卷

徐中行《天目山人集》二十一卷、诗六卷

《宗臣诗文集》十五卷

吴国伦《甔甀洞稿》五十四卷、《续稿》二十七卷、诗十五卷

谢榛《四溟山人集》二十卷、诗四卷

《卢楠赋》五卷、《蠛蠓集》五卷

《刘凤文集》三十二卷

《陆弼诗集》二十六卷

汪道昆《太函集》一百二十卷、《南溟副墨》二十四卷

许邦才《梁园集》四卷

《魏学礼集》二十四卷

魏裳《云山堂集》六卷

《张佳胤奏议》七卷、《崌崃文集》六十五卷

张九一《绿波楼集》十卷

《黎民表文集》十六卷

欧大任《虞部集》二十二卷

《俞允文诗文集》二十四卷

《余日德诗集》十四卷

万表《玩鹿亭稿》八卷

高拱《献忱集》五卷、《诗文集》四十四卷

《赵贞吉文集》二十三卷、诗五卷

《高仪奏议》十卷

杨巍《梦山存稿》四卷

殷士儋《金與山房稿》十四卷

《诸大绶文集》八卷

杨博《献纳稿》十卷、《奏议》七十卷、《诗文集》十二卷

张瀚《诗文集》四十卷

《董传策奏议》一卷、《采薇集》十四卷

《马森文集》二十卷

洪朝选《静庵稿》十五卷

《朱衡文集》二十卷

陈绍儒《司空集》二十卷

何维柏《天山堂集》二十卷

周诗《与鹿集》十二卷

郭汝霖《石泉山房集》十二卷

《王时槐存稿》十四卷

曹大章《含斋稿》二十卷

林大春《井丹集》十五卷

王叔果《半山藏稿》二十卷

王叔杲《玉介园稿》二十卷

徐师曾《湖上集》十四卷

张祥鸢《华阳洞稿》二十二卷

陈善《黔南类稿》八卷

穆文熙《逍遥园集》十卷

胡直《衡庐稿》三十卷

王格《少泉集》十卷

《姚汝循诗文集》二十四卷

张元忭《不二斋稿》十二卷

归有光《震川集》三十卷、《外集》十卷钱谦益订正。

《刘效祖诗稿》六卷

王叔承《吴越游》七卷

《沈明臣诗集》四十二卷

《陈鹤诗集》二十一卷

冯迁《长铗斋稿》七卷

《朱邦宪诗文集》十五卷

《徐渭诗文全集》二十九卷

《王寅诗文集》八卷

郭造卿《海岳山房集》二十卷

俞汝为《缶音集》四卷

谢汝韶《天池稿》十六卷

《谢肇淛文集》二十八卷、诗三十卷

骆问礼《万一楼集》六十一卷、《外集》十卷

王可大《三山汇稿》八卷

沈桐《观颐集》二十卷

王养端《遂昌三赋》一卷

《黄谦诗文稿》十六卷

戴廷槐《锦云集》十六卷

已上嘉靖、隆庆时。

张居正《奏对稿》十卷、《诗文集》四十七卷

张四维《条麓堂集》三十四卷

《马自强文集》二十卷

《陆树声诗文集》二十六卷

《林燫文集》十六卷、诗六卷

汪镗《余清堂定稿》三十二卷

《徐学谟文集》四十三卷、诗二十二卷

《潘季驯奏疏》二十卷、《文集》五卷

《吴桂芳奏议》十六卷、《文集》十六卷

《谭纶奏议》十卷

俞大猷《正气堂集》十六卷

戚继光《横槊稿》三卷

《海瑞文集》七卷
吴时来《悟斋稿》十五卷
《赵用贤奏议》一卷、《文集》三十卷、诗六卷
吴中行《赐余堂集》十四卷
艾穆《熙亭集》十卷
《邹元标奏疏》五卷、《文集》七卷、《续集》十二卷
沈思孝《陆沉漫稿》六卷
《蔡文范文集》十八卷
范槲明《蜀都赋》一卷
《王宗沐奏疏》四卷、《文集》三十卷
《王崇古奏议》五卷、《山堂汇稿》十七卷
王士性《五岳游草》十二卷
陈士元《归云集》七十五卷
邓元锡《潜学稿》十七卷
林偕春《云山居士集》八卷
申时行《纶扉奏草》十卷、《赐闲堂集》四十卷
《余有丁诗文集》十五卷
《许国文集》六卷
《王锡爵诗文集》三十二卷
《王家屏文集》二十卷
《赵志皋奏议》十六卷、《文集》四卷、诗五卷
《耿定向文集》二十卷
《姜宝文集》三十八卷、诗十卷
孙应鳌《汇稿》十六卷
《魏学曾文集》十卷
《沈节甫文集》十五卷
王樵《方麓居士集》十四卷
《宋仪望文集》十二卷、诗十四卷
《魏允贞文集》四卷

《魏允中文集》八卷

《顾宪成文集》二十卷

《孟化鲤文集》八卷

叶春及《絅斋集》六卷

《王稚登诗集》十二卷

盛时泰《城山堂集》六十八卷

张凤翼《处实堂前后集》五十三卷

张献翼《文起堂集》十六卷

莫是龙《石秀斋集》十卷

《曹子念诗集》十卷

顾大典《清音阁集》十卷

邬佐卿《芳润斋集》九卷

茅溱《四友斋集》十卷

《莫叔明诗》三卷

《田艺蘅诗文集》二十卷

胡应麟《少室山房类稿》一百二十卷

《陈文烛文集》十四卷、诗十二卷

李维桢《大泌山房全集》一百三十四卷

屠隆《由拳集》二十三卷、《白榆集》二十卷、《栖真馆集》三十卷

《屠本畯诗草》六卷

冯时可《元成选集》八十三卷

沈鲤《亦玉堂稿》十八卷

《于慎行文集》四十二卷、诗二十卷

《李廷机文集》十八卷

曾同亨《泉湖山房稿》三十卷

王圻《鸿洲类稿》十卷

谢杰《天灵山人集》二十卷

冯琦《宗伯集》八十一卷

曾朝节《紫园草》二十二卷

郭子章《粤草》、《蜀草》、《楚草》、《闽草》、《浙草》、《晋草》、《留草》共五十五卷

许孚远《致和堂集》八卷

田一儁《钟台遗稿》十二卷

林景旸《玉恩堂集》十卷

邓以赞《定宇集》四卷

黄洪宪《碧山学士集》二十一卷

《王祖嫡文集》三十七卷

刘日升《慎修堂集》二十三卷

郭正域《黄离草》十卷

唐文献《占星堂集》十六卷

《邹德溥全集》五十卷

沈懋学《郊居稿》六卷

冯梦祯《快雪堂集》六十四卷

邢侗《来禽馆集》二十八卷

余寅《农丈人集》二十卷、诗八卷

虞淳熙《德园全集》六十卷

汤显祖《玉茗堂文集》十五卷、诗十六卷

谢廷谅《薄游草》二十四卷

谢廷赞《绿屋游草》十五卷

陈第《寄心集》六卷

《罗大纮文集》十二卷

来知德《瞿塘日录》三十卷

徐即登《正学堂稿》二十六卷

苏浚《紫溪集》三十四卷

罗汝芳《近溪集》十二卷、诗二卷

潘士藻《暗然堂集》六卷

焦竑《澹园集》四十九卷、《续集》三十五卷

袁宗道《白苏斋类稿》二十四卷

《袁宏道诗文集》五十卷

袁中道《珂雪斋集》二十四卷

陶望龄《歇庵集》十六卷

《瞿九思文集》七十五卷

《冯大受诗集》十卷

何三畏《漱六斋集》四十八卷

瞿汝稷《同乡集》十四卷

郝敬《小山草》十卷

许乐善《适志斋稿》十卷

王纳谏《初日斋集》七卷

《姚舜牧文集》十六卷

叶向高《纶扉奏草》三十卷、《文集》二十卷、诗八卷

《丁宾文集》八卷

《区大相诗集》二十七卷

《顾起元文集》三十卷、诗二十卷

汤宾尹《睡庵初集》六卷

王衡《缑山集》二十七卷

公鼐《问次斋集》三十卷

《丘禾实文集》八卷、诗四卷

南师仲《玄麓堂集》五十卷

张以诚《酌春堂集》十卷

《何乔远集》八十卷

张燮《群玉楼集》八十四卷

张萱《西园全集》三十卷

李光缙《景璧集》十九卷

曹学佺《石仓诗文集》一百卷

徐熥《幔亭集》二十卷

徐𤊹《鳌峰集》二十六卷

黄汝亨《寓林集》三十二卷

赵宧光《寒山漫草》八卷
俞安期《翏翏集》二十八卷
归子慕《陶庵集》四卷
《赵南星文集》二十四卷
《杨涟文集》三卷
《左光斗奏疏》三卷、《文集》五卷
魏大中《藏密斋集》二十五卷
魏学洢《茅檐集》八卷
缪昌期《从野堂存稿》八卷
李应升《落落斋遗稿》十卷
《周宗建奏议》四卷
《黄尊素文集》六卷
《冯从吾疏草》一卷、《少墟文集》二十二卷
《孙慎行奏议》二卷、《玄晏斋集》十卷
曹于汴《抑节堂集》十四卷
陈于廷《定轩存稿》三卷
张鼐《宝日堂集》六卷
杨守勤《宁澹斋集》十卷
娄坚《学古绪言》二十六卷
唐时升《三易集》二十卷
李流芳《檀园集》十二卷
程嘉燧《松圆浪淘集》十八卷
朱国祚《介石斋集》二十卷
钟惺《隐秀堂集》八卷
谭元春《岳归堂集》十卷
蔡复一《遁庵集》十七卷
《王思任文集》三十卷
董其昌《容台集》十四卷、《别集》六卷
陈继儒《晚香堂集》三十卷

王廷宰《纬萧斋集》六卷
李日华《恬致堂集》四十卷
方应祥《青来阁集》三十五卷
《姚希孟文集》二十八卷
陈仁锡《无梦园集》四十卷
萧士玮《春浮园集》十卷
郑怀魁《葵圃集》三十卷
《谢兆申诗文稿》二十四卷
顾正谊《诗史》十五卷
张采《知畏堂文存》十一卷、《诗存》四卷
张溥《七录斋集》十二卷、诗三卷
唐汝询《编篷集》十卷
曾异撰《纺授堂集》二十七卷
《孙承宗奏议》三十卷、《文集》十八卷
贺逢圣《文类》五卷
蒋德璟《敬日草》九卷
黄景昉《瓯安馆集》三十卷
《倪元璐奏牍》三卷、《诗文集》十七卷
《李邦华奏议》六卷、《文集》八卷
《王家彦奏议》五卷、《文集》五卷
《凌义渠文集》六卷
《马世奇文集》六卷、诗三卷
《刘理顺文集》十二卷
《金铉文集》六卷
《鹿善继文稿》四卷
《孙元化文集》一百卷
熊人霖《华川集》二十四卷
陈山毓《靖质居士集》六卷
陈龙正《几亭集》六十四卷

陈际泰《太乙山房集》十四卷

《吴应箕文集》二十八卷

《吕维祺诗文集》二十卷

徐石麒《可经堂集》十二卷

黄道周《石斋集》十二卷

张肯堂《莞尔集》二十卷

袁继咸《六柳堂集》三卷

黄端伯《瑶光阁集》八卷

《金声文集》九卷

陈函辉《寒山集》十卷

艾南英《天慵子集》六卷

《黎遂球文集》二十一卷、诗十卷

《李日宣奏议》十六卷、《敬修堂集》三十卷

黄淳耀《陶庵集》七卷

《侯峒曾文集》四十卷

《侯岐曾文集》三十卷

已上万历、天启、崇祯时。

宗泐《全室外集》十卷、《西游集》一卷洪武中，宗泐为右善世，奉使西域求遗经，往返道中之作。

来复《蒲庵集》十卷

法住《幻住诗》一卷

清濋《兰江望云集》二卷

廷俊《泊川文集》五卷

克新《雪庐稿》一卷

守仁《梦观集》六卷

如兰《支离集》七卷

德祥《桐屿诗》一卷

子梗《水云堂稿》二卷

宗衍《碧山堂集》三卷

妙声《东皋录》七卷

元极《圆庵集》十卷

溥洽《雨轩外集》八卷

善启《江行倡和诗》一卷

大同《竺庵集》二卷

觉澄《雨华诗集》二卷

明秀《雪江集》三卷

普泰《野庵诗集》三卷

宗林《香山梦吃集》一卷

方泽《冬溪内外集》八卷

真可《紫柏老人集》十五卷

德清《憨山梦游集》四十卷

弘恩《雪浪斋诗集》二卷

宽悦《尧山藏草》五卷

法杲《雪山诗集》八卷

一元《山居百咏》一卷

如愚《空华集》二卷、《饮河集》二卷、《四悉稿》四卷

智舷《黄山老人诗》六卷

慧秀《秀道人集》十三卷

传慧《浮幻斋诗》三卷、《流云集》二卷

圆复《三支集》二卷、《一苇集》二卷

元贤《禅余集》四卷

张宇初《岘泉文集》二十卷

邓羽《观物吟》一卷

张友霖《铁铲集》二卷

《邵元节集》四卷

汪丽阳《野怀散稿》一卷

张嵳嵳《适适吟》一卷

颜复膺《潜庵咏物诗》六卷

已上方外。

安福郡主《桂华诗集》一卷

周宪王宫人夏云英《端清阁诗》一卷

《陈德懿诗》四卷

《杨夫人词曲》五卷

孟淑卿《荆山居士诗》一卷

《朱静庵诗集》十卷

《邹赛贞诗》四卷

《杨文俪诗》一卷

金文贞《兰庄诗》一卷

马闲卿《芷居集》一卷

端淑卿《绿窗诗稿》四卷

王凤娴《焚余草》五卷

张引元、张引庆《双燕遗音》一卷

《董少玉诗》一卷

周玉如《云巢诗》一卷

邢慈静《非非草》一卷

沈天孙《留香草》四卷

屠瑶瑟《留香草》一卷

袁九淑《伽音集》一卷

姚青蛾《玉鸳阁诗》二卷

王虞凤《罢绣吟》一卷

《刘苑华诗》一卷

陆卿子《考槃集》六卷、《云卧阁稿》四卷、《玄芝集》四卷

徐媛《络纬吟》十二卷

沈纫兰《效颦集》一卷

项兰贞《裁云草》一卷、《月露吟》一卷

薄少君《嫠泣集》一卷

方孟式《纫兰阁集》八卷

方维仪《清芬阁集》七卷

黄幼藻《柳絮编》一卷

桑贞白《香奁稿》二卷

已上闺秀。

右别集类，一千一百八十八部，一万九千八百九十六卷。

《历代名臣奏议》三百五十卷永乐中，黄淮等奉敕纂辑。

王恕《历代谏议录》一百卷

谢铎《赤城论谏录》十卷铎与黄孔昭同辑天台人文之有关治道者，宋十人，明六人。

张瀚《明疏议辑略》三十七卷

张国纲《明代名臣奏疏》二十卷

张卤《嘉隆疏钞》二十卷

吴亮《万历疏钞》五十卷

孙甸《明疏议》七十卷

朱吾弼《明留台奏议》二十卷

庆靖王㮵《文章类选》四十卷

郑渊《续文类》五十卷

郑柏《续文章正宗》四十卷

王稌《国朝文纂》四十卷

赵友同《古文正原》十五卷

吴讷《文章辨体》五十卷、《外集》五卷

李伯玙《文翰类选大成》一百六十二卷

张洪《古今箴铭集》十四卷

程敏政《明文衡》九十八卷

杨循吉《明文宝》八十卷

姚福《明文苑通编》十卷

贺泰《唐文鉴》二十一卷

李梦阳《古文选增定》二十二卷

刘节《广文选》八十二卷
李堂《正学类编》十五卷
谢朝宣《古文会选》三十卷
杨慎《古隽》八卷
林希元《古文类钞》二十卷
唐顺之《文编》六十四卷、《明文选》二十卷
张时彻《明文范》六十八卷
汪宗元《明文选》二十卷
张士瀹《明文纂》五十卷
慎蒙《明文则》二十二卷
薛甲《大家文选》二十二卷
王逢年《文统》一百卷
茅坤《唐宋八大家文钞》一百四十四卷
徐师曾《文体明辨》八十四卷正录六十卷、附录二十四卷。
褚铁《汇古菁华》二十四卷
姚翼《历代文选》五十卷
陈第《屈宋古音义》三卷
郭棐《名公玉屑录》二十卷
胡时化《名世文宗》三十卷
查铎《西汉菁华》十四卷
申用懋《西汉文苑》十二卷
汤绍祖《续文选》二十七卷
孙鑛《今文选》十二卷
马继铭《广文选》二十五卷
刘世教《赋纪》一百卷
潘士达《古文世编》一百卷
陈翼飞《文俪》六十卷
何乔远《明文徵》七十四卷
汪瑗《楚辞集解》十五卷

陈仁锡《古文奇赏》二十二卷、《续》二十四卷、《三续》二十六卷、《四续》五十三卷、《明文奇赏》四十卷

王志坚《古文澜编》二十卷、《续编》三十卷、《四六法海》十二卷

杨瞿崃《明文翼统》四十卷

张灿《拟离骚》二十卷

黄道周《续离骚》二卷

胡震亨《续文选》十四卷

方岳贡《古文国玮集》五十二卷

俞王言《辞赋标义》十八卷

陈山毓《赋略》五十卷

陈子龙《明代经世文编》五百八卷

张溥《古文五删》五十二卷、《汉魏百三名家集》

陈经邦《明馆课》五十一卷

张阳《新安文粹》十五卷

赵鹤《金华文统》十三卷

阮元声《金华文徵》二十卷

张应麟《海虞文苑》二十四卷

钱谷《续吴都文粹》六百卷

董斯张《吴兴艺文补》七十卷

杨慎《尺牍清裁》十一卷、《古今翰苑琼琚》十二卷

王世贞《增集尺牍清裁》二十八卷

梅鼎祚《书记洞诠》一百二十卷

俞安期《启隽类函》一百卷

凌稚隆《名公翰藻》五十二卷

宋公传《元诗体要》十四卷南海邓林序称其尝同修东观书，盖永乐初纂修《大典》者。

高棅《唐诗品汇》九十卷、《拾遗》十卷、《唐诗正声》二十二卷

周叙《唐诗类编》十卷

萧俨《明代风雅广选》三十七卷

杨慎《风雅逸编》十卷、《选诗外编》九卷、《五言律祖》六卷、《近体始音》五卷、《诗林振秀》十一卷、《明诗钞》七卷

何景明《校汉魏诗》十四卷

黄佐《明音类选》十八卷

徐泰《明代风雅》四十卷

程敏政《咏史诗选》十五卷

徐献忠《六朝声偶集》七卷、《百家唐诗》一百卷

黄德水《初唐诗纪》三十卷

李于鳞《古今诗删》三十四卷、《唐诗选》七卷

何乔新《唐律群玉》十六卷

邹守愚《全唐诗选》十八卷

谢东山《明近体诗钞》二十九卷

冯惟讷《诗纪》一百五十六卷、《风雅广逸》七卷

王宗圣《增补六朝诗汇》一百十四卷

张之象《古诗类苑》一百二十卷、《唐诗类苑》二百卷、《唐雅》二十六卷

卓明卿《唐诗类苑》一百卷

潘是仁《宋元名家诗选》一百卷

毛应宗《唐雅同声》五十卷

俞安期《诗雋类函》一百五十卷

许学彝《诗源辨体》十六卷

俞宪《盛明百家诗》一百卷

卢纯学《明诗正声》六十卷

符观《唐诗正体》七卷、《宋诗正体》四卷、《元诗正体》四卷、《明诗正体》五卷

钟惺《古唐诗归》四十七卷

臧懋循《古诗所》五十二卷、《唐诗所》四十七卷

李腾鹏《诗统》四十二卷

张可仕《补订明布衣诗》一百卷

沈子来《唐诗三集合编》七十八卷

陈子龙《明诗选》十三卷

胡震亨《唐音统签》一千二十四卷甲签、帝王诗七卷，乙签、初唐诗七十九卷，丙签、盛唐诗一百二十五卷，丁签、中唐诗三百四十一卷，戊签、晚唐诗二百一卷，又余闰六十四卷，己签、五唐杂诗四十六卷，庚签、僧诗三十八卷，道士诗六卷，宫闺诗九卷，外国诗一卷，辛签、乐章十卷，杂曲五卷，填词十卷，歌一卷，谣一卷，谐谑四卷，谚一卷，语一卷，酒令一卷，题语判语一卷，谶记一卷，占辞一卷，蒙求一卷，章咒一卷，偈颂二十四卷，壬签、仙诗三卷，神诗一卷，鬼诗二卷，梦诗一卷，物怪诗一卷，癸签、体凡，发微，评汇、乐通，诂笺，谈丛，集录，凡三十六卷。

曹学佺《石仓十二代诗选》八百八十八卷古诗十三卷，唐诗一百十卷，宋诗一百七卷，元诗五十卷，明诗一集八十六卷，二集一百四十卷，三集一百卷，四集一百三十二卷，五集五十卷，六集一百卷。

徐献忠《乐府原》十五卷

胡瀚《古乐府类编》四卷

陈耀文《花草粹编》十二卷

钱允治《国朝诗余》五卷

沈际飞《草堂诗余》十二卷

卓人月《古今词统》十六卷

毛晋《宋六十家词》六十卷

程明善《啸余谱》十卷

黎淳《国朝试录》六百四十卷辑明成化已前试士之文。邱浚为序。

汪克宽《春秋作义要诀》一卷

杨慎《经义模范》一卷

梁寅《策要》六卷

刘定之《十科策略》八卷

张和《篠庵论钞》一卷

黄佐《论原》十卷、《论式》三卷

戴鳌《策学会元》四十卷

唐顺之《策海正传》十二卷

茅维《论衡》六卷、《表衡》六卷、《策衡》二十二卷

陈禹谟《类字判草》二卷

《明状元策》十二卷坊刻本。

《四书程文》二十九卷、《五经程文》三十二卷、《论程文》十卷、《诏诰表程文》五卷、《策程文》二十卷已上五种，见叶盛《菉竹堂书目》，皆明初举业程式。

右总集类，一百六十二部，九千八百一十卷。

《诗学梯航》一卷宣德中，周叙等奉敕编。

宁献王《臞仙文谱》八卷、《诗谱》一卷、《诗格》一卷、《西江诗法》一卷

宁靖王奠培《诗评》一卷

宋元禧《文章绪论》一卷

唐之淳《文断》四卷

温景明《艺学渊源》四卷

闵文振《兰庄文话》一卷、《诗话》一卷

张大猷《文章源委》一卷

王弘诲《文字谈苑》四卷

朱荃宰《文通》二十卷

瞿佑《吟堂诗话》三卷

怀悦《诗家一指》一卷

叶盛《秋台诗话》一卷

游潜《梦蕉诗话》二卷

李东阳《怀麓堂诗话》一卷

徐祯卿《谈艺录》一卷

《都穆诗话》二卷

强晟《汝南诗话》四卷

沈麟《唐诗世纪》五卷

杨慎《升庵诗话》四卷

程启充《南溪诗话》三卷
安磐《颐山诗话》二卷
黄卿《编苕诗话》八卷
宋孟清《诗学体要类编》三卷
朱承爵《诗话》一卷
顾元庆《夷白斋诗话》一卷
陈霆《渚山堂诗话》三卷
皇甫循《解颐新语》八卷
黄省曾《诗法》八卷
梁格《冰川诗式》四卷
邵经邦《律诗指南》四卷
《谢东山诗话》四卷
王世懋《艺圃撷余》一卷
谢榛《诗家直说》四卷
俞允文《名贤诗评》二十卷
胡应麟《诗薮》二十卷
凌云《续全唐诗话》十卷
郭子章《豫章诗话》六卷、《续》十二卷
谢肇淛《小草斋诗话》四卷
赵宧光《弹雅集》十卷
曹学佺《蜀中诗话》四卷
程元初《名贤诗指》十五卷
王昌会《诗话汇编》三十二卷
右文史类，四十八部，二百六十卷。

明史卷一〇〇
表第一

诸王世表一

明太祖建藩，子孙世系预锡嘉名，以示传世久远。当神宗中叶，仅及祖训之半，而不亿之丽，宗禄亏乏，议者遂有减岁禄，限宫媵，且限支子之请。由是支属承祧者，亲王无旁推之恩；群从继世者，郡封绝再袭之例；以及名婚不时有明禁，本折互支无常期。启、祯时，军饷告绌，大农蒿目，安能顾赡藩维。亲王或可自存，郡王以至中尉空乏尤甚。一旦盗起，无力御侮，徒手就戮，宗社为墟，惜哉！

考之史册，汉诸王表与王子侯离而不属，世次难明。唐宗族蕃大，源远流长，然诸王以不出阁，不分房，子孙皆阙而不著。宋史於太祖、太宗、魏王廷美之裔，迄临安沦没，悉载谱牒，而贤愚并列，漫无裁割。兹表明代亲王至郡王而止，以从史、汉诸王及王子侯之例。又仿唐宗分房法，系各府郡王於亲王之下，如小宗之从大宗。其余不得封者，概不载。

洪武中，太祖以子孙蕃众，命名虑有重复，乃於东宫、亲王世系，各拟二十字，字为一世。子孙初生，宗人府依世次立双名，以上一字为据，其下一字则取五行偏旁者，以火、土、金、水、木为序，惟靖江王不拘。东宫拟名曰：允文遵祖训，钦武大君胜，顺道宜逢吉，师良善用晟。秦府曰：尚志公诚秉，惟怀敬谊存，辅嗣资廉直，匡时永信惇。晋府曰：济美钟奇表，知新慎敏求，审心咸景慕，述学继前修。燕府后为帝系，曰：高瞻祁见祐，厚载翊常由，慈和怡伯仲，简靖迪先猷。周府曰：有子同安睦，勤朝在肃恭，绍伦敷惠润，昭格广登庸。楚府曰：孟季均荣显，英华蕴盛容，宏才升博衍，茂士立全功。齐府曰：贤能长可庆，睿智实堪宗，养性期渊雅，寅思复会通。鲁府曰：肇泰阳当健，观颐寿以弘，振举希兼达，康庄遇本宁。蜀府曰：悦友申宾让，承宣奉至平，懋进深滋益，端居务穆清。湘府曰：久镇开方岳，扬威谨礼仪，刚毅循超卓，权衡素自持。代府曰：逊仕成聪俊，充廷鼐鼎彝，传贻连秀郁，炳燿壮洪基。肃府曰：瞻禄贡真弼，缙绅识烈忠，曦晖跻当运，凯谏处恒隆。辽府曰：贵豪恩宠致，宪术俨尊儒，云仍祺保合，操翰丽龙舆。庆府曰：秩邃寘台鼒，倪伸帅倬奇，适完因巨衎，鹭眷发需毘。宁府曰：磐奠觐宸拱，多谋统议中，总添支庶阔，作哲向亲衷。岷府曰：徽音膺彦誉，定干企禋雍，崇理原谘访，宽镕喜贲从。谷府曰：赋质僖雄敞，丛兴阐福昌，笃谐恂怿豫，扩霁昱祯祥。韩府曰：冲范徵偕旭，融谟朗璟逵，亶韶愉灏慥，今绪价蕃维。沈府曰：佶幼诠勋胤，恬理效回瑝，湜源诬晢玮，圭璧澈澄昂。安府曰：斐序斌廷赏，凝覃浚祉襄，恢严颛辑矩，缜密廓程纲。唐府曰：琼芝弥宇宙，硕器聿琳琚，启龄蒙颂体，嘉历协铭图。郢府曰：伟闻参望奭，箴诲洎皋夔，麒麟馀积兆，奎颖晔璿玑。伊府曰：颙勉諟订典，褒珂采凤琛，应畴颁胄选，昆玉冠泉金。靖江王曰：赞佐相规约，经邦任履亨，若依纯一行，远得袭芳名。考明代帝系，熹宗、庄烈二帝名，始及"由"字。其他王府，亦多不出十字。

亲王之子，例封郡王。若以支属嗣者，自后长子袭封亲王外，馀子仍照原封世次，授以本等爵级，不得冒滥郡爵。郡王无子，兄弟及兄弟之子不得请袭，违者为冒封。皆万历七年例也。

太祖二十六子。懿文太子外，皇子楠未封。成祖以洪武三年封燕王，后尊为帝系，不得仍列之藩封世次。其得封者二十三王，曰秦愍王樉，曰晋恭王棡，曰周定王橚，曰楚昭王桢，曰齐王榑，曰潭王梓，曰赵王杞，曰鲁荒王檀，曰蜀献王椿，曰湘献王柏，曰代简王桂，曰肃庄王楧，曰辽简王植，曰庆靖王㮵，曰宁献王权，曰岷庄王楩，曰谷王橞，曰韩宪王松，曰沈简王模，曰安惠王楹，曰唐定王桱，曰郢靖王栋，曰伊厉王㰘。而靖江王以南昌嫡孙受封郡王，附载於后。

秦											
愍王樉，太祖嫡二子，洪武三年封。十一年就藩西安府。二十八年薨。	隐王尚炳，愍嫡一子，洪武二十八年袭封。永乐十年薨。	僖王志堩，隐嫡一子，永乐十年袭封。二十二年未娶薨。 怀王志均，隐庶二子，初封渭南王，永乐									

		二十二年进封。宣德元年未娶薨。 康王志埭，隐庶三子，初封富平王，宣德三年进封。景泰六年薨。	惠王公锡，康嫡一子，天顺二年袭封。成化二十二年薨。	简王诚泳，惠庶一子，成化四年封镇安王，弘治元年袭封秦王。十一年薨。无子。	昭王秉欆，简从弟临潼王诚濼庶一子，初袭临潼王，弘治十三年嗣封秦王。追谥其祖公铭为	定王惟焯，昭庶一子，正德四年袭封。嘉靖二十三年薨。无子。	宣王怀埢，定再从弟奉国将军惟燫之子，初封镇国中尉，嘉靖二十七年嗣封秦王。追谥其曾	靖王敬镕，宣庶一子，初封隆德王，隆庆三年袭封。万历四年薨。	敬王谊温，靖嫡一子，万历三年封世子，九年袭封。十四年薨。无子。 王谊漶，靖嫡三子，万	存枢，谊漶子，万历	

				安王，父诚澯为庄王。十四年薨。		祖镇国将军诚润为恭王，祖辅国将军秉柎为顺王，父惟熑为端王。诚润，安庶二子也。四十五年，宣王薨。		历十三年袭封奉国中尉，十四年加封紫阳王，十五年进封。	年袭封。崇祯末陷于贼。	
永兴 懿简王尚烈，愍	恭宪王志墣，懿	昭僖王公铭，恭	荣惠王诚澜，昭	庄定王秉榉，荣	恭定王惟燿，庄					

嫡二子，永乐元年封。十五年薨。	简庶一子，永乐二十年袭封。景泰五年薨。	宪庶一子，景泰六年袭封。弘治元年薨。	僖嫡一子，弘治四年袭封。正德二年薨。二子俱夭。	惠从侄，正德六年以奉国将军嗣封。嘉靖十二年薨。王以从侄由将军进封，据例为冒。	定庶一子，嘉靖十七年袭封。万历二年薨。王自首冒封，不再袭，除。					
保安 怀僖王尚煜，憨嫡三子，永乐元年封。七	悼顺王志垌，怀僖庶一子，永乐十九年	庄简王公炼，悼顺嫡一子，正统十一年	荣穆王诚潢，庄简嫡一子，成化十四年							

						恭懿王秉栈，靖和庶一子，嘉靖六年以	袭封。弘治八年薨。无子。 昭和王诚渌，庄简庶一子，弘治十年以镇国将军进封。十四年薨。无子。 靖和王诚澂，庄简庶二子，正德三年以	袭封。成化十一年薨。	袭封。正统元年薨。	年薨。	

				镇国将军进封。十四年薨。	镇国将军袭封。因王父冒封，例不再袭，除。						
	兴平 恭靖王尚炳，愍庶四子，永乐初封。正统十四年薨。	庄惠王志墺，恭靖嫡一子，景泰三年袭封。天顺元年薨。无子，除。									
	永寿 怀简王	安惠王	康定王	庄僖王	恭和王	惟燿初	荣靖王	王	王	王	

尚炟，憨庶五子，永乐初封。十八年薨。	志堩，怀简嫡一子，宣德六年袭封。成化六年薨。	公铤，安惠嫡一子，成化八年袭封。九年薨。	诚淋，康定庶一子，成化十二年以镇国将军袭封。弘治八年薨。	秉棁，庄僖庶一子，弘治十年以镇国将军袭封。嘉靖十七年薨。庶一子惟燿先卒，庶六子惟熄以母邵氏封妃，自谓嫡子当立，请袭得	封镇国将军，嘉靖七年卒，以子怀墡袭封，追谥怀顺王。	怀墡，怀顺庶一子，嘉靖二十八年袭封。二十九年薨。	敬镛，荣靖嫡一子，嘉靖三十一年袭封，薨。	谊况，敬镛嫡一子，万历五年封长子。三十三年袭封。四十二年薨。	存桑，谊况庶一子，万历二十七年封长孙。三十三年改封长子。四十五年袭封。

					允。后惟燿子怀墡奏辨。会议以邵氏因内助进封，惟燱不得称嫡，乃以怀墡袭封。						
	安定 尚炌，愍庶六子，永乐初封。十六年削为										

	庶人，发守憨王坟园，除。										
		宜川 庄靖王志埰，隐庶三子，宣德元年封。正统十三年薨。	荣顺王公鋺，庄靖庶一子，景泰二年袭封。成化二十年薨。	康僖王诚灌，荣顺庶一子，弘治三年以镇国将军袭封。九年薨。	思裕王秉楀，康僖嫡一子，弘治十三年袭封。嘉靖元年薨。无子，除。						
			临潼 惠简王公铭，康庶三子，	和僖王诚潔，惠简嫡一							

			正统七年封。成化十年薨。	子，成化十三年袭封。弘治五年薨。后子秉樓嗣秦封，郡爵不再袭。							
			郃阳惠恭王公镗，康庶四子，正统七年封。成化七年薨。	温穆王诚泓，惠恭庶一子，成化十二年以镇国将军袭							

				封。弘治七年薨。子秉柔，卒。 悼安王诚浍，惠恭庶二子，弘治七年以镇国将军进封。本年薨。	安僖王秉檄，悼安嫡一子，正德三年以辅国将军袭封。本年薨。无子，除。						
			沂阳 端懿王公镨，康庶五子，	安裕王诚洌，端懿嫡一	庄靖王秉榛，安裕庶一						

			正统十一年封。弘治八年薨。	子，弘治十年袭封。十五年薨。	子，正德三年袭封。嘉靖三十三年薨。二子俱未名卒，除。				崇信王谊涉，靖庶一子，万历二十三年以奉国中尉加封。		
晋											

恭王棡，太祖嫡三子，洪武三年封。十一年就藩太原府。三十一年薨。	定王济熺，恭嫡一子，洪武三十一年袭封。永乐十二年为弟济熿诬构，废守恭王坟园。后事明，仁宗赐王冠服，今依子美圭养。宣德十	宪王美圭，定嫡一子，永乐三年封世子，为叔济熿诬废，随父守坟。二十一年事明，封平阳王。宣德十年袭封晋王。正统六年薨。	庄王钟铉，宪庶一子，初封榆社王，正统七年袭封。弘治十五年薨。曾孙知烊立。	奇源，庄嫡一子，天顺三年封世子。弘治十四年薨。以孙知烊袭封，追封王，谥曰靖。	表荣，靖嫡一子，成化十四年封世孙。弘治六年薨。以子知烊袭封，追封王，谥曰怀。	端王知烊，怀庶二子，弘治十一年封世曾孙。十六年袭封。嘉靖十二年薨。无子。	简王新埂，端从弟新化王知烊庶一子，嘉靖十二年以新化王长子奉敕管理府事。十五年嗣封晋王。追谥其祖秉橉为安王，父知烊	敬王慎镜，简亲弟镇国将军新埂嫡一子，初封辅国将军。万历四年奉敕管理府事。六年卒。七年追封，加谥。无子。			
								惠王慎锻，新埂	穆王敏淳，惠嫡	王求桂，穆庶	

	年薨。						为康王。万历三年薨。	嫡三子，敬亲弟，嘉靖三十年封辅国将军。万历七年进封。本年薨。	一子，万历十三年袭封。三十八年薨。	一子，万历三十九年请敕管理府事。四十一年袭封。崇祯末陷于贼。	
	高平 怀简王济熚，恭庶二子，永乐初封。薨。无子，除。										
	平阳										

济熿恭庶三子,永乐初封。十二年,晋王济熺废,遂袭晋封。宣德二年通高煦事发,革爵,发高墙除。

庆成 庄惠王济炫,恭庶四子,	恭僖王美埥,庄惠庶一	温穆王钟镒,恭僖庶一	端顺王奇浈,温穆嫡一	恭裕王表栾,端顺嫡一	安穆王知燫,恭裕嫡一	新堤,安穆嫡一子,嘉靖	荣懿王慎钟,悼怀庶一	王敏浣,荣懿庶一	王求枪,敏浣嫡一

	永乐元年封，别城汾州。宣德四年薨。	子，宣德七年以镇国将军袭封。景泰七年薨。	子，正统十二年袭封。弘治九年薨。	子，弘治十二年袭封。嘉靖十二年薨。	子，嘉靖十四年袭封。三十九年薨。	子，嘉靖二十八年以镇国将军改封长子。四十一年袭封。隆庆三年薨。	四十二年封长子。四十三年卒，以子慎钟袭封，追封王，谥悼怀。	子，嘉靖四十二年以奉国将军改封长孙。隆庆六年袭封。万历三十四年薨。	子，万历三十七年以镇国将军袭封，薨。	子，万历三十八年封长子，既而袭封。	
	宁化 懿简王济焕，恭庶五子，永乐八年封。景泰元	僖顺王美壤，懿简庶一子，景泰三年以镇国将	钟鈵，僖顺庶二子，成化八年袭封。弘治四年革	奇瀌，钟鈵嫡一子，弘治三年封长子。十八年卒。	康和王表樸，悼康庶一子，正德十三年以辅国	恭端王知烬，康和庶一子，嘉靖三十一年封长	庄定王新垄，恭端庶一子，嘉靖三十一年封长	温裕王慎鐅，庄定嫡一子，万历二十七年袭封。	王敏济，温裕嫡一子，万历四十四年袭封。		

	年薨。	军袭封。成化七年薨。长子钟锜夭卒。	爵，发高墙。正德三年卒，准归葬。	嘉靖十年以子表檏袭封。追封王，谥悼康。	将军管理府事。嘉靖八年乞封，准袭王。隆庆四年薨。	子。万历三年袭封。十三年薨。	孙。万历六年封长子。十九年袭封。二十一年薨。	三十八年薨。			
	永和 昭定王济烺，恭庶六子，永乐九年封，别城汾州。正统八年薨。	美坞，昭定嫡一子，正统九年袭封。十四年以事取回京。	顺僖王钟铗，美坞庶一子，成化五年以奉国中尉乞封，准袭王。十年薨。	荣怀王奇清，顺僖嫡一子，成化十三年袭封。弘治元年薨。	靖惠王表楁，荣怀嫡一子，弘治四年袭封。正德十三年薨。	安简王知燠，靖惠嫡一子，嘉靖元年袭封。二十八年薨。	庄定王新壇，安简嫡一子，嘉靖三十二年袭封。隆庆六年薨。长子夭。	恭懿王慎镭，庄定庶二子，万历五年袭封。二十六年薨。	王敏霆，恭懿庶一子，万历二十九年袭封。		

广昌 悼平王济熇，恭嫡七子，永乐初封。宣德二年薨。	安僖王美坚，悼平庶一子，宣德七年袭封。景泰五年薨。无子，除。									
	交城 荣顺王美垸，定庶二子，正统三年封，别城平阳府。成化	庄僖王钟锯，荣顺庶一子，成化十五年袭封。弘治十年	荣惠王奇淐，庄僖嫡一子，弘治十二年以镇国将军袭							

		十一年薨。	薨。	封。十四年薨。无子。							
				奇潇，庄僖庶三子，初封辅国将军，加镇国。卒，以子表机嗣交城封。追封王，谥荣僖。	荣端王表机，荣僖嫡一子，正德五年以辅国将军嗣封。六年薨。无子。						
				奇浄，庄僖庶六子，封镇	端和王表相，恭简庶一						

				国将军。卒，以子表柵嗣交城封。追封王，谥恭简。	子，嘉靖二十六年以辅国将军进封。以从弟承兄爵，自首冒封，不再袭。隆庆四年薨，除。						
		阳曲 荣靖王美垅，定庶三子，正统二年封，别	钟镬，荣靖庶一子，成化十九年以镇国								

		城平阳府。成化十六年薨。	将军袭封。二十年革爵。嘉靖元年卒。其子孙以本等官职管理府事，不得袭王，除。								
		西河 靖恭王美埁，定庶四子，正统二年封，别	顺简王钟𨱎，靖恭嫡一子，天顺元年袭	恭定王奇溯，顺简庶一子，弘治四年袭	康懿王表相，恭定嫡一子，嘉靖三十八	王知燧，康懿庶一子，隆庆六年封	王新甄，知燧嫡一子，万历二十五				

		城平阳府。景泰七年薨。	封。成化二十年薨。	封。嘉靖三十六年薨。	年袭封。万历十五年薨。	长子。万历十八年袭封，薨。	年封长子。				
		方山 庄宪王美垣，定庶五子，正统二年封。成化六年薨。	昭僖王钟铤，庄宪庶一子，成化八年以镇国将军袭封。十六年革爵。正德六年薨子孙俱以本								

			等官职奉祀,除。								
		临泉 庄简王美塎,定庶六子,正统二年封。三年薨。	悼昭王钟镤,庄简庶一子,景泰七年袭封。成化五年薨。	荣穆王奇湒,悼昭嫡一子,成化八年袭封。正德九年薨。	表柃,荣穆庶一子,成化二十三年封镇国将军。正德十六年未袭卒。	庄靖王知煔,表柃庶一子,正德七年奉敕管理府事。十五年准袭,未拜命卒。无子,除。					
		云丘 简靖王美堣,定	端惠王钟铤,简	恭僖王奇渲,端	王表樟,恭						

		庶七子，正统二年封。成化十六年薨。	靖嫡一子，成化十七年袭封。弘治九年薨。	惠嫡四子，弘治六年以镇国将军改封长子。十二年袭封。正德十三年薨。	僖庶一子，嘉靖元年以镇国将军袭封。五年薨。无子，除。						
		宁河 康僖王美堛，定庶八子，正统二年封。成化二十	安宪王钟镂，康僖嫡一子，弘治元年袭封。十四	温简王奇沄，安宪嫡一子，正德三年袭封。嘉靖	荣庄王表楠，温简嫡一子，嘉靖四十年袭封。隆	恭懿王知局，荣庄嫡一子，嘉靖四十一年封长	定惠王新睚，恭懿庶一子，万历二十三年袭封。				

		一年薨。 年薨。	三十八年薨。	庆六年薨。	子。万历三年袭封。二十年薨。	二十六年薨。无子，除。				
		徐沟 悼僖王钟铎，宪庶二子，正统六年封。景泰元年薨。无子，除。								
		河东 昭靖王钟镳，宪庶三子，	荣安王奇淮，昭靖嫡一	表枋，荣安庶一子，初封	荣懿王知炯，恭宪嫡一	端穆王新墳，荣懿嫡一	安裕王慎鍵，端穆庶三	王敏淴，安裕嫡一	王求杝，敏淴嫡一	

			正统十三年封。成化二十年薨。	子,成化二十三年袭封。正德九年薨。	辅国将军,加封镇国将军。正德五年卒。以子知炯袭封。追封王,谥恭宪。	子,正德十三年以辅国将军袭封。嘉靖四十三年薨。	子,隆庆元年袭封。四年薨。	子,隆庆五年以辅国将军改封长子。万历三年袭封。三十年薨。	子,万历十一年封长子。三十三年袭封。	子,万历三十四年封长子。	
			太谷 怀僖王钟铉,宪庶四子,正统十四年封。天顺二年薨。无								

			子,除。								
				义宁 荣康王奇洪,庄庶二子,天顺二年封。弘治九年薨。	僖裕王表棶,荣康嫡一子,弘治十年袭封。正德四年薨。	端靖王知爃,僖裕嫡一子,正德七年袭封。嘉靖四年薨。	康定王新堞,端靖庶一子,嘉靖十一年袭封。四十四年薨。	安僖王慎铄,康定庶一子,隆庆三年以镇国将军改封长子。五年袭封。万历十三年薨。	王敏漽,安僖嫡一子,万历十六年袭封。三十八年薨。	求橘,敏漽嫡一子,万历三十四年封长子。三十八年卒。无子,除。	
				河中 悼怀王奇溶,庄庶三子,	康简王表楟,悼怀嫡一	恭靖王知炬,康简嫡一	新涂,恭靖庶一子,嘉靖	王慎镔,新涂庶一	王敏潓,慎镔庶一		

				成化元年封。二十年薨。	子，弘治二年袭封。嘉靖十二年薨。	子，嘉靖十四年以镇国将军袭封。万历十九年薨。	二十九年封镇国将军。万历十年卒。	子，万历十六年以辅国将军改封长孙。二十二年袭封。四十二年薨。	子，万历二十七年封长子。		
				襄阴 安惠王奇瀴，庄庶四子，成化五年封。弘治九年薨。	宣懿王表楗，安惠嫡一子，弘治十三年袭封。正德十三						

					年薨。无子,除。						
					新化 恭裕王表槏,靖嫡二子,初封镇国将军。正德五年封。八年薨。	端和王知炜,恭裕嫡一子,正德十年袭封。嘉靖四年薨。后子新㙉嗣晋封,郡爵例不袭。					
					安溪 表椈,靖庶三子,						

					弘治七年封镇国将军。正德二年卒。三年追封王，谥怀僖。无子，除。						
					靖安 康僖王表栱，靖庶四子，正德六年以镇国将军加封。嘉	恭懿王知焀，康僖庶一子，嘉靖三十一年以镇国将军	王新堺，恭懿嫡一子，嘉靖三十七年封长子。万历	慎锻，新堺庶一子，万历十二年封长子。三十九年卒。以	王敏没，慎锻庶一子，万历三十年封长孙，既而袭		

靖三十三年薨。	改封长子。三十六年袭封。万历七年薨。	十年袭封，薨。	子敏没袭封。追封王，谥。	封。							
旌德 怀安王表指，靖庶五子，正德五年封。嘉靖十年薨。	荣穆王知燉，恭安嫡一子，嘉靖十一年封。隆庆二年薨。无子，除。										
荣泽 安懿王表檈，靖	端简王知[火量]，安										

					庶六子，正德七年封。嘉靖十二年薨。	懿一子，嘉靖十五年袭封。二十八年薨。无子，除。					
周 定王橚，太祖嫡五子，洪武三年封吴。十一年改封周。十四年就藩开封	宪王有燉，定嫡一子，正统元年袭封。四年薨。无子。 简王有爝，定庶	靖王子垕，简庶									

府。洪熙元年薨。	四子，初封祥符王。正统四年进封。景泰三年薨。郡封例不袭。	一子，景泰六年袭封。七年薨。无子。									
		懿王子垐，简庶二子，初封通许王。天顺元年进封。成化二十一年薨。郡爵不再袭。	惠王同镳，懿庶一子，初封睢阳王。成化二十三年袭封。弘治十一年薨。	安潢，惠庶二子，成化二十三年封世子。弘治二年薨。以子睦樒袭封。追封王，谥曰悼。	恭王睦樒，悼庶一子，初封镇国将军。弘治十四年袭封。嘉靖十七年薨。	勤熄，恭嫡一子，正德十一年封世子。嘉靖九年薨。以子朝㘬袭封。追封王，谥曰康。	庄王朝㘬，康嫡一子，嘉靖十九年袭封。三十年薨。	敬王在铤，庄嫡一子，嘉靖三十一年袭封。万历十一年薨。	端王肃溱，敬嫡一子，隆庆六年，封世子。万历十四年袭封，薨。	王恭枵，端嫡一子，万历十七年封世子，既而袭封。	
	汝南										

有爋，定嫡二子，永乐初封。宣德三年以罪削爵，除。	顺阳 怀庄王有烜，定庶三子，永乐初封。十三年薨。无子，除。	新安 有熺，定

	庶五子，永乐初封。宣德三年以罪削爵，除。										
	永宁 靖僖王有光，定庶六子，永乐初封。成化二年薨。	安惠王子场，靖僖庶一子，成化三年袭封。十二年薨。	庄和王同钘，安惠庶一子，成化十四年以镇国将军袭封。弘治九年薨。	荣穆王安法，庄和嫡一子，弘治十三年袭封。嘉靖元年薨。	恭定王睦楙，荣穆庶一子，嘉靖二年以镇国将军袭封。三年薨。	端顺王勤烛，恭定庶一子，嘉靖五年以镇国将军袭封。十六年薨。	敏懿王朝塥，端顺庶一子，嘉靖二十年袭封。四十五年薨。	温简王在镗，敏懿嫡一子，隆庆五年袭封。万历二十六年薨。无子，除。			
	汝阳										

恭僖王有煽,定庶七子,永乐初封。正统九年薨。	安惠王子塈,恭僖庶一子,正统十一年以镇国将军袭封。成化六年薨。	安和王同鋞,安惠嫡一子,成化八年袭封。正德十年薨。	康肃王安澓,安和庶一子,嘉靖三年以镇国将军袭封。四年薨。	宣思王睦槿,康肃庶一子,嘉靖七年以镇国将军袭封。十一年薨。	荣定王勤烝,宣思嫡一子,嘉靖十七年袭封。四十五年薨。	庄简王朝墷,荣定嫡一子,隆庆四年袭封。无子,除。			
镇平 恭定王有𬊈,定庶八子,永乐初封。成化七年薨。	荣庄王子堠,恭定庶一子,成化九年以镇国将军袭封。	端裕王同鏊,荣庄庶一子,成化二十一年以镇国将军	昭顺王安泭,端裕庶一子,正德六年以镇国将军袭封。						

	十八年薨。	袭封。弘治十八年薨。	十五年薨。无子，除。							
宜阳 康简王有炥，定庶九子，永乐初封。成化六年薨。无子，除。										
遂平 悼恭王有颎，定庶十子，宣德元年封。正	荣靖王子墌，悼恭庶一子，正统四年袭	恭安王同镳，荣靖嫡一子，成化七年袭	康穆王安洛，恭安庶一子，弘治四年以	睦檠，康穆庶一子，初封镇国将军。嘉靖	安僖王勤𬉼，端靖庶一子，嘉靖二十七	朝墦，安僖庶一子，嘉靖三十一年封镇	在铁，惠懿庶一子，隆庆元年封长孙。万	裕王肃湃，怀恪庶一子，万历二十二	王恭权，肃湃嫡一子，万历三十七	

统元年薨。	封。成化四年薨。	封。弘治元年薨。	镇国将军袭封。嘉靖二十四年薨。	十二年卒。以子勤熥袭封。追封王，谥端靖。	年袭封。万历十五年薨。	国将军。三十六年卒。以孙肃湃袭封。追封王，谥惠懿。	历十八年卒。以子肃湃袭封。追封王，谥怀恪。	年袭封，薨。	年封长子。天启元年袭封。
封丘 康懿王有煴，定庶十一子，宣德二年封。成化三年薨。	温和王子埑，康懿庶一子，成化五年以镇国将军袭封。弘治十五年薨。	僖顺王同铬，温和庶一子，正德七年以镇国将军袭封。嘉靖三年薨。	端惠王安涀，僖顺嫡一子，嘉靖六年袭封。三十一年薨。	肃安王睦訸，端惠庶一子，嘉靖三十四年以镇国将军袭封。隆庆三年	庄靖王勤灸，肃安庶一子，万历七年袭封。十六年薨。无子，除。				

				薨。						
罗山 悼恭王有煤，定庶十二子，宣德二年封。四年薨。无子，除。										
内乡 恭庄王有炯，定十三子，宣德二年封。天顺八年薨。	子戕，恭庄庶一子，景泰元年封镇国将军。天顺元年卒。	温穆王同錤，怀靖庶一子，成化元年袭封。弘治十六年	温定王安潼，温穆嫡一子，弘治七年袭封。嘉靖二十二	庄顺王睦檝，温定庶一子，嘉靖二十六年袭封。三十六	端惠王勤烰，庄顺嫡一子，嘉靖三十八年袭封。万历二	王朝𪹚，端惠庶一子，万历十六年封长子。二十六	王在鋆，朝𪹚嫡一子，万历二十九年封长子，既而			

	以子同锟袭封。追封王，谥怀靖。	薨。	年薨。	年薨。	十三年薨。	年袭封，薨。	袭封。				
胙城 庄简王有燆，定庶十四子，宣德二年封。景泰四年薨。	荣顺王子壉，庄简庶二子，景泰七年以镇国将军袭封。成化十三年薨。	昭僖王同鏧，荣顺庶一子，成化十五年以镇国将军袭封。弘治元年薨。	宣靖王安汌，昭僖嫡一子，弘治四年袭封。嘉靖二年薨。	恭懿王睦桅，宣靖嫡一子，嘉靖五年以镇国将军袭封。十八年薨。	端惠王勤燇，恭懿庶一子，嘉靖二十年袭封。万历八年薨。	王朝埾，端惠庶三子，万历三年封长子。后卒，无子，除。					
	原武 安懿王子埘，简	康僖王同镦，安	恭顺王安淇，康	庄惠王睦橛，恭	端和王勤熻，庄	温穆王朝埨，端	王在锌，温				

		庶三子，正统六年封。成化八年薨。	懿庶一子，成化五年袭封。弘治七年薨。	僖庶一子，弘治十三年以镇国将军袭封。嘉靖三十七年薨。	顺嫡一子，嘉靖三十九年袭封。万历七年薨。	惠嫡一子，嘉靖四十一年封长子。万历十年袭封。十六年薨。	和庶一子，隆庆三年封长孙。万历十二年改封长子。十九年袭封。三十五年薨。	穆庶一子，万历十六年封长孙。二十年改封长子。三十八年袭封。			
		鄢陵 安僖王子塈，简庶四子，正统六年封。成化二十	靖简王同铵，安僖庶一子，弘治元年以镇国将	端僖王安沅，靖简嫡一子，正德十六年袭封。嘉	恭昭王睦栒，端僖嫡一子，嘉靖二十一年袭封。	勤炡，恭昭嫡一子，嘉靖七年封长孙。二十一年	康懿王朝[illegible]，勤炡庶一子，万历二年以辅国将	庄和王在[illegible]，康懿嫡一子，万历二十一年封长	王肃汭，庄和庶三子，天启元年袭封。		

		一年薨。	军袭封。正德十年薨。	靖十八年薨。	三十六年薨。	封长子。隆庆五年卒。	军改封长子。十九年袭封，薨。	子。三十年袭封，薨。			
		河阴 怀僖王子堨，简庶五子，正统六年封。十二年薨。	康简王同镳，怀僖嫡一子，天顺元年袭封。弘治十四年薨。	庄定王安沂，康简庶一子，弘治十六年袭封。嘉靖三十三年薨。	恭肃王睦橘，庄定嫡一子，嘉靖三十六年袭封。隆庆三年薨。	温恪王勤炘，恭肃嫡一子，万历二年袭封。四十五年薨。	王朝趆，温恪庶一子，万历二十二年封长子。天启元年袭封。				
		项城 恭和王子堰，简									

		庶七子，正统元年封。成化十九年薨。无子，除。									
		宜阳 悼和王子垗，简庶八子，天顺元年封。二年薨。无子，除。									
		颍川 温僖王子墟，简	荣庄王同镡，温	安潪，荣庄庶一	恭顺王睦梂，安	勤烎，恭顺嫡一	王朝壂，勤	王在镤，朝			

		庶九子，天顺元年封。成化二十一年薨。	僖庶一子，弘治二年袭封。嘉靖六年薨。	子，封镇国将军。嘉靖二年卒。以子睦棌袭封。追封王，谥安惠。	惠庶一子，嘉靖十五年袭封。万历十四年薨。	子，嘉靖三十五年封长子。万历十五年卒。	颎庶一子，万历二十年袭封，薨。	壑嫡一子，万历三十九年封长子，既而袭封。			
		义阳 康靖王子圪，简庶十子，天顺元年封。弘治十二年薨。	荣安王同镖，康靖庶一子，弘治十六年袭封。正德二年薨。	恭端王安汥，荣安庶一子，嘉靖元年袭封，薨。	庄僖王睦镖，恭端嫡一子，嘉靖二十五年袭封。万历二十四年	王勤黬，庄僖庶一子，万历三十七年袭封。					

			薨。						
汝阴 怀懿王子埯,简庶十二子,天顺元年封。成化十一年薨。无子,除。									
临汝 端懿王子塼,简庶十三子,天顺三年封。弘治九	恭康王同衔,端懿庶一子,弘治十四年袭封。嘉	王安涛,恭康熙一子,嘉靖三十二年袭封,	王睦陵,安涛庶三子,万历八年封长子。三						

		年薨。	靖二十一年薨。	薨。	十二年袭封。						
			沈邱 荣戾王同钹，懿庶二子，成化元年封。正德元年薨。	靖和王安涪，荣戾庶一子，正德三年袭封。嘉靖三年薨。	荣定王睦梼，靖和庶一子，嘉靖七年袭封。二十八年薨。	庄懿王勤[火禺]，荣定嫡一子，嘉靖三十一年袭封。万历十七年薨。	王朝䓣，庄懿嫡一子，万历七年封长子。二十年袭封。	王在锽，朝䓣嫡一子，万历二十三年封长子，既而袭封。			
			上洛 庄惠王同[钅录]，懿庶三子，成化三年封。弘	荣定王安瀼，庄惠嫡一子，正德三年袭	康裕王睦榼，荣定嫡一子，嘉靖三十二	恭靖王勤[讠庶]，康裕嫡二子，万历二年以	王朝瞌，恭靖嫡一子，万历六年封				

			治十二年薨。	封。嘉靖二十九年薨。	年袭封。四十年薨。长子勤櫕，先卒。	镇国将军袭封，薨。	长子。三十二年袭封。				
			鲁阳 恭惠王同铌，懿庶四子，成化三年封。嘉靖元年薨。	靖肃王安汞，恭惠庶一子，嘉靖四年袭封。二十一年薨。	睦杜，靖肃嫡一子，正德十六年封镇国将军。嘉靖十年卒。以子勤灰袭封。追封王，谥安	庄宪王勤灰，安定嫡一子，嘉靖二十一年袭封。万历二十四年薨。	朝垬，庄宪嫡一子，嘉靖四十年封长子。万历二十年卒。以子在镀袭封。追封王，谥穆怀。	端懿王在镀，穆怀庶一子，万历十六年封长子。二十七年袭封，薨。	王肃决，端懿庶一子，万历四十六年袭封。		

					定。						
			临淄 荣惠王同钧，懿庶五子，成化七年封。弘治四年薨。	端简王安瀺，荣惠庶一子，弘治十年袭封。正德十五年薨。	庄毅王睦檠，端简庶一子，嘉靖十四年袭封。二十六年薨。	端靖王勤炎，庄毅嫡一子，嘉靖三十二年袭封。三十四年薨。一子、二子、三子俱夭卒，四子朝望系滥妾所生，万历十年					

						降封奉国将军，除。					
			堵阳 安僖王同铉，懿庶六子，成化十年封。嘉靖二十一年薨。	安滭，安僖庶一子，封镇国将军。嘉靖十三年卒。以孙勤炆袭封。追封王，谥荣宪。	睦枱，荣宪庶一子，正德十六年封辅国将军。嘉靖十二年卒。以子勤炆袭封。追封王，谥康裕。	端简王勤炆，康裕庶一子，嘉靖二十七年袭封。万历五年薨。	恭懿王朝墉，端简嫡一子，万历三年封长子。十三年袭封。二十二年薨。	王在镰，恭懿庶一子，万历四十年袭封。			
			河清								

			昭和王同镛，懿庶七子，成化九年封。弘治七年薨。	端穆王安沈，昭和庶一子，弘治七年袭封。十五年薨。无子。							
				庄宪王安泗，昭和庶二子，正德六年以镇国将军进封。嘉靖二十五年	荣僖王睦棱，庄宪嫡一子，嘉靖二十八年袭封。三十三年薨。	王勤爝，荣僖嫡一子，嘉靖三十六年袭封。					

				薨。							
			新会 恭简王同镃，懿庶八子，成化二十三年封。嘉靖二年薨。	康惠王安渤，恭简嫡一子，嘉靖八年袭封。四十二年薨。	睦樒，康惠庶一子，嘉靖三十九年以镇国将军改封长子。隆庆二年袭封。万历十二年以罪削为庶人，发高墙，除。						

义宁 昭安王安涣，惠庶四子，弘治二年封。十二年革爵。正德二年复爵。嘉靖十年薨。	荣懿王睦榉，昭安嫡一子，嘉靖五年袭封。十五年薨。	恭简王勤熛，荣懿子，嘉靖十八年袭封。万历十六年薨。	朝埣，恭简嫡一子，嘉靖三十六年封长子。隆庆三年卒。以子在锪袭封。追封王，谥。	王在锪，朝埣庶一子，万历五年封长孙。二十二年袭封。			
平乐 安泛，惠庶五子，弘治二年封。十							

三年以罪废为庶人,送凤阳守陵,除。							
崇善 恭顺王安涫,惠庶六子,弘治二年封。正德十一年薨。	端懿王睦梿,恭顺庶一子,嘉靖元年袭封。本年薨。	勤爁,端懿嫡一子,嘉靖六年封长子。十年卒。	王朝墉,勤爁庶一子,嘉靖二十年袭封。二十八年薨。无子,除。				
海阳 康隐王	端康王	庄恪王	王	王			

				安漨，惠庶七子，弘治二年封。正德七年薨。	睦杲，康隐庶三子，嘉靖二年袭封。二十六年薨。	勤炵，端康庶一子，嘉靖三十五年袭封。万历二十三年薨。	朝升，庄恪嫡一子，隆庆六年封长子。万历二十四年袭封。三十九年薨。	在镇，朝升庶一子，万历三十八年以镇国将军改封长子。四十四年袭封。			
				安定 怀简王安渳，惠庶十子，弘治二年封。四年薨。无							

子，除。							
曲江 恭和王安藻，惠庶十一子，弘治二年封。正德十二年薨。	荣定王睦[木合]，恭和庶一子，正德十六年袭封。嘉靖十七年薨。	端靖王勤爟，荣定嫡一子，嘉靖二十一年袭封。万历六年薨。	王朝薮，端靖庶一子，万历三十八年袭封。				
博平 恭裕王安泧，惠庶十三子，弘治二年封。嘉靖三	温简王睦柯，恭裕庶一子，嘉靖五年袭封。万历	端顺王勤[火矣]，温简嫡一子，嘉靖十八年封长子。	荣和王朝基，端顺庶一子，隆庆元年封长孙。万	王在[钅匋]，荣和嫡一子，万历十八年封长子。	王肃沩，在[钅匋]嫡一子，万历三十六年封长		

年薨。	三年薨。	万历九年袭封。十一年薨。	历十五年袭封，薨。	三十四年袭封，薨。	子，既而袭封。		
聊城 怀和王安潧，惠嫡十五子，弘治二年封。六年薨。无子，除。							
汾西 靖安王安漕，惠庶十六子，弘治	端惠王睦桍，靖安庶一子，嘉靖	康懿王勤熇，端惠嫡一子，嘉靖	荣靖王朝垧，康懿嫡一子，嘉靖				

二年封。嘉靖二年薨。	七年袭封。二十八年薨。	三十二年袭封。三十五年薨。	三十九年袭封。隆庆六年薨。无子，除。				
鲁阳 康和王安汸，惠庶十七子，弘治三年封。嘉靖三年薨。	荣安王睦樛，康和庶一子，嘉靖七年袭封。三十七年薨。	康宪王勤炳，荣安一子，嘉靖四十年袭封。四十三年薨。无子，除。					
信陵 懿简王	庄安王	端和王					

				安滓，惠庶十八子，弘治五年封。正德十年薨。	睦楃，懿简嫡一子，正德十六年袭封。嘉靖二十四年薨。	勤熄，庄安庶一子，嘉靖二十九年袭封，本年薨。无子，除。					
				邵陵 恭顺王安涸，惠庶十九子，弘治十年封。嘉靖十一年薨。	王睦桴，恭顺庶一子，嘉靖二十一年袭封。万历十六年薨。	勤荣，睦桴庶一子，嘉靖三十五年封镇国将军。万历十六年薨。	王朝⿰月逵，勤荣庶一子，万历二十七年袭封。	王在钺，朝⿰月逵嫡一子，袭封。崇祯十六年为李自成所掠。			
				莱阳							

				荣康王安漓，惠庶二十子，弘治十年封。嘉靖十三年薨。	端定王睦桄，荣康嫡一子，嘉靖十九年袭封。二十九年薨。	庄懿王勤熯，端定嫡一子，嘉靖三十七年袭封。万历二十年薨。	王朝骓，庄懿嫡一子，万历十四年封长子。二十三年袭封，薨。	王在錋，朝骓嫡一子，万历三十年封长子，既而袭封。			
				东会 庄懿王安泻，惠庶二十一子，弘治十年封。嘉靖五年薨。	庄惠王睦柊，庄懿庶一子，嘉靖八年袭封。万历五年薨。	勤尧，庄惠嫡一子，嘉靖二十一年封长子。三十八年卒。	王朝堡，勤尧庶一子，万历四年封长孙。十七年袭	王在镉，朝堡庶一子，万历二十一年封长子，既而	王肃罘，在镉庶一子，万历四十年封长孙，既而袭		

			封。天启六年薨。	袭封，薨。	封。		
富阳 昭穆王安濯，惠庶二十二子，弘治十六年封。嘉靖二年薨。	端僖王睦桴，昭穆嫡一子，嘉靖八年袭封。十七年薨。	勤熀，端僖嫡一子，嘉靖二十二年袭封。万历元年以罪废为庶人，发高墙，除。					
会稽 康敬王安潓，惠庶二十	宣懿王睦杉，康敬嫡一	恭裕王勤遂，宣懿嫡一	王朝雝，恭裕 一				

三子，弘治十六年封，薨。	子，嘉靖二十五年袭封。三十四年薨。	子，嘉靖四十一年袭封。隆庆六年薨。	子，万历中袭封，薨。无子，除。				
浦江 怀隐王安泾，惠庶二十四子，弘治十六年封。嘉靖六年薨。	安简王睦楫，怀隐嫡一子，嘉靖十二年袭封。二十五年薨。	康惠王勤熜，安简庶一子，嘉靖三十年袭封，薨。	王朝郢，康惠嫡一子，万历十年封长子。十九年袭封，薨。	王在叙，朝郢嫡一子，万历四十二年封长子，既而袭封。			
丽水 恭顺王安汾，惠							

				庶二十五子，弘治四年封。正德十五年薨。无子，除。							
					应城 恭穆王睦榁，悼庶四子，正德六年封。嘉靖三十九年薨。	端康王勤熠，恭穆嫡一子，嘉靖四十一年袭封，薨。	温惠王朝均，端康嫡一子，隆庆五年以长孙改封长子。万历十七年袭	王在锭，温惠庶一子，万历四年封长孙。二十一年袭封，薨。	王肃菭，在锭庶一子，万历二十二年封长子，既而袭封。		

		封。十八年薨。				
益阳 康定王睦楮，悼庶五子，正德六年封。嘉靖二十五年薨。	勤熤，康定庶一子，嘉靖十一年封镇国将军。寻卒。以子朝墠袭封。追封王，谥恭宪。	端裕王朝墠，恭宪嫡一子，嘉靖二十八年袭封。四十一年薨。无子，除。				
奉新 荣宪王睦榴，悼	恭僖王勤烕，荣	庄靖王朝埏，恭	王在倧，庄			

					庶六子，正德六年封。嘉靖十五年薨。	宪庶一子，嘉靖十八年袭封。万历四年薨。	傳庶一子，嘉靖四十一年封长子。万历二十二年袭封。二十九年薨。	靖庶一子，万历三十二年袭封。四十四年薨。			
					南陵 庄裕王睦楧，悼庶九子，正德八年封。隆庆元年薨。无						

子，除。

京山 温惠王勤炫，恭嫡三子，正德十二年封。嘉靖四十五年薨。	王朝壁，温惠庶一子，嘉靖十六年封镇国将军。三十九年卒。以子在株袭封。追封王，谥安肃。	昭宪王在株，安肃庶一子，隆庆六年袭封。万历三十五年薨。	王肃沛，昭宪嫡二子，万历十年封长子。三十八年袭封，薨。	王恭朴，肃沛庶一子，万历二十八年封长孙，既而袭封。	
华亭 荣安王勤炊，恭	王朝垣，荣	王在锴，朝	肃淛，在锴庶一		

						庶四子，正德十四年封。嘉靖三十一年薨。	安嫡一子，嘉靖三十四年袭封。万历二十四年薨。	垣庶一子，万历十二年封长子。二十七年袭封。天启六年薨。	子，万历三十年封长子。四十年卒。		
						宝坻 端顺王勷炬，恭庶五子，正德十四年封。万历元年薨。	朝坮，端顺嫡一子，万历二十七年封长子，卒。	在钤，朝坮庶一子，隆庆四年封长孙，卒。			
						汤溪					

						荣宪王勤烶，恭嫡六子，嘉靖二十年封。三十年薨。	简靖王朝型，荣宪嫡一子，嘉靖三十六年袭封。万历二十三年薨。	恭安王在鋆，简靖嫡一子，万历十年封长子。二十六年袭封。三十五年薨。	王肃济，恭安庶一子，万历三十八年袭封。四十二年薨。		
						瑞金 荣简王勤焕，恭嫡七子，嘉靖二年封。三十二年	温靖王朝壞，荣简嫡一子，嘉靖三十五年袭封。	端惠王在钠，温靖嫡一子，万历元年袭封。二十			

薨。	隆庆三年薨。	九年薨。			
商城 荣简王勤烒，恭庶九子，嘉靖三年封。四十四年薨。	康靖王朝埫，荣简庶一子，隆庆三年袭封。万历九年薨。	王在钎，康靖嫡一子，万历二年封长子。九年袭封。三十二年薨。无子，除。			
临安 王勤烷，恭嫡十子，					

嘉靖六年封。七年薨。无子,除。											
柘城 端惠王勤烼,恭嫡十一子,嘉靖九年封。万历十三年薨。	昭定王朝埢,端惠嫡一子,嘉靖三十年封长子。万历十六年袭封。二十年薨。	在镭,昭定庶一子,隆庆五年封长孙。未袭,卒。	王 肃濠,在镭庶一子,万历二十二年封长孙。三十一年袭封。崇祯五年薨。								
修武 康简王	庄恪王	在铜,庄	王								

						勤烶，恭庶十二子，嘉靖九年封。三十七年薨。	朝堋，康简庶一子，嘉靖四十年袭封。万历二十六年薨。	恪庶一子，万历二十一年封长子。二十九年卒。	肃濠，在铕庶一子，万历四十年袭封。		
						安吉 庄宪王勤烛，恭庶十三子，嘉靖十三年封。万历十七年薨。	荣顺王朝堤，庄宪庶一子，万历二年以镇国将军改封长子。二十二年	康和王在鏊，荣顺庶一子，万历十七年封长孙。三十三年袭封。			

	袭封,薨。				
汝宁 端愔王 勤然,恭 嫡十四 子,嘉靖 十四年 封。隆庆 二年薨。	荣简王 朝埭,端 愔庶一 子,隆庆 六年袭 封。万历 二十二 年薨。	王 在唫,荣 简嫡一 子,万历 二十二 年封长 子。二十 五年袭 封。三十 五年薨。			
彰德 康懿王 勤焞,恭 庶十五 子,嘉靖	王 朝墄,康 懿嫡一 子,隆庆				

						二十一年封。万历二十二年薨。	九年封长子。万历二十七年袭封。三十一年薨。				
							顺庆 庄惠王朝埴，康庶二子，嘉靖二十年封。万历二十二年薨。	荣简王在锃，庄惠庶一子，万历二十二年封长子。二十五年袭封，薨。	王肃澈，荣简嫡一子，万历中封长子。天启元年袭封。		
							保宁				

							恭简王朝堵，康庶三子，嘉靖二十年封。三十九年薨。	端和王在锻，恭简庶一子，嘉靖四十一年袭封。万历二十年薨。	王肃潩，端和嫡一子，万历二十四年袭封，薨。	王恭 ，肃潩庶一子，袭封，薨。	王绍炽，恭 嫡一子，袭封。崇祯十六年为李自成所掠。
								仪封恭端王在銮，庄庶一子，嘉靖三十年封。万历四年薨。	庄简王肃溢，恭端嫡一子，万历二年封长子。九年袭封。二十四	王恭枥，庄简嫡一子，万历三十二年袭封。	

	年薨。		
安昌 恭惠王在铁，庄嫡三子，嘉靖三十六年封。万历二十五年薨。	王肃渣，恭惠子，万历二十二年封长子。二十八年袭封。		
遂宁 康僖王在钰，庄庶四子，嘉靖三十七年	王肃湑，康僖嫡二子，万历二十八		

		年以兄肃涛未受册，与未封郡爵者同，乃以镇国将军袭封。	封。万历二十一年薨。长子肃涛，二十四年颁册，未受命卒。								
	淯川王恭榨，端庶四子，万历二十七年封。三十五年薨。无子，除。										

	宁阳王恭杈，端庶九子，万历四十七年封。									

明史卷一〇一
表第二

诸王世表二

楚 昭王桢，太祖庶六子，洪武三年封。十四年就藩武昌府。	庄王孟烷，昭嫡三子，永乐二十二年袭封。正统四年薨。	宪王季垷，庄庶一子，初封武陵王。正统中袭封。八年薨。	靖王均鈋，东安恭定王庶一子，以宪、康俱无后，於成化	端王荣㳚，靖嫡一子，正德七年袭封。嘉靖十三年薨。	愍王显榕，端庶一子，初封长乐王。嘉靖十五年袭封。二	恭王英㸅，愍庶三子，嘉靖三十年袭封。隆庆五年薨。	王华奎，恭子，万历六年封世子。八年袭封。三十				

永乐二十二年薨。		无子。 康王季埱,庄庶二子,初封黔阳王。正统九年进封。天顺六年薨。 无子。	元年嗣封。正德五年薨。		十四年为世子英燿所弑。英燿取赴京师,正刑。		一年,宗人华趆等讦其非恭王子,章下国中询问。阖宗哗然。政府右之,事竟寝。崇祯十六年,献贼陷武昌,沉王於江。				
	巴陵 悼简王										

孟熜，昭庶一子，洪武三十年封，本年薨。无子，除。										
永安 懿简王孟炯，昭庶二子，建文元年封。宣德七年薨。	庄惠王季塾，懿简庶一子，正统二年袭封。成化四年薨。	均锞，庄惠嫡一子，正统十年封长子。成化三年卒。以子荣澹袭封。追封王，谥悼	靖懿王荣澹，悼怀庶一子，成化八年袭封。正德十五年薨。	昭定王显梧，靖懿嫡一子，嘉靖六年袭封，本年薨。	恭顺王英焌，昭定嫡一子，嘉靖二十八年袭封，薨。	荣惠王华[illegible]，恭顺嫡一子，嘉靖三十年封长子。万历三年袭封，薨。	王蕴钟，荣惠嫡一子，万历三年封长子，既而袭封，薨。	盛落，蕴钟嫡子，万历二十一年封长子，卒。	王容析，盛落嫡一子，万历三十八年封长孙，既而袭封。	

		怀。								
寿昌 安僖王孟熚，昭嫡四子，建文元年封。正统五年薨。	靖和王季埒，安僖庶一子，正统十四年袭封。弘治十五年薨。	庄穆王均铁，靖和嫡一子，弘治十八年袭封。正德五年薨。无子，除。								
荥阳 靖简王孟炜，昭庶五子，永乐二年封。正	庄僖王季堞，靖简嫡一子，景泰二年袭	端懿王均镦，庄僖庶一子，景泰六年袭	荣涉，端懿嫡一子，弘治六年以镇国将	显休，端隐嫡一子，嘉靖元年袭封。二十						

	统十四年薨。	封。五年薨。	封。正德九年薨。	军改封长子。正德元年卒。以子显休袭封。追封王，谥端隐。	八年以罪勒令自尽，除。						
	通山 靖恭王孟爚，昭庶六子，永乐二年封。正统九年薨。	庄简王季垟，靖恭庶一子，正统十二年袭封。成化六年薨。	均镰，庄简嫡一子，正统十年封长子，本年卒。以子荣滝袭封。追	温定王荣滝，温惠庶一子，成化九年袭封。正德十一年薨。	端穆王显槅，温定嫡一子，正德十六年袭封。嘉靖十八年薨。	庄懿王英炊，端穆庶一子，嘉靖九年以镇国将军改封长子。二	华埌，庄懿嫡一子，嘉靖二十三年封长子。三十八年卒。以子蕴	王蕴铉，荣悼庶一子，隆庆四年封长孙。万历七年袭封，薨。	王盛渶，蕴铉嫡一子，万历十六年封长子。三十一年袭封，	王容枘，盛渶嫡一子，万历三十九年封长子，既而袭封。	

			封王,谥温惠。				十二年袭封。万历九年薨。	铉袭封。追封王,谥荣悼。		薨。		
	景陵 顺靖王孟炤,昭庶八子,永乐二年封。正统十二年薨。无子,除。										
	岳阳 悼惠王孟爟,昭庶九子,	恭僖王季境,悼惠嫡一									

	永乐二年封。宣德元年薨。	子，宣德五年袭封。天顺七年薨。无子，除。									
	江夏 康靖王孟炬，昭庶十子，宣德三年封。成化十年薨。	悼顺王季墼，康靖庶一子，成化四年袭封，本年薨。	安惠王均铘，悼顺嫡一子，成化二十一年袭封。弘治十三年薨。	端僖王荣漠，安惠庶一子，弘治十六年袭封，本年薨。	庄定王显桔，端僖庶一子，嘉靖二十七年袭封。万历中薨。	恭懿王英爆，庄定嫡一子，万历十一年袭封。十七年薨。	王华壇，恭懿嫡一子，万历十五年封长子。二十一年袭封。	王蕴铁，华壇嫡一子，万历三十一年封长子。三十九年袭封。			
		东安 恭定王	昭简王	恭懿王	康惠王	王					

		季塛，庄庶三子，正统二年封。天顺七年薨。一子钧𫓹嗣楚封，庶二子均𬭎袭郡爵。	均𬭎，恭定庶二子，成化元年袭封。正德三年薨。长子荣演夭。	荣淑，昭简庶二子，嘉靖二年袭封。四十一年薨。一子、二子俱夭。	显梡，恭懿庶三子，嘉靖三十七年以镇国将军改封长子。隆庆元年袭封。万历十五年薨。	英燧，康惠庶一子，万历二十二年封长子。二十四年袭封。					
		大冶 悼僖王季埉，庄庶四子，正统九									

		保康 荣康王 显梓，端庶二子，
	缙云 怀僖王 荣淋，靖庶二子，弘治十五年封。正德三年薨。无子，除。	

年封。景泰元年薨。无子，除。

					嘉靖六年封。十年薨。无子，除。						
					武冈王显槐，端庶三子，嘉靖十七年封。万历十八年薨。	英檦，显槐庶一子，万历十四年封长子，卒。	王华增，英檦庶一子，万历二十八年袭封。				
							宣化王华壁，恭庶二子，万历九				

			汉阳王蕴钱，庶一子，万历二十四年封。	年封。							
											齐榑，太祖庶七子，洪武三年封。十五年就藩青州府。建文元年召

至京，废为庶人。永乐元年复封。四年夺爵，安置庐州。宣德三年暴卒，子孙俱为庶人，移南京，封除。											
潭 梓，太祖庶八子，洪武三											

年封。十八年就藩长沙府。二十三年以妃坐事，召王入见，王惧自焚。无子，封除。											
赵 杞，太祖庶九子，洪武三年封。四年薨。无子，封除。											

鲁 荒王檀，太祖庶十子，洪武三年封。十八年就藩兖州府。二十二年薨。	靖王肇辉，荒庶一子，永乐元年袭封。成化二年薨。	惠王泰堪，靖嫡一子，成化三年袭封。九年薨。	庄王阳铸，惠嫡一子，成化十二年袭封。嘉靖二年薨。	当𣲘，庄嫡一子，成化十九年封世子。弘治十八年薨。以孙观𤊨袭封。追封王，谥曰怀。	健杙，怀嫡一子，弘治十六年封世孙。正德十五年薨。以子观𤊨袭封。追封王，谥曰悼。	端王观𤊨，悼嫡一子，嘉靖七年袭封。二十八年薨。	恭王颐坦，端一子，嘉靖三十年袭封。万历二十二年薨。	敬王寿鏳，恭庶六子，初封富平王。万历二十四年袭封。二十八年薨。无子。 宪王寿鋐，恭庶七子，初封常德王。万历二十九			

								年进封。崇祯九年薨。无子。			
								肃王寿镛，恭庶九子，初封泰兴王。崇祯九年进封。十二年薨。	以派，肃嫡一子，崇祯十三年袭封。十五年，大清兵破兖州，自缢。		
									以海，肃五子，崇祯十七年袭封，寻寄		

									居台州，既监国於绍兴。大清顺治三年六月，王师渡浙，以海航海，依郑成功。十一年，成功使人沉之海中。		
		钜野 僖顺王泰墱，靖	恭定王阳蓥，僖	庄宪王当涵，恭	端肃王健梃，庄	惠荣王观㷆，端					

		嫡二子，宣德二年封。天顺八年薨。	顺嫡一子，成化五年袭封。弘治十八年薨。	定嫡一子，正德元年袭封。嘉靖八年薨。	宪庶一子，嘉靖十年袭封。三十四年薨。	肃庶一子，嘉靖三十六年袭封。隆庆六年薨。无子，除。					
		邹平 庄靖王泰塍，靖嫡三子，宣德四年封。天顺八年薨。	恭懿王阳鏏，庄靖庶一子，成化三年袭封。正德四年薨。	庄定王当渼，恭懿庶一子，正德九年袭封。嘉靖十八年薨。	健档，庄定庶一子，正德七年封镇国将军。嘉靖十二年卒。以子观爁袭	恭靖王观爁，荣安庶一子，嘉靖二十一年袭封。四十一年薨。	康顺王颐在，恭靖嫡一子，隆庆二年袭封。万历三十年薨。	王寿硂，康顺庶一子，万历二十七年封长子。三十三年袭封。			

					封。追封王，谥荣安。						
		安邱 靖恭王泰垳，靖庶四子，宣德十年封。成化八年薨。	阳鉴，靖恭嫡一子，天顺五年封长子。成化三年卒。以子当澻袭封。追封王，谥庄简。	荣顺王当澻，庄简嫡一子，成化十二年袭封。弘治十八年薨。	端惠王健朴，荣顺嫡一子，正德元年袭封。嘉靖二年薨。	荣恪王观熑，端惠庶一子，嘉靖二年袭封。十四年薨。	温僖王颐堀，荣恪嫡一子，嘉靖十八年袭封。万历二十七年薨。	寿镭，温僖　一子，万历中未袭卒。	王　　以　　一子，万历中袭封，薨。	弘槚，以　嫡一子，万历四十四年封长子。	
		乐陵 恭惠王	宣懿王	当溹，宣	庄康王	恭僖王	裕穆王	王	王		

		泰墨，靖庶五子，宣德二年封。天顺五年薨。	阳馆，恭惠嫡一子，成化八年袭封。正德九年薨。	懿嫡一子，成化九年封镇国将军。正德十五年卒。以子健概袭封。追封王，谥端简。	健概，端简嫡一子，嘉靖十六年袭封。三十二年薨。	观燔，庄康嫡一子，嘉靖三十六年袭封。隆庆六年薨。	颐戋，恭僖嫡一子，隆庆四年封长子。万历十八年袭封。十九年薨。	寿镐，裕穆庶一子，万历二年封长孙。二十七年袭封，薨。	以泛，寿镐嫡一子，万历中封长子。天启元年袭封。		
		东阿 端懿王泰壄，靖庶六子，宣德四年封。弘治	阳镡，端懿嫡一子，成化元年封长子。十								

		八年薨。	九年卒。无子。正德十五年追封王，谥悼和。荣靖王阳镖，端懿嫡二子，弘治十二年袭封。正德六年薨。	康惠王当滰，荣靖庶一子，正德九年袭封。嘉靖四十三年薨。无子，除。							
				东瓯 端肃王	恭恪王						

				当沘，庄嫡二子，成化二十二年封。嘉靖二十二年薨。	健楸，端肃嫡一子，嘉靖二十六年袭封。四十四年薨。无子，除。						
				郯城康僖王当滋，庄嫡三子，弘治十三年封。嘉靖二十年薨。无子，除。							

馆陶 宣思王当涊,庄嫡四子,弘治十六年封。嘉靖二十二年薨。无子,除。							
翼城 恭安王当沄,庄嫡五子,正德四年封。嘉靖二十二年薨。	康僖王健棉,恭安嫡一子,嘉靖二十六年袭封。万历二	王观熰,康僖庶一子,嘉靖三十七年封长子。万历	颐堪,观熰庶一子,万历十八年封长孙,卒。 颐塷,观				

					十三年薨。	中袭封。	[illegible]庶二子,万历三十二年改封长孙。三十九年卒。				
				滋阳 荣庄王当渍,庄庶六子,成化十四年封。嘉靖十八年薨。	健楠,荣庄庶一子,弘治九年封镇国将军。正德十二年卒。以子观炜袭	恭裕王观炜,怀懿嫡一子,嘉靖三十二年袭封。四十三年薨。	颐垷,恭裕嫡一子,嘉靖二十三年封长子。三十四年卒。以子寿镀袭封。	昭顺王寿镀,颐垷庶一子,隆庆四年袭封。万历间薨。嫡一子以垩封长	王以渶,昭顺嫡二子,万历三十五年以镇国将军改封长子。四十		

	封。追封王,谥怀懿。		追封王, 谥。	子,卒。	二年袭封。		
阳信 安僖王当潽,庄庶七子,成化十四年封。嘉靖四年薨。	安懿王健杜,安僖嫡一子,嘉靖七年袭封。二十三年薨。	荣康王观燃,安懿庶一子,嘉靖二十七年袭封,本年薨。	恭简王颐埔,荣康嫡一子,嘉靖三十一年袭封。三十七年薨。	王寿钞,恭简嫡一子,隆庆三年袭封。万历二十九年薨。	王以澍,寿钞嫡一子,万历十九年封长子。三十四年袭封,薨。	王弘福,以澍嫡一子,万历四十三年封长子。	
高密 康穆王当湄,庄庶八子,	安简王健栻,康穆嫡一	昭和王观㸅,安简嫡一	王颐封,昭和嫡一				

成化十九年封。正德四年薨。	子，正德七年袭封。嘉靖十五年薨。	子，嘉靖十八年袭封。十九年薨。	子，嘉靖二十六年袭封。三十二年薨。无子，除。								
归善 当沍，庄庶九子，弘治元年封。正德九年废，发高墙，本年卒。	康肃王健杻，当沍嫡一子，嘉靖二十年袭封。二十二年薨。无子，除。										
新蔡											

				端穆王当泘，庄庶十子，弘治九年封。嘉靖二十六年薨。	昭和王健楖，端穆嫡一子，嘉靖二十九年袭封。隆庆四年薨。	恭惠王观熢，昭和嫡一子，万历二年袭封。三十七年薨。	王颐掛，恭惠嫡一子，万历三年封长子。四十年袭封，薨。				
							东原温懿王颐埨，端庶二子，嘉靖三十六年封。万历二十七年薨。	王寿锳，温懿庶一子，万历三十三年以镇国将军袭封，薨。	王以源，寿锳嫡一子，万历四十年封长子。		

福安 宪惠王寿鉁，恭庶五子，万历八年封。二十一年薨。无子，除。			
宁德 王寿铖，恭庶八子，万历十一年封。			
长泰 昭和王			

蜀	
寿镛，恭庶十一子，万历十四年封。二十年薨。无子，除。	永福王 寿钜，恭庶十二子，万历十八年封。四十一年薨。无子，除。

献王椿，太祖庶十一子，洪武十一年封。二十三年就藩成都府。永乐二十一年薨。	悦燫，献嫡一子，洪武年封世子。永乐七年薨，谥悼庄。	靖王友堉，悼庄嫡一子，永乐二十二年袭封。宣德六年薨。无子。僖王友𫭢，悼庄嫡三子，初封罗江王。宣德七年进封，九年薨。无子，叔悦									

	燇立。									
和王悦燇，献庶五子，初封保宁王。以僖王无嗣，宣德十年进封。天顺五年薨。	定王友垓，和嫡一子，天顺七年袭封，本年薨。	怀王申鈘，定嫡一子，天顺八年袭封。成化七年薨。子夭。								
		惠王申鏊，定庶三子，初封通江王。成化八年进封。弘治六年薨。	昭王宾瀚，惠嫡一子，弘治七年袭封。正德三年薨。	成王让栩，昭嫡一子，正德五年袭封。嘉靖二十六年薨。	康王承爚，成庶三子，嘉靖二十八年袭封。三十七年薨。	端王宣圻，康庶一子，嘉靖四十年袭封，万历四十年薨。	恭王奉铨，端嫡一子，万历六年封世子。四十三年袭封，薨。	王至澍，恭嫡一子，万历三十二年封世孙。四十四年改封世子，既而		

								袭封。		
华阳 悼隐王悦熠，献庶二子，永乐二年封。洪熙元年别城武冈州，寻迁泮州。宣德八年薨。	康简王友垺，悼隐庶一子，正统二年袭封。成化九年薨。	悼康王申锋，康简嫡一子，成化十二年袭封。二十年薨。	恭顺王宾泟，悼康庶一子，弘治五年袭封。嘉靖七年薨。	让核，恭顺嫡一子，正德五年封长子，卒。以子承爝袭封。追封王，谥康僖。	庄靖王承爝，康僖嫡一子，嘉靖十四年袭封。二十五年薨。	温懿王宣墡，庄靖嫡一子，万历十三年袭封。二十五年薨。	安惠王奉钪，温懿庶一子，万历十五年封长子。二十八年袭封。四十年薨。	王至滮，安惠嫡一子，万历二十二年封长孙。三十年改封长子。四十三年袭封。		
崇宁 王悦熂，献庶三子，										

永乐二年封。十六年薨。无子，除。										
崇庆王悦炘，献庶四子，永乐二年封。九年薨。无子，除。										
永川庄简王悦烯，献庶六子，永乐二	友埙，庄简嫡一子，未袭，卒。									

	十二年封。天顺四年薨。										
		黔江 悼怀王友埘，悼庄世子嫡二子，永乐二十二年封。宣德元年薨。未婚，封除。									
		内江 庄懿王友墦，和	申铈，庄懿嫡一	康靖王宾沚，申	让枌，康靖嫡一	王承熒，让	恭穆王宣埁，承	王奉鋈恭	王至沂，奉		

		庶二子，正统十一年封。正德七年薨。	子，成化三年封长子。弘治十年卒。	锑庶一子，正德十年袭封。嘉靖二十三年薨。	子，正德十四年封长子。嘉靖十八年卒。	枌庶一子，嘉靖二十一年袭封。四十五年薨。	熒嫡一子，隆庆四年袭封。万历三十六年薨。一子奉𨪕封长子，卒。	穆嫡一子，万历三十七年以镇国将军改封长子。四十年袭封，薨。	鉴嫡一子，万历四十一年封长子，既而袭封。		
		德阳 僖安王友城，和庶三子，正统十一年封。成化十一年薨。	恭裕王申鞋，僖安庶一子，成化十三年袭封。正德十六	荣康王宾灉，恭裕嫡一子，嘉靖三年袭封。二十七年薨。							

			年薨。	子夭,除。							
		石泉 荣穆王友垻,和庶四子,天顺四年封。正德六年薨。	恭简王申镈,荣穆嫡一子,正德十二年袭封。嘉靖十九年薨。	康惠王宾清,恭简庶一子,嘉靖二十四年袭封。四十四年薨。	王让机,康惠嫡一子,隆庆四年袭封。万历十一年薨。	王承焆,让机庶一子,隆庆二年封长孙。万历十四年袭封。三十六年薨。	王宣垷,承焆庶一子,万历二十七年封长子。三十九年袭封。				
		汶川 懿简王友墡,和庶五子,天顺四	荣康王申销,懿简庶一子,成化	恭僖王宾沙,荣康嫡一子,嘉靖	让杝,恭僖庶一子,嘉靖三十年	安惠王承炯,让杝庶一子,嘉靖	王宣雚,安惠嫡一子,万历	奉鋂,宣雚嫡一子,万历二十五			

		年封，成化九年薨。	十四年袭封。嘉靖二十一年薨。	二十五年袭封。四十年薨。	封长子。三十九年卒。	四十五年袭封。万历二十六年薨。	六年封长子。二十八年袭封。	年封长孙。二十年改封长子。三十五年卒。奉[钅卿]，宣雞嫡二子，万历三十六年改封长子，既而袭封。			
		庆符 恭僖王友墂，和庶六子，	端顺王申镦，恭僖庶一	恭和王宾沾，端顺庶一	康定王让杈，恭和庶一	王承炌，康定嫡一	王宣坔，承炌嫡一				

		天顺八年封。弘治十八年薨。	子，正德四年袭封。嘉靖十一年薨。	子，嘉靖十六年袭封。四十五年薨。	子，隆庆二年袭封。万历三十二年薨。	子，万历十五年封长子。二十二年袭封。	子，万历四十年封长子。				
			南川 安靖王申锯，定庶四子，成化七年封。嘉靖十一年薨。一子宾淴先卒，长孙让檜亦卒。	宾淲，安靖二子，正德中封镇国将军。嘉靖中卒。	王让樨，宾淲庶一子，嘉靖十五年袭封。万历五年薨。	承[illegible]，让樨庶一子，隆庆四年以镇国将军改封长子。万历五年先卒。	王宣[illegible]，承[illegible]庶一子，万历十年袭封。三十年薨。	王奉[illegible]，宣[illegible]嫡一子，万历三十二年袭封。四十年薨。	王至湘，奉[illegible]嫡一子，万历四十五年袭封。		

江安 庄裕王宣址，康庶二子，嘉靖四十一年封。万历二十一年薨。	王奉钞，庄裕嫡一子，万历十年封长子。二十年袭封。四十三年薨。长子至洧未婚，卒。	王至沂，奉钞嫡三子，天启元年袭封。									
	新宁 王奉钬，端嫡二子，										

万历十二年封。未婚，薨，除。			
东乡王奉鐩，端庶五子，万历二十八年封，薨。	王至滋，奉鐩嫡一子，天启元年封长子，既而袭封。		
隆昌王奉锵，端庶七子，万历三			

								十一年封，薨。			
									富顺王至深，恭嫡三子，万历四十四年封。		
									太平王至渌，恭庶四子，万历四十四年封。		
湘献王柏，											

太祖庶十二子，洪武十一年封。十八年就藩荆州府。建文元年以告反遣讯，王惧自焚。谥曰戾。无子，封除。永乐初改谥。											
代 简王桂，	逊煓，简	隐王仕	惠王成	聪沫，惠	懿王俊	昭王充	恭王廷	定王鼒			

太祖庶十三子，初封豫。洪武二十五年改封代。是年就藩大同府。正统十一年薨。	嫡一子，永乐二年封世子。十六年薨。谥悼戾。后子仕壥袭封，追封王，谥曰戾。	壥，戾庶一子，正统十三年袭封。天顺七年薨。	鍊，隐嫡一子，成化二年袭封。弘治二年薨。	庶一子，成化十五年封武邑王，寻废为庶人，后复冠带。弘治十一年薨。以子俊杖袭代封，追封王，谥曰思。	杖，思庶一子，弘治十二年袭封。嘉靖六年薨。	燿，懿庶一子，正德五年封泰顺王。嘉靖九年袭封。二十六年薨。	埼，昭庶一子，嘉靖十五年封泰兴王。二十八年袭封。万历元年薨。	铉，恭庶一子，嘉靖三十六年封太平王。万历九年袭封。二十二年薨。无子。			
								王鼐钧，恭庶三子，嘉靖三十八年封新宁王。万历二	康王鼎渭，鼐钧嫡一子，年袭封。崇祯二年薨。	王彝，康嫡一子，崇祯间袭封，薨。	王傳烄，彝嫡一子，崇祯间袭封。十七年三月，闯贼

								十四年进封。			陷大同，遇害。
	广灵 荣虚王逊烑，简庶二子，永乐二年封。天顺二年薨。	庄裕王仕墄，荣虚嫡一子，天顺七年袭封。弘治九年薨。	顺简王成鏔，庄裕嫡一子，弘治十二年袭封。嘉靖二年薨。	宣和王聪汉，顺简嫡一子，嘉靖四年袭封。九年薨。	康定王俊榇，宣和嫡一子，嘉靖十一年袭封。二十五年薨。	荣昭王充𤊨，康定嫡一子，嘉靖二十八年袭封。四十五年薨。	王廷埘，荣昭嫡一子，隆庆三年袭封。	鼐钤，廷埘嫡一子，隆庆三年封长子。万历二十九年卒。无子。			
								鼐镤，廷埘嫡二子，初封镇国将军，应改封长子，	鼎濡，鼐镤嫡一子，万历二十一年封辅国将军。		

								万历二十七年先卒。	三十一年改封长孙。		
	潞城 僖顺王逊[火宁]，简庶三子，永乐二十九年封。成化七年薨。	安简王仕埬，僖顺嫡一子，成化九年袭封。弘治三年薨。	荣安王成[钅畾]，安简嫡一子，弘治五年袭封。十二年薨。	宣惠王聪滾，荣安嫡一子，弘治十四年袭封。嘉靖元年薨。	端宪王俊梭，宣惠嫡一子，嘉靖三年袭封。三十四年薨。	康定王充熀，端宪嫡一子，嘉靖三十六年袭封。万历十一年薨。	恭恪王廷堛，康定庶一子，万历十五年袭封，薨。	王鼐[钅宁]，恭恪嫡一子，隆庆六年封长孙。万历十八年改封长子。三十六年袭封。			
	山阴 康惠王	端裕王	荣靖王	僖顺王	王	王	王				

逊煁，简庶四子，永乐二十二年封，别城蒲州。成化三年薨。	仕坝，康惠庶一子，成化六年袭封。弘治十六年薨。	成鏊，端裕嫡一子，正德元年袭封。嘉靖十四年薨。	聪澍，荣靖嫡一子，嘉靖十六年袭封。三十四年薨。	俊栅，僖顺嫡一子，嘉靖三十七年袭封。万历三十一年薨。	充熙，俊栅庶一子，万历十年封长子，既而袭封，薨。	廷理，充熙庶一子，万历三十一年封长孙。				
襄垣 恭简王逊燂，简庶五子，永乐二十二年封，别城蒲州，天顺六年	仕壥，恭简嫡一子，袭封，后犯十恶，取赴京囚死。子孙俱为庶人，									

成锳,安惠嫡一子,成化二十一年袭封。隆庆二年薨。子聪瀟封长子,卒。瀟子俊渠封长孙,卒。渠子充煌封曾长孙,隆庆

不得承袭。安惠王仕坯,恭简庶二子,成化十七年袭封。十八年薨。

薨。

			三年请袭封。廷议仕坯弟冒兄爵,不准承袭,依世次,降封辅国中尉,奉祀。								
	灵邱 荣顺王逊铨,简庶六子,永乐二十二年封。天顺	僖靖王仕壥,荣顺嫡一子,成化十三年袭封。弘	庄和王成鈠,僖靖嫡一子,弘治七年袭封。十年	端懿王聪渴,庄和嫡一子,弘治十二年袭封。嘉	俊格,端懿嫡一子,弘治十七年封长子。嘉靖二	充煠,康悼嫡一子,嘉靖元年封长孙。三十年卒。	廷址,悼懿嫡一子,嘉靖二十四年封曾长孙。三	鼐镰,怀僖嫡一子,嘉靖三十四年封玄长孙。四			

	五年别城绛州。成化十一年薨。	治六年薨。	薨。	靖三十四年薨。	十四年卒。四十二年以曾孙鼐镰袭封，追封王，谥康悼。	四十二年追封王，谥悼懿。	十一年卒。四十二年追封王，谥怀僖。	十二年袭封。隆庆三年坐非刑致死曾叔祖，降为庶人，除。			
	宣宁 靖庄王逊炓，简庶七子，正统二年封。天顺五年别城泽州。成化	和僖王仕瀛，靖庄嫡一子，成化八年袭封。弘治四年薨。	恭安王成钴，和僖嫡一子，弘治七年袭封。正德五年薨。	康靖王聪瀐，恭安庶一子，正德十六年袭封。嘉靖七年薨。	昭荣王俊相，康靖嫡一子，嘉靖十五年袭封。隆庆五年薨。	温简王充灿，昭荣嫡一子，万历八年袭封。十八年薨。无子，除。					

	六年薨。										
	怀仁 荣定王逊焴，简庶八子，景泰七年封。弘治三年薨。	仕墇，荣定嫡二子，封镇国将军。弘治元年卒。以子成钯袭郡封。追封王，谥安僖。	恭和王成钯，安僖嫡一子，弘治五年袭封。十五年薨。	温惠王聪淑，恭和嫡一子，弘治十七年袭封。正德十二年薨。无子。 聪洌，恭和嫡二子，正德十二年以镇国将军管	庄简王俊榭，僖康嫡一子，嘉靖二十二年以辅						

				理府事。嘉靖八年卒。子俊榭袭郡封。追封王,谥僖康。	国将军袭封。隆庆五年薨。长子充𤊨因父冒封,照世次,以奉国将军奉祀。						
	隰川 懿安王 逊熮,简庶十子,正统七年封。天顺五年	恭僖王仕壥,懿安庶一子,成化十三年袭封。二	成 ,恭僖 子,谥庄隐,年月无考。	康肃王聪羕,庄隐嫡一子,弘治七年袭封。正德	庄惠王俊柏,康肃嫡一子,嘉靖元年袭封。三十						

	别城泽州。成化十年薨。	十一年薨。		十三年薨。	四年薨。子夭，除。						
		昌化 温宪王仕墰，戾庶二子，正统十三年封。成化二十年薨。	荣僖王成锾，温宪嫡一子，成化二十三年袭封。正德八年薨。	端襄王聪浕，荣僖嫡一子，正德九年袭封。嘉靖二十年薨。无子，除。							
			定安 悼隐王成鏻，隐嫡二子，	聪潏，悼隐　一子，成化							

			景泰元年封，别城忻州。成化五年薨。	年封长子，居丧失礼，停封。后卒。子孙递以将军、中尉奉祀，不袭郡爵。							
			博野 悼恭王成鐭，隐嫡三子，景泰五年封。成化五年薨。	端穆王聪溙，悼恭嫡一子，成化九年袭封。弘治五年薨。	庄宪王俊横，端穆嫡一子，弘治十三年袭封。嘉靖二十						

		八年薨。无子,除。					
和川 悼僖王成鏝,隐庶四子,天顺三年封。成化十四年薨。	宣懿王聪潪,悼僖嫡一子,成化十六年袭封。弘治十八年薨。	恭惠王俊桼,宣懿嫡一子,正德四年袭封。嘉靖二十一年薨。	康王充烰,恭惠嫡一子,嘉靖二十四年袭封。二十五年薨。	昭顺王廷城,康庶一子,嘉靖二十九年袭封。万历八年薨。	端简王鼐铉,昭顺庶一子,万历十五年袭封。三十四年薨。	王鼎柬,端简嫡一子,万历十九年封长子。三十八年袭封,薨。	王彝橝,鼎柬庶一子,万历三十三年封长孙,既而袭封。
宁津 怀康王成铃,隐庶五子,成化九	怀庄王聪滴,怀康一子,弘治						

			年封。二十二年薨。	三年袭封。四年薨。无子。 温穆王聪浛，怀康庶子，弘治九年以镇国将军进封。十八年薨。	王俊椂，温穆庶一子，正德十六年袭封。万历三年薨。						
			枣强 靖安王成鈝，隐庶六子，成化九	康惠王聪滋，靖安嫡一子，弘治	俊梾，康惠嫡一子，正德十六年	恭懿王充炀，荣和庶一子，嘉靖	王廷坑，恭懿嫡一子，万历	王鼐錍，廷坑嫡一子，万历			

			年封。弘治九年薨。	十七年袭封。嘉靖二十六年薨。	封长子。嘉靖十九年卒。后以子充爏袭封，追封王，谥荣和。	二十八年袭封。万历十三年薨。	十一年袭封。三十五年薨。	三十一年封长子。天启三年袭封。崇祯七年薨。			
			饶阳 悼昭王成鍙，隐庶七子，成化九年封。十九年薨。	荣庄王聪瀓，悼昭嫡一子，成化二十三年袭封。嘉靖十五年薨。	俊榱，荣庄嫡一子，正德八年封长子。嘉靖二年卒。以子充[illegible]袭	充[illegible]，康僖庶一子，嘉靖十八年袭封。三十二年革爵。					

	封，追封王，谥康僖。						
乐昌 康懿王聪涓，惠庶二子，成化十九年别城朔州。嘉靖二十六年薨。	俊楅，康懿嫡一子，弘治十四年封长子。嘉靖二十二年卒。以子充爔袭封，追封王，谥荣简。	温靖王充爔，荣简庶一子，嘉靖三十年袭封。万历七年薨。	王廷壖，温靖嫡一子，万历十年袭封。四十三年薨。	王鼐铧，廷壖庶一子，万历四十六年袭封。			
吉阳							

				恭顺王　聪注，惠庶三子，成化十九年封。嘉靖三十三年薨。	端惠王　俊槿，恭顺庶一子，嘉靖三十六年袭封。万历十一年薨。	顺僖王　充煟，端惠庶一子，万历十四年袭封。四十一年薨。	王　廷埢，顺僖庶一子，万历四十三年袭封。				
				溧阳　荣定王　聪[illegible]，惠庶四子，弘治三年封。嘉靖三十六年薨。	恭懿王　俊椐，荣定庶一子，嘉靖四十年袭封。万历九年薨。	充炅，恭懿　一子，万历初封长子。八年先卒。					

进贤 庄惠王俊横，思庶二子，正德五年封。嘉靖二十九年薨。	恭懿王充炨，庄惠嫡一子，嘉靖三十二年袭封。三十六年薨。	王廷培，恭懿庶一子，嘉闰四十三年袭封。四十四年薨。无子，除。				
	河内 庄安王充爔，懿庶四子，正德五年封。嘉靖二十	恭宪王廷堄，庄安庶一子，嘉靖三十二年袭封。				

						八年薨。	三十六年薨。无子，除。				
						富川悼定王充熤，懿庶五子，嘉靖元年封。七年薨。	康简王廷埣，悼定庶一子，嘉靖二十年袭封。万历元年薨。	鼒链，康简嫡一子，嘉靖三十七年封长子。万历二年请封，未命，卒。	王鼎澌，鼒链庶一子，万历二十六年袭封。		
						宝丰悼顺王充炕，懿庶十一					

子，嘉靖九年封。十一年薨。无子，除。					
砀山悼怀王充炏，懿庶十二子，嘉靖九年封。十年薨。无子，除。					
		永庆懿简王鼐钰，恭庶三子，	王鼎浼，懿简嫡一	王彝椃，鼎浼庶二	

								嘉靖四十年封。万历九年薨。	子，万历十二年袭封。四十一年薨。	子，天启元年袭封。	
肃 庄王楧，太祖庶十四子，初封汉，二十五年改封肃，就藩甘州，后移兰州。永乐十七年薨。	康王瞻焰，庄庶一子，永乐二十二年袭封。天顺八年薨。	简王禄埤，康庶一子，初封洵阳王。成化四年袭封。十五年薨。	恭王贡錝，简庶一子，初封汾州王。成化二十三年袭封。嘉靖十五年薨。	真淤，恭嫡一子，成化十年封世子。嘉靖五年薨。以子弼桄袭封。追封王，谥曰靖。	定王弼桄，靖嫡二子，嘉靖十八年袭封。四十一年薨。	缙炯，定嫡一子，封世子。嘉靖三十六年薨。以子绅堵袭封。追封王，谥曰昭。 懿王缙	怀王绅堵，昭庶一子，嘉靖四十二年袭封。四十三年薨。无子。从叔缙熿立。 宪王绅	王识			

						熿，镇国将军翊柿庶一子，隆庆五年以辅国将军嗣封。追封翊柿安王。翊柿，靖庶四子也。万历十六年，懿王薨。	尧，懿庶一子，万历十九年袭封。四十六年薨。	尧，懿庶铉，宪嫡一子，万历四十二年封世子。天启元年袭封。崇祯十六年死流贼之难。			
				淳化 端惠王真泓，恭	康穆王翊果，端	缙勋，康穆嫡一	王绅在，缙				

				庶二子，弘治十三年封。嘉靖三十一年薨。	惠庶一子，嘉靖三十五年袭封。万历十一年薨。	子，隆庆元年封长子。万历十八年卒。一子绅坑先卒。	勋庶二子，万历二十三年袭封。				
				铅山 荣和王真潜，恭庶三子，正德十三年封。嘉靖三十四年薨。	康裕王弼輆，荣和嫡一子，嘉靖四十年袭封。万历六年薨。	恭庄王缙畬，康裕庶一子，万历十一年袭封。二十六年薨。	王绅鄗，恭庄庶一子，万历三十七年以继母杨妃守节植孤，虽滥				

			妾所生，特准袭封。				
金坛 恭裕王真淓，恭庶四子，嘉靖四年封。隆庆五年薨。	弼楏，恭裕嫡一子，嘉靖三十二年封长子。四十五年，罪降庶人，发高墙，除。						
会宁 庄惠王真润，恭	弼楹，庄惠嫡一	恭懿王缙㓨，端	王绅域，恭				

				庶五子，嘉靖十年封。隆庆二年薨。	子，嘉靖三十三年封长子。隆庆五年卒。以子缙剡袭封，追封王，谥端宪。	宪庶一子，万历四年袭封。二十四年薨。	懿嫡一子，万历二十四年封长子。二十七年袭封。				
				延长 庄懿王真滱，恭庶六子，嘉靖十年封。万历十八年薨。	弼栋，庄懿嫡一子，嘉靖四十三年封长子。万历十六年	王缙熳，弼栋庶一子，万历二年封长孙。二十一年	王绅封，缙熳庶一子，万历二十三年封长子，既而				

					卒。以子缙绶袭封。追封王，谥。	袭封，薨。	袭封。				
					开化 王弼枳，靖庶六子，嘉靖中封，薨。	缙燧，弼枳庶一子，万历九年以镇国将军改封长子。三十八年卒。	王绅 ，缙燧嫡一子，万历十一年封长孙。四十二年袭封。	王识鉴，绅庶一子，万历二十年封曾长孙，改封长子，既而袭封。			
					会昌 王弼栋，靖	王缙拨，弼	王绅增，缙				

				拨庶一子，万历二十年封长子，既而袭封。	栋庶一子，万历十九年以辅国将军改封长子，既而袭封，薨。	庶七子，嘉靖四十二年以镇国将军进封，薨。					
					延安恭靖王缙[illegible]，定嫡二子，嘉靖二十九年封。三十七年薨。无子，除。						

辽 简王植，太祖庶十五子，洪武十一年封卫，二十六年改封辽，就藩广宁州。永乐二年迁荆州府。二十二年薨。	贵炲，简庶二子，初封长阳王，洪熙元年进封。正统四年，罪降庶人。十四年卒。 肃王贵㷉，简庶四子，初封兴山王，正统四年	靖王豪墭，肃嫡一子，成化九年袭封。十四年薨。	惠王恩𬭛，靖嫡二子，成化十六年袭封。弘治八	恭王宠涭，惠嫡一子，弘治十年袭封。正德十六	庄王致格，恭嫡二子，嘉靖三年袭封。十六年薨。	宪炥，庄庶一子，初封句容王，嘉靖十九年袭封。					

	进封。成化七年薨。		年薨。	年薨。		隆庆二年，罪降庶人，发高墙，封除。					
	长阳 贵焓。见前。	昭和王豪堭，贵焓嫡一子，成化十年，比弋阳、永和事例，以辅国将军袭封。正德五年薨。	安靖王恩钠，昭和嫡一子，正德九年袭封。嘉靖二十年薨。	恭裕王宠游，安靖嫡一子，嘉靖二十三年袭封。隆庆二年薨。	致橀，恭裕庶一子，嘉靖三十六年封长子。四十三年卒。以子宪焕袭封，追封王，谥悼庄。	王宪焕，悼庄庶一子，万历二年袭封，薨。	王术雅，宪焕嫡一子，万历三十四年封长子。				

远安

贵燮，简庶三子，建文元年封。洪熙元年，罪降庶人。成化二年卒。不准袭。孙恩铋乞照长阳王例袭封。宪宗以贵燮犯不孝罪，非

长阳王比,不允。除。										
巴东 贵煊,简庶五子,建文二年封。洪熙元年,罪降庶人。景泰三年卒。子孙不准袭,除。										
潜江 王 贵炖,简										

庶六子，永乐二年封，寻薨。无子，除。										
宜都王贵燖，简庶七子，永乐二年封，寻薨。无子，除。										
松滋安惠王贵炘，简庶八子，	靖简王豪堙，安惠嫡一	荣和王恩钶，靖简嫡一	昭宪王宠洌，荣和庶一	恭肃王致榇，昭宪嫡一	庄懿王宪爔，恭肃嫡一	王术桱，庄懿嫡一				

永乐二年封。正统七年薨。	子，正统十一年袭封。弘治十一年薨。	子，弘治十三年袭封。嘉靖元年薨。	子，嘉靖四年袭封。二十五年薨。	子，嘉靖二十九年袭封。万历六年薨。	子，万历十年袭封。二十四年薨。	子，万历二十七年袭封。				
益阳 安僖王贵烰，简庶九子，永乐二十二年封。正统十三年薨。	懿简王豪圦，安僖嫡一子，景泰三年袭封。成化五年薨。	恭和王恩铜，懿简嫡一子，成化九年袭封。正德十六年薨。	康恪王宠淄，恭和嫡一子，嘉靖三年袭封。八年薨。	荣惠王致椿，康恪嫡一子，嘉靖十二年袭封。三十六年薨。	庄懿王宪熑，荣惠庶一子，嘉靖三十九年袭封。万历十年薨。					
湘阴 安僖王贵焻，简	康懿王豪壛，安	恭简王恩锟，康	端靖王宠湳，恭	恭定王致梠，端	庄顺王宪烟，恭	术樓，庄顺庶一	王俨钎，术			

	庶十一子,永乐二十二年封。成化四年薨。	僖嫡一子,成化六年袭封。弘治十三年薨。	懿嫡一子,弘治十六年袭封。正德四年薨。	简嫡一子,正德七年袭封。嘉靖二十四年薨。	靖嫡一子,嘉靖二十八年袭封。隆庆三年薨。	定庶一子,隆庆六年袭封。万历二十八年薨。	子,万历七年封镇国将军,未袭,卒。	樓庶一子,万历三十四年袭封。			
	衡阳 庄和王贵[illegible],简庶十二子,永乐二十二年封。天顺元年薨。	靖僖王豪墣,庄和嫡一子,天顺四年袭封。弘治元年薨。	恩错,靖僖嫡一子,成化十年封长子。弘治四年卒。以子宠淹袭封。追封王,谥悼	安僖王宠淹,悼僖庶一子,弘治六年袭封。嘉靖十八年薨。无子,除。							

			僖。								
	应山 悼恭王贵[火聶]，简庶十三子，宣德七年封。正统十一年薨。	端顺王豪環，悼恭嫡一子，正统十四年袭封。弘治二年薨。	和僖王恩镏，端顺嫡一子，弘治四年袭封。八年薨。无子，除。								
	宜城 康简王贵炥，简庶十五子，宣德七年封。成化十	荣僖王豪坽，康简庶一子，成化十五年袭封。弘	怀靖王恩铣，荣僖嫡一子，弘治十三年袭封。正	懿定王宠滨，怀靖嫡一子，嘉靖元年袭封。十五	荣昭王致枨，懿定嫡一子，嘉靖十九年袭封。二						

一年薨。	治十一年薨。	德十三年薨。	年薨。	十九年薨。无子，除。						
枝江 庄惠王贵熠，简庶十六子，宣德七年封。景泰四年薨。	靖僖王豪壄，庄惠嫡一子，景泰六年袭封。天顺六年薨。	温穆王恩钱，靖僖嫡一子，成化元年袭封。弘治七年薨。	悼怀王宠润，温穆庶一子，弘治十年袭封。正弘十六年薨。	端懿王致樨，悼怀庶一子，嘉靖十三年袭封。四十四年薨。无子，除。						
沅陵 恭宪王贵熵，简庶十七	昭安王豪塵，恭宪嫡一	宣穆王恩钸，昭安嫡一								

	子，宣德八年封。成化八年薨。	子，成化十三年袭封。弘治四年薨。	子，弘治六年袭封。十年薨。无子。 庄恪王恩鈼，昭安嫡二子，弘治十三年以镇国将军进封。十六年薨。	荣简王宠涞，庄恪嫡一子，正德八年袭封。嘉靖三十年薨。	恭僖王致枇，荣简庶一子，嘉靖三十三年以镇国将军袭封。无子，除。						
	麻阳 悼僖王贵燠，简庶十八										

子，宣德八年封。正统七年薨。无子，除。										
衡山 恭惠王贵㶊，简庶十九子，正统二年封。成化十二年薨。无子，除。										
蕲水 靖和王贵熧，简	安穆王豪桂，靖	康顺王恩钜，安	僖简王宠澍，康	端懿王致樯，僖	荣顺王宪熜，端	王术镗，荣				

	庶二十 子，正统 二年封。 成化四 年薨。	和嫡一 子，成化 七年袭 封。弘治 十二年 薨。	穆庶一 子，弘治 十四年 袭封。嘉 靖九年 薨。	顺嫡一 子，嘉靖 十二年 袭封。十 五年薨。	简嫡一 子，嘉靖 十九年 袭封。万 历七年 薨。	懿庶一 子，万历 十年袭 封。三十 一年薨。	顺嫡一 子，万历 十四年 封长子。 三十三 年袭封。				
			肃宁 悼靖王 恩铉，靖 嫡三子， 成化十 三年封。 十九年 薨。	荣顺王 宠汕，悼 靖嫡一 子，成化 二十三 年袭封。 嘉靖十 四年薨。	恭懿王 致栟，荣 顺庶一 子，嘉靖 二十三 年袭封。 万历四 年薨。	王 宪燦，恭 懿嫡一 子，万历 七年袭 封，薨。	王 术堘，宪 燦庶二 子，天启 元年封 长子。崇 祯中袭 封。十六 年为李 自成所				

							掠。				
			长垣 恭顺王恩钾,靖嫡四子,成化十三年封。正德八年薨。	王宠汹,恭顺嫡一子,正德十二年袭封。嘉靖三十七年薨。无子,除。							
				光泽 荣端王宠瀼,惠嫡二子,成化二十三年	恭僖王致槺,荣端嫡一子,嘉靖二十九	庄懿王宪熿,恭僖庶一子,隆庆五年袭	王术堨,庄懿嫡一子,万历十九年				

				封。嘉靖二十五年薨。	年袭封。三十一年薨。	封。万历三十一年薨。	封长子。三十四年袭封。三十八年管理辽府事。				
					广元 康僖王致椹，恭嫡三子，正德八年封。嘉靖三十年薨。	端恪王宪㸅，康僖嫡一子，嘉靖三十三年袭封。隆庆二年，因宪炜革为庶人，暂	王术垌，端恪庶一子，万历六年封长子。十三年袭封。三十七年薨。无子，除。				

理辽府事。万历十年薨。

明史卷一〇二

表第三

诸王世表三

庆 靖王㮵，太祖庶十六子，二十四年封。二十六年就藩韦	康王秩煃，靖庶一子，正统四年袭封。成化五年薨。	怀王邃墍，康庶一子，初封平原王，成化七年袭封。十五									

州。建文三年迁宁夏。正统三年薨。		年薨。无子。									
		庄王邃塀，康庶二子，初封岐阳王，成化十七年进封。弘治四年薨。	恭王寘鏊，庄庶一子，初封落交王，弘治七年袭封。十一年薨。	台浤，恭庶一子，弘治十六年袭封。后革为庶人。嘉靖三十年卒。以二子鼐枋袭封。追复王，谥曰定。	鼐樻，定庶一子，封世子。薨，谥端和。						
					惠王鼐枋，定庶二子，嘉靖二十年以桐乡王改封世子。三十一年袭封。万历二	端王倪燌，惠嫡一子，嘉靖三十七年封世子。万历五年袭封。十六年薨。	宪王伸域，端庶一子，初封绥德王，万历十九年袭封，本年薨。	王帅锌，宪嫡二子，万历二十三年袭封，薨。	王倬漄，帅锌嫡一子，万历四十五年封世子，既而袭封。		

				年薨。						
靖宁 王 秩賁，靖 庶二子， 封后薨。 无子，除。										
真宁 庄惠王 秩荣，靖 庶三子， 景泰六 年封。成 化三年 薨。	康简王 邃埄，庄 惠庶一 子，天顺 元年袭 封。成化 十二年 薨。	温穆王 寘锐，康 简嫡一 子，弘治 三年袭 封。十五 年薨。	荣僖王 台浡，温 穆嫡一 子，正德 元年袭 封。十年 薨。	安惠王 鼒桦，荣 僖嫡一 子，正德 十六年 袭封。嘉 靖三十 一年薨。	恭简王 倪烄，安 惠嫡一 子，嘉靖 三十三 年袭封。 万历五 年薨。无 子，除。					

安化 惠懿王秩炵，靖庶四子，永乐十九年封。弘治十五年薨。	邃墁，惠懿庶一子，初封镇国将军。天顺八年卒。以子寘𬭚袭封，追封王，谥恭和。	寘𬭚，恭和庶一子，弘治五年袭封。正德五年叛逆伏诛，除。								
岐山 悼庄王秩炼，靖庶五子，封后薨。无子，除。										

安塞 宣靖王秩炅，靖庶六子，正统九年封。成化九年薨。无子，除。										
	弘农 安僖王邃埂，康庶三子，天顺三年封。弘治三年薨。	荣惠王寘锎，安僖庶一子，弘治五年袭封。正德三年薨。	恭定王台泙，荣惠嫡一子，正德十年袭封。嘉靖二十八	康僖王鼒椁，恭定庶一子，嘉靖三十三年袭封。隆庆六	恭顺王倪煊，康僖嫡一子，嘉靖三十八年封长子。万历	王伸缰，恭顺嫡一子，万历十年封长子。二十一年	王帅锽，伸缰嫡一子，万历三十二年封长子，既而			

				年薨。	年薨。	三年袭封。十七年薨。	袭封，薨。	袭封。			
		丰林 温僖王遼垙，康庶六子，成化八年封。正德六年薨。	安简王寘镤，温僖嫡一子，正德十年袭封。嘉靖五年薨。	端康王台瀚，安简庶一子，嘉靖九年袭封。二十六年薨。	恭懿王鼒械，端康嫡一子，嘉靖三十一年袭封。万历六年薨。	倪焯，恭懿嫡一子，嘉靖三十八年封长子。万历五年卒。无子，除。					
			巩昌 寘铏，庄庶二子，弘治三年封。嘉								

			靖十二年革爵，发高墙，除。								
				寿阳 和靖王台濠，恭庶二子，正德三年封。十三年薨。	端懿王鼐棉，和靖嫡一子，嘉靖十四年袭封。二十年薨。	僖宪王倪爋，端懿嫡一子，嘉靖三十二年袭封。万历四年薨。	伸捏，僖宪庶一子，万历十七年封长子。二十八年卒。	王帅鏺，伸捏嫡一子，万历三十七年封长孙。四十六年袭封。天启六年薨。			
					延川 端穆王	倪煋，端					

					穆庶一子，万历二年封长子。十七年卒。	鼐檟，定庶二子，嘉靖十八年封。四十二年薨。					
			王帅锐，伸堨嫡一子，万历四十三年封长子，既而袭封。	王伸堨，端懿嫡一子，万历二十二年袭封，薨。	华阴 端懿王倪焯，惠嫡二子，嘉靖四年封。万历十一年薨。						
			王帅	镇原 王							

							伸塇，端庶二子，万历元年封。天启五年薨。	锋，伸塇嫡一子，万历二十四年封长子。天启五年袭封。			
								蒙阴王 帅钾，宪嫡三子，万历二十五年封，薨。			
									龙祥王 倬源，帅		

									锌嫡二子，天启二年封。		
									潭水王 倬[illegible]，帅锌嫡三子，天启二年封。		
宁 献王权，太祖庶十七子，洪武二十四年封。二十六年就	盘烒，献嫡一子，永乐二年封世子。正统二年薨。以子	靖王奠培，惠嫡一子，正统十四年袭封。弘治四年薨。	康王觐钧，靖嫡一子，初封上高王，弘治五年袭封。十年	宸濠，康嫡一子，初封上高王，弘治十二年袭封。正德十							

藩大宁。永乐元年移南昌府。正统十三年薨。	奠培袭封，追封王，谥曰惠。		薨。	四年反逆伏诛，除。							
	临川 磐烨，献庶二子，宣德元年封。天顺五年，罪降庶人，凤阳居住。成化二十一年卒。	奠𪣻，康僖嫡一子，正德七年封长子。天顺五年，罪降庶人，守西山祖坟。成化八									

	嘉靖三十五年追复王，谥康僖。	年卒。嘉靖二十五年追封王，谥恭顺。子孙不袭，除。									
	宜春 安简王磐烑，献庶三子，宣德三年封。弘治五年薨。	宣和王奠坫，安简嫡一子，弘治八年袭封。九年薨。	觐镈，宣和嫡一子，弘治八年封长子。九年卒。以子宸浍袭封。追封王，谥	康僖王宸浍，怀简嫡一子，弘治十一年袭封。十三年薨。	拱樤，康僖嫡一子，正德二年袭封。十五年坐宸濠反，解京自尽，子送凤						

		怀简。		阳，除。						
新昌 安僖王 磐炷，献 庶四子， 宣德五 年封。天 顺三年 薨。无 子，除。										
信丰 悼惠王 磐熿，献 庶五子， 宣德七 年封。正 德四年										

薨。无子,除。

瑞昌 恭僖王奠埠,惠庶二子,景泰二年以镇国将军加封。成化十二年薨。	荣安王觐铏,恭僖嫡一子,成化十四年袭封。弘治元年薨。	宸瀷,荣安庶一子,初封镇国将军。弘治三年卒。本年追封王,谥悼顺。	拱栟,悼顺嫡一子,弘治十二年袭封。正德十五年坐宸濠反死,子送凤阳,除。						
乐安 昭定王奠垒,惠庶三子,	觐镃,昭定庶一子,成化	靖庄王宸湔,温隐嫡一	端简王拱樛,靖庄嫡一	王多焿,端简嫡一	王谋颋,多焿庶一				

		景泰二年以镇国将军加封。弘治元年薨。	四年封镇国将军。十七年卒。以子宸湔袭郡封，追封王，谥温隐。	子，弘治四年袭封。嘉靖二十一年薨。	子，嘉靖二十四年袭封。三十八年薨。	子，嘉靖四十年袭封。万历间薨。	子，万历四十三年封长子。天启二年袭封。				
		石城 恭靖王奠堵，惠庶四子，景泰二年以镇国将军加封。成化二十	觐镐，恭靖庶一子，初封镇国将军。成化二十一年卒。以子宸浮	安恪王宸浮，端隐嫡一子，弘治二年袭封。十二年革爵。嘉靖二							

		二年薨。	袭封，追封王，谥端隐。	十四年奏复冠带。二十七年卒。无子，除。						
		弋阳 荣庄王奠壏，惠庶五子，景泰二年以镇国将军加封。天顺五年薨。	僖顺王觐镓，荣庄嫡一子，成化二年袭封。弘治十年薨。	庄僖王宸洒，僖顺嫡一子，弘治十七年袭封。正德九年薨。	端惠王拱樻，庄僖嫡一子，嘉靖二年袭封。三十年薨。	恭懿王多焜，端惠庶一子，嘉靖三十三年袭封。万历五年薨。无子，除。				
			钟陵 觐锥，靖							

			庶三子，成化九年封。弘治十八年，罪降庶人，送凤阳。正德十三年卒，除。								
			建安 简定王觐铼，靖庶四子，成化十七年封。嘉靖十七年薨。	庄顺王宸潚，简定嫡一子，嘉靖二十一年袭封。三十三	昭靖王拱桭，庄顺嫡一子，嘉靖三十六年袭封。隆庆四	康懿王多炜，昭靖嫡一子，万历元年袭封。二十九年薨。	王谋垅，康懿嫡一子，隆庆二年封长孙。万历二年	王统鍡，谋垅庶一子，万历四十五年封长子，既而			

				年薨。	年薨。		改封长子。三十一年袭封，薨。	袭封。			
岷 庄王楩，太祖庶十八子，洪武二十四年封。二十八年就藩云南。建文元年削籍。永乐元年复封。	恭王徽煠，庄嫡二子，初封镇南王，景泰三年袭封。天顺七年薨。	顺王音埑，恭嫡一子，成化元年袭封。十六年薨。	简王膺钰，顺嫡一子，弘治元年袭封。十三年薨。	靖王彦法，简庶一子，初封江陵王，弘治十七年袭封。嘉靖二十三年薨。	康王誉荣，靖嫡一子，嘉靖二十五年袭封。三十一年薨。	宪王定燿，康庶二子，嘉靖三十四年袭封，薨。	僖靖世子干跬，宪庶一子，初封南充王。万历十五年改封世子。二十年卒。	世孙企鋊，僖靖嫡一子，万历二十八年封世孙。四十二年卒。 王企	王禋洪，企鋊嫡一子，万历中封世曾孙。天启二年袭封。崇祯元年薨。无子，叔企鉡立。		

二十一年迁武冈州。景泰元年薨。								铧，僖靖嫡二子，初封郡王。崇祯四年进封。十六年被盗，遇害。			
	江川 恭惠王徽煝，庄庶三子，宣德四年封。成化五年薨。	荣懿王音埑，恭惠庶一子，成化十六年袭封。嘉靖元年薨。	王膺鐩，荣懿庶一子，嘉靖三年袭封。万历二十五年薨。子								

			孙先卒，除。								
	广通 徽煠，庄庶四子，宣德四年封。景泰三年，罪降庶人，寻卒，除。										
	阳宗 徽焟，庄庶五子，宣德四年封。景泰五年，										

	罪降庶人，寻卒，除。										
		南渭 荣顺王音堑，恭庶二子，景泰四年封。弘治五年薨。	膺鉙，荣顺庶一子，以镇国将军奏准管理府事。正德十二年卒。后子彦滨袭封，追封王，谥怀简。	安和王彦滨，怀简嫡一子，嘉靖三年袭封。二十二年薨。	庄顺王举播，安和嫡一子，嘉靖二十六年袭封。三十九年薨。无子，除。						
			安昌								

			怀僖王 膺铺，顺 嫡一子， 成化二 年封。十 八年薨。	荣和王 彦滏，怀 僖嫡一 子，弘治 二年袭 封。正德 九年薨。	王 誉楖，荣 和嫡一 子，嘉靖 元年袭 封。四十 一年薨。	定烷，誉 楖庶一 子，嘉靖 十九年 封镇国 将军。三 十八年 卒。	王 干理，定 烷庶一 子，隆庆 三年封 长孙，既 而袭封， 薨。	王 企钢，干 理庶一 子，万历 二十七 年封曾 长孙，既 而袭封。			
			充城 膺锟，顺 嫡三子， 成化五 年封。二 十二年， 罪送凤 阳，卒。 无子，除。								

黎山 安懿王膺鉖，顺嫡四子，成化六年封。弘治十一年薨。	康靖王彦漠，安懿庶一子，弘治十六年袭封。嘉靖六年薨。	荣僖王誉枚，康靖嫡一子，嘉靖十一年袭封。三十七年薨。	王定羡，荣僖嫡一子，嘉靖四十一年袭封。万历十一年薨。	王干礓，定羡嫡一子，万历四年封长子，既而袭封，薨。	王企镁，干礓庶一子，万历二十一年封长孙。			
沙阳 端靖王膺钯，顺嫡五子，成化十三年封。正德十二年薨。	王彦湍，端靖嫡一子，正德十四年袭封。十六年薨。							

				无子，除。							
			唐年 恭裕王膺禄，顺庶六子，成化十三年封。嘉靖十八年薨。	王彦涧，恭裕嫡一子，嘉靖二十二年袭封。四十年薨。	誉栾，彦涧嫡一子，嘉靖二十三年封长子。隆庆元年卒。无子，除。						
				南安 彦泥，简庶二子，弘治十一年封。嘉靖五年罪降							

				庶人，发高墙，除。							
				南丰 王彦激，简庶三子，正德十二年封。嘉靖四十年薨。	王誉栩，彦激嫡一子，隆庆四年袭封。万历十九年薨。	定燮，誉栩嫡一子，万历九年封长子。二十二年卒。	干台，定燮嫡一子，万历中封长孙，卒。	王企厥，干台庶一子，万历四十五年封曾长孙。既而袭封。			
					善化 康简王誉桔，靖嫡二子，正德九年封。嘉	王定烪，康简嫡一子，嘉靖三十三	王干堌，定烪庶一子，万历九年袭	王企钷，干堌嫡一子，万历十二年	王禋湋，企钷庶一子，万历三十六		

靖三十年薨。	年袭封。万历二年薨。	封，薨。	封长子，既而袭封，薨。	年封长孙。		
建德 荣安王誉梃，靖嫡三子，正德六年封。嘉靖二年薨。	王定炯，荣安嫡一子，嘉靖十二年袭封。万历三年薨。	干墡，定炯嫡一子，嘉靖三十四年封长子。万历三十五年，颁册，未受命，卒。	企[钅亭]，干墡庶一子，隆庆六年封长孙。	禋氵卜，企[钅亭]嫡一子，万历二十二年封曾长孙。		
汉川 康定王誉榛，靖	王定烰，康					

定庶一子，嘉靖四十二年以镇国将军改封长子。万历十九年袭封，薨。无子，除。	
嫡五子，嘉靖元年封。万历七年薨。	遂安王 誉樨，靖庶七子，嘉靖十七年封。三十三

					年薨。无子，除。						
					长寿王誉榰，靖庶八子，嘉靖十七年封。四十二年薨。无子，除。						
						绥宁王定炛，康庶三子，嘉靖二十七年	王干址，定炛庶一子，隆庆元年封	王企锌，干址庶一子，万历十七年			

封。万历二十年薨。	长子。万历三十五年颁册,未受命,卒。	封长孙。			
南漳王定熿,康庶六子,嘉靖三十二年封。三十六年薨。无子,除。					
祁阳王定㸁,康	王干蛙,定	企铨,干蛙庶一	王禋泞,企		

						庶七子，嘉靖三十一年封，薨。	燫嫡一子，万历二年封长子，既而袭封，薨。	子，万历二十年封长孙。四十二年卒。	铨嫡一子，万历四十五年封曾长孙，既而袭封。		
						广济王定炪，康庶八子，嘉靖三十六年封。万历二十七年薨。	干肿，定炪嫡一子，万历九年封长子。三十六年颁册，未受命，卒。无子，除。				
							青林				

							王千垣，宪庶三子，嘉靖四十五年封，本年薨。无子，除。				
							常宁王千坤，宪庶四子，万历十五年封。四十五年薨。无子，除。				

谷 橞，太祖庶十九子，洪武二十四年封。二十八年就藩宣府。成祖即位，移长沙府。永乐十五年坐谋逆，削为庶人，自焚死，除。											

韩 宪王松，太祖庶二十子，洪武二十四年封，未就藩。永乐五年薨。	恭王冲烒，宪嫡一子，永乐八年袭封。二十二年之藩平凉府。正统五年薨。	怀王范圯，恭庶一子，初封开城王，正统七年袭封。九年薨。无子。									
		靖王范埛，恭庶二子，初封西乡王，正统十一年进封。景泰元年薨。	惠王徵钋，靖庶一子，初封高陵王，景泰元年袭封。成化五年薨。	悼王偕沇，惠庶二子，初封广安王，成化五年袭封。十年薨。无子。							

		薨。		康王偕濤，惠庶三子，初封彰化王，成化十二年进封。弘治十四年薨。	昭王旭梃，康嫡一子，初封渭源王，弘治十七年袭封。嘉靖十三年薨。	定王融燧，昭嫡二子，嘉靖十五年袭封。四十四年薨。	谟垬，定嫡一子，嘉靖十八年封世子。四十年薨。谥悼恭。后子朗锜袭封，追封王，改谥曰安。	端王朗锜，安嫡二子，嘉靖四十五年以镇国将军改封世孙。隆庆三年袭封。万历三十四年薨。	敬安世子璟浤，端嫡一子，隆庆四年封世子。万历二十八年薨。	逵杞，敬安嫡一子，万历二十年封世孙。三十六年薨。	王亶堉，逵杞嫡一子，万历三十八年封世曾孙。三十九年袭封。崇祯十六年，贼陷平凉，被执。
	襄陵 庄穆王冲炑，宪庶二子，永乐二	恭惠王范址，庄穆嫡一子，成化	安穆王徽钤，恭惠庶一子，正德	偕洏，安穆庶一子，正德七年封	旭橦，端和庶一子，初封辅国将	顺清王融焚，懿简庶一子，嘉靖	恭懿王谟墡，顺清嫡一子，隆庆	温恪王朗镄，恭懿嫡一子，万历	王璟洸，温恪嫡一子，万历		

年封。成化十三年薨。	十七年袭封。正德元年薨。	六年袭封。嘉靖十七年薨。	镇国将军。十五年卒。以孙袭封。追封王，谥端和。	军，嘉靖十六年改封长孙。二十年卒。以子袭封。追封王，谥懿简。	二十五年袭封。万历十年薨。	元年封长子。万历十年袭封。十一年薨。	十五年袭封。四十五年薨。	三十三年封长子，既而袭封。		
乐平 定肃王冲[illegible]，宪庶三子，永乐二年封。成化二十二年薨。	范场，定肃庶一子，初封镇国将军。成化九年卒。以子徵钲袭封。	恭安王徵钲，僖安庶一子，弘治三年袭封。嘉靖二十二年薨。	温定王偕溉，恭安庶一子，嘉靖二十六年袭封。三十八年薨。	旭櫃，温定嫡一子，嘉靖三十年以辅国将军改封长子。三十三	昭顺王融熨，安和嫡一子，嘉靖四十一年袭封。万历四年薨。	庄简王谟埛，昭顺庶一子，万历十一年袭封。四十二年薨。	王朗鍙，庄简嫡一子，万历四十二年封长子。四十五年袭			

		追封王，谥僖安。			年卒。后子融熨袭封。追封王，谥安和。		封。			
	临汾王冲焻，宪庶四子，永乐二年封。四年薨。无子，除。									
		褒城昭裕王范埒，恭庶三子，	宣惠王徽钜，昭裕嫡一	安僖王偕沺，宣惠庶一	康顺王旭櫆，安僖庶一	温靖王融癸，康顺庶一	僖和王谟垣，温靖庶一			

正统二年封。成化二十年薨。	子，景泰二年袭封。弘治十二年薨。	子，弘治十四年袭封。正德五年薨。	子，正德十年袭封。嘉靖十六年薨。	子，嘉靖二十年袭封。三十一年薨。	子，嘉靖四十七年袭封。万历间薨。无子，除。				
通渭 庄简王范墅，恭庶四子，正统十二年封。成化五年薨。	荣靖王徵録，庄简庶一子，成化八年袭封。弘治十二年薨。	恭裕王偕浢，荣靖嫡一子，弘治十五年袭封。正德三年薨。	安定王旭栅，恭裕庶一子，正德七年袭封。嘉靖十八年薨。	端顺王融烧，安定庶一子，嘉靖二十二年袭封。三十三年薨。	惠穆王谟埫，端顺庶一子，嘉靖三十五年袭封。万历二十四年薨。	朗鉽，惠穆嫡一子，万历八年封长子。二十一年卒。无子，除。			
平利									

		怀简王范壑，恭庶五子，封后薨。无子，除。									
			汉阴恭惠王徵锓，靖庶二子，封后薨。无子。王疾时，妃父周恂谋取他人子纳之，长受封。成化								

			十四年事发，恂伏诛，冒封男女俱赐自尽，除。								
				高平 荣和王偕滦，惠庶六子，成化七年封。正德七年薨。	昭简王旭樽，荣和嫡一子，弘治三年袭封。正德十五年薨。	融烇，昭简庶一子，嘉靖五年袭封。十五年革爵。三十七年卒。除。					
				西德 昭僖王	旭枞，昭	康惠王	端靖王	王	王		

				偕瀞，惠庶七子，成化八年封。正德七年薨。	僖庶一子，弘治元年封长子。正德六年卒。以子融熣袭封，追封王，谥悼昭。	融熣，悼昭庶一子，嘉靖元年袭封。万历十年薨。	谟堩，康惠嫡一子，嘉靖二十三年封长子。万历十四年袭封。二十七年薨。	朗锱，端靖嫡一子，万历二十四年封长子。三十九年袭封，薨。	璟[illegible]，朗锱嫡一子，天启二年袭封。		
					陇西安懿王旭林，康嫡三子，弘治十三年封。嘉靖二						

					十五年薨。无子，除。						
					宁远 宣和王旭栓，康嫡四子，弘治十三年封。正德十一年薨。	恭懿王融焕，宣和嫡一子，嘉靖四年袭封。四十一年薨。	恭靖王谟垙，恭懿嫡一子，隆庆二年袭封，本年薨。	王朗镆，恭靖嫡一子，万历四年袭封，薨。	王璟熏，朗镆嫡一子，万历二十三年封长子，既而袭封。		
					长泰 荣和王旭横，康庶六子，弘治十	恭简王融焯，荣和嫡一子，嘉靖	谟埙，恭简庶一子，嘉靖三十年				

					七年封。嘉靖十三年薨。	十七年袭封。万历九年薨。	封镇国将军。万历十一年卒。无子，除。				
					永福 端僖王旭榫，康庶七子，弘治十七年封。嘉靖二十六年薨。	恭靖王融焚，端僖庶一子，万历十六年以镇国将军袭封。三十九年越关，革爵。除。					

建宁恭安王旭⿰木育，康庶八子，弘治十七年封。嘉靖十二年薨。	融焰，恭安嫡一子，嘉靖十七年袭封。三十七年，罪降庶人。隆庆三年卒。	王谟堂，融焰嫡一子，嘉靖三十六年封长子。万历二十四年辩准复爵。二十五年袭封。二十八年薨。	王朗镔，谟堂嫡一子，万历三十二年袭封。			
	长洲定恭王	谟埣，定	王	王		

						融焌，昭庶二子，正德十年封。隆庆五年薨。	恭嫡一子，嘉靖十五年封长子。三十七年卒。以子朗锐袭封，追封王，谥简靖。	朗锐，简靖庶一子，万历二年袭封，薨。	璟淩，朗锐嫡一子，万历二十四年封长子。天启二年袭封。		
						崑山 荣康王融烄，昭庶四子，嘉靖元年封。四十三年	恭顺王谟垅，荣康嫡一子，隆庆二年袭封。万历	庄简王朗锖，恭顺嫡一子，万历十六年袭封。二			

薨。	七年薨。	十一年薨。无子,除。			
长乐 康懿王融焞,昭庶子,嘉靖十二年封。四十三年薨。	荣安王谟圳,康懿嫡一子,隆庆四年袭封。万历三十五年薨。	朗⿵几金,荣安嫡一子,万历二十三年封长子。三十五年未袭卒。	王璟⿰氵厍,朗⿵几金庶一子,万历三十九年袭封。		
	高淳 庄懿王谟⿰土兹,定庶二子,嘉靖十	王朗镕,庄懿庶一子,万历	王璟浫,朗镕嫡一子,万历	王逵朴,璟浫庶一子,万历	

九年封。四十年薨。	三年以镇国将军袭封，薨。	九年封长子，既而袭封，薨。	二十七年封长孙。天启三年袭封。	
休宁 安靖王谟埭，定庶三子，嘉靖十九年封。三十二年薨。	端惠王朗镠，安靖庶一子，嘉靖三十七年袭封。万历十四年薨。无子，除。			
庆阳 庄懿王	恭恪王			

							谟垫,定嫡四子,嘉靖二十四年封。三十八年薨。	朗铨,庄懿庶一子,隆庆四年袭封。万历七年薨。无子,除。			
							通安端裕王谟垪,定庶六子,嘉靖二十七年封。万历二十一年薨。	王朗锫,端裕庶一子,万历十二年封长子。二十四年袭封,薨。	王璟淮,朗锫庶一子,万历三十五年封长子,既而袭封,薨。		

崇明怀庄王璟清，端嫡二子，隆庆四年封。万历十一年薨。		
长吉庄靖王璟涸，端庶三子，万历二年封。二十四年薨。	王逵植，庄靖嫡一子，万历二十年封长子。二十八年袭封。	

保德 璟淲，端嫡四子，万历四年封。二十年薨。无子，除。		
绥平安穆王璟洛，端嫡五子，万历五年封。二十年薨。无子，除。		
咸阳王		

		璟溭，端庶六子，万历十一年封，薨。无子，除。									
		商丘王璟浲，端庶七子，万历十四年封，薨。无子，除。									
		固原王璟渭，端									

									庶八子，万历二十年封，薨。无子，除。		
									汶阳王 璟余，端庶九子，万历二十三年封，薨。无子，除。		
沈 简王模，太祖庶二十一	康王佶焞，简庶一子，初	庄王幼埉，康嫡一子，天	恭王诠钲，庄庶一子，正	勋氵此，恭庶一子，初封福	允栘，靖嫡二子，嘉靖六						

子,洪武二十四年封。永乐六年就藩潞州,后改潞安府。宣德六年薨。	封武乡王,宣德七年袭封。天顺元年薨。	顺三年袭封。正德十一年薨。	德三年以西阳王改封世子。十三年袭封。嘉靖六年薨。	山王,嘉靖四年先薨。一子未名,卒。二子未封,卒。以从侄允移嗣封,追封王,谥曰靖。	年管理府事。九年薨。无子。以再从弟允移嗣封。追封王,谥曰怀。							
					宪王允移,靖从弟,灵川王勋潪嫡一子,嘉靖五年袭封灵川王。九年,以	宣王恬烄,宪嫡二子,嘉靖三十一年袭封。万历十年薨。	定王珵尧,宣嫡一子,嘉靖三十七年封世子。万历十二年袭封。	王效镛,珵尧嫡一子,万历八年封世孙。十三年改封世子。				

					怀王绝嗣，管理府事。十年嗣封。追谥其祖诠钚为安王，父为惠王。二十八年薨。						
	陵川 康肃王佶燵，简庶二子，永乐二十二年封。成化	幼埅，康肃嫡一子，正统十三年封长子。成化八	康简王诠锑，怀懿庶一子，成化十三年袭封。嘉	勋瀼，康简嫡一子，弘治三年封长子。嘉靖九年	庄安王允杲，悼康嫡一子，嘉靖十四年袭封。三	温穆王恬烁，庄安嫡一子，隆庆元年袭封。万历	王理墉，温穆庶一子，万历二十一年封长				

十年薨。	年卒。以子诠铹袭封。追封王，谥怀懿。	靖十年薨。	卒。以子允杲袭封，追封王，谥悼康。	十九年薨。	二十七年薨。	子。三十年袭封。四十年薨。				
平遥 僖靖王信煟，简庶三子，永乐二十二年封。正统十一年薨。	懿安王幼⿰土量，僖靖嫡一子，正统二年袭封。成化间薨。无子，除。									
黎城 昭僖王信燏，简	庄惠王幼瑗，昭									

庶四子，宣德三年封。正统九年薨。	僖嫡一子，正统十二年袭封。成化十三年薨。无子，除。									
稷山 悼靖王佶焆，简庶五子，宣德三年封，正统七年薨。	庄靖王幼垬，悼靖嫡一子，正统十二年袭封。天顺六年薨。	荣和王诠鍌，庄靖庶一子，成化五年袭封。正德九年薨。	端简王勋沍，荣和嫡一子，正德十三年袭封。嘉靖二十年薨。	昭靖王允柯，端简嫡一子，嘉靖二十四年袭封。四十五年薨。	康和王恬炠，昭靖庶一子，隆庆四年袭封。万历十四年薨。	王理埍，康和嫡一子，万历间袭封，薨。	王效钛，理埍庶一子，万历三十四年封长子。天启二年袭封。			

沁水 悼怀王 佶煴，简 庶六子， 宣德三 年封。正 统四年 薨。	安惠王 幼壊，悼 怀嫡一 子，正统 十三年 袭封。成 化七年 薨。	端懿王 诠镭，安 惠嫡一 子，成化 十二年 袭封。正 德元年 薨。	荣穆王 勋滮，端 懿嫡一 子，正德 三年袭 封。十二 年薨。	庄和王 允櫰，荣 穆嫡一 子，嘉靖 元年袭 封。二十 一年薨。	昭定王 恬炘，庄 和嫡一 子，嘉靖 二十五 年袭封。 四十年 薨。	康僖王 理堦，昭 定嫡一 子，隆庆 元年袭 封。万历 二十九 年薨。	王 效铚，康 僖庶一 子，万历 十四年 封长子。 三十三 年袭封。			
沁源 恭定王 佶焯，简 庶八子， 宣德三 年封。正 统十四 年薨。	端宪王 幼埼，恭 定嫡一 子，景泰 四年袭 封。成化 十一年	荣靖王 诠钟，端 宪嫡一 子，成化 十三年 袭封。正 德九年	康僖王 勋湊，荣 靖嫡一 子，正德 十一年 袭封。嘉 靖二十	允杨，康 僖嫡一 子，正德 十三年 封长子。 嘉靖九 年卒。以	康裕王 恬炜，悼 和嫡一 子，嘉靖 十五年 袭封。万 历十年	宪肃王 理墀，康 裕嫡二 子，万历 五年以 镇国将 军改封	效𫔍，宪 肃庶一 子，万历 九年以 辅国将 军改封 长孙。十			

		薨。	薨。	一年薨。	子恬炜袭封。追封王，谥悼和。	薨。长子理场，罪发高墙。	长子。十三年袭封。三十五年薨。	五年，罪降为庶人。 王效铻，宪肃庶二子，万历四十三年袭封。			
		清源 庄简王幼圩，康嫡三子，正统十一年封。弘治十四年薨。	荣僖王诠鉻，庄简嫡四子，初封镇国将军，成化十三年	端和王勋漧，荣僖嫡一子，正德十一年袭封。嘉靖三十	恭裕王允杫，端和庶一子，嘉靖四十年袭封。万历八年	王恬荚，恭裕庶一子，万历十一年袭封。三十九年	王理堉，恬荚嫡一子，万历中袭封。				

			继黎城庄惠王嗣。后以庄简三子俱卒，奏准归宗。弘治十年袭封。正德十年薨。	七年薨。	薨。	薨。					
		辽山 宣穆王幼堼，康嫡四子，正统十二年封。弘治十	端和王诠钺，宣穆庶一子，弘治十七年袭封。正	恭靖王勋澄，端和庶一子，嘉靖十年袭封。万历	王允杞，恭靖嫡一子，万历八年袭封。四十	怙焊，允杞嫡一子，嘉靖四十五年封长孙。万历	王理地，怙焊庶一子，万历四十年以奉国				

		三年薨。	德十三年薨。	三年薨。	年薨。	三年改封长子。十五年卒。	将军改封长孙，既而袭封。				
		内邱 恭僖王幼⿰土寅;康嫡六子，景泰四年封。正德十二年薨。	诠铒，恭僖嫡一子，成化八年封长子。正德七年卒。以子勋漴袭封。追封王，谥悼顺。	端靖王勋漴，悼顺庶一子，嘉靖元年袭封。二十二年薨。	允柲，端靖庶一子，正德六年封长子。嘉靖二十五年颁册，未受命，卒。以子恬熙袭封，追封王，谥	庄懿王恬熙，安裕嫡一子，嘉靖三十年袭封。万历十一年薨。	王珵壎，庄懿嫡一子，万历十五年袭封，薨。	王效锂，珵壎庶一子，万历十八年封长子，既而袭封。	王迥灝，效锂嫡一子，万历四十三年封长孙。		

			安裕。						
广宗 怀靖王幼垛，康嫡七子，景泰五年封。天顺八年薨。无子，除。									
唐山 悼僖王幼垿，康嫡八子，景泰五年封。成化十七	荣康王诠铍，悼僖嫡一子，成化十九年袭封。弘	恭懿王勋澂，荣康嫡一子，弘治七年袭封。嘉靖	允楀，恭懿嫡一子，正德五年封长子。嘉靖四十	庄惠王恬熇，允楀庶一子，隆庆三年袭封。万历	王理郢，庄惠嫡一子，万历八年封长子。二	王效钯，理郢嫡一子，万历四十年封长子。			

		年薨。	治四年薨。	三十九年薨。	三年卒。	二十年薨。	十三年袭封，薨。				
		永年 荣安王幼埭，康嫡十子，景泰五年封。正德三年薨。	诠镪，荣安嫡一子，成化九年封长子。弘治十八年卒。以孙允棣袭封。追封王，谥怀僖。	勋浚，怀僖嫡一子，成化十九年封长孙。弘治十七年卒。以子允棣袭封。追封王，谥悼顺。	恭裕王允棣，悼顺嫡一子，正德十六年袭封。嘉靖十二年薨。	庄宪王恬定，恭裕嫡一子，嘉靖十七年袭封。三十七年薨。	温恭王珵封，庄宪嫡一子，嘉靖四十年袭封。隆庆二年薨。				
			灵川 荣懿王诠鉌，庄	恭裕王勋潪，荣							

			庶二子，成化十九年封。正德四年薨。	懿嫡一子，正德八年袭封。嘉靖三年薨。后子允移嗣沈封，郡爵例不袭。							
			宜山 康僖王诠鏞，庄庶三子，成化二十一年封。嘉靖十六年	荣端王勋渥，康僖庶一子，嘉靖二十年袭封。万历十六	允櫆，荣端庶一子，嘉靖三十三年封长子。万历十二年	恬燍，允櫆嫡一子，万历二年封长孙。三十三年未袭，卒。	理堊，恬燍嫡一子，万历二十八年封曾长孙，既而袭封。				

薨。	年薨。	卒。						
宿迁 荣简王诠鎀,庄庶四子,弘治三年封。嘉靖二十二年薨。	端惠王勋泽,荣简嫡一子,嘉靖二十六年袭封。三十二年,薨。	允柠,端惠庶一子,嘉靖十二年封长孙。三十二年卒。	王恬烟,允柠嫡一子,嘉靖三十六年袭封。隆庆六年薨。无子,除。					
吴江 昭和王诠铿,庄庶五子,弘治四年封。正	荣顺王勋淯,昭和嫡五子,嘉靖五年袭	允枤,荣顺嫡一子,嘉靖三十年封长子。	王恬[illegible],允枤庶一子,万历十八年					

			德七年薨。	封。万历二十五年薨。	万历十六年卒。	封长孙。二十九年袭封。三十九年薨。无子，除。					
			定陶 恭靖王诠钺，庄庶六子，正德二年封。嘉靖三十一年薨。	勋沄，恭靖嫡一子，嘉靖四年封长子。三十年卒。以子允柾袭封，追封王，亦谥恭	王允柾，恭靖嫡一子，嘉靖三十四年袭封。万历三十八年薨。	恬鉅，允柾嫡一子，万历五年封长子。四十二年未袭卒。	王理梼，恬鉅嫡一子，万历三十六年封长孙，既而袭封。				

		王 效鋾，珵雝嫡一子，万历四十四年封长
		王 珵雝，端和庶一子，万历十四年封长子。
		端和王 恬燇，荣顺嫡一子，万历十三年袭封。三
		德平荣顺王 允椸，惠嫡二子，嘉靖三十七年封。万历
靖。		
	云和王 诠镗，庄庶七子，正德八年封。嘉靖三十六年薨。无子，除。	

					十年薨。	十二年薨。	三十六年袭封，薨。	子，既而袭封。			
						镇康恭裕王恬焯，宪嫡一子，嘉靖三十一年封。万历八年薨。无，除。					
						安庆端懿王恬炦，宪嫡七子，嘉靖三	王理垣，端懿嫡一子，万历				

						十一年封。万历二十二年薨。	二十二年封长子。三十五年袭封，薨。				
							保定 顺惠王理坦，宣嫡二子，嘉靖三十八年封。万历二十八年薨。	王效鏊，顺惠庶一子，万历二十九年封长子。三十三年袭封，薨。			
							德化 温简王				

理圳，宣庶三子，隆庆六年封。万历二十七年薨。无子，除。
灵寿王 理垲，宣庶五子，万历二十二年封。二十八年薨。无子，除。
六合

							王 理埏，宣 庶六子， 万历二 十二年 封。				
安 惠王楹， 太祖庶 二十二 子，洪武 二十四 年封。永 乐六年 就藩平 凉府。十 五年薨。											

无子，封除。											
唐 定王桱，太祖庶二十三子，洪武二十四年封。永乐六年就藩南阳府。十三年薨。	靖王琼炷，定嫡一子，永乐十九年袭封。宣德元年薨。无子。 宪王琼炟，定嫡二子，宣德三年袭封。成化十一	庄王芝址，宪嫡二子，初封舞阳王，成化十三年	成王弥锑，庄庶一子，初封颍昌王，成化二十三	敬王宇温，成亲弟文城王弥钳嫡一子，初封文	顺王宙栐，敬庶二子，嘉靖四十一年袭封。四十	端王硕熑，顺庶一子，隆庆三年封世子。五年袭	器墭，端庶一子，万历二十二年封世子。后以端	聿键，裕嫡一子，初从世子被囚。万历中封世孙。			

			崇祯五年袭封。九年以勤王违制，降为庶人，发凤阳高墙。十七年五月赦出。次年奔福州自立，僭号隆武。大清顺治三年八月奔汀	王惑於嬖人，被囚遇毒薨。追封王，谥曰裕。	封。崇祯五年薨。	三年薨。	城王，嘉靖四年进封。追谥其父为恭王。三十九年薨。	年袭封。嘉靖二年薨。二子俱夭，侄宇温嗣。	袭封。二十一年薨。	年薨。	

州。王师至，被执死。聿𬭎，裕嫡二子。聿键立，封为唐王。大清顺治三年十一月，福建平，立於广州，僭号绍武。逾月，王师至，被执死。

新野 悼怀王琼炜，定庶二子，宣德三年封。正统元年薨。	恭简王芝城，悼怀嫡一子，正统九年袭封。成化十一年薨。	宣懿王弥锅，恭简嫡一子，成化十四年袭封。弘治十一年薨。	荣僖王宇沪，宣懿嫡一子，弘治十二年袭封。嘉靖三十二年薨。	康靖王宙杭，荣僖嫡一子，嘉靖三十五年袭封。隆庆六年薨。长子硕烨未袭，卒。	王硕灿，康靖庶二子，万历六年袭封，薨。	器埛，硕灿庶一子。万历四十二年查父硕灿以弟冒兄爵，照世次，降封辅国将军。 器蝈，硕烨庶四子。万历四十六年，器埛				

					以父冒封革衮，器蜩请嗣郡爵。例封奉国将军，奉祀，除。				
三城 康穆王芝垝，宪庶三子，成化七年封。正德六年薨。无子，除。									
新城									

		芝坦，宪庶四子，成化九年封。弘治十三年，以罪革爵。正德十年卒。无子，除。									
		承休 荣和王芝垠，宪庶五子，成化七年封。二十年革	昭毅王弥鋠，荣和庶一子，嘉靖二年袭封。二十	安僖王宇渊，昭毅嫡一子，嘉靖二十四年袭封。	宙枝，安僖嫡一子，嘉靖二十四年封长子。万历	王硕镖，端惠庶一子，万历十八年袭封。					

		爵。弘治七年复。正德十五年薨。	一年薨。	万历十四年薨。	五年卒。以子硕鰾袭封。追封王，谥端惠。						
		荡阴 昭安王芝垙，宪庶子，成化九年封。正德十六年薨。	端肃王弥锷，昭安嫡一子，嘉靖三年袭封。三十五年薨。	宇澄，端肃嫡一子，嘉靖六年封长子。十九年卒。以子宙桀袭封。追封王，谥悼怀。	荣简王宙桀，悼怀嫡一子，嘉靖三十八年袭封。万历十九年薨。无子，除。						
			浙阳								

			温僖王弥铲，庄庶一子，成化十五年封。正德六年薨。无子，除。								
			文城恭靖王弥钳，庄庶三子，成化十五年封。正德十一年薨。后子嗣								

唐封,郡爵例不袭。								
郾城 恭端王弥银,庄庶四子,成化二十一年封。嘉靖三十一年薨。	宇清,恭端嫡一子,正德十三年封长子。嘉靖三十四年卒。以子宙桃袭封。追封王,谥昭宪。	荣康王宙桃,昭宪庶一子,嘉靖三十五年袭封。三十七年薨。无子,除。						
卫辉								

					温僖王硕焕，荣昭庶一子，嘉靖四十三年袭封。四十五年薨。无子，除。	宙桐，端顺庶一子，初封镇国将军。嘉靖四十年卒。以子硕焕袭封，追封王，谥荣昭。	端顺王宇漳，恭懿嫡一子，嘉靖二十九年袭封。四十一年薨。	恭懿王弥銄，庄庶五子，成化二十一年封。嘉靖二十六年薨。			
				福山王器埉，端庶五子，万历二十五年							

				封，薨。							
				清源王器埏，端庶六子，万历二十五年封。二十六年薨。无子，除。							
				安阳王器埈，端庶七子，万历二十七年封，薨。							

宝庆王器增，端庶八子，万历三十一年封，薨。				
永兴王器培，端庶九子，万历二十七年封。三十八年薨。无子，除。				
永寿				

							王器圻，端庶十子，万历三十七年封，薨。				
							德安王器[土+鼎]，端庶十一子，万历四十二年封。				
郢靖王栋，太祖庶二十四											

子，洪武二十四年封。永乐六年就藩安陆州。十二年薨。无子，封除。											
伊 厉王㰘，太祖庶二十五子，建文三年封。永乐六年	简王颙炔，厉庶一子，永乐二十二年袭封。天顺六	勉堡，简庶一子，初封洛阳王。天顺八年薨。以子𬤊钒袭	悼王𬤊钒，安嫡一子，成化二年袭封。十一年薨。无子。								

就藩河南府。十二年薨。	年薨。	封，追封亲王，谥日安。	定王谡锝，安嫡四子，初封郑城王，成化十三年进封。正德三年薨。	庄王讦渊，定嫡一子，正德六年袭封。嘉靖五年薨。无子。 敬王讦淳，定庶二子，初封济源王，嘉靖六年进封。二十一年薨。	典模，敬庶一子，嘉靖二十三年袭封。四十三年，罪降庶人，发高墙，除。						
		光阳									

	王 凤漱,采铻嫡一子,万历四十四年封长子,既而袭封。
	王 采铻,珂塛庶一子,万历二十四年封长子。二十六年袭。
	王 珂塛,温僖庶一子,嘉靖四十年袭封。万历二十三年薨。
	温僖王 褒熵,怀顺嫡一子,嘉靖九年袭封。三十六年薨。
	典榕,昭和嫡一子,正德二年封长子。嘉靖二年卒。以子褒熵袭
	昭和王 讦注,怀僖嫡一子,弘治二年袭封。嘉靖三年薨。
	方城 怀僖王 𬤊镛,安庶二子,成化四年封。二十一年薨。
荣靖王 勉坍,简庶二子,成化四年封。正德七年薨。无子,除。	

					封。追封王，谥怀顺。			封，薨。			
			西鄂 安僖王諟钦，安庶三子，成化四年封。十五年薨。	恭靖王讦漈，安僖嫡一子，弘治元年袭封。正德七年薨。无子，除。							
					万安 康懿王典槙，敬庶二子，嘉靖七	昭和王褒炝，康懿嫡一子，万历	恭宣王珂佳，昭和嫡一子，万历	王采铿，恭宣嫡一子，袭封。			

					年封。以奉祀。隆庆四年薨。	二年袭封。二十六年薨。	二十一年封长子。二十九年袭封。以就府营福藩，别城永宁，寻薨。	崇祯九年二月以盗炽，请加筑永宁城。十四年，闯贼破城，遇害。			
						安乐 褒炜，典模庶五子，嘉靖二十九年封。三十二年革爵。四					

					十三年卒。无子,除。					
靖江附 守谦,太祖嫡兄南昌王兴隆子文正嫡一子,洪武三年封。九年就藩桂林府,寻废为庶人。七年复爵,使	悼僖王 赞仪,守谦嫡一子,建文二年袭封。永乐元年就藩。六年薨。	庄简王 佐敬,悼僖庶一子,永乐九年袭封。成化五年薨。	相承,庄简嫡一子,正统元年封长子。天顺二年卒。以子规裕袭封。追封王,谥怀顺。	昭和王 规裕,怀顺嫡一子,成化七年袭封。弘治二年薨。	端懿王 约麒,昭和嫡一子,弘治三年袭封。正德十一年薨。	安肃王 经扶,端懿嫡一子,正德十三年袭封。嘉靖四年薨。	恭惠王 邦苧,安肃嫡一子,嘉靖六年袭封。隆庆六年薨。	康僖王 任昌,恭惠嫡一子,万历五年袭封。十年薨。	温裕王 履焘,康僖嫡一子,万历十三年袭封。二十年薨。无子。叔任晟立。	
								宪定王 任晟,恭惠庶二子,万历	荣穆王 履祐,宪定嫡二子,万历	王 亨嘉,荣穆庶一子,万历

四十三年封长子。崇祯中袭封。大清顺治二年叛，称监国，为福王总督丁魁楚、巡抚瞿式耜所杀。	二十八年以奉国将军改封长子。四十年袭封，薨。	二十年以辅国将军进封。三十八年薨。长子履祥先卒。								居云南，还凤阳，后召锢京师。二十五年卒。	

明史卷一〇三

表第四

诸王世表四

建文初，封弟允熥为吴王，允熞为衡王，允熙为徐王，皆懿文太子子也。福王时，追谥吴王曰悼，衡王曰愍，徐王曰哀，见福王传。

吴悼王允熥，懿文太子嫡三子，建											

文元年封，未就藩。成祖入京师，降封广泽王，居漳州。其年九月召还，废为庶人。永乐十三年卒。										
衡 愍王允熞，懿文太子庶四子，建										

文元年封，未就藩。成祖入京师，降封怀恩王，居建昌。其年，与吴王俱召还，废为庶人。

徐

哀王允熙，懿文太子庶五子，建文元年

封，未就藩。成祖入京师，降封敷惠王，随母居太子陵。永乐二年改封瓯宁王，奉懿文祀。四年卒。无子，除。										

成祖四子。仁宗外，高爔未封。其得封者二王，曰汉王高煦，曰赵简王高燧。

汉										

高煦，成祖嫡二子。洪武二十八年封高阳王，永乐二年进封。十五年就藩乐安州。宣德元年八月反，削爵锢西内，焚死。世子瞻先卒。										

韦妃及九子俱从死，除。											
赵 简王高燧，成祖嫡三子，永乐二年封。洪熙元年就藩彰德府。宣德六年薨。世子瞻坺先卒。	惠王瞻塙，简嫡二子，初封安阳王，宣德七年袭封。景泰五年薨。	悼王祁镃，惠嫡一子，景泰六年，袭封。天顺四年薨。	靖王见灂，悼庶一子，成化元年袭封。弘治十五年薨。	庄王祐棌，靖庶三子，初封清流王，弘治十六年袭封。正德十三年薨。	康王厚煜，庄嫡一子，正德十六年袭封。嘉靖三十九年薨。	载培，康庶一子，初封获嘉王。嘉靖十六年薨，谥昭定。后以孙常清袭赵封，进封亲王，改谥曰恭。	翊镏，恭嫡一子，嘉靖二十八年封世孙。三十八年薨。以子常清袭封。追封王，谥曰安。	穆王常清，安嫡一子，嘉靖四十四年袭封。万历四十二年薨。	由松，穆嫡一子，万历十三年封世子。四十二年未袭薨。无子。	王慈憿，寿光王由桂嫡一子，万历中改封世孙。四十五年嗣封。	
		临漳									

		恭安王祁鎣,惠嫡二子,正统九年封。成化二十一年薨。	荣和王见潼,恭安嫡一子,成化二十三年袭封。正德十一年薨。	祐杙,荣和庶一子,成化二十三年封镇国将军。弘治十八年卒。以子厚炣袭封,追封王,谥悼怀。	康端王厚炣,悼怀庶一子,正德十六年袭封。嘉靖八年薨。	庄惠王载墭,康端庶一子,嘉靖十七年袭封。万历十八年薨。	王翊锄,庄惠庶一子,万历十四年封长子。二十一年袭封,薨。	王常海,翊锄嫡一子,万历二十七年封长子。天启二年袭封。			
		汤阴 庄僖王祁[illegible],惠嫡三子,正统九	见准,庄僖嫡一子,成化二十一								

		年封。成化二十一年薨。	年袭封。弘治六年以罪赐死，除。								
		襄邑 恭定王祁锃，惠嫡四子，正统九年封。成化元年薨。	怀简王见滃，恭定嫡一子，成化四年袭封。十二年薨。无子。 荣惠王见沂，恭定庶二子，成化	昭和王祐榉，荣惠庶一子，弘治	端顺王厚燔，昭和庶一子，嘉靖						

	洛川 靖懿王祁铢,惠嫡五子,正统十年封。成化十九年薨。
十三年进封。弘治六年薨。	衷恪王见湜,靖懿嫡一子,成化二十年袭封。正德十二年薨。
七年袭封。正德十一年薨。	康定王祐枲,衷恪庶一子,嘉靖元年袭封。十九年薨。
三十八年袭封。万历十一年薨。子翊鈖擅婚,例不准袭,除。	厚焀,康定嫡一子,正德十四年封长子。嘉靖八年卒。以子载垸年薨。
	恭简王载垸,怀顺嫡一子,嘉靖二十三年袭封。三十三年薨。
	庄宪王翊鏴,恭简嫡一子,嘉靖三十八年袭封。四十四年薨。
	端惠王常渲,庄宪嫡一子,万历元年袭封。三十二年薨。
	王由硎,端惠嫡一子,万历二十一年封长子。三十六年袭
	王慈焜,由硎嫡一子,天启三年袭封。

					袭封。追封王，谥怀顺。				封，薨。		
		南乐 安懿王祁铁，惠嫡七子，天顺元年封。弘治十六年薨。	荣僖王见澜，安懿庶一子，正德十一年袭封。嘉靖元年薨。	宣靖王祐樌，荣僖庶一子，嘉靖四年袭封。十八年薨。	康顺王厚熘，宣靖嫡一子，嘉靖二十二年袭封。万历八年薨。	恭恪王载坑，康顺庶一子，万历十二年袭封。十三年薨。	王翊镐，恭恪庶一子，万历十六年袭封，薨。	王常汰，翊镐嫡一子，万历三十年封长子，既而袭封。			
		平乡 荣顺王祁锶，惠庶八子，天顺元	荣康王见洸，荣顺庶一子，弘治	祐楸，荣康庶一子，正德三年封	恭和王厚爆，僖穆嫡一子，嘉靖	安庄王载坋，恭和庶一子，万历					

		年封。成化十二年薨。	元年袭封。嘉靖七年薨。	镇国将军。八年卒。以子厚爆袭封。追封王，谥僖穆。	十二年袭封。万历四年薨。	四年以镇国将军袭封。十一年罪革，半禄，子孙降封奉祀，除。					
			汝源 荣昭王见淇，悼庶二子，成化三年封。嘉靖八年薨。	祐桐，荣昭嫡一子，成化十九年封长子。嘉靖七年卒。以子厚焆	端僖王厚焆，怀和庶一子，嘉靖十年袭封。二十八年薨。	载[illegible]，端僖嫡一子，未袭卒。无子，除。					

				袭封，追封王，谥怀和。							
			昆阳温穆王见治，悼庶三子，成化三年封。正德元年薨。无子，除。								
				广安端裕王祐枳，靖庶五子，弘治五	温懿王厚熑，端裕嫡一子，正德	康裕王载堂，温懿嫡一子，嘉靖	王翊镠，康裕嫡一子，万历				

				年封。十五年薨。	十年袭封。嘉靖三十五年薨。	三十八年袭封。隆庆五年薨。	二年袭封。三十四年薨。				
					江宁 恭懿王厚炼，庄庶三子，正德十六年封。嘉靖四十一年薨。	庄惠王载墣，恭懿嫡一子，嘉靖四十四年袭封。万历九年薨。	王翊铦，庄惠庶一子，万历十二年袭封。二十八年薨。一子常淦，先卒。无嗣，除。				
					光山						

康靖王厚烃，庄庶四子，嘉靖二年封。三十年薨。一子夭，除。	秀水 宪穆王厚炯，庄庶六子，嘉靖九年封。十九年薨。一子夭，除。

王由朴，常淏嫡一子，万历二十九年封长子，既而袭封，薨。	寿光王由桂，穆庶七子，
王常淏，昭裕庶一子，万历十五年袭封，薨。	
翊錝，端穆庶一子，嘉靖三十六年封镇国将军。万历五年卒。以子常淏袭封，追封王，谥昭裕。	
成皋端穆王载垸，康庶四子，嘉靖十九年封。万历十二年薨。	

									万历二十七年封。三十六年薨。后子慈懒嗣赵封，郡爵例不袭。		

仁宗十子。宣宗外，瞻埈未封。其得封者八王，曰郑靖王瞻埈，曰越靖王瞻墉，曰襄宪王瞻墡，曰荆宪王瞻堈，曰淮靖王瞻墺，曰滕怀王瞻垲，曰梁庄王瞻垍，曰卫恭王瞻埏。

郑 靖王瞻埈，仁宗庶二子，永乐二	简王祁锳，靖嫡一子，成化四年	见滋，简嫡一子，成化七年封世	康王祐枔，僖嫡一子，弘治十四								

十二年封。宣德四年就藩凤翔府。正统九年移怀庆府。成化二年薨。	袭封。弘治八年薨。	子。十五年薨。以子祐柃袭封。追封王，谥曰僖。	年袭封。正德二年薨。无子，从弟祐檡立。 懿王祐檡，东垣端惠王嫡一子，初袭东垣王，正德四年嗣封。十六年薨。	恭王厚烷，懿嫡四子，嘉靖六年袭封。二十九年以谏帝真修，降庶人，发高墙。隆庆元年复爵，加	端清世子载堉，恭嫡一子，嘉靖二十五年封世子。万历三十三年让爵载玺。诏载堉及子翊锡，						

				禄四百石。万历十九年薨。	准以世子、世孙禄终身。其子孙仍封东垣王，以接见濆之统。						
					王载玺，恭再从弟庶人厚炜嫡一子，盟津王见濾曾孙也。以载堉让	王翊钟，载玺嫡一子，万历三十五年封世子，既而袭封。崇祯十三年					

					爵，万历三十四年受封，薨。	以罪赐死，除。					
	新平怀僖王祁锐，靖嫡二子，正统七年封。景泰七年薨，无子，除。										
	泾阳安靖王祁铣，靖庶三子，	见溢，安靖嫡一子，弘治									

正统八年封。弘治元年薨。	四年袭封。八年革爵。十六年卒。无子，除。									
朝邑 荣简王祁镕，靖嫡四子，正统八年封。成化二十二年薨。无子，除。										
	盟津 见滮，简庶三子，	祐橏，见滮嫡一	厚炜，祐橏嫡一	载玺，嗣郑封，见						

		成化十年封。二十年，罪降庶人，发高墙。弘治元年释回。子孙俱庶人。	子。	子。	前。						
		东垣 端惠王见𬇙，简庶四子，成化十年封。弘治十六年薨。	祐柽，嗣郑封，见前。	荣昭王厚炯，懿庶二子，正德十二年仍准袭郡封。嘉靖	康僖王载墩，荣昭嫡一子，嘉靖四十二年袭封。万历十	恭懿王翊铠，康僖一子，万历中袭封，薨。	王常漨，恭懿嫡一子，万历二十五年以镇国将军	王由彬，常漨嫡一子，万历三十八年封长子。四十			

				三十八年薨。	一年薨。		改封长子。三十七年袭封。四十二年薨。 王常洁，端清次子翊钛嫡一子，初封辅国将军，以万历中诏仍封东垣。崇祯八年，	六年袭封。崇祯八年薨。世子载埥孙常洁立。			

							值东垣王由彬薨，遂袭封。				
		河阳怀简王见沩，简庶五子，成化十二年封。十五年薨。无子，除。									
		信阳悼怀王见浪，简庶七子，									

		成化十七年封。十八年薨。无子,除。									
		宜章 怀顺王见汌,简庶八子,弘治元年封。十一年薨。无子,除。									
		繁昌 恭定王见濅,简庶九子,	荣戾王祐橯,恭定庶一	端顺王厚爔,荣戾庶一	王载墱,端顺庶一						

		弘治元年封。嘉靖十二年薨。	子，嘉靖十六年袭封。隆庆六年薨。	子，万历十二年袭封。二十七年薨。	子，万历二十四年袭封。						
		庐江 懿简王见澍，简庶十子，弘治三年封。嘉靖十六年薨。	荣缪王祐棉，懿简庶一子，嘉靖二十二年袭封。四十三年薨。	王厚光，荣缪嫡一子，万历二年袭封，薨。	王载樫，厚光嫡一子，万历中袭封。						
		丹阳 靖和王见淕，简									

		庶十一子，弘治四年封。正德十一年薨。无子，除。									
		真邱 荣隐王见淐，简庶十二子，弘治十年封。正德十二年薨。无子，除。									
					德庆 恭惠王	王					

					载垫，恭庶二子，嘉靖三十年封。万历十六年薨。	翊镆，恭惠嫡一子，万历中袭封，薨。无子，除。					
					崇德 恭简王载升，恭庶四子，隆庆二年封。五年薨。无子，除。						
越 靖王瞻墉，仁宗											

嫡三子，永乐二十二年封，建邸衢州府，未行。正统四年薨。无子，除。											
襄 宪王瞻墡，仁宗嫡五子，永乐二十二年封。宣德四年就	定王祁镛，宪嫡一子，成化十五年袭封。弘治元年薨。	简王见淑，定庶一子，弘治二年袭封。三年薨。	怀王祐材，简庶一子，弘治四年袭封。十七年薨。无子。	庄王厚颎，阳山王祐楬庶一子，初袭阳山王，嘉靖三十	靖王载尧，庄庶一子，初封安福王，隆庆三年袭封。万历	忠王翊铭，靖庶一子，万历二十九年袭封。崇祯十四年，	王常澄，翊铭嫡二子，初封福清王，崇祯十七年进封。				

藩长沙府。正统元年移襄阳府。成化十四年薨。			康王祐樻，简庶二子，初封光化王，正德三年进封。嘉靖二十九年薨。无子，从侄厚颎嗣。	一年嗣封。追谥其祖见涝为恭王，父为惠王。四十五年薨。	二十三年薨。郡爵例不袭。	张献忠陷襄阳，遇害。	寄居九江府。				
	宁乡庄宪王祁镇，宪嫡二子，正统八年封。成										

	化七年薨。无子，除。										
	枣阳 安穆王祁钲，宪庶三子，正统八年封。成化十二年薨。	僖顺王见洒，安穆庶一子，成化十六年袭封。弘治六年薨。	荣肃王祐楒，僖顺嫡一子，弘治十六年袭封。嘉靖四年，革爵为庶人。十八年复爵。三十四年薨。	恭靖王厚爥，荣肃庶一子，嘉靖四十年袭封。万历二十一年薨。	载埤，恭靖庶一子，嘉靖四十三年封长子。万历二十一年卒。以子翊铻袭封，追封王。谥	王翊铻，载埤庶一子，万历二十六年袭封。二十九年，未婚，薨。除。					
		阳山									

恭和王见涝，定庶二子，成化十六年封。正德十一年薨。	荣康王祐楬，恭和庶一子，嘉靖元年袭封。十四年薨。后子嗣襄封，郡爵例不袭。		
镇宁 恭靖王见濯，定庶三子，弘治四年封。嘉靖元年	安懿王祐槅，恭靖嫡一子，嘉靖五年袭封。万历	恭懿王厚炏，安懿庶一子，万历九年袭封。二十	王载埢，恭懿 一子，万历中袭封，薨。无

		薨。	四年薨。	三年薨。	子，除。						
					郧城王载㙉，庄庶二子，嘉靖四十四年封隆庆王。隆庆三年以同朝廷年号，改封，薨。	王翊钤，载㙉子，万历中封长子。天启六年袭封。					
					永城王载圻，庄庶三子，						

		贵阳王常法，翊铭庶三子，受封。
	兰阳王翊镐，靖庶二子，万历三十一年封。	
嘉靖四十四年封。万历四年薨。无子，除。		

							崇祯十四年，献贼陷襄阳，与襄王同遇害。				
							进贤王常洤，翊铭庶四子，受封。				
荆 宪王瞻堈，仁宗庶六子，永乐二十二年	靖王祁镐，宪嫡一子，景泰六年袭封。天	见潇，靖嫡一子，天顺八年袭封。弘治五	和王祐桐，都梁王见溥嫡一子，成化十	端王厚烇，和嫡一子，正德二年袭封。嘉	载墭，端庶一子，初封永定王嘉，靖二十	恭王翊钜，庄嫡一子，嘉靖三十二年以	敬王常泠，恭嫡二子，初封泰宁王，万历				

封。宣德四年就藩建昌府。正统十年移蕲州。景泰四年薨。	顺五年薨。	年坐不法召到京,并其长子祐柄俱降为庶人,迁置武昌。佺祐桐立。	九年袭都梁封。弘治七年进封。十七年薨。	靖三十二年薨。	九年薨。以子翊钜袭荆封,追封王,谥曰庄。	永定长子进封世孙。三十四年袭封。隆庆四年薨。世子常泠,罪降庶人。	三年袭封四年薨。无子。康王常盗,恭嫡三子,万历三年封安城王。七年进封。二十五年薨。	王由樊,康嫡二子,万历十七年封世子。三十八年袭封。天启二年薨。	王慈烟,由樊嫡一子,万历四十年封世子。天启六年袭封。		
	都昌 惠靖王祁鉴,宪嫡二子,	怀顺王见潭,惠靖庶一	悼僖王祐档,怀顺嫡一	王厚熙,悼僖嫡一	王载塔,厚熙嫡一	翊铧,载塔嫡一子,封长					

	正统八年封。成化十三年薨。	子，成化十六年袭封。十九年薨。	子，弘治九年袭封。十一年薨。	子，正统五年袭封。嘉靖八年薨。	子，嘉靖中袭封，薨。	子，先卒。无子，除。					
		都梁悼惠王见溥，靖嫡二子，成化二年封。十三年薨。后子祐桐袭荆封，郡爵例不袭。									
		樊山温懿王	庄和王	恭恪王	王	王	王				

		见湶，靖庶三子，成化三年封。正德元年薨。	祐构，温懿嫡一子，正德四年袭封。嘉靖七年薨。	厚焌，庄和庶一子，嘉靖十一年袭封。三十年薨。	载坽，恭恪庶一子，嘉靖三十六年袭封。万历二十五年薨。	翊⿰钅氐，载坽庶一子，万历十三年封长子。二十八年袭封，薨。	常沧，翊⿰钅氐嫡一子，万历三十三年封长子，既而袭封。				
				富顺王 厚焜，和庶二子，正德九年封。万历四年薨。	王 载垬，厚焜庶一子，万历十年袭封。十二年薨。	王 翊⿰钅是，载垬庶一子，万历十六年袭封，薨。	王 常湢，翊⿰钅是庶一子，万历十八年封长孙。三十四年封长	王 由檽，常湢嫡一子，万历三十四年封长孙。			

	王 由枟，常淯庶一子，万历三十四年封长子，既而袭封。	
子。天启三年袭封，薨。	王 常淯，翊鍵庶一子，万历十六年袭封，薨。	王 常潇，翊
	翊鍵，恭懿嫡一子，嘉靖四十三年以辅国将军改封长子。万历十三年未袭卒。	德安 王 翊鍺，庄
	恭懿王 载壕，安庄嫡一子，嘉靖四十一年袭封。万历十一年薨。	
	永新 安庄王 厚燫，和燕三子，正德十一年封。嘉靖三十七年薨。	

						嫡二子，嘉靖三十六年封。万历中薨。	锴庶一子，万历三十年袭封。				
淮 靖王瞻埈，仁宗庶七子，永乐二十二年封。宣德四年就藩韶州府。正统元年移饶州府。	康王祁铨，靖嫡一子，正统十王年袭封。弘治十五年薨。	见濂，康嫡一子，成化十六年封世子。弘治六年薨。无子，侄祐棨嗣封。追封王，谥曰安。	定王祐棨，清江端裕王嫡一子，弘治十八年袭封。嘉靖三年薨。无子。 庄王祐楧，端裕	宪王厚焘，庄嫡	恭王载坮，宪嫡						

十一年薨。			庶二子，初封镇国将军，嘉靖四年进封。十六年薨。	一子，嘉靖十八年袭封。四十二年薨。	一子，嘉靖四十五年袭封。万历五年薨。 一子封郡王，未袭，薨。 顺王载坚，宪嫡二子，初封建昌王，万历八年进封。二十三年薨。	王翊钜，顺庶一子，万历二十三年封世子。二十六年袭封，薨。	王常清，翊钜嫡一子，万历四十四年封世子，既而袭封。				
	鄱阳										

	怀僖王祁镔，靖庶二子，正统九年封。十三年薨。无子，除。										
	永丰 恭和王祁钺，靖庶三子，正统九年封。成化十一年薨。	怀顺王见净，恭和嫡一子，成化十三年袭封。弘治三年薨。	荣和王祐楣，怀顺嫡一子，弘治八年袭封。嘉靖二十二年薨。	安僖王厚炑，荣和庶一子，嘉靖二十五年袭封。四十一年薨。	载址，安僖庶一子，嘉靖四十一年封长子。四十四年卒。	庄裕王翊锬，载址庶一子，万历三年袭封。十五年薨。	王常[illegible]，庄裕嫡一子，万历二十二年封长子。二十六年袭封，薨。	王由桐，常[illegible]嫡一子，万历三十五年封长子，既而袭封。			

清江 端裕王见溵，康嫡二子，成化二十一年封。弘治十五年薨。后子祐棨嗣淮封，郡爵不再袭。									
南康 庄惠王见湁，康嫡三子，	祐枸，庄惠庶一子，初封	安懿王厚焱，荣僖嫡一	王载趚，安懿嫡一	王翊铊，载趚庶一					

		弘治二年封。嘉靖二十四年薨。	镇国将军，嘉靖十八年卒以子厚㷫袭封。追封王，谥荣僖。	子，嘉靖三十二年袭封。万历二十四年薨。	子，万历五年封长子。二十八年袭封，薨。	子，万历三十一年封长子，既而袭封。					
		德兴 庄僖王见潮，康庶四子，弘治三年封。正德十年薨。	恭简王祐楗，庄僖嫡一子，正德十六年袭封。嘉靖二十六年薨。	端顺王厚爽，恭简庶一子，嘉靖三十年袭封。万历十八年薨。	王载埰，端顺嫡一子，隆庆三年封长子。万历二十一年袭	王翊链，载埰庶一子，万历二十三年封长子。天启三年袭					

			封，薨。	封。					
顺昌 恭懿王见浑，康嫡六子，弘治九年封。嘉靖二十二年薨。	王祐枞，恭懿庶一子，嘉靖二十五年袭封。四十五年薨。	王厚焜，祐枞庶一子，嘉靖四十四年以镇国将军改封长子。万历三年袭封。十八年薨。	王载圭，厚焜庶一子，万历三十五年袭封。						
崇安 荣穆王见洵，康	昭和王祐榦，荣								

		庶七子，弘治九年封。嘉靖三年薨。	穆嫡一子，嘉靖六年袭封。二十一年薨。一子夭，绝，除。								
				高安 恭僖王厚炅，庄嫡二子，嘉靖十九年封。四十五年薨。	端惠王载堾，恭僖庶一子，隆庆四年袭封。万历十五年薨。	王翊铗，端惠嫡一子，万历十八年袭封，薨。	王常淇，翊铗嫡一子，万历三十四年封长子，既而袭封。				
				上饶							

				恭惠王厚炅，庄庶三子，嘉靖十九年封。万历十七年薨。	王载塙，恭惠嫡一子，隆庆四年封长子。万历二十年袭封，薨。	王翊钜，载塙嫡一子，万历三十五年封长子，既而袭封。					
				吉安 肃简王厚燔，庄庶四子，嘉靖二十二年封。四十二年薨。	王载堺，肃简嫡一子，万历二十年袭封，薨。	王翊鉁，载堺庶一子，万历四十三年封长子，既而					

		袭封。					
广信 顺恭王 厚爆，庄庶五子，嘉靖二十二年封。万历五年薨。	王 载堡，顺恭嫡一子，嘉靖四十一年封长子。万历三十五年袭封。四十三年薨。无子，除。						
嘉兴 王 厚炾，庄							

				庶七子，嘉靖二十五年封。万历三年薨。子载埛埛擅婚之子，降封辅国将军，郡爵除。							
				绍兴王厚爀，庄嫡八子，嘉靖二十五年	载封，厚爀嫡一子，隆庆四年封长子。万	王翊铨，载封庶一子，万历十九年					

				封。万历二十一年薨。	历二十三年未袭卒。	封长子。三十年袭封。四十一年薨。无子，除。					
					金华王载埄，宪庶三子，嘉靖三十九年封，薨。	王翊铂，载埄庶一子，万历二十八年以镇国将军改封长子。三十七年袭	王常湒，翊铂嫡一子，万历三十九年封长子，既而袭封。				

						封，薨。				
					华容王 载域，宪 庶四子， 嘉靖三 十三年 封。隆庆 元年薨。 无子，除。					
						荣昌 昭王 翊镜，顺 庶子， 万历元 年封。八 年薨。无				

						子，除。					
滕 怀王瞻垲，仁宗庶八子，永乐二十二年封，建藩云南。洪熙元年薨。无子，封除。											
梁 庄王瞻埈，仁宗庶九子，永乐二											

十二年封。宣德四年就藩安陆州。正统六年薨。无子，封除。											
卫 恭王瞻埏，仁宗庶十子，永乐二十二年封，建藩怀庆府。正统三											

年薨。无子,封除。

明史卷一〇四

表第五

诸王世表五

英宗九子。宪宗外，庶三子见湜未封，殇。其得封者七王，曰德庄王见潾，曰许悼王见淳，曰秀怀王见澍，曰崇简王见泽，曰吉简王见浚，曰忻穆王见治，曰徽庄王见沛。

德 庄王见潾，英宗庶二子，天顺元	懿王祐榕，庄嫡二子，正德十六	厚燉，懿庶二子，初封东平王，嘉	恭王载墱，怀庶二子，嘉靖二十	定王翊馆，恭嫡一子，万历五年	王常濬，定嫡一子，万历十九	由枢，常濬庶一子，初封广宗王，					

年封。成化三年就藩济南府。正德十二年薨。	年袭封。嘉靖十八年薨。	靖中改封世子。未几卒。 以子载埁袭封，追封王，谥曰怀。	年袭封。万历二年薨。	袭封。十六年薨。	年袭封。崇祯五年薨。	万历四十三年改封世子。未袭，卒。 王由枢，常漘庶二子，初封郡王，崇祯中进封。十二年正月，大清兵克济南，见执。					
	泰安										

	恭简王祐樬，庄庶一子，成化十六年封。嘉靖十三年薨。	端懿王厚焴，恭简庶一子，嘉靖十六年袭封。二十五年薨。	康惠王载堭，端懿庶一子，嘉靖三十八年袭封。三十九年薨。无子，除。								
	济宁 安僖王祐榪，庄庶三子，成化十七年封。正德七年薨。子										

	五人俱夭,绝,除。										
		历城 荣和王厚[illegible],懿庶三子,嘉靖二年封。七年薨。无子,除。									
		临朐 荣简王厚炆,懿庶七子,嘉靖十五年封。二十三	怀庄王载堠,荣简嫡一子,嘉靖三十六年袭封。	王翊钘,怀庄嫡一子,隆庆六年袭封。万历	王常淲,翊钘嫡一子,万历三十三年封长						

子,既而袭封。		王常沥,僖顺嫡一子,万历十二年
三十七年薨。		僖顺王翊铵,温懿嫡一子,万历五年袭
四十三年薨。		临清 温懿王载瑧,怀庶三子,嘉靖二十二年
年薨。	高唐 悼僖王厚炆,懿庶八子,嘉靖二十二年封。二十六年薨。无子,除。	

			封。万历二年薨。	封。三十年薨。	封长子。三十八年袭封。						
			宁海 恭和王载垺，怀嫡四子，嘉靖二十二年封。隆庆三年薨。	王翊铎，恭和嫡一子，万历二年袭封。四十五年薨。	王常沺，翊铎庶六子，天启元年袭封。						
				堂邑 端顺王翊钒，恭庶二子，嘉靖三十八年							

	常潚，安和嫡一子，万历四年封长子。十一年卒。无子，除。	安陵王常潇，定嫡二子，万历十
封。万历十六年薨。无子，除。	利津安和王翊铄，恭庶三子，嘉靖三十八年封。万历十年薨。	

					年封。四十年薨。无子，除。						
					纪城温裕王常澍，定嫡三子，万历十年封，薨。	王由棌，温裕嫡一子，万历二十二年封长子。三十七年袭封。					
					嘉祥王常泩，定嫡四子，						

					万历十年封。						
					清平昭裕王常涉，定嫡五子，万历十一年封。三十九年薨。	王由杲，昭裕庶一子，万历四十二年袭封。					
						永年王由[illegible]，常濤庶八子，万历四十二年封，薨。					

						无子，除。					
						宁阳王由椅，常潪庶九子，万历四十五年封。					
许悼王见淳，英宗庶四子，景泰三年封，未就藩，薨。无子，封除。											

秀	崇
怀王见澍，英宗庶五子，天顺元年封。成化六年就藩汝宁府。八子，封除。	简王见泽，英宗嫡六子，天顺元年封。成化十年
	靖王祐樒，简嫡一子，正德三年袭封。六年薨。
	恭王厚燿，靖嫡一子，正德九年袭封。嘉靖十六
	庄王载境，恭嫡一子，嘉靖十八年袭封。三十六
	端王翊镉，庄嫡一子，嘉靖三十七年袭封。万历
	常淏，端庶一子，万历元年封泰和王。六年改封

就藩汝宁府。弘治十八年薨。		年薨。	年薨。	三十八年薨。	世子。十一年未袭薨。无子。						
					常浲，端庶二子，万历九年封南阳王，十四年改封世子，三十年未袭薨。	王由樻，常浲庶一子，万历四十年袭封。崇祯十五年闰十一月，闯贼陷汝宁，王及世子慈烨俱被执。					

瑞安 恭简王祐桓，简庶二子，成化二十一年封。嘉靖十五年薨。	厚熛，恭简嫡一子，正德三年封长子。十二年卒。以子载埴袭封。追封王，谥	庄惠王载埴，厚熛庶一子，嘉靖十八年袭封。二十七年薨。无子，除。								
庆元 荣康王祐椐，简庶三子，弘治七年封。嘉	厚焞，荣康嫡一子，正德十三年封长子。	庄懿王载圿，厚焞庶一子，嘉靖二十八								

	靖二十五年薨。	嘉靖九年卒。以子载圻袭封，追封王，谥	年袭封。二十九年薨。两子俱夭，除。								
		怀安 庄惠王厚燫，靖嫡二子，正德十一年封。万历六年薨。	温穆王载垌，庄惠庶一子，万历十一年袭封。三十一年薨。	怀安王翊镇，温穆嫡一子，万历十六年封长子。三十四年袭封，薨。	常澜，怀安嫡一子，万历三十年封长孙。三十六年封长子，未袭，卒。	王由札，常澜嫡一子，万历中封长孙。天启元年袭封。					
			归德 端惠王								

			载墭，恭庶五子，嘉靖二十八年封。万历十八年薨。无子，除。								
吉 简王见浚，英宗庶七子，天顺元年封。成化十三年就藩长沙府。	祐枤，简庶一子，初封常山王，改封世子。正德五年薨。以子厚焻	定王厚焻，悼庶一子，嘉靖八年袭封。十八年薨。	端王载均，定庶一子，初封光化王，嘉靖十九年袭封。四十年薨。	庄王翊镇，端嫡二子，嘉靖四十二年袭封。隆庆四年薨。无子。							

嘉靖六年薨。	袭封，追封王，谥曰悼。			宣王翊銮，端庶一子，初封龙阳王，隆庆六年进封。万历四十六年薨。	常淳，宣庶一子，万历九年封世子。四十六年未袭薨。	王由棟，常淳嫡一子，天启元年袭封。崇祯九年薨。	王慈，由棟嫡一子，崇祯十二年袭封。				
				长沙 王翊铤，端庶三子，嘉靖三十六年封，薨。	王常淠，翊铤嫡一子，万历四年封长子。天启元年						

					袭封。						
				谷城昭宪王翊铉，端庶四子，嘉靖三十八年封。万历二十年薨。	王常滥，昭宪嫡一子，万历八年封长子。二十四年袭封。						
					德化王常汶，宣嫡二子，万历二十四年以镇国						

					将军加封。						
					福清王常灏，宣嫡三子，万历二十四年以镇国将军加封。						
忻穆王见治，英宗庶八子，成化二年封。八											

年薨。无子,封除。											
徽 庄王见沛,英宗庶九子,成化二年封。十七年就藩钧州。正德元年薨。	简王祐枱,庄庶一子,弘治十三年以兴化王改封世子。正德三年袭封。嘉靖四年薨。	恭王厚爝,简庶一子,嘉靖五年以安邑王改封世子。本年袭封。二十九年薨。	载𫭢,恭庶二子,初封浦成王,嘉靖三十年袭封。三十五年罪降庶人,发高墙,除。								
	太和 端僖王祐樒,庄	靖安王厚炬,端	恭庄王载埊,靖	王翊钎,恭							

	庶二子，弘治五年封。嘉靖十五年薨。	偖庶一子，嘉靖十九年袭封。万历六年薨。	安嫡一子，万历十五年袭封。三十六年薨。	庄庶一子，万历二十三年封长子。三十九年袭封。							
	遂昌 恭惠王祐榗，庄庶三子，弘治十二年封。嘉靖三十年薨。	厚炊，恭惠嫡一子，嘉靖二年封长子。二十四年卒。	王载埣，厚炊庶一子，嘉靖三十八年袭封。四十二年薨。无子，除。								

景宁 恭裕王祐梡,庄庶四子,弘治十二年封。嘉靖十五年薨。	庄僖王厚焮,恭裕庶一子,嘉靖十九年袭封。三十四年薨。	载埁,庄僖庶一子,嘉靖三十八年袭封。隆庆三年罪降庶人,除。								
建德 康和王祐櫂,庄庶五子,正德元年封。嘉靖十四年薨。	安简王厚烇,康和嫡一子,嘉靖十九年袭封。隆庆六年	恭穆王载埭,安简庶一子,万历四年袭封。二十四年薨。	王翊铉,恭穆庶一子,万历二十七年袭封。四十三	王常沄,翊铉嫡一子,万历四十二年封长子。四十						

	薨。		年薨。	六年袭封，薨。						
阳城 恭僖王祐梾，庄庶六子，正德六年封。嘉靖三十八年薨。	懿简王厚熄，恭僖嫡一子，嘉靖四十二年袭封。万历三年薨。	王载坒，懿简嫡二子，初封镇国将军，以兄长子载堉罪降庶人。万历三十七年袭封，薨。	王翊铚，载坒嫡一子，万历四十四年封长子，既而袭封。							
	嘉定 宣惠王	恭顺王								

		厚炼，简庶四子，正德十六年封。嘉靖三十三年薨。	载瑞，宣惠庶一子，嘉靖三十八年袭封。万历二年薨。								
		新昌端僖王厚燇，简庶三子，嘉靖元年封。隆庆五年薨。	王载墇，端僖嫡一子，万历中袭封。								
		庆云康僖王	庄靖王								

载塈，康僖嫡一子，嘉靖二十六年袭封。三十七年薨。		伍城 恭和王
厚灿，简庶四子，嘉靖四年封。十五年薨。	隆平 悼康王厚焨，简庶五子，嘉靖七年封。九年薨。无子，除。	

载埻，恭庶一子，嘉靖十六年封。二十一年薨。无子，除。	太康王 载垙，恭庶三子，嘉靖十七年封。万历十二年薨。	阳夏王

载垏，恭庶四子，嘉靖十七年封。万历二十一年薨。								
德平王 载堘，恭庶五子，嘉靖十九年封。万历三十八年薨。	王 翊镭，载堘庶一子，万历三十五年封长子，既而袭封。							
荣阳								

王 常涨，翊铭嫡一子，万历三十年封长子。三十四年袭封。		
王 翊铭，裕安庶一子，万历二十年袭封。三十年薨。		
裕安王 载揩，恭庶六子，嘉靖十九年封。万历十五年薨。	怀庆 庄惠王 载墍，恭庶七子，嘉靖三十二年封。万历元年薨。	咸平

			温裕王 载塔，恭庶八子，嘉靖三十二年封。万历三十三年薨。	翊镤，温裕庶一子，万历四年封长子。十六年未袭卒。	王 常⿱𢼄氺，翊镤庶一子，万历三十六年袭封。						
			延津 端惠王 载埙，恭庶九子，嘉靖三十三年封。万历七年薨。	王 翊铮，端惠嫡一子，万历二十七年袭封，薨。	王 常淦，翊铮嫡一子，万历四十三年封长子，既而袭封。						

孟津 昭顺王载㘴,恭庶十子,嘉靖四十年封。万历三十七年薨。	王翊镂,昭顺庶一子,万历三十四年封长子。四十年袭封。							
上蔡 温裕王载[illegible],恭庶十一子,嘉靖四十年封。万历三十三	昭敬王翊锟,温裕嫡一子,万历十六年封长子。三十五	王常湰,昭敬嫡一子,万历三十八年封长子。四十						

						一年袭封。	年袭封。三十八年薨。	年薨。			
							安阳 翊锜，载𫭢庶一子，嘉靖中封。三十五年，罪降庶人，除。				
							万善 翊钫，载𫭢庶二子，嘉靖中封。三十五年，				

				罪降庶人，除。							

宪宗十四子。孝宗外，悼恭太子及他皇子俱未名殇。其得封者十王，曰兴献王祐杬，曰岐惠王祐枪，曰益端王祐槟，曰衡恭王祐楎，曰雍靖王祐枟，曰寿定王祐榰，曰汝安王祐梈，曰泾简王祐橓，曰荣庄王祐枢，曰申懿王祐楷。

兴 献王祐杬，宪宗庶四子，成化二十三年封。弘治七年就藩安陆州。正德											

十四年薨。后以子嗣大统,追尊献皇帝,庙号睿宗。											
岐　惠王祐枨,宪宗嫡五子,成化二十三年封。弘治八年就藩德安府。十四											

年薨。无子，封除。											
益 端王祐槟，宪宗庶六子，成化二十三年封。弘治八年就藩建昌府。嘉靖十八年薨。	庄王厚烨，端嫡一子，嘉靖二十年袭封。三十五年薨。无子。 恭王厚炫，端嫡二子，初封崇仁王，嘉靖三十六	载增，恭嫡一子，嘉靖八年封崇仁王长子。二十	宣王翊钊，昭嫡一子，万历八年袭封。三十一年	敬王常涏，宣嫡二子，万历九年封世子。三十三	王由本，敬庶三子，万历三十五年以镇国将						

	年进封。万历五年薨。	五年卒。以子翊钶袭封，追封王，谥曰昭。	薨。	年袭封。四十三年薨。	军进封嘉善王。三十九年改封世子。四十五年袭封。						
	金谿 庄惠王厚煌，端庶三子，正德十二年封。嘉靖二十九年薨。	荣靖王载埒，庄惠庶一子，嘉靖三十三年袭封。三十九年薨。	恭宪王翊铩，荣靖嫡一子，隆庆五年袭封。万历十六年薨。	王常湁，恭宪嫡一子，万历十九年袭封，薨。	王由櫑，常湁嫡一子，万历三十六年封长子。天启元年袭封。						

玉山 恭安王厚爍，端庶四子，正德十三年封。嘉靖三十一年薨。无子，除。										
	安东 王载墤，恭嫡二子，嘉靖三十八年封。万历	翊镞，载墤嫡二子，以兄长子翊天，万历九年以	王常溰，翊镞庶一子，万历三十九年封长							

		三十九年薨。	镇国将军改封长子。三十三年卒。	孙。四十三年袭封。							
		舒城 康简王载坑，恭嫡三子，嘉靖三十八年封。万历六年薨。	怀庄王翊银，康简庶一子，嘉靖四十年封长子。万历九年袭封。十一年薨。	王常泔，怀庄庶一子，万历十四年袭封。三十八年薨。	王由櫶，常泔嫡一子，万历三十八年封长子。四十三年袭封。						
		阜平									

		懿简王载橥，恭嫡四子，嘉靖三十八年封。万历十年薨。	王翊铤，懿简嫡一子，万历十三年袭封，薨。	王常溯，翊铤庶一子，万历十八年封长子，既而袭封。							
		铜陵 恭简王载壤，恭嫡五子，嘉靖三十八年封。三十九年薨。	端僖王翊钰，恭简嫡一子，嘉靖四十四年袭封。万历六年薨。	王常派，端僖嫡一子，万历十九年袭封，薨。	王由㮵，常派嫡一子，万历二十九年封长子，既而袭封。						

黎丘 庄懿王常溱，宣嫡三子，万历九年封，薨。							
浦阳 肃安王常浆，宣嫡四子，万历九年封。二十九年薨。	王由椮，肃安庶一子，天启元年袭封。						
淳河 怀僖王常汭，宣	王由栻，怀						

嫡五子，万历九年封。二十年薨。	僖嫡一子，万历三十年袭封。						
华山王常汛，宣嫡六子，万历九年封，薨。	王由梫，常汛嫡一子，万历三十二年封长子，既而袭封。						
筠谿王常涞，宣嫡八子，							

万历九年封，薨。							
罗川懿王常湑，宣嫡九子，万历九年封。二十九年薨。	王由核，懿嫡一子，万历三十一年袭封。						
安仁昭宪王常潦，宣嫡十子，万历九年封。二十九年	王由楝，昭宪嫡一子，万历二十九年封长						

				薨。	子。三十三年袭封。						
				德化王常淓，宣嫡十一子，万历十八年封，薨。	王由楬，常淓嫡一子，万历三十八年封长子，既而袭封。						
				德安王常洞，宣嫡十二子，万历	王由枘，常洞嫡一子，万历						

				二十三年封，薨。	三十一年封长子，既而袭封。						
				郧西王常湖，宣庶十三子，万历二十五年封，薨。							
				丰城王常澍，宣庶十四子，万历二十八							

				年封，薨。							
				泸溪王常淄，宣庶十五子，万历二十九年封，薨。							
				峡江王常淍，宣庶十六子，万历三十年封。四十二年薨。无子，除。							

安羲王常漴，宣庶十七子，万历三十一年封，薨。							
新建常泫，宣庶十八子，万历三十四年封，薨。							
奉新王常涟，宣庶十九							

				子，万历三十四年封。							
					仁化王由条，敬庶四子，万历三十五年以镇国将军进封，薨。	王慈鈉，由条嫡一子，天启二年袭封。					
					兴安王由橦，敬庶五子，万历三						

					十五年以镇国将军进封。						
					和顺王由榉，敬庶八子，万历三十五年以镇国将军进封。						
					永宁王由櫶，敬庶十子，						

					万历三十九年封。						
					嘉祥 王由柽，敬庶十一子，万历四十年封。						
衡 恭王祐楎，宪宗庶七子，成化二十三年封。弘治	庄王厚燆，恭庶一子，初封江华王，嘉靖十年改	康王载圭，庄庶二子，初封东昌王，嘉靖二十七									

十三年就藩青州府。嘉靖十七年薨。	封世子。十九年袭封。隆庆六年薨。	年改封世子。万历三年袭封。七年薨。无子。 安王载封,庄庶三子,初封武定王,万历九年进封。十四年薨。	定王翊镬,安嫡一子,万历十七年袭封。二十年薨。	王常[illegible],定庶一子,万历八年封世子。二十四年袭封。							
	玉田 怀简王厚烃,恭	王载塘,怀	王翊键,载								

	庶二子，嘉靖元年封。二十二年薨。	简嫡一子，嘉靖二十六年袭封。万历四十三年薨。	塘庶一子，万历十六年封长子，既而袭封。								
	新乐 端惠王厚熑，恭庶三子，嘉靖三年封。三十二年薨。	康宪王载玺，端惠嫡一子，嘉靖三十六年袭封。万历二十一年薨。	王翊镕，康宪嫡一子，万历二十四年袭封。四十二年薨。无子，除。								

高唐 端裕王厚煐，恭庶四子，嘉靖中封。万历十一年薨。	载墀，端裕嫡一子，嘉靖三十八年封长子。万历二年卒。以子翊镶袭封，追封王，谥恭和。	王翊镶，恭和庶一子，万历十六年袭封。四十年薨。	王常泽，翊镶嫡一子，万历三十二年封长子。四十六年袭封。							
齐东 温惠王厚炳，恭庶五子，嘉靖九	安和王载垢，温惠庶一子，嘉靖	王翊锢，安和嫡一子，万历	王常泛，翊锢嫡一子，万历							

年封。三十七年薨。	四十一年袭封。隆庆六年薨。	三年袭封，薨。	二十五年封长子，既而袭封。							
邵陵 王厚烓，恭庶六子，嘉靖十八年封。万历十八年薨。	载增，厚烓嫡一子，嘉靖三十八年封长子。万历十一年卒。	王翊𫓧，载增嫡一子，万历九年封长孙。三十四年袭封，薨。	王常溱，翊𫓧庶一子，万历三十五年封长子，既而袭封。							
汉阳 温惠王厚[illegible]，恭庶七子，	载尘，温惠嫡一子，隆庆									

	嘉靖三十五年封。万历十年薨。	三年封长子。万历十一年卒。无子,除。									
		平度 康惠王载垹,庄庶四子,嘉靖二十四年封。隆庆五年薨。	王翊镦,康惠庶一子,万历五年袭封。二十八年薨。	王常湍,翊镦嫡一子,万历二十八年封长子。三十二年袭封。							
		宁阳 王	王								

		载垿，庄庶五子，嘉靖二十五年封，薨。	翊镦，载垿庶一子，万历三十九年封长子，既而袭封。								
		昌乐王载埕，庄庶六子，嘉靖二十六年封。隆庆六年薨。无子，除。									
		寿张									

		王载⿰土耑，庄庶七子，嘉靖二十九年封。三十四年薨。无子，除。									
		商河康顺王载埭，庄庶八子，嘉靖三十五年封。万历二十三年薨。	王翊⿰钅京，康顺嫡一子，万历二年封长子。二十五年袭封。四								

			十四年薨。无子，除。								
雍 靖王祐枟，宪宗嫡八子，成化二十三年封。弘治十二年就藩衡州府。正德二年薨。无子，封除。											
寿											

定王祐榰，宪宗庶九子，弘治四年封。十一年就藩保宁府。十七年移德安府。嘉靖二十四年薨。无子，封除。											
汝安王祐梈，宪宗											

庶十一子，弘治四年封。十四年就藩卫辉府。嘉靖二十年薨。无子，封除。	泾 简王祐橓，宪宗庶十二子，弘治四年封。十五年就藩沂

州。嘉靖十六年薨。无子，封除。											
荣 庄王祐枢，宪宗庶十三子，弘治四年封。正德三年就藩常德府。嘉靖十八年薨。	厚勲，庄嫡一子，正德十年封世子。嘉靖十一年薨。以子载墐袭封。追封王，谥曰怀。	恭王载墐，怀嫡一子，嘉靖十九年袭封。万历二十三年薨。	王翊钐，恭嫡一子，万历二十六年袭封。四十年薨。	王常溒，翊钐嫡一子，万历九年封长孙。二十六年改封世子。四十二年袭封，薨。	宪王由枵，常溒嫡二子，万历三十年封世孙。四十四年改封世子，既而袭封。						
	福宁										

	怀僖王厚熹，庄嫡二子，正德十年封。嘉靖十四年薨。无子，除。										
	惠安 康和王厚煦，庄嫡三子，嘉靖元年封，二十三年薨。	宣懿王载塾，康和嫡一子，嘉靖二十七年袭封。四十二年薨。	王翊镳，宣懿庶一子，隆庆六年袭封。万历四十二年薨。								

永春 荣简王厚烈，庄庶四子，嘉靖八年封。万历十六年薨。	载垍，荣简庶一子，隆庆五年封长子。万历十六年卒。无子，除。									
富城 康定王厚然，庄庶五子，嘉靖十年封。万历四年薨。	王载壔，康定嫡一子，嘉靖二十八年封长子。万历	王翊镳，载壔庶一子，万历十六年封长子。四十三								

		七年袭封。三十九年薨。	年袭封。								
	贵溪端靖王厚贪,庄庶六子,嘉靖十年封。万历九年薨。	载堺,端靖嫡一子,嘉靖二十九年封长子。三十一年卒。无子。 王载坻,端靖嫡三子,万历三十三									

		年以镇国将军进封。									
					肇庆王由桢，常淓嫡五子，天启六年封。						
申懿王祐楷，宪宗庶十四子，弘治四年封，建邸叙州府。十											

六年未就藩,薨。无子,封除。

世宗八子。穆宗外,哀冲、庄敬二太子及他皇子俱殇。其得封者一王,曰景恭王载圳。

景恭王载圳,世宗庶四子,嘉靖十八年封。四十年就藩德安府。四十四年

薨。无子，封除。											

穆宗四子。神宗外，宪怀太子及他皇子殇。其得封者一王，曰潞简王翊镠。

潞 简王翊镠，穆宗嫡四子，隆庆五年封。万历十七年就藩卫辉府。四十二年薨。	王常淓，简庶一子，万历四十六年袭封。后以国亡，寓杭州。大清顺治二年六月，王师										

	至，遂降。										
	宝丰王常泩，简庶二子，天启三年封。										

神宗八子。光宗外，三子未封。其得封者四王，曰福恭王常洵，曰瑞王常浩，曰惠王常润，曰桂端王常瀛。

福恭王常洵，神宗庶三子，万历二十九年	由崧，恭庶一子，万历四十五年封德昌										

二年就藩河南府。崇祯十四年正月，闯贼陷洛阳，遇害。	十六年袭封。十七年，闯贼陷京师，五月自立於南京，僭号弘光。大清顺治二年五月，王师渡江，被执。										
	颍上王由榘，恭庶二子，										

	万历中封。崇祯十四年正月与恭王同遇害。										
瑞王常浩，神宗庶五子，万历二十九年封。天启七年就藩汉中府。崇祯十七年，											

张献忠陷重庆，遇害。	惠　王常润，神宗庶六子，万历二十九年封。天启七年就藩荆州府。崇祯末，奔广州府。大清顺治三年，广

东平，被执，死。											
桂 端王常瀛，神宗庶七子，万历二十九年封。天启七年就藩衡州府。崇祯十六年，献贼陷衡州，王由永州入广西，	由楥，端嫡三子，初封安仁王。唐王聿键自立，伪封为桂王。大清顺治三年，卒於梧州。无子。 由榔，端嫡四子，										

初封永明王。大清顺治三年，福建平，由榔自立於肇庆，僭号永历。是冬，王师度岭，由榔走广西，自是走贵州，又走云南，遂入缅甸。十八
寄居苍梧。十七年薨。

	年冬，王师至，缅人献之。明年，杀诸云南。										

庄烈帝六子。献愍太子慈烺外，嫡第二子，庶第五子、第六子俱殇。其封而未建藩邸者二王，曰定哀王慈炯，曰永悼王慈炤。

定 哀王慈炯，庄烈帝嫡三子，崇祯十四年封，未建藩邸。十											

七年，闯贼陷京师，被执，不知所终。											
永 悼王慈炤，庄烈帝庶四子，崇祯十五年封，未建藩邸。十七年，闯贼陷京师，被执，不知所											

终。

明史卷一〇五
表第六

功臣世表一

自昔帝王受命，驱策群力，以有天下。迨区宇既宁，畴庸论功，列爵崇报，一时攀鳞附翼之士，奋起兜牟之中，剖符析珪，爰及苗裔，德意厚矣。唐、宋以来，稍异曩制。房、乔远势，首让世封，是以英、卫子孙，齿於甿隶。而宋代勋阶只崇虚号，祖孙父子各拟名邦，初无世及之文，非复承家之旧。至明祖开基，乃旷然复古。凡熊罴之宿将，帷幄之谋臣，生著号而殁袭封，茅土之颁，殆逾百数。驯及季年，党狱蔓延，划削芟殊，存者不及三四。然观铁榜所列，训诫之辞，则河山之誓，白马之盟，初意固不其然。高危满溢，亦其自取焉耳。乃若文皇差“靖难”之劳，英宗懋“夺门”之赏，迹参佐命，籍次元功，以视开国诸臣，亦曷可同年而语乎！世宗中叶，开册府之旧藏，修继绝之坠典，於是鄂、曹、卫、信之裔，复列彻侯，延其世绪，天下翕然归厚。虽宋、颍、韩、淇终於剿绝，而自余推诚宣力、名载丹书者，奕叶貂蝉，保守禄位，典宿卫，领京营，镇陪京，督漕运，寄隆方岳，阶晋公孤，家分典瑞之荣，朝无酎金之罚，较诸西京世胄，殆将过之。今考其袭替岁月见於“实录”者，作功臣表，以与纪传相表裹。或柢牾散轶，时世无可考稽，则略而不书，固史氏阙文之义云尔。

始封	子	孙	曾孙	五世	六世	七世	八世	九世	十世	十一世	十二世	十三世
魏国公 徐达 吴元年九月辛丑以平吴功，封信国公。洪武三年十一月丙申大封功	辉祖 洪武二十一年十月丙寅袭，领中军都督府。建文初，加太子太傅。文帝	钦 永乐五年七月辛巳袭。十九年正月壬辰削爵。二十二年十月乙巳复。	显宗 洪熙元年三月戊寅袭。正统十三年卒。 承宗 正统十三年七月戊子	俌 成化元年袭。弘治九年		鹏举 正德十三年十一月癸	邦瑞 隆庆六年四月丙寅袭。	维志 一作继志，万历十七年	弘基 万历二十三年七月己	文爵 崇祯末袭。		

臣，进封奉天开国推诚宣力武臣魏国公，禄五千石，世袭。十八年二月己未卒。追封中山王，谥武宁。达初封公，位次第二。李善长得	即位，削爵。永乐五年卒。	是年十一月庚子卒。	袭，领前府。天顺七年十二月庚寅卒。	守备南京。正德五年七月加太子太傅。十二年七月丙戌卒。谥庄靖。		亥袭，守备南京兼中府佥书。嘉靖四年加太子太保，领中府。十七年四月壬戌守备南京。隆庆五年二月辛丑卒。	万历二年，南京中府佥书。十七年卒。	九月丙寅袭。十九年正月己酉协守南京兼领后府。二十一年八月癸未卒。	亥袭，佥书南京军府。三十五年协守南京，领后府。三十七年四月提督操江。天启元年，以疾辞任，加太子太保。崇祯十四年复守南京，			

罪,进位第一。									加太傅。卒谥庄武。			
鄂国公 常遇春 吴元年九月辛丑封。洪武二年七月己亥卒於军。十月庚午追封奉天翊运推	茂 洪武三年十一月大封功臣,第三,封郑国公,禄三千石,世袭。二十年九月丁酉有罪,安											

诚宣德靖远功臣开平王,谥忠武。	置龙州。二十四年卒。						怀远侯					
	升 洪武二十一年十月丙寅改封开国公,加太子太保。死永乐初。	继祖 永乐元年安置云南。	宁	复 弘治五年授世袭南京锦衣卫指挥使。	经	凤	玄振 嘉靖十一年四月辛卯续封怀远侯,禄千石,世袭。十四年领南京后府。二十八年卒。	文济 一作文清,嘉靖二十八年十月丙午袭。嘉靖三十四年领南京前府。隆庆二年二月佥	允绪 万历九年八月壬寅袭,累领南京军府。崇祯三年十月加太子太师。十三年五月卒。	明良	延龄 崇祯末袭。	

事中府。万历八年卒。	
	韩国公李善长 吴元年九月辛丑封宣国公。洪武三年十一月丙申大封功臣，第一，封开国辅

运推诚守正文臣韩国公，禄四千石，世袭。二十三年五月乙卯坐胡党死，爵除。崇祯二年七月癸巳，裔孙世选以太祖手敕进，有“二												

百六十春,应期来奏”之语。大学士韩圹劾其诬,下狱论死,已,获释。												
曹国公 李文忠 洪武三年大封功臣,第四,封奉	景隆 洪武十九年四月丁酉袭。惠帝时征燕,		璇 弘治五年授南京锦衣卫指挥使,世袭。	濂	临淮侯 性 嘉靖十一年四月辛卯续封临淮侯,禄							

天开国辅运推诚宣力武臣曹国公,禄三千石,世袭。十七年三月戊戌获谴,卒。追封岐阳王,谥武靖。	为大将军。文帝即位,九月以降附功,加禄千石。永乐二年削爵禁锢。				千石,世袭。十三年闰二月乙巳卒,无子,叔沂袭。							
				沂 嘉靖十三年袭佥书南京军府。十五年卒。	庭竹 嘉靖十五年十二月丙申袭。十八年镇湖广。二十八年三月己丑提督操江,屡	言恭 万历三年十月甲午袭。四年,中府佥书,加少傅。十四年二月戊寅总督京营。二	宗城 以使朝鲜逃归,论死,不得袭。	邦镇 万历三十八年四月甲申袭。四十年十二月甲辰掌府军前卫。天启二年卒。	弘济 崇祯十二年七月甲戌以临淮侯遣代祭,余无考。			

					领南京军府。隆庆五年二月守备南京。万历三年卒。	十年七月庚午加少保。二十七年卒。						
宋国公 冯胜 洪武三年大封功臣，第五，封宋国公，禄三千石，世袭。二												

十八年二月丁卯赐死，爵除。												
卫国公 邓愈 洪武三年大封功臣，第六，封卫国公，禄三千石，世袭。十年十一月癸未卒，追封	镇 洪武十三年三月丙申袭，改封申国公，坐李善长亲党死。	源 镇弟铭子，为镇后。	梃	炳 弘治五年授锦衣卫指挥使，世袭。	定远侯 继坤 嘉靖十一年四月辛卯续封定远侯，禄千石，世袭。十五年六月领后府。三十五	祖锡 嘉靖三十六年三月壬午袭。三十八年四月癸亥卒。		世栋 隆庆六年三月戊戌袭。万历二年四月管红盔将军。四年，后府佥书。十六年卒。	绍煜 一作远煜。万历二十五年十二月辛酉袭，南京军府佥书。天启七年卒。	文明 崇祯元年二月庚子袭。十七年三月，城陷，死於贼。		

宁河王，谥武顺。					年卒。							
信国公 汤和 洪武三年大封功臣，第七，封开国辅运推诚宣力武臣中山侯，禄一千五百石。七年八月乙卯，	鼎 早卒，赠信世子。	晟	文瑜	伦	灵璧侯 绍宗 弘治五年授南京锦衣卫指挥使，世袭。嘉靖十一年四月辛卯续封灵璧侯，禄千石，世袭。	佑贤 嘉靖十四年七月袭，屡兼南京军府。二十九年八月癸亥卒。	世隆 嘉靖三十九年十月己亥袭。隆庆间，协守南京，领后府，改提督漕运，累进少保。万历十四年卒。	之诰 万历十五年二月庚辰袭，领前府。三十五年九月己亥卒。	国祚 万历四十年八月壬戌袭。崇祯三年九月甲辰加太子太保。 国祥	文琼 以上二世，袭年无考。崇		

加禄千石。十一年正月己卯进封信国公，禄三千石，世袭。二十八年八月戊辰卒。追封东瓯王，谥襄武。

谥信敏。

祯中俱尝以侯遣祭。

延安侯唐胜宗

洪武二年十一月封，第八，勋禄同前。七年八月乙卯加禄千石，坐事削爵。久之还爵。二十三年坐胡党诛，爵除。												
吉安侯陆仲												

江夏侯	亨											
	洪武三年十一月封，第九，勋禄同前。七年八月加禄千石，与唐胜宗同削爵，已同复。二十三年坐党诛，爵除。											

周德兴 洪武三年十一月封，第十，勋禄同前。七年八月加禄千石。二十五年八月己未以罪诛，爵除。												
淮安侯 华云	中											

龙 洪武二年十一月封，第十一，勋禄同前。七年六月癸亥自北平召还，道卒。	洪武九年十一月庚寅袭。坐贬死，追论胡党，除。											
济宁侯 顾时 洪武三年十一月封，第	敬 洪武十二年袭，后除。											

十二，勋禄同前。七年八月加禄千石。十二年十一月甲寅卒。追封滕国公，谥襄靖。

长兴侯耿炳文

洪武三年十一

月封,第十三,勋禄同前。七年八月加禄千石。永乐二年以嫌自杀,除。	临江侯 陈德 洪武三年十一月封第十四,勋禄同前。
	镛 洪武十四年五月壬子袭。二十年六月

七年八月加禄千石。十一年十一月壬辰卒。追封杞国公，谥定襄。	庚子从征纳哈出，卒於军，已，坐胡党除。										
巩昌侯郭兴一名子兴，洪武三年十一月封，第十五，	振洪武二十二年十月辛酉袭，坐胡党除。										

勋禄同前。七年八月加禄千石。十七年十一月癸酉卒。追封陕国公，谥宣武。	六安侯 王志 洪武三年十一月封，第十六，勋
	威 洪武二十二年十月辛酉袭。二

号同前，禄九百石。七年八月加禄至二千五百石。十九年八月己亥卒。追封许国公，谥襄简。	十三年坐事谪指挥使。卒，追坐胡党除。											
荥阳侯郑遇春 洪武三												

年十一月封，第十七，勋禄、加禄皆同王志。二十三年坐胡党死，除。												
平凉侯 **费聚** 洪武三年十一月封，第十八，勋号同前，												

禄一千五百石。七年八月加禄千石。坐胡党死，除。												
江阴侯 吴良 洪武三年十一月封，第十九，勋号同前，禄一千五百石。	高 洪武十七年五月辛酉袭。二十八年坐事谪广西，已，召											

七年八月加禄千石。十四年十一月丁未卒。追封江国公,谥襄烈。	还。建文时,以被间再谪。文帝即位,召守大同。永乐十二年十月以罪免,卒,除。											
靖海侯 吴祯 洪武三年十一月封,第二十,勋	忠 洪武十七年五月袭。二十三年											

禄、加禄同吴良。十二年卒。追封海国公，谥襄毅。	追论祯胡党，死，除。											
南雄侯赵庸 洪武三年十一月封，第二十一，勋禄、加禄同前。二十三年坐胡												

党死，除。												
德庆侯 廖永忠 洪武三年十一月封第二十二，勋禄、加禄同前。八年三月甲申卒。	权 洪武十三年四月庚寅袭。十七年四月癸巳卒。											
南安侯 俞通												

源 洪武三年十一月封，第二十三，勋禄、加禄同前。二十二年三月戊戌卒。明年附党事发，以死不问，爵除。												
广德侯 华高												

洪武三年十一月封，第二十四，勋号同前，禄六百石。四年四月乙未卒。追封巢国公，谥武庄。无子，爵除。												
营阳侯 杨璟 洪武三	通 洪武十											

年十一月封,第二十五,勋号同前,禄一千五百石。七年加禄千石。十五年八月乙巳卒。追封芮国公,谥武信。	七年十一月丁酉袭。二十年降指挥使,已,追坐璟胡党,除。											
蕲国公 康茂	铎											

											洪武三年十一月封蕲春侯，位次第二十六，勋禄、加禄同杨璟。十五年七月丙子卒，赠蕲国公，谥忠愍。子渊幼，优给，已，获谴卒，爵除。	才 洪武三年八月己未卒於军。追封推忠翊运宣力怀远功臣蕲国公，谥武康。

永嘉侯 朱亮祖 洪武三年十一月封，第二十七，加勋禄，同杨璟。十三年九月庚寅坐罪死，爵除。											
颍国公											

傅友德

洪武三年十一月封颍川侯，位次第二十八，勋禄同前。十七年四月辛卯进封颍国公，禄三千石，世袭。二十七年十一

月乙丑赐死，爵除。	临川侯 胡美 洪武三年十一月封豫章侯，第二十九，勋禄、加禄同杨璟。十三年四月乙丑改封临川。

十七年有罪赐死,爵除。												
东平侯 韩政 洪武三年十一月封,第三十,勋禄、加禄同前。十二年二月戊午卒。追封郓国公。	勋 洪武十九年十一月甲子袭。二十六年坐蓝党死,爵除。											

宜春侯 黄彬 洪武三年十一月封，第三十一，勋禄、加禄同王志。二十三年坐胡党死，爵除。												
宣宁侯 曹良臣	泰 洪武六											

汝南侯梅思祖	洪武三年十一月封，第二十二，勋禄同王志。五年六月甲辰殁於阵。二十三年十月甲申追封安国公，谥忠壮。	年五月乙巳袭。七年八月加禄至二千五百石。二十六年坐蓝党死，爵除。										

祖 洪武三年十一月封，第三十三，勋禄、加禄同王志。十五年十月壬午卒。已，坐胡党除。												
河南侯 陆聚 洪武三年十一												

月封，第三十四，勋禄、加禄同前。已，坐胡党死，除。													
忠勤伯 汪广洋 洪武三年十一月以文臣封，禄三百六十石。七年八月													

加禄至一千九百石。十二年贬死。												
诚意伯 刘基 洪武三年十一月封开国翊运守正文臣诚意伯，禄二百四十石。八年	琏	廌 洪武二十四年三月辛丑袭，增禄至五百石。二十五年谪戍，赦还。永乐	法	柜	昱	禄 景泰三年授世袭五经博士。		瑜 弘治十三年昭授处州卫指挥使。嘉靖十一年六月甲申续封诚意伯，		世延 嘉靖二十八年二月癸丑袭，屡领南京军府，后以罪废。隆庆二年复。万	荩臣 万历三十六年五月乙卯袭。天启元年甲申领南京右府。	孔昭 天启三年七月辛亥袭。六年三月佥书右府。崇祯中累进少保。十一年

领南京右府提督操江兼巡江防。	
历三十四年坐罪论死，卒。	
禄七百石。十二年四月佥书中军都督府。十三年领南京前府。十五年提督操江。二十年七月卒。	
间卒。	
四月丁巳卒。二十三年予世袭。正德八年十二月追赠太师，谥文成。	永城侯薛显洪武三

年十二月戊辰封。以罪安置海南。已，召还，给禄一千五百石。二十年九月癸巳卒於军。追封永国公，谥桓襄。无子。后追论胡党，以死不

究,除。											
西平侯 沐英 洪武十年十月戊午封,禄二千五百石,世袭。二十五年六月丁卯卒於云南。十月己巳追封黔宁王,谥	春 洪武二十五年十月乙亥袭,镇云南。三十一年卒。谥惠襄。 昂 景泰中赠定边伯。 黔国										

昭靖。	公 晟 洪武三十一年袭侯。永乐六年七月以征安南功，进封公，禄三千石，世袭，世镇云南。仁宗即位，加太傅，支二俸。正统四	斌 正统五年袭。景泰元年十月卒。谥荣康。	琮 成化元年八月己亥袭。十九年加太子太傅。弘治九年九月庚戌卒。谥武僖。无子。		崑 诚子。弘治十年十月己卯袭。正德七年加太子太傅。十四年六月卒。追赠太师，谥庄襄。	绍勋 正德十六年二月甲午袭。嘉靖七年加太子太傅。十五年卒。赠太师，谥敏靖。	朝辅 嘉靖十五年十二月乙亥袭，加太子太保。二十六年六月庚子卒。谥恭僖。	融 嘉靖二十六年闰九月甲辰袭。二十八年卒。 巩 嘉靖二十八年十月庚辰袭。夭，叔朝弼袭。				
							朝弼 嘉靖三	昌祚 隆庆五	睿 万历二	启元 天启五	天波 崇祯元	

	年三月丁卯卒。追封定远王，谥忠敬。						十三年三月癸丑袭。隆庆四年削爵，论死。	年二月丁酉袭。万历十二年九月戊寅加太子太保。二十三年八月以病免，子睿袭。三十七年，睿以罪废，复袭爵。天启五年卒。	十三年袭。三十七年九月丁酉死於狱。	年三月丁卯袭。崇祯元年六月己亥卒。	年十二月甲辰袭。七年八月甲寅加太子太保。明亡后，从永明王入缅，死於难。	
安庆												

侯 仇成 洪武十二年十一月甲午封，禄二千石，世袭指挥使。十七年四月壬午予世侯，加禄五百石。二十一年七月辛巳卒。追	正 洪武二十三年闰四月丙戌袭，以事除。											

封皖国公，谥庄襄。												
凉国公 蓝玉 洪武十二年十一月甲午封永昌侯，禄袭同前。十七年四月壬午予世侯，加禄五百石。												

二十一年十二月壬戌进封公，加禄五百石。二十六年二月乙酉谋反，伏诛。												
永平侯 谢成 洪武十二年十一月封，禄袭同												

仇成。二十六年坐累卒。												
凤翔侯 张龙 洪武十二年封，禄袭同前。后予世袭，加禄五百石。三十年卒。		杰 建文时袭。永乐初除。										
安陆侯 吴复	杰											

洪武十二年封，禄袭同前。十六年十月己亥卒。追封黔国公，谥武毅，加禄五百石，世袭。	洪武十九年四月袭。建文中谪南宁卫指挥使，爵除。										
宣德侯 金朝兴 洪武十	镇 洪武十九年四										

二年十一月封，禄袭同前。十五年七月丙子卒。明年追封沂国公，谥武毅。十七年予世袭，加禄五百石。	月袭，以父朝兴追坐胡党，除。											
怀远侯曹兴 洪武十												

二年十一月封，禄袭同前。二十六年坐蓝党歹，除。												
靖宁侯 叶升 洪武十二年十一月封，禄袭同前。二十五年八月丙子												

坐胡党诛。	景川侯 曹震 洪武十二年十一月封，禄袭同前。二十六年坐蓝党诛。	会宁侯 张温 洪武十二年十

一月封，禄袭同前。二十六年坐蓝党诛。												
雄武侯 周武 洪武十二年十一月封，禄袭同前。二十三年三月庚午卒。追封汝国公，												

谥勇襄。子兴袭指挥同知。												
定远侯王弼洪武十二年十一月封，禄袭同前。十七年四月加禄至二千五百石。二十七年												

十二月乙亥卒。												
崇山侯 李新 洪武十五年十二月己卯封，禄一千五百石。二十八年九月戊戌以罪诛。												
普定侯												

陈桓 洪武十七年四月壬午封，禄二千五百石，世袭。二十六年坐蓝党死，除。	东川侯 胡海 又名海洋，洪武十七年四月封，

禄同前。二十四年七月丁亥卒，授其子指挥使。												
武定侯 郭英 兴弟。洪武十七年四月封，禄二千五百石，世袭。永乐元年二	铭	玹 永乐二十二年十一月袭。正统九年八月镇宣府。十二年七月	昌 天顺三年五月丁未袭。	良 弘治十五年四月癸丑袭。十一月坐效勇营管操。正德二年六	勋 正德三年三月丙寅袭，镇两广，屡兼军府。四年八月，神机营管	守乾 嘉靖二十九年三月壬辰袭，屡领军府。三十九年四月丁酉卒。	大诚 嘉靖四十四年三月庚戌袭。四十五年五月营红盔将军。万历	应麒 万历四十五年二月壬子袭，寻卒。 应麟 万历四十五年	培民 崇祯初袭。三年			

月甲子卒。追封营国公，谥威襄。		丙午卒。诸子以争袭，停。		月戊子卒。	操。嘉靖十八年进封翊国公，加太师，前后益禄四百石。二十八年八月有罪下狱，明年卒於狱。		四年领南京右府。四十四年六月癸亥卒。	十一月甲戌袭。崇祯元年卒。	九月甲辰加太子太保。十七年三月，城陷死。			
鹤庆侯张翼洪武十七年四												

月封，禄袭同前。二十六年坐蓝党诛。												
航海侯 **张赫** 洪武二十年十月戊申封，禄二千石，世袭。二十三年八月甲子卒。追封												

恩国公，谥庄简。子傅袭。												
舳舻侯朱寿洪武二十年十月封，禄袭同前。二十六年坐蓝党诛，除。												
海西侯纳哈出	察罕洪武二											

洪武二十年九月以元降将封。二十一年七月辛丑卒於军。	十一年八月袭，改封沈阳侯。二十六年四月壬午坐蓝党诛，除。											
东莞伯 何真 洪武二十年七月封，禄一千五百石，世袭。二十	荣 洪武二十一年四月乙巳袭。二十六年坐蓝党											

一年三月己卯卒。	诛,除。											
全宁侯孙恪兴祖子。洪武二十一年八月戊辰封,禄二千石,世袭。坐蓝党死,除。												
乐浪公												

濮英 洪武二十年闰六月庚申战殁金山。追封金山侯，谥忠襄。二十一年七月进封公。	玙 洪武二十一年九月丙戌封西凉侯，禄二千五百石，世袭。二十六年追坐英蓝党，谪戍，除。											
徽先伯 桑敬 世杰子。												

洪武二十三年九月壬寅封，禄一千七百石，世袭。已，坐蓝党诛除。												
永定侯张铨 洪武二十三年十月甲申封，禄一千五												

百石，世袭指挥使。

越巂侯 俞渊 洪武二十五年六月戊午封，禄二千五百石，世袭。明年五月戊辰削爵，放还里。建文初，

召还，战殁白沟河。永乐初除。												

以上皆身受封，或不及封而子孙封者。其追赠封爵无世系可谱，别以五等为次，具列於左。

公	侯	伯	子	男
越国公胡大海 壬寅二月，金华死事。甲辰三月追封，谥武庄。	东丘郡侯花云 庚子闰五月，太平死事。	天水郡伯赵天麟 癸卯，临江死事。	盱眙县子王清 鄱阳湖战殁。	当涂县男王恺 金华死事。
泗国公耿再成 壬寅二月，处州死事。初封高阳郡公，谥武壮。洪武十年四月改封。	高阳郡侯王鼎 同前。	陇西郡伯牛海龙 南昌战殁。	罗山县子王凤显 同前。	丹阳县男孙炎 处州死事。
	太原郡侯许瑗 同前。	安定郡伯程国胜 鄱阳湖战殁。	定远县子姜润 同前。	合肥县男徐明 南昌战殁。
	太原郡侯王道同 处州死事。	太原郡伯王咬住 同前。	梁县子石明 同前。	五河县男王理 鄱阳湖战殁。
		缙云郡伯胡深	合肥县子王德	舒城县男王仁

蔡国公张德胜 龙江战殁。癸卯十月追封,谥忠毅。	南阳郡侯叶琛 壬寅三月死祝康宗之难。	吴元年取闽战殁。洪武元年四月追封。	同前。	同前。
梁国公赵德胜 南昌死事。癸卯十月追封,谥武桓。	忠节侯张子明 癸卯六月,南昌死事。	康安郡伯孙虎 落马河战殁。	怀远县子常德胜 同前。	定远县男史德胜 同前。
济阳郡公丁普郎 鄱阳湖战殁。	高阳郡侯韩成 癸卯七月,鄱阳湖战殁。	谯郡伯戴德 洪武四年二月卒。追封,世袭指挥佥事。	含山县子丁宇 同前。	万春县男常惟德 同前。
河间郡公俞廷玉 甲辰十一月追封。	颍上郡侯陈兆先 同前。		庐江县子汪泽 同前。	含山县男曹信 同前。
郧国公廖永安 乙巳十月以使吴不屈,遥封楚国公。丙午七月卒於吴。谥武闵。洪武十三年四月改封。	下邳郡侯余昶 同前。		巢县子陈冲 同前。	虹县男郑兴 同前。
东海郡公茅成	颍川郡侯陈弼 同前。		定远县子王喜仙 同前。	隋县男罗世荣 同前。
	东海郡侯徐公辅 同前。		汝阳县子逯德山 同前。	《洪武宝录》所载南昌死事有许圭、朱潜、张德山、夏茂成、叶思诚五人,鄱阳湖死事有张志雄、刘羲、朱鼎、袁华四人,凡
	京兆郡侯宋贵		宣远县子裴轸 同前。	

丙午十一月伐吴战殁。

虢国公俞通海
廷玉子。吴元年四月卒於平江军。追封豫国公。洪武三年改封，谥忠烈。

济国公丁德兴
吴元年卒於平江军。洪武元年追封。

天水郡公严德
吴元年九月讨方谷珍战殁。洪武二年六月追封。

姑熟郡公陶安
洪武元年追封。

同前。

汝南郡侯昌文贵
同前。

陇西郡侯李信
同前。

太原郡侯王胜
同前。

清河郡侯李志高
同前。

陇西郡侯李继先
南昌战殁。

彭城郡侯刘齐
同前。

天水郡侯赵国旺
同前。

永义侯桑世杰
伐吴战殁。癸卯十月

九人，封爵无考。

追封。			
燕山侯孙兴祖 洪武三年北征战殁。 谥忠愍。			
安远侯蔡仙 洪武三年九月追封， 谥武襄。			
东胜侯汪兴祖 洪武四年四月伐蜀 战殁。十二月追封，予 世券。以子幼，停袭。			
庐江侯何德 洪武十四年七月卒。 追封，谥壮敏。			
霍山侯王简 洪武十三年五月卒。 追封。			

临沂侯王真 洪武十三年七月卒。 追封，谥桓义。			
汝阴侯高显 洪武十三年九月卒。 追封，谥武肃。			
富春侯孙世 洪武十四年十二月 卒。追封，谥忠勇。			
合浦侯陈清 洪武十五年三月卒。 追封，谥崇武。			
东海侯陈文 洪武十七年十月卒。 追封，谥孝勇。			
英山侯於显 洪武二十年十二月			

	卒。追封，谥襄武。			
	昌乐侯邱广 洪武十一年五月卒。 以文臣追封，谥景成。			

上洪武朝。洪武中所封，有归义侯陈理、归羲侯明升、崇礼侯买的里八剌三人，以非功臣，故不载。

滦城侯												
李坚 尚太祖女大名公主。建文初，从伐燕，以功封。已，战败被	庄 建文中袭。永乐初除。											

执，寻卒。												
历城侯 盛庸 建文中以伐燕封。永乐元年除。												

上建文朝